2025

7·9급 관세직·관세사 **시험대비**

박문각 공무원

기본서

합격까지 함께
관세직 만점 기본서

정확한 개념과 효율적인 이론 학습

개정법령 완벽 반영

OX문제를 통한 반복 학습

김준휘 편저

동영상 강의 www.pmg.co.kr

김준휘 관세법

박문각

PREFACE

이 책의 머리말

관세법은 무역 관련 3대 법규(관세법, 대외무역법, 외국환거래법) 중 관세직 및 관세사 등 시험의 핵심 필수과목입니다.

관세법을 처음 접하게 되면 세법 및 통관, 국제물류 등 무역실무 전반에 걸친 방대한 내용과 복잡한 체계로 인하여 범위가 넓고 공부해야 할 분량이 많아 이해하는 데 어려움을 겪습니다. 따라서 제한된 시간에 효율적인 학습을 하기 위해서는 수험 목적에 적합한 요령과 방법을 터득하는 것이 매우 중요합니다.

이러한 이유로 본 교재는 필자가 수험생 시절 느꼈던 경험을 바탕으로 출제 가능성이 높은 법령, 시행령, 시행규칙 부분에 대하여 집중적이고 체계적인 정리를 하였고 실무경험과 출제경향에 비추어 입법취지 및 배경의 이해를 통한 깊이 있는 학습이 될 수 있도록 편집하였습니다.

내용의 미흡한 부분은 지속적으로 보완 · 보충할 것을 약속드리며 수험생분들의 합격에 조금이나마 도움이 되기를 바랍니다.

끝으로, 본 교재를 만드는 데 물심양면 지원해 주신 소율관세사무소 임직원분들과 세상에서 가장 소중한 나의 가족에게 감사의 마음을 전합니다.

2024년 7월

김준휘

이 책의 **구성**

1

정확한 개념과 효율적인 이론 학습을 할 수 있습니다.

www.pmg.co.kr

(3) **혼합세**

① **선택세**: 선택세는 하나의 품목에 종가세율과 종량세율을 동시에 적용하여 그 중 높게 산출되는 세액을 선택적으로 적용하는 관세이다.

② **복합세**: 복합세는 하나의 품목에 종가세율과 종량세율을 동시에 적용하고 각각의 방법에 의해 산출된 세액을 합산하여 과세하는 제도이다. 현행 관세법상 채택하고 있지 않다.

종가세의 장점	종가세의 단점
• 물품의 가격에 근거하여 세부담에 공평성을 가진다 • 일정기간을 두고 보면 가격등락에 관계없이 관세부담의 균형을 유지할 수 있다	• 과세가격 산출이 어렵다 • 저가품에 대한 보호효과가 적다

종량세의 장점	종량세의 단점
• 과세방법이 간단하다 • 저가품에 대한 보호효과가 크다	• 불공평한 세부담 • 물가상승시 재정수입 확보가 어렵다

4. 과세목적에 의한 분류

(1) **재정관세**

재정관세는 정부의 재정수입을 목적으로 부과하는 관세이다. 재정목적이 관세율 결정의 기초가 된다.

(2) **보호관세**

보호관세란 국내 유치산업의 보호·육성, 기존사업의 유지·발전을 목적으로 부과하는 관세를 말한다.

3 관세의 경제적 효과

1. 보호효과

2

각 파트별로 O·X문제를 수록하였습니다. 해당 문제 풀이를 통해 핵심 내용을 한번 확인하고 개념을 확실하게 이해할 수 있습니다.

www.pmg.co.kr

Part 1. 관세 개요

OX문제

01 "수입" 이란 외국물품을 우리나라에 반입(보세구역을 경유하는 것은 보세구역으로부터 반입하는 것을 말한다)하는 것을 말한다. ( )

02 우리나라 선박 등이 공해에서 채집하거나 포획한 수산물 등은 "내국물품"이다. ( )

03 수입물품에 대하여 세관장이 부과·징수 하는 부가가치세의 부과, 징수, 환급 등에 관하여 부가가치세법의 규정과 관세법의 규정이 상충하는 경우에는 관세법의 규정을 우선하여 적용한다. ( )

04 세관장 및 관세청장은 관세법의 해석과 관련된 질의에 대하여 관세법 제5조(법 해석의 기준과 소급과세의 금지)에 따른 해석의 기준에 따라 해석하여 회신하여야 한다. ( )

05 세관장은 도난으로 인하여 재산에 심한 손실을 입어 정하여진 기한까지 납부 또는 징수를 할 수 없다고 인정되는 경우에는 2년을 초과하지 아니하는 기간을 정하여 그 기간을 연장할 수 있다. ( )

06 납세의무자는 수입신고가 수리되기 전에는 해당 세액을 납부할 수 없다. ( )

07 수입신고 전 물품반출 규정에 의한 수입신고 전 즉시반출신고를 한 경우의 관세의 납부기한은 수입신고일부터 15일 이내이다. ( )

08 관세법에 따라 가격신고, 납세신고, 수출입신고, 반송신고, 보세화물반출입신고, 보세운송신고를 하거나 적재화물목록을 제출한 자는 신고 또는 제출한 자료의 내용을 증빙할 수 있는 장부 및 증거서류(신고필증을 포함한다)를 성실하게 작성하여 신고 또는 제출한 날부터 5년의 범위에서 대통령령으로 정하는 기간 동안 갖추어 두어야 한다. ( )

09 적재화물목록에 관한 자료의 보관기간은 해당 신고에 대한 수리일부터 3년이다. ( )

3

방대한 양의 조문을 슬림한 분량으로 구성하였으며, 최근 개정된 법령까지 완벽 반영하였습니다.

www.pmg.co.kr

(3) **환급청구운영사업자**

관세청장은 외국인관광객 등이 종합보세구역에서 물품을 구입한 때에 납부한 관세등을 판매인을 대리하여 환급 또는 송급하는 사업을 영위하는 자를 지정하여 운영할 수 있다.

7 환급청구권(법 제22조부터 제23조)

1. 의의

납세자가 납부한 금액 중 잘못 납부하거나 초과하여 납부한 금액 또는 그 밖의 관세의 환급청구권은 그 권리를 행사할 수 있는 날부터 5년간 행사하지 아니하면 소멸시효가 완성된다.

2. 환급청구권 소멸시효의 기산일(영 제7조)

사유	환급청구 소멸시효 기산일
경정으로 인한 환급의 경우	경정결정일
착오납부 또는 이중납부로 인한 환급의 경우	그 납부일
관세법 제106조 1항에 따른 계약내용과 상이한 물품등에 대한 환급의 경우	해당 물품의 수출신고수리일 또는 보세공장 반입신고일
관세법 제106조 제3항 및 제4항에 따른 폐기, 멸실, 변질 또는 손상된 물품에 대한 환급의 경우	폐기, 멸실, 변질 또는 손상된 날
관세법 제106조의2 제1항에 따른 수입한 상태 그대로 수출되는 자가사용물품에 대한 환급의 경우	수출신고가 수리된 날. 다만, 수출신고가 생략되는 물품의 경우에는 운송수단에 적재된 날로 한다.
법 제106조의2 제2항에 따라 국제무역선, 국제무역기 또는 보세판매장에서 구입한 후 환불한 물품에 대한 환급의 경우	해당 물품이 환불되는 날
종합보세구역에서 물품을 판매하는 자가 법 제199조의2및 이영 제216조의5 제2항의 규정에 의하여 환급받고자 하는 경우	환급에 필요한 서류의 제출일
수입신고 또는 입항전 수입신고를 하고 관세를 납부한 후	[illegible]

CONTENTS

이 책의 차례

Part 3 관세의 부과 · 징수 · 환급

Part 4 납세자의 권리 및 불복절차

Part 5 운송수단

이 책의 **차례**

Part 8 통관

Part 9 벌칙

Part 10 보칙

합격까지 함께
관세직 만점 기본서

김준휘 관세법

합격까지 박문각

Part

01

관세 개요

CHAPTER 01 관세

1 관세의 정의

1. 관세

관세는 국세의 일종으로서 국가가 재정수입을 얻기 위하여 관세선을 통과하는 물품에 대하여 부과하는 조세이다. 따라서 원칙적으로 관세선을 통과하는 수입 · 수출 · 반송 하는 물품에 대하여 관세가 부과되어야 하지만 현재 우리나라는 조세법률주의의 원칙에 따라 법률에 의거하여 수입물품에 대해서만 관세를 부과하고 있다.

2. 관세선

관세선이란 관세 법규가 적용되는 전 경계를 말하며, 관세가 부과되는 영역과 관세가 부과되지 않은 경계선을 말한다. 대개는 국경과 동일하지만, 보세구역, 자유무역지역 등 국경선 안에 있으나 관세선 밖에 있는 구역이 있으므로 국경선과 관세선이 반드시 일치하는 것은 아니다.

2 관세의 분류

1. 관세의 조세적 분류

(1) 국세

관세는 그 부과 · 징수의 주체가 국가이며, 관세수입이 곧 국고수익이 되므로 국세이다.

(2) 물세

관세는 물품에 대하여 부과하는 조세이며, 조세주체의 경제능력을 고려하지 않는 물세이다.

(3) 간접세

관세는 납세의무자와 관세부담자가 일치하지 않는 간접세이다. 관세는 납세의무자가 일단 관세를 납부하되 그 관세가 물품의 가격에 포함되는 등의 방법에 의하여 조세부담자에게 전가된다.

(4) 보통세

관세는 특별한 목적의 재정수요를 위하여 부과되는 것이 아닌 일반적인 재정수요를 위하여 부과되는 조세이다.

(5) 소비세

관세는 재화의 이전이나 유통이 아닌 소비를 대상으로 하는 소비세이다.

구분		관세
국세	지방세	국세
인세	물세	물세
직접세	간접세	간접세
보통세	목적세	보통세
소비세	유통세	소비세

2. 과세기회에 의한 분류

(1) 수입세

수입세란, 경제적 가치가 있는 물품을 수입할 때 부과하는 관세이다. 수입세의 부과는 국가재정을 확충하며, 상대적으로 국내생산품의 가격경쟁력을 높이게 된다. 따라서 수입이 억제됨에 따라 국내산업이 보호되는 효과를 가져온다.

(2) 수출세

수출세는 국내 상품이 관세영역 밖으로 이동할 때 국외로 수출되는 물품에 대하여 부과하는 관세이다. 수출세는 국내시장 물가 상승을 억제하려는 의도로 부과되기도 하나, 국내생산물품의 국제적인 가격경쟁력을 저하시키기 때문에 대부분의 국가가 채택하고 있지 않다.

(3) 통과세

통과세란 한 나라의 관세영역을 통과 하여 다른 나라로 이동하는 물품에 대하여 통과되는 국가에서 징수하는 관세이다. 현재는 세계적으로 폐지하고 있으며 바르세로나 협정, 관세무역일반협정(GATT)에서도 이를 금지하고 있다.

3. 과세방법에 의한 분류

(1) 종가세

종가세란 과세물건의 가격을 과세표준으로 하는 관세이다. 고가품에 대해서는 관세가 높게 부가되고, 저가품에 대해서는 낮은 관세가 부과된다. 현행 관세율표상에는 대부분이 종가세로 되어 있다.

종가세는 상품가격에 비례하여 세부담을 지게 되며, 물품가격 상승시에는 세율의 조정 없이도 세수입을 늘릴 수 있다. 다만, 과세가격의 산출시 어렵고 복잡하다는 단점이 있다.

(2) 종량세[1)]

종량세란 과세물건의 수량을 과세표준으로 하는 관세이다. 종량세는 수입물품의 수량, 부피 및 치수등을 통해 관세액을 산출할 수 있다. 종가세에 비해 세액 산정이 쉬워 관세행정의 능률을 높일 수 있다는 장점이 있으나, 과세의공평성이 결여되기 쉽고 재정수입의 확보가 어렵다는 단점이 있다.

---

1) ex) – 촬영된 영화용 필름, 녹화된 비디오테이프, 일부농수산물

(3) 혼합세

① **선택세**: 선택세는 하나의 품목에 종가세율과 종량세율을 동시에 적용하여 그 중 높게 산출되는 세액을 선택적으로 적용하는 관세이다.

② **복합세**: 복합세는 하나의 품목에 종가세율과 종량세율을 동시에 적용하고 각각의 방법에 의해 산출된 세액을 합산하여 과세하는 제도이다. 현행 관세법상 채택하고 있지 않다.

종가세의 장점	종가세의 단점
• 물품의 가격에 근거하여 세부담에 공평성을 가진다 • 일정기간을 두고 보면 가격등락에 관계없이 관세부담의 균형을 유지할 수 있다	• 과세가격 산출이 어렵다 • 저가품에 대한 보호효과가 적다

종량세의 장점	종량세의 단점
• 과세방법이 간단하다 • 저가품에 대한 보호효과가 크다	• 불공평한 세부담 • 물가상승시 재정수입 확보가 어렵다

4. 과세목적에 의한 분류

(1) 재정관세

재정관세는 정부의 재정수입을 목적으로 부과하는 관세이다. 재정목적이 관세율 결정의 기초가 된다.

(2) 보호관세

보호관세란 국내 유치산업의 보호·육성, 기존사업의 유지·발전을 목적으로 부과하는 관세를 말한다.

3 관세의 경제적 효과

1. 보호효과

수입되는 외국물품에 관세를 부과함으로써, 수입을 억제하고 동종물품의 국내생산을 증가시켜 상대적으로 국내산업을 보호하는 기능을 갖게 된다. 또한, 관세로 인해 특정 산업이 보호되면 그 업종에 대한 투자를 유발시켜 자원을 효과적으로 배분하게 되어 생산요소가격의 균등화를 가져올 수도 있다.

2. 재정수입효과

관세는 국가의 재정수입을 확보하는 데 큰 기능을 갖고 있다. 이러한 관세의 국고수입확보는 선진국보다 후진국, 특히 개발도상국에서 더 큰 기능을 발휘하게 된다. FTA 등의 활용으로 인하여 수입물품에 대한 관세부담은 지속적으로 낮아지고 있으나, 총 조세수익의 20% 이상을 차지하고 있다.

3. 소비의 억제효과

수입물품에 대하여 관세를 부과하게 되면 수입물품의 국내가격을 상승시킴으로써 소비를 억제하게 된다. 수요·공급의 가격탄력성에 따라 소비의 억제 정도는 달라질 수 있다.

4. 국제수지개선효과

관세는 수입물품의 소비를 억제하며 수입억제효과를 가져오므로 국제수지를 개선하는 기능을 가진다. 수입물품에 고율의 관세를 부과하게 되면 국내수요가 줄어들게 되고, 이에 국내산업을 보호·육성시켜 수출증대에 기여하게 된다.

5. 소득재분배효과

관세의 부과에 의하여 수입물품의 가격이 인상되고 국내 수입경쟁재의 가격이 인상됨에 따라, 소비자잉여의 일부분이 생산자잉여로 전환되어 소득이 재분배되는 효과를 가져올 수 있다.

CHAPTER 02 관세법

1 관세법의 목적(법 제1조)

관세법은 관세의 부과·징수 및 수출입물품의 통관을 적정하게 하고, 관세수입을 확보함으로써 국민경제의 발전에 이바지함을 목적으로 한다.

2 관세법의 성격

1. 조세법적 성격

관세법은 납세의무의 성립, 납세의무의 확정, 관세의 부과 징수의 절차를 함께 규정하고 있다.

2. 통관법적 성격

관세법은 수출입물품의 통관, 보세구역, 보세운송 및 원산지제도 등 수출입물품의 통관을 위한 절차적 규정을 두고 있다.

3. 준사법적 · 형사법적 성격

관세의 징수와 통관의 적정성을 확보하기 위하여 「형법」, 「형사소송법」, 「조세범처벌법」 등과는 별도로 엄격한 처벌규정 및 관세범에 대한 조사·처분에 관한 규정을 두고 있다.

4. 소송법적 성격

관세법은 관세행정청의 위법 또는 부당한 처분에 대하여 권익을 침해당한 자가 권리를 구제 받을 수 있는 이의신청, 심사청구 및 심판청구에 대한 규정을 두고 있다.

5. 국제법적 성격

관세법은 조약·협정 등에 대한 관세부과의 근거규정을 두고 있으며, 세계시장의 변화에 대처하기 위한 국제관세협력에 관한 규정을 두고 있다.

용어의 정의

1 수입

1. 수입

수입이란 외국물품을 우리나라에 “반입”(보세구역을 경유하는 것은 보세구역으로부터 반입하는 것을 말한다)하거나 “우리나라에서 소비 또는 사용하는 것”(우리나라의 운송수단 안에서의 소비 또는 사용을 포함하며, 관세법 제239조 각 호의 어느 하나에 해당하는 소비 또는 사용은 제외한다)을 말한다.

① 외국물품을 우리나라에 반입하는 것
② 보세구역을 경유하는 것은 보세구역으로부터 반입하는 것
③ 외국물품을 우리나라에서 소비 또는 사용하는 것
④ 우리나라의 운송수단 안에서의 소비 또는 사용하는 것

2. 수입으로 보지 아니하는 소비 또는 사용(법 제239조)

외국물품의 소비나 사용이 다음의 어느 하나에 해당하는 경우에는 이를 수입으로 보지 아니한다.

① 선박용품 · 항공기용품 또는 차량용품을 운송수단 안에서 그 용도에 따라 소비하거나 사용하는 경우
② 선박용품 · 항공기용품 또는 차량용품을 세관장이 정하는 지정보세구역에서 「출입국관리법」에 따라 출국심사를 마치거나 우리나라에 입국하지 아니하고 우리나라를 경유하여 제3국으로 출발하려는 자에게 제공하여 그 용도에 따라 소비하거나 사용하는 경우
③ 여행자가 휴대품을 운송수단 또는 관세통로에서 소비하거나 사용하는 경우
④ 관세법에서 인정하는 바에 따라 소비하거나 사용하는 경우

3. 외국물품

외국물품이란 다음의 어느 하나에 해당하는 물품을 말한다.

① 외국으로부터 우리나라에 도착된 물품으로서 수입신고가 수리되기 전의 것
② 외국의 선박 등에 의하여 공해(외국의 영해가 아닌 경제수역을 포함한다)에서 채집 또는 포획된 수산물 등으로서 수입신고가 수리되기 전의 것
③ 수출신고가 수리된 물품
④ 보세구역에서 보수작업으로 외국물품에 부가된 내국물품

⑤ 보세공장에서 외국물품과 내국물품을 원재료로 제조한 물품 중 수입신고가 수리되기 전의 것
⑥ 관세환급을 받을 목적으로 일정한 보세구역 또는 자유무역지역에 반입한 물품

4. 수입의 의제(법 제240조)

다음의 어느 하나에 해당하는 외국물품은 관세법에 따라 적법하게 수입된 것으로 보고 관세 등을 따로 징수하지 아니한다.

① 체신관서가 수취인에게 내준 우편물
② 관세법에 따라 매각된 물품
③ 관세법에 따라 몰수된 물품
④ 밀수출입죄, 밀수전용 운반기구 몰수, 범죄에 사용된 물품의 몰수등, 밀수품 취득죄 등에 해당되어 관세법에 따른 통고처분으로 납부된 물품
⑤ 법령에 따라 국고에 귀속된 물품
⑥ 몰수에 갈음하여 추징된 물품

2 수출 및 반송

1. 수출

내국물품을 외국으로 반출하는 것

2. 내국물품

내국물품이란 다음의 어느 하나에 해당하는 물품을 말한다.

① 우리나라에 있는 물품으로서 외국물품이 아닌 것
② 우리나라의 선박등[2]이 공해에서 채집 또는 포획된 수산물 등
③ 입항전 수입신고가 수리된 물품
④ 수입신고수리전 반출승인을 받아 반출된 물품
⑤ 수입신고전 즉시반출신고를 하고 반출된 물품

3. 반송

국내에 도착한 외국물품이 수입통관절차를 거치지 아니하고 다시 외국으로 반출되는 것

2) **우리나라의 선박 등(관세법 기본통칙 제2－0－2조)** 이란 선박법 제2조에 규정된 대한민국 선박뿐만 아니라, 우리나라 국민 또는 법인이 외국의 국민 또는 법인으로부터 임차한 선박을 포함한다. 이 규정에서의 선박에는 추진기관을 장치하지 아니한 준설선 또는 해저자원굴착선 등을 포함한다.

4. 수출 · 반송의 의제(법 제240조)

체신관서가 외국으로 발송한 우편물은 관세법에 따라 적법하게 수출되거나 반송된 것으로 본다.

3 국제무역선(기), 국내운항선(기)

1. 국제무역선(기)

국제무역선 또는 국제무역기란 무역을 위하여 우리나라와 외국간을 운항하는 선박 또는 항공기를 말한다.

2. 국내운항선(기)

국내운항선 또는 국내운항기란 국내에서만 운항하는 선박 또는 항공기를 말한다.

4 선박용품 · 항공기용품 · 차량용품

1. 선박용품[3]

선박용품이란 음료, 식품, 연료, 소모품, 밧줄, 수리용 예비부분품 및 부속품, 집기, 그 밖에 이와 유사한 물품으로서 해당 선박에서만 사용되는 것을 말한다.

2. 항공기용품

항공기용품이란 선박용품에 준하는 물품으로서 해당 항공기에서만 사용되는 것을 말한다.

3. 차량용품

차량용품이란 선박용품에 준하는 물품으로서 해당 차량에서만 사용되는 것을 말한다.

---

3) **선박용품의 범위(관세법 기본통칙 제2-0-3조)** "수리용 예비부분품 및 부속품"과 "기타 이와 유사한 물품"의 범위는 다음과 같다.
1. "수리용 예비부분품 및 부속품"이란 당해 선박과 시설의 일부가 소모 또는 마모되어 수리 또는 교체가 예상되는 부분품 및 부속품으로서 일반적으로 항해도중 선원에 의하여 자체적으로 수리 또는 교체할 수 있는 것을 말한다.
2. "기타 이와 유사한 물품"이란 닻, 구명용구, 단네이지(Dunnage), 계기류 및 사소한 전기기구류 등 선박의 항행에 직 · 간접적으로 필요한 물품을 말한다.

5 통관

관세법의 따른 절차를 이행하여 물품을 수출·수입 또는 반송하는 것을 말한다.

6 환적

1. 환적

환적이란, 동일한 세관의 관할구역에서 입국 또는 입항하는 운송수단에서 출국 또는 출항하는 운송수단으로 물품을 옮겨 싣는 것을 말한다.

2. 복합환적

복합환적이란, 입국 또는 입항하는 운송수단의 물품을 다른 세관의 관할구역으로 운송하여 출국 또는 출항하는 운송수단으로 옮겨 싣는 것을 말한다.

7 운영인

1. 특허보세구역의 설치·운영에 관한 특허를 받은 자
2. 종합보세사업장의 설치·운영에 관한 신고를 한 자

8 세관공무원

1. 관세청장, 세관장 및 그 소속 공무원
2. 그 밖에 관세청 소속기관의 장 및 그 소속 공무원

9 탁송품

상업서류, 견본품, 자가사용물품, 그 밖에 이와 유사한 물품으로서 국제무역선·국제무역기 또는 국경출입차량을 이용한 물품의 송달을 업으로 하는 자(물품을 휴대하여 반출입하는 것을 업으로 하는 자는 제외한다)에게 위탁하여 우리나라에 반입하거나 외국으로 반출하는 물품을 말한다.

10 전자상거래물품

사이버몰(컴퓨터 등과 정보통신설비를 이용하여 재화를 거래할 수 있도록 설정된 가상의 영업장을 말한다.) 등을 통하여 전자적 방식으로 거래가 이루어지는 수출입물품을 말한다.

11 관세조사

관세의 과세표준과 세액을 결정 또는 경정하기 위하여 방문 또는 서면으로 납세자의 장부 · 서류 또는 그 밖의 물건을 조사(통합조사 원칙에 따라 통합하여 조사하는 것을 포함한다)하는 것을 말한다.

CHAPTER 04 법 적용의 원칙 등

1 관세징수권의 우선(법 제3조)

1. 관세를 납부하여야 하는 물품에 대한 관세징수 우선

관세를 납부하여야 하는 물품에 대하여는 다른 조세 그 밖의 공과금과 채권에 우선하여 그 관세를 징수한다.

2. 관세를 납부하여야 하는 물품이 아닌 재산에 대한 관세징수 우선

국제징수의 예에 따라 관세를 징수하는 경우 강제징수의 대상이 해당 관세를 납부하여야 하는 물품이 아닌 재산인 경우에는 관세의 우선순위는 「국세기본법」에 따른 국세와 동일한 순위로 한다.

2 내국세 등의 부과 · 징수(법 제4조)

1. 관세와 함께 징수되는 내국세

수입물품에 대하여는 관세뿐만이 아니라, 부가가치세, 지방소비세, 담배소비세, 지방교육세, 개별소비세, 주세, 교육세, 교통 · 에너지 · 환경세 및 농어촌특별세의 내국세 및 각 내국세의 가산세 · 강제징수비가 함께 부과 · 징수된다. 수입통관시의 납부세액은 관세액과 각 내국세액의 합계로 이루어진다.

2. 내국세의 부과 · 징수 · 환급

수입물품에 대하여 세관장이 부과 · 징수하는 부가가치세, 지방소비세, 담배소비세, 지방교육세, 개별소비세, 주세, 교육세, 교통 · 에너지 · 환경세 및 농어촌특별세(이하 "내국세등"이라 하되, 내국세등의 가산세 및 강제징수비를 포함한다.)의 부과 · 징수 · 환급 등에 관하여 「국세기본법」, 「국세징수법」, 「부가가치세법」, 「지방세법」, 「개별소비세법」, 「교육세법」, 「교통 · 에너지 · 환경세법」, 및 「농어촌특별세법」의 규정과 관세법의 규정이 상충되는 경우에는 관세법의 규정을 우선하여 적용한다.

3. 체납된 내국세 등의 이관(법 제4조 제2항, 영 제1조의2)

(1) 의의

수입물품에 대하여 세관장이 부과·징수하는 내국세등의 체납이 발생하였을 때에는 징수의 효율성 등을 고려하여 필요하다고 인정되는 경우 대통령령으로 정하는 바에 따라 납세의무자의 주소지(법인의 경우 그 법인의 등기부에 따른 본점이나 주사무소의 소재지)를 관할하는 세무서장이 체납세액을 징수할 수 있다.

(2) 체납된 내국세등의 이관 요건

납세의무자의 주소지(법인의 경우 그 법인의 등기부에 따른 본점이나 주사무소의 소재지)를 관할하는 세무서장이 체납된 부가가치세, 지방소비세, 개별소비세, 주세, 교육세, 교통·에너지·환경세 및 농어촌특별세(내국세등의 가산세 및 강제징수비를 포함)를 징수하기 위하여는 체납자가 다음의 모든 요건에 해당하여야 한다.

① 체납자의 체납액 중 관세의 체납은 없고 내국세등만이 체납되었을 것
② 체납된 내국세등의 합계가 1천만원을 초과했을 것

(3) 세무서장 징수 배제

관세법에 따른 이의신청·심사청구·심판청구 또는 행정소송이 계류 중인 경우, 「채무자회생 및 파산에 관한 법률」 제243조에 따라 회생계획인가 결정을 받은 경우 및 압류 등 강제징수가 진행 중이거나 압류 또는 매각을 유예받은 경우에는 세무서장이 징수하게 할 수 없다.

(4) 국세체납 인계 절차

① 세관장은 체납자의 내국세등을 세무서장이 징수하게 하는 경우 관세법 제45조에 따른 관세체납정리위원회의 의결을 거쳐 관세청장이 정하는 바에 따라 체납자의 내국세등의 징수에 관한 사항을 기재하여 해당 세무서장에게 서면으로 요청하여야 하며, 그 사실을 해당 체납자에게도 통지하여야 한다.
② 징수를 요청받은 세무서장이 체납된 내국세등을 징수한 경우에는 징수를 요청한 세관장에게 징수 내역을 통보하여야 하며, 체납된 내국세등에 대한 불복절차 또는 회생절차의 개시, 체납자의 행방불명 등의 사유로 더 이상의 강제징수 절차의 진행이 불가능하게 된 경우에는 그 사실을 징수를 요청한 세관장 및 체납자에게 통보 및 통지하여야 한다.

4. 내국세등에 대한 담보제공

수입물품에 대하여 세관장이 부과·징수하는 내국세등에 대한 담보제공 요구, 국세충당, 담보해제, 담보금액 등에 관하여는 관세법 중 관세에 대한 담보 관련 규정을 적용한다.

5. 가산세·강제징수비의 부과·징수·환급 등

관세법에 따른 가산세 및 강제징수비의 부과·징수·환급 등에 관하여는 관세법중 관세의 부과·징수·환급 등에 관한 규정을 적용한다.

6. 내국세의 감면 및 분할납부

내국세의 감면 및 분할납부에 관하여는 관세법에 그 준용규정이 없으므로, 개별 내국세법에서 감면 및 분할납부를 규정하고 있지 않는 한 관세의 감면 및 분할납부 규정에 준하여 감면 및 분할납부를 할 수는 없다.

7. 간이세율의 적용

여행자 휴대품이나 우편물 등 소액물품에 대하여는 당해 물품에 부과되는 내국세를 별도 계산하지 아니하고, 관세 및 내국세 등 제세율을 통합한 하나의 세율을 적용할 수 있다.

8. 내국세 관련 처분에 대한 불복

수입물품에 부과하는 내국세 등의 부과 · 징수 · 감면 · 환급 등에 관한 세관장의 처분에 대하여 불복이 있는 자는 관세법에 규정된 이의신청 · 심사청구 · 심판청구를 할 수 있다.

3 법 적용의 원칙 등

1. 법 해석의 기준과 소급과세의 금지(법 제5조)

(1) 법 해석의 기준

① 관세법을 해석하고 적용할 때에는 과세의 형평과 해당 조항의 합목적성에 비추어 납세자의 재산권을 부당하게 침해하지 아니하도록 하여야 한다.

② 관세법의 해석이나 관세행정의 관행이 일반적으로 납세자에게 받아들여진 후[4]에는 그 해석 또는 관행에 의한 행위 또는 계산은 정당한 것으로 보며, 새로운 해석이나 관행에 따라 소급하여 과세되지 아니한다.

(2) 소급과세의 금지

① '법 해석의 기준 및 소급과세의 금지 기준에 맞는 관세법의 해석에 관한 사항은 「국세기본법」 제18조의2에 따른 국세예규심사위원회에서 심의할 수 있다.

② 관세법의 해석에 관한 질의회신의 처리 절차 및 방법 등에 관하여 필요한 사항은 대통령령으로 정한다.

(3) 심의

법해석의 기준 및 소급과세의 금지의 기준에 맞는 관세법의 해석에 관한 사항은 국세기본법 제18조의2에 따른 국세예규심사위원회에서 심의할 수 있다.

---

4) 이 법의 해석 또는 관세행정의 관행이 일반적으로 납세자에게 받아들여진 후라 함은 장기간에 걸쳐 과세를 하지 아니한 객관적 사실이 존재하여야 하고, 과세관청의 비과세에 관한 명시적인 또는 묵시적인 의사표시가 있었다고 볼 수 있는 특별한 사정이 있어야 한다.

2. 신의성실(법 제6조)

납세자는 그 의무를 이행할 때에는 신의에 좇아 성실히 하여야 한다. 세관공무원이 그 직무를 수행할 때에도 또한 같다.

3. 세관공무원의 재량의 한계(법 제7조)

세관공무원은 그 재량으로 직무를 수행할 때에는 과세의 형평과 관세법의 목적에 비추어 일반적으로 타당하다고 인정되는 한계를 엄수하여야 한다.

4 관세법 해석에 관한 질의회신의 절차와 방법(법 제5조 제4항, 영 제1조의3)

1. 질의에 대한 회신

기획재정부장관 및 관세청장은 관세법의 해석과 관련된 질의에 대하여 법해석의 기준(법해석의 기준 및 소급과세 금지)에 따라 해석하여 회신하여야 한다. 규정한 사항 외에 법 해석에 관한 질의회신 등에 필요한 사항은 기획재정부령으로 정한다.

2. 질의회신 절차 및 방법

(1) 관세청장

① 관세청장은 회신한 문서의 사본을 해당 문서의 시행일이 속하는 달의 다음 달 말일까지 기획재정부장관에게 송부하여야 한다. 다만, 사실판단과 관련된 회신이거나 기존의 해석에 따라 회신한 경우에는 그러하지 아니하다.

② 관세청장은 질의가 「국세기본법 시행령」 제9조의3 제1항[5] 각 호의 어느 하나에 해당한다고 인정하는 경우에는 기획재정부장관에게 의견을 첨부하여 해석을 요청하여야 한다.

③ 관세청장은 기획재정부장관의 해석에 이견이 있는 경우에는 그 이유를 붙여 재해석을 요청할 수 있다.

---

5) **국세기본법시행령 제9조의3(국세예규심사위원회)**

법 제18조의2에 따른 국세예규심사위원회는 다음 각 호의 사항 중 위원장이 위원회의 회의에 부치는 사항을 심의한다.

1. 세법 및 이와 관련되는 이 법의 입법취지에 따른 해석이 필요한 사항과 「관세법」 및 이와 관련되는 「자유무역협정의 이행을 위한 관세법의 특례에 관한 법률」·「수출용 원재료에 대한 관세 등 환급에 관한 특례법」의 입법 취지에 따른 해석이 필요한 사항
2. 기존의 세법 및 이와 관련되는 이 법의 해석 또는 일반화된 국세 행정의 관행을 변경하는 사항과 「관세법」 및 이와 관련되는 「자유무역협정의 이행을 위한 관세법의 특례에 관한 법률」·「수출용 원재료에 대한 관세 등 환급에 관한 특례법」 해석 또는 일반화된 관세 행정의 관행을 변경하는 사항
3. 그 밖의 납세자의 권리 및 의무에 중대한 영향을 미치는 사항

(2) 기획재정부장관

기획재정부장관에게 제출된 법 해석과 관련된 질의는 관세청장에게 이송하고 그 사실을 민원인에게 알려야 한다. 다만, 다음의 어느 하나에 해당하는 경우에는 기획재정부장관이 직접 회신할 수 있으며, 이 경우 회신한 문서의 사본을 관세청장에게 송부하여야 한다.

① 「국세기본법 시행령」 제9조의3 제1항 각 호의 어느 하나에 해당하여 「국세기본법」 제18조의2[6]에 따른 국세예규심사위원회의 심의를 거쳐야 하는 질의

② 관세청장의 법 해석에 대하여 다시 질의한 사항으로서 관세청장이 회신문이 첨부된 경우의 질의(사실판단과 관련된 사항은 제외한다)

③ 법이 새로 제정되거나 개정되어 이에 대한 기획재정부장관의 해석이 필요한 경우

④ 그 밖에 법의 입법 취지에 따른 해석이 필요한 경우로서 납세자의 권리보호를 위해 필요하다고 기획재정부장관이 인정하는 경우

3. 국제기구에 대한 질의

관세청장은 법을 적용할 때 우리나라가 가입한 관세에 관한 조약에 대한 해석에 의문이 있는 경우에는 기획재정부장관에게 의견을 첨부하여 해석을 요청하여야 한다. 이 경우 기획재정부장관은 필요하다고 인정될 때에는 국제기구에 질의할 수 있다.

---

6) **국세기본법 제18조의2(국세예규심사위원회)**
다음 각 호의 사항을 심의하기 위하여 기획재정부에 국세예규심사위원회를 둔다.
1. 제18조 제1항부터 제3항까지의 기준에 맞는 세법 해석에 관한 사항
2. 「관세법」 제5조 제1항 및 제2항의 기준에 맞는 「관세법」 해석에 관한 사항

CHAPTER 05 기간 · 기한 등

1 기간과 기한

1. 기간 · 기한의 의의

(1) 기간

기간이란, 일정 시점에서 다른 일정 시점까지의 계속된 시간의 구분을 말하며, 그것만으로는 법률요건이 성립되지 않으나, 기간의 만료에 의하여 중요한 법률효과를 발생시키는 경우가 있다.

(2) 기한

기한이란 법률효과의 발생, 소멸 또는 권리행사나 의무이행을 해야 하는 일정 시점을 말한다.

2. 기간 및 기한의 계산(법 제8조)

① 관세법에 따른 기간을 계산할 때 관세법 제252조에 따른 수입신고수리전 반출승인을 받은 경우에는 그 승인을 을 수입신고의 수리일로 본다.
② 관세법에 따른 기간의 계산은 관세법에 특별한 규정이 있는 것을 제외하고는 「민법」에 따른다.
③ 관세법에 따른 기한이 다음 어느 하나에 해당하는 경우에는 그 다음 날을 기한으로 한다.
1. 토요일 및 일요일
2. 「공휴일에 관한 법률」에 따른 공휴일 및 대체공휴일
3. 「근로자의 날 제정에 관한 법률」에 따른 근로자의 날
4. 그 밖에 대통령령으로 정하는 날[7]

④ 관세법에 따른 기한이 국가관세종합정보시스템 또는 연계정보통신망 또는 전산처리설비가 대통령령이 정하는 장애로 인하여 가동이 정지되어 관세법의 따른 신고 · 신청 · 승인 · 허가 · 수리 · 교부 · 통지 · 통고 · 납부 등을 할 수 없게 되는 때에는 그 장애가 복구된 날의 다음날을 기한으로 한다.

---

7) **시행령 제1조의4(기한의 계산)**
법 제8조제3항에서 "대통령령으로 정하는 날"이란 금융기관(한국은행 국고대리점 및 국고수납대리점인 금융기관에 한한다. 이하 같다) 또는 체신관서의 휴무, 그 밖에 부득이한 사유로 인하여 정상적인 관세의 납부가 곤란하다고 관세청장이 정하는 날을 말한다.

장애의 사유(시행령 제1조의4 제2항)
㉠ 정전
㉡ 프로그램의 오류
㉢ 한국은행(대리점 포함)의 정보처리장치의 비정상적인 가동
㉣ 체신관세의 정보처리장치의 비정상적인 가동
㉤ 기타 관세청장이 정하는 사유

2 관세의 납부기한(법 제9조)

1. 관세의 납부기한

관세의 납부기한은 관세법에서 달리 규정하는 경우를 제외하고는 다음의 구분에 따른다.

(1) **법 제38조(신고납부)에 따른 납세신고를 한 경우**: 납세신고수리일부터 15일 이내

(2) **법 제39조(부과고지)에 따른 납부고지를 한 경우**: 납부고지를 받은 날부터 15일 이내

(3) **법 제253조 수입신고전 즉시반출신고를 한 경우**: 수입신고일부터 15일 이내

(4) **세액을 정정하는 경우**
① 납세신고한 세액을 정정한 경우: 당초의 납부기한
② 신고납부한 세액을 보정신청한 경우: 보정신청한 날의 다음날
③ 신고납부한 세액을 수정신고한 경우: 수정신고한 날의 다음날
④ 세액 경정에 의해 세관장이 관세를 징수하는 경우: 납부고지를 받은 날부터 15일 이내

2. 예외적인 납부기한

(1) **사전납부(법 제9조 제2항)**

납세의무자는 일반적인 납부기한 규정에도 불구하고, 수입신고수리전에도 해당 세액을 납부할 수 있다.

(2) **분할납부(법 제107조)**

세관장은 특정물품에 대하여 부과된 관세를 일정한 기간으로 분할하여 납부하게 할 수 있으며, 납부기한 별로 부과고지에 따른 납부고지를 하여야 한다. 다만, 관세를 지정된 기한까지 납부하지 않았거나, 파산선고를 받은 경우 또는 법인이 해산한 경우 등으로 인하여 관세를 징수하는 때에는 15일 이내의 납부기한을 정하여 납부고지를 하여야 한다.

(3) 월별납부(법 제9조 제3항)

① **의의**: 원칙적으로 납세의무자는 관세의 납부기한 내에 관세를 일괄하여 납부하여야 한다. 다만, 예외적으로 세관장은 납세실적 등을 고려하여 관세청장이 정하는 요건을 갖춘 성실납세자가 대통령령으로 정하는 바에 따라 신청을 할 때에는 납부기한이 동일한 달에 속하는 세액에 대하여는 그 기한이 속하는 달의 말일까지 한꺼번에 납부하게 할 수 있다.

② 월별납부 절차

㉠ **승인신청**: 납부기한이 동일한 달에 속하는 세액을 월별로 일괄하여 납부하고자 하는 자는 납세실적 및 수출입실적에 관한 서류 등 관세청장이 정하는 서류를 갖추어 세관장에게 월별납부의 승인을 신청하여야 한다. 월별납부의 승인을 신청한 자가 관세청장이 정하는 요건을 갖춘 경우에는 세액의 월별납부를 승인하여야 한다.

㉡ **승인취소 및 납부고지**: 세관장은 다음에 해당하는 때에는 월별납부의 승인을 취소할 수 있다. 이 경우 세관장은 월별납부의 대상으로 납세신고된 세액에 대하여 15일 이내의 납부기한을 정하여 납부고지 하여야 한다.

> 1. 관세를 납부기한이 경과한 날부터 15일 이내에 납부하지 아니하는 경우
> 2. 월별납부를 승인받은 납세의무자가 관세청장이 정하는 요건을 갖추지 못하게 되는 경우
> 3. 사업의 폐업, 경영상의 중대한 위기, 파산선고 및 법인의 해산 등의 사유로 월별납부를 유지하기 어렵다고 세관장이 인정하는 경우

③ 월별납부 승인의 유효기간 및 갱신

㉠ 월별납부 승인의 유효기간은 승일부터 그 후 2년이 되는 날이 속하는 달의 마지막 날까지로 한다.

㉡ 월별납부의 승인을 갱신하려는 자는 납세실적 및 수출입실적에 관한 서류 등을 갖추어 그 유효기간 만료일 1개월 전까지 승인 갱신 신청을 하여야 한다.

㉢ 세관장은 승인을 받은 자에게 승인을 갱신하려면 승인의 유효기간이 끝나는 날의 1개월 전까지 승인갱신을 신청하여야 한다는 사실과 갱신절차를 승인의 유효기간이 끝나는 날의 2개월 전까지 휴대폰에 의한 문자전송, 전자메일, 팩스, 전화, 문서 등으로 미리 알려야 한다.

④ **담보의 제공**: 세관장은 월별납부의 대상으로 납세신고된 세액에 대하여 필요하다고 인정하는 때에는 담보를 제공하게 할 수 있다.

3 천재 · 지변 등으로 인한 기한의 연장(법 제10조)

1. 의의

세관장은 천재지변이나 그 밖에 대통령령으로 정하는 사유로 관세법에 따른 신고, 신청, 청구, 그 밖의 서류의 제출, 통지, 납부 또는 징수를 정하여진 기한까지 할 수 없다고 인정되는 경우에는 1년을 넘지 아니하는 기간을 정하여 대통령령으로 정하는 바에 따라 그 기한을 연장할 수 있다.

2. 기한 연장의 사유

① 천재 · 지변
② 전쟁 · 화재 등 재해나 도난으로 인하여 재산에 심한 손실을 입은 경우
③ 사업에 현저한 손실을 입은 경우
④ 사업이 중대한 위기에 처한 경우
⑤ 그 밖에 세관장이 '①부터 ④'까지의 규정에 준하는 사유가 있다고 인정하는 경우

3. 기한 연장 철자

① 납부기한을 연장하는 때에는 관세청장이 정하는 기준에 의하여야 한다.
② 납부기한을 연장받고자 하는 자는 연장신청서를 납부기한이 종료되기 전에 세관장에게 제출하여야 한다.
③ 납부기한을 연장한 때에는 법 제39조에 따른 납부고지를 하여야 한다.
④ 납부기한을 연장함에 있어서 채권확보를 위하여 필요하다고 인정하는 때에는 법 제24조에 따른 담보를 제공하게 할 수 있다.

4. 기한 연장의 취소

① 세관장은 납부기한연장을 받은 납세의무자가 다음에 해당하게 된 때에는 납부기한 연장을 취소할 수 있다.
1. 관세를 지정한 납부기한 내에 납부하지 아니하는 때
2. 재산상황의 호전 기타 상황의 변화로 인하여 납부기한연장을 할 필요가 없게 되었다고 인정되는 때
3. 파산선고, 법인의 해산 기타의 사유로 당해 관세의 전액을 징수하기 곤란하다고 인정되는 때

② 세관장은 납부기한연장을 취소한 때에는 15일 이내의 납부기한을 정하여 납부고지를 하여야 한다.

4 서류의 송달 등(법 제11조, 제327조)

1. 납부고지서 송달

(1) 직접발급 · 인편 · 우편

관세 납부고지서의 송달은 납세의무자에게 직접 발급하는 경우를 제외하고는 인편(人便), 우편 또는 전자송달의 방법으로 한다.

(2) 공시송달

① **의의**: 당사자에게 서류를 전달하기 어려울 때에 송달할 서류를 게시판이나 신문에 게시함으로써 일정 기간이 지나면 송달한 것과 동일한 효력을 발생시키는 송달 방법이다.

② **공시송달 사유**

㉠ 주소, 거소(居所), 영업소 또는 사무소가 국외에 있고 송달하기 곤란한 경우

㉡ 주소, 거소, 영업소 또는 사무소가 분명하지 아니한 경우

㉢ 서류를 등기우편으로 송달하였으나 수취인이 부재중(不在中)인 것으로 확인되어 반송됨으로써 납부기한까지 송달이 곤란하다고 인정되는 경우

㉣ 세관공무원이 2회 이상 납세자를 방문[처음 방문한 날과 마지막 방문한 날 사이의 기간이 3일(기간을 계산할 때 공휴일, 대체공휴일, 토요일 및 일요일은 산입하지 않는다) 이상이어야 한다]해 서류를 교부하려고 하였으나 수취인이 부재중인 것으로 확인되어 납부기한까지 송달이 곤란하다고 인정되는 경우

③ **공시송달 유형**: 공시송달을 위한 납부고지 사항 공고는 다음 어느 하나에 해당하는 방법으로 게시하거나 게재하여야 한다.(국가관세종합정보시스템에 게시하는 방법으로 공시송달을 하는 경우에는 다른 공시송달 방법과 함께 하여야 한다.)

㉠ 국가관세종합정보시스템에 게시하는 방법

㉡ 관세청 또는 세관의 홈페이지, 게시판이나 그 밖의 적절한 장소에 게시하는 방법

㉢ 해당 서류의 송달 장소를 관할하는 특별자치시 · 특별자치도 · 시 · 군 · 구(자치구를 말한다)의 홈페이지, 게시판이나 그 밖의 적절한 장소에 게시하는 방법

㉣ 관보 또는 일간신문에 게재하는 방법

(3) 전자송달(법 제327조)

㉠ 세관장은 관세청장이 정하는 바에 따라 관세정보시스템 또는 「정보통신망 이용촉진 및 정보보호 등에 관한 법률」에 따른 정보통신망으로서 관세법에 따른 송달을 위하여 관세정보시스템과 연계된 정보통신망을 이용하여 전자신고등의 승인 · 허가 · 수리 등에 대한 교부 · 통지 · 통고 등을 할 수 있다.

㉡ 전자송달은 대통령령으로 정하는 바에 따라 송달을 받아야 할 자가 신청하는 경우에만 한다.

㉢ 관세정보시스템 또는 연계정보통신망의 전산처리설비의 장애로 전자송달이 불가능한 경우, 그 밖에 대통령령으로 정하는 사유가 있는 경우에는 교부 · 인편 또는 우편의 방법으로 송달할 수 있다.

2. 송달의 효력발생시기

(1) 직접발급 · 인편 · 우편

납부고지서를 직접 교부하거나 인편 또는 우편에 의하여 송달한 경우 납부고지서가 송달 받아야 할 자에게 도달한때 송달된 것으로 본다.

(2) 공시송달

납부고지사항을 공시하였을 때에는 공시일부터 14일이 지나면 관세의 납세의무자에게 납부고지서가 송달된 것으로 본다.

(3) 전자송달

전자송달은 송달받을 자가 지정한 전자우편주소나 관세정보시스템의 전자사서함 또는 연계정보통신망의 전자고지함(연계정보통신망의 이용자가 접속하여 본인에게 송달된 고지내용을 확인할 수 있는 곳을 말한다)에 고지내용이 저장된 때에 그 송달을 받아야 할 자에게 도달된 것으로 본다.

송달의 방법	효력발생 시기
직접발급 · 인편 · 우편	도달한 때
공시송달	공시일부터 14일
전자송달	저장된 때

5 장부 등의 보관(법 제12조)

1. 장부 및 증거서류의 보관의무

(1) 일반적인 경우

관세법에 따라 가격신고, 납세신고, 수출입신고, 반송신고, 보세화물반출입신고, 보세운송신고를 하거나 적재화물목록을 제출한 자는 신고 또는 제출한 자료의 내용을 증빙할 수 있는 장부 및 증거서류(신고필증을 포함한다)를 성실하게 작성하여 신고 또는 자료를 제출한 날부터 5년의 범위에서 대통령령으로 정하는 기간 동안 갖추어 두어야 한다.

(2) 특수관계자인 경우

장부 및 증거서류 중 세관장이 특수관계에 있는 자에게 제출하도록 요구할 수 있는 자료의 경우에는 「소득세법」 제6조 또는 「법인세법」 제9조에 따른 납세지(「소득세법」 제9조 또는 「법인세법」 제10조에 따라 국세청장이나 관할지방국세청장이 지정하는 납세지를 포함한다)에 갖추어 두어야 한다.

2. 장부 및 증거서류의 보관 형태

① 장부 및 증거서류를 작성·보관하여야 하는 자는 그 장부와 증거서류의 전부 또는 일부를 「전자문서 및 전자거래 기본법」에 따른 정보처리시스템을 이용하여 작성할 수 있다. 이 경우 그 처리과정 등을 대통령령으로 정하는 기준[8)]에 따라 디스켓 또는 그 밖의 정보보존 장치에 보존하여야 한다.

② 「전자문서 및 전자거래 기본법」에 따른 전자문서로 작성하거나 공인전자문서센터에 보관한 경우에는 장부 및 증거서류를 갖춘 것으로 본다. 다만, 계약서 등 위조·변조하기 쉬운 장부 및 증거서류로서 대통령령으로 정하는 것[9)]은 그러하지 아니하다.

PART 01

3. 장부 및 증거서류의 보관기간

(1) 해당 신고에 대한 수리일로부터 5년

① 수입신고필증
② 수입거래관련 계약서 또는 이에 갈음하는 서류
③ 관세법 제237조에 따른 지식재산권의 거래에 관련된 계약서 또는 이에 갈음하는 서류
④ 수입물품 가격결정에 관한 자료

(2) 해당 신고에 대한 수리일부터 3년

① 수출신고필증
② 반송신고필증
③ 수출물품·반송물품 가격결정에 관한 자료
④ 수출거래·반송거래 관련 계약서 또는 이에 갈음하는 서류

(3) 해당 신고에 대한 수리일부터 2년

① 보세화물반출입에 관한 자료
② 적재화물목록에 관한 자료
③ 보세운송에 관한 자료

---

8) 법 제12조제2항 후단에서 "대통령령으로 정하는 기준"이란 다음 각 호의 요건을 말한다.(영 제3조 제2항)
1. 자료를 저장하거나 저장된 자료를 수정·추가 또는 삭제하는 절차·방법 등 정보보존 장치의 생산과 이용에 관련된 전산시스템의 개발과 운영에 관한 기록을 보관할 것
2. 정보보존 장치에 저장된 자료의 내용을 쉽게 확인할 수 있도록 하거나 이를 문서화할 수 있는 장치와 절차가 마련되어 있어야 하며, 필요시 다른 정보보존 장치에 복제가 가능하도록 되어 있을 것
3. 정보보존 장치가 거래 내용 및 변동사항을 포괄하고 있어야 하며, 과세표준과 세액을 결정할 수 있도록 검색과 이용이 가능한 형태로 보존되어 있을 것

9) 법 제12조제3항 단서에서 "대통령령으로 정하는 것"이란 다음 각 호의 어느 하나에 해당하는 문서를 말한다.(영 제3조 제3항)
1. 「상법 시행령」 등 다른 법령에 따라 원본을 보존해야 하는 문서
2. 등기·등록 또는 명의개서가 필요한 자산의 취득 및 양도와 관련하여 기명날인 또는 서명한 계약서
3. 소송과 관련하여 제출·접수한 서류 및 판결문 사본. 다만, 재발급이 가능한 서류는 제외한다.
4. 인가·허가와 관련하여 제출·접수한 서류 및 인가증·허가증. 다만, 재발급이 가능한 서류는 제외한다.

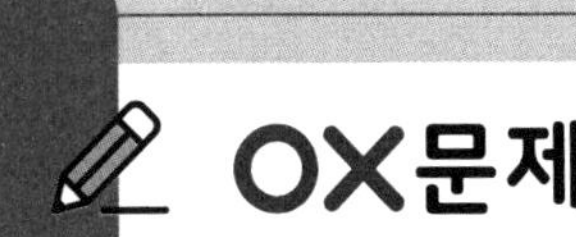

OX문제

01 "수입"이란 외국물품을 우리나라에 반입(보세구역을 경유하는 것은 보세구역으로부터 반입하는 것을 말한다)하는 것을 말한다. (　)

02 우리나라 선박 등이 공해에서 채집하거나 포획한 수산물 등은 "내국물품"이다. (　)

03 수입물품에 대하여 세관장이 부과 · 징수 하는 부가가치세의 부과, 징수, 환급 등에 관하여 부가가치세법의 규정과 관세법의 규정이 상충하는 경우에는 관세법의 규정을 우선하여 적용한다. (　)

04 세관장 및 관세청장은 관세법의 해석과 관련된 질의에 대하여 관세법 제5조(법 해석의 기준과 소급과세의 금지)에 따른 해석의 기준에 따라 해석하여 회신하여야 한다. (　)

05 세관장은 도난으로 인하여 재산에 심한 손실을 입어 정하여진 기한까지 납부 또는 징수를 할 수 없다고 인정되는 경우에는 2년을 초과하지 아니하는 기간을 정하여 그 기간을 연장할 수 있다. (　)

06 납세의무자는 수입신고가 수리되기 전에는 해당 세액을 납부할 수 없다. (　)

07 수입신고 전 물품반출 규정에 의한 수입신고 전 즉시반출신고를 한 경우의 관세의 납부기한은 수입신고일부터 15일 이내이다. (　)

08 관세법에 따라 가격신고, 납세신고, 수출입신고, 반송신고, 보세화물반출입신고, 보세운송신고를 하거나 적재화물목록을 제출한 자는 신고 또는 제출한 자료의 내용을 증빙할 수 있는 장부 및 증거서류(신고필증을 포함한다)를 성실하게 작성하여 신고 또는 제출한 날부터 5년의 범위에서 대통령령으로 정하는 기간 동안 갖추어 두어야 한다. (　)

09 적재화물목록에 관한 자료의 보관기간은 해당 신고에 대한 수리일부터 3년이다. (　)

10 세관장이 납부고지사항을 세관의 게시판이나 그 밖의 적당한 장소에 공시하였을 때에는 공시일부터 15일이 지나면 관세의 납세의무자에게 송달된 것으로 본다. (　)

Answer 01 ○ 02 ○ 03 ○ 04 × 05 × 06 × 07 ○ 08 ○ 09 × 10 ×

Self 필기노트

합격까지 함께
관세직 만점 기본서

김준휘 관세법

합격까지 박문각

Part

02

관세의 과세요건

과세물건

납세의무의 성립, 즉 관세채권 · 채무관계는 관세법이 규정하고 있는 다음의 과세요건을 충족하는 사실이 발생하면 성립한다.
1. 과세물건
2. 납세의무자
3. 과세표준
4. 세율

1 관세의 과세물건

1. 의의

관세의 과세물건이란 조세를 부과하는 목표가 되는 물건 또는 사실을 말한다. 관세법 제14조에는 '수입물품에는 관세를 부과한다'라고 하여 관세의 과세물건을 수입물품으로 규정하고 있다.

2. 과세물건의 범위

관세의 과세물건은 수입물품 중에서도 가치가 있는 유체물만이 과세대상이다. 다만, 무체물 중 특허권이나 상표권 등과 같이 권리사용료가 유체물에 체화되어 있는 경우 과세대상이 되는 것으로 본다.

3. 과세 예외 물품

① 관세율표상의 무세품
② 관세법상의 각종 면세물품
③ 관세법 이외의 법령에 의한 면세물품
④ 조약에 의한 면세 물품
⑤ 조약에 의한 관세양허 물품

2 과세물건 확정시기(법 제16조)

1. 의의

수입물품은 우리나라에 도착하여 통관이 완료되기까지 물품의 성질과 수량에 변화가 생길 수 있다. 이러한 변화의 한 시점에 있는 수입물품의 성질이나 수량, 중량 등을 정하는 것을 과세물건의 확정이라 하고, 과세물건의 확정시기는 과세의 기준이 되는 수입물품의 성질과 수량이 확정되는 시기를 말한다.

2. 과세물건의 확정시기

(1) 일반적인 경우

관세는 수입신고(입항전 수입신고 포함)를 하는 때의 성질과 그 수량에 따라 부과한다.

(2) 보세공장 제조물품(원료과세 적용물품)(법 제189조)

보세공장에서 제조된 물품을 수입하는 경우 사용신고 전에 미리 세관장에게 해당물품의 원료인 외국물품에 대한 과세의 적용을 신청한 경우에는 관세법 제16조(과세물건의 확정시기)의 규정에도 불구하고 사용신고를 할 때의 그 원료의 성질 및 수량에 따라 관세를 부과한다.

(3) 과세물건 확정시기의 예외(법 제16조 단서)

① 외국물품인 선박용품 · 항공기용품 · 차량용품이나, 국제무역선 · 국제무역기 · 국경출입차량 안에서 판매하는 물품을 허가받은 대로 적재하지 아니하여 관세를 징수하는 물품 : 하역을 허가받은 때

② 보세구역 외 보수작업의 승인기간이 경과하여 관세를 징수하는 물품 : 보세구역 밖에서 하는 보수작업을 승인받은 때

③ 보세구역 장치물품의 멸실 · 폐기로 관세를 징수하는 물품 : 해당 물품이 멸실되거나 폐기된 때

④ 보세공장외 작업, 보세건설장외 작업의 허가기간이 경과하거나 종합보세구역 외 작업 기간이 경과하여 관세를 징수하는 물품 : 보세공장 외 작업, 보세건설장 외 작업 또는 종합보세구역 외 작업을 허가받거나 신고한 때

⑤ 보세운송기간 경과하여 관세를 징수하는 물품 : 보세운송을 신고하거나 승인받은 때

⑥ 수입신고가 수리되기 전에 소비 또는 사용하는 물품(제 239조의 규정에 따라 소비 또는 사용을 수입으로 보지 아니하는 물품을 제외한다) : 해당 물품을 소비하거나 사용한 때

⑦ 수입신고 전 즉시 반출신고를 하고 반출한 물품 : 수입신고 전 즉시 반출신고를 한 때

⑧ 우편에 의하여 수입되는 물품(수입신고 대상 우편물을 제외) : 통관우체국에 도착된 때

⑨ 도난물품 또는 분실물품 : 해당 물품이 도난되거나 분실된 때

⑩ 관세법의 규정에 따라 매각 되는 물품 : 해당 물품이 매각된 때

⑪ 수입신고를 하지 아니하고 수입된 물품('①' 내지 '⑩'에 규정된 것을 제외한다) : 수입된 때

3 적용법령(법 제17조)

1. 의의

관세의 부과는 조세법률주의에 따라 법률이 정하는 바에 따라 법령에 근거를 두어야 한다. 원칙적으로 과세물건의 확정시기와 동일한 시기로 하는 것이 원칙이며, 수입통관 절차를 거치는 동안에 법령이 개정되는 경우 어느 시점의 법령을 적용할지 미리 정해두어야 한다.

2. 원칙

관세는 수입신고 당시의 법령에 따라 부과한다.

3. 예외적인 시기

(1) **법 제16조 단서(예외적인 과세물건의 확정시기)에 해당하는 물품**: 그 사실이 발생한 날에 시행하는 법령에 따라 부과한다.

(2) **보세건설장에 반입된 외국물품**: 사용 전 수입신고가 수리된 날

02 납세의무자

1 관세의 납세의무자

1. 의의

납세의무자는 국가에 대하여 세액을 납부하여야 할 법률상 의무를 지는 자를 말한다. 물품이 수입되는 방법은 정상수입신고에 의하여 수입되는 방법(원칙적 납세의무자)과 정상수입신고에 의하지 아니하고 수입되는 방법(특별 납세의무자)이 있다. 이때 원칙적 납세의무자와 특별납세의무자를 본래의 납세의무자라고 하며, 관세의 징수를 확보하기 위하여 본래의 납세의무자 외의 자에게 납세의무를 지우게 될 때 이를 확장된 납세의무자라 한다.

PART 02

2. 원칙적인 납세의무자(법 제19조)

(1) 수입화주

수입신고를 한 물품에 대해서는 그 물품을 수입한 화주가 관세의 납세의무자가 된다.

(2) 화주가 불분명한 경우

화주가 불분명한 경우에는 다음에 해당하는 자를 화주로 본다.

① **수입을 위탁받아 수입업체가 대행수입한 물품인 경우**: 그 물품의 수입을 위탁한 자

② **수입을 위탁받아 수입업체가 대행수입한 물품이 아닌 경우**: 대통령령으로 정하는 상업서류(송품장 · 선하증권 · 항공화물운송장)에 적힌 수하인

③ **수입물품을 수입신고 전에 양도한 경우**: 그 양수인

3. 특별납세의무자(법 제19조 제1항 제2호부터 제12호까지)

(1) 의의

특별납세의무자란, 일반적인 수입통관절차를 거치지 않고 사실상 수입이 되는 물품에 대하여 별도로 규정한 납세의무자를 말한다.

(2) 특별납세의무자

① **외국물품인 선박용품 · 항공기용품 · 차량용품이나, 국제무역선 · 국제무역기 · 국경출입차량 안에서 판매하는 물품을 허가받은 대로 적재하지 아니하여 관세를 징수하는 물품**: 하역을 허가받은 자

② **보세구역 외 보수작업의 승인기간이 경과하여 관세를 징수하는 물품**: 보세구역 밖에서 하는 보수작업을 승인받은 자

③ **보세구역 장치물품의 멸실 · 폐기로 관세를 징수하는 물품**: 운영인 또는 보관인

④ **보세공장 외 작업, 보세건설장 외 작업의 허가기간이 경과하거나 종합보세구역 외 작업 기간이 경과하여 관세를 징수하는 물품**: 보세공장 외 작업, 보세건설장 외 작업 또는 종합보세구역 외 작업을 허가받거나 신고한 자

⑤ **보세운송기간 경과하여 관세를 징수하는 물품**: 보세운송을 신고하거나 승인받은 자

⑥ **수입신고가 수리되기 전에 소비 또는 사용하는 물품(제239조의 규정에 따라 소비 또는 사용을 수입으로 보지 아니하는 물품을 제외한다)**: 그 소비자 또는 사용자

⑦ **수입신고전 즉시반출신고를 하고 반출한 물품**: 해당물품을 즉시 반출한 자

⑧ **우편에 의하여 수입되는 물품(수입신고 대상 우편물을 제외)**: 수취인

⑨ **도난물품 또는 분실물품**

㉠ **보세구역 장치물품**: 운영인 또는 화물관리인

㉡ **보세운송물품**: 보세운송을 신고하거나 승인을 받은 자

㉢ **기타 물품**: 그 보관인 또는 취급인

⑩ 관세법 또는 다른 법률의 규정에 따라 별도의 납세의무자로 규정된 자

⑪ **기타 물품**: 그 소유자 또는 점유자

4. 연대납세의무자(법 제19조 제1항, 제5항부터 제7항)

(1) 의의

연대납세의무란 동일한 납세의무에 관하여 각각 독립하여 전액의 납부의무를 부담하고, 그 가운데의 1인이 전액을 납부하면 모든 납세의무자의 납부의무가 소멸하는 납세의무를 말한다. 관세법에 따라 관세・가산세 및 강제징수비를 연대하여 납부할 의무에 관하여는 「민법」 제413조부터 제416조까지, 제419조, 제421조, 제423조 및 제425조부터 제427조까지의 규정을 준용한다.

(2) 연대납세의무자

① **신고인**: 수입신고가 수리된 물품 또는 수입신고수리전 반출승인을 받아 반출된 물품에 대하여 납부하였거나 납부하여야 할 관세액에 미치지 못하는 경우 해당 물품을 수입한 화주의 주소 및 거소가 분명하지 아니하거나 수입신고인이 화주를 명백히 하지 못하는 경우에는 그 신고인이 해당 물품을 수입한 화주와 연대하여 해당 관세를 납부하여야 한다.

② **공유자 또는 공동사업자**: 수입신고물품이 공유물이거나 공동사업에 속하는 물품인 경우 그 공유자 또는 공동사업자인 납세의무자가 물품에 관계되는 관세・가산세 및 강제징수비를 연대하여 납부할 의무를 진다.

③ **수입신고인 및 납세의무자로 신고된 자와 해당 물품을 수입신고하는 때의 화주**: 수입신고인이 수입신고를 하면서 수입신고하는 때의 화주가 아닌 자를 납세의무자로 신고한 경우 수입신고인 또는 납세의무자로 신고된 자가관세법 제270조제1항 또는 제4항에 따른 관세포탈 또는 부정감면의 범죄를 범하거나 관세법 제271조제1항(제270조제1항 또는 제4항에 따른 행위를 교사하거나 방조한 경우에 한정한다)에 따른 범죄를 범하여 유죄의 확정판결을 받은 경우 그 수입신고인 및 납세의무자로 신고된 자와 해당 물품을 수입신고하는 때의 화주(다만, 관세포탈 또는 부정감면으로 얻은 이득이 없는 수입신고인 또는 납세의무자로 신고된 자는 제외한다)가 물품 관계되는 관세・가산세 및 강제징수비를 연대하여 납부할 의무를 진다.

④ **구매대행업자와 수입신고하는 때의 화주**: 구매대행업자[10]가 화주로부터 수입물품에 대하여 납부할 관세 등에 상당하는 금액을 수령하고, 수입신고인 등에게 과세가격 등의 정보를 거짓으로 제공한 경우 구매대행업자와 수입신고하는 때의 화주가 연대하여 납부할 의무를 진다.

⑤ **특별납세의무자 규정에 따른 2인 이상의 자**: 특별납세의무자 규정에 따라 납세의무자가 2인 이상인 경우 그 2인 이상의 납세의무자가 관세·가산세 및 강제징수비를 연대하여 납부할 의무를 진다.

⑥ **존속법인 및 신회사**: 다음에 해당되는 경우 국세기본법 제25조 제2항부터 제4항[11]까지의 규정을 준용하여 분할되는 법인이나 분할 또는 분할합병으로 설립되는 법인, 존속하는 분할합병의 상대방 법인 및 신회사가 관세·가산세 및 강제징수비를 연대하여 납부할 의무를 진다.

㉠ 법인이 분할되거나 분할합병되는 경우

㉡ 법인이 분할 또는 분할합병으로 해산하는 경우

㉢ 법인이 「채무자 회생 및 파산에 관한 법률」 제215조에 따라 신회사를 설립하는 경우

분할납부 승인 법인에 대한 연대납세의무(법 제107조 제6항)

관세의 분할납부를 승인받은 법인이 합병·분할 또는 분할합병된 경우에는 합병·분할 또는 분할합병 후에 존속하거나 합병·분할합병으로 설립된 법인이 연대하여 관세를 납부하여야 한다.

5. 납세의무의 승계(법 제19조 제4항)

법인이 합병하거나 상속이 개시된 경우에는 국세기본법 제23조[12] 및 제24조[13]를 준용하여 관세·가산세 및 강제징수비의 납세의무를 승계한다. 이 경우 세무서장은 세관장으로 본다.

납세의무자의 경합(법 제19조 제2항)

원칙적인 납세의무자인 화주 또는 연대납세의무자인 신고인과 특별납세의무자가 경합되는 경우에는 특별납세의무자로 규정된 자를 납세의무자로 한다.

---

10) **법 제19조(납세의무자) 제5항 다목**

1) 자가사용물품을 수입하려는 화주의 위임에 따라 해외 판매자로부터 해당 수입물품의 구매를 대행하는 자

2) 사이버몰 등을 통하여 해외로부터 구매 가능한 물품의 정보를 제공하고 해당 물품을 자가사용물품으로 수입하려는 화주의 요청에 따라 그 물품을 구매해서 판매하는 자

11) **국세기본법 제25조(연대납세의무)**

① 공유물, 공동사업 또는 그 공동사업에 속하는 재산에 관계되는 국세·강제징수비는 공유자 또는 공동사업자가 연대하여 납부할 의무를 진다.

② 법인이 분할되거나 분할합병되는 경우 분할되는 법인에 대하여 분할일 또는 분할합병일 이전에 부과되거나 납세의무가 성립한 국세 및 강제징수비는 다음 각 호의 법인이 연대하여 납부할 의무를 진다.

1. 분할법인
2. 분할 또는 분할합병으로 설립되는 법인
3. 분할되는 법인의 일부가 다른 법인과 합병하여 그 다른 법인이 존속하는 경우 그 다른 법인

③ 법인이 분할 또는 분할합병으로 해산하는 경우 해산하는 법인에 부과되거나 그 법인이 납부할 국세 및 강제징수비는 다음 각 호의 법인이 연대하여 납부할 의무를 진다.

1. 분할 또는 분할합병으로 설립되는 법인
2. 존속하는 분할합병의 상대방 법인

④ 법인이 「채무자 회생 및 파산에 관한 법률」 제215조에 따라 신회사를 설립하는 경우 기존의 법인에 부과되거나 납세의무가 성립한 국세·및 강제징수비는 신회사가 연대하여 납부할 의무를 진다.

6. 보충적 납세의무자

(1) 납세보증자(법 제19조 제3항)

납세보증자란, 관세법 또는 다른 법령이나 조약·협정 등의 규정에 따라 관세의 납부를 보증한 자를 말하며, 관세의 납부를 보증한 자는 보증액의 범위에서 관세의 납세의무를 진다.

(2) 제2차 납세의무자(법 제19조 제8항, 제9항)

관세의 담보로 제공된 것이 없고 납세의무자와 관세의 납부를 보증한 자가 납세의무를 이행하지 아니하는 경우에, 국세기본법상의 제2차 납세의무자(법인, 청산인, 출자자, 사업양수인)가 납세의무를 진다.

(3) 양도담보권자의 물적 납세의무(법 제19조 제10항)

납세의무자(관세의 납부를 보증한 자와 제2차납세의무자를 포함)가 관세·가산세 또는 강제징수비를 체납한 경우 그 납세의무자에게 양도담보재산이 있을 경우에는 그 납세의무자의 다른 재산에 대하여 강제징수를 집행하여도 징수하여야 하는 금액에 미치지 못한 경우에만 그 양도담보재산으로써 납세의무자의 관세·가산세 및 강제징수비를 징수할 수 있다.

① 관세·강제징수비를 체납하고 있어야 한다.

② 납세의무자의 다른 재산에 대하여 강제징수를 집행하여도 징수하여야 하는 금액에 부족하여야 한다.

③ 관세의 납세신고일(부과고지의 경우에는 납부고지서의 발송일) 이후에 담보의 목적이 된 양도담보재산이어야 한다.

④ 양도담보권자의 물적 납세의무는 양도담보재산을 한도로 한다.

---

12) **국세기본법 제23조(법인의 합병으로 인한 납세의무의 승계)**
법인이 합병한 경우 합병 후 존속하는 법인 또는 합병으로 설립된 법인은 합병으로 소멸된 법인에 부과되거나 그 법인이 납부할 국세, 강제징수비를 납부할 의무를 진다.

13) **국세기본법 제24조(상속으로 인한 납세의무의 승계)**
① 상속이 개시된 때에 그 상속인 또는 「민법」 제1053조에 규정된 상속재산관리인은 피상속인에게 부과되거나 그 피상속인이 납부할 국세·강제징수비를 상속으로 받은 재산의 한도에서 납부할 의무를 진다.
② 제1항에 따른 납세의무 승계를 피하면서 재산을 상속받기 위하여 피상속인이 상속인을 수익자로 하는 보험계약을 체결하고 상속인은 「민법」 제1019조제1항에 따라 상속을 포기한 것으로 인정되는 경우로서 상속포기자가 피상속인의 사망으로 인하여 보험금(「상속세 및 증여세법」 제8조에 따른 보험금을 말한다. 이하 이 조에서 같다)을 받는 때에는 상속포기자를 상속인으로 보고, 보험금을 상속받은 재산으로 보아 제1항을 적용한다.
③ 제1항의 경우에 상속인이 2명 이상일 때에는 각 상속인은 피상속인에게 부과되거나 그 피상속인이 납부할 국세 및 강제징수비를 「민법」 제1009조·제1010조·제1012조 및 제1013조에 따른 상속분(다음 각 호의 어느 하나에 해당하는 경우에는 대통령령으로 정하는 비율로 한다)에 따라 나누어 계산한 국세 및 강제징수비를 상속으로 받은 재산의 한도에서 연대하여 납부할 의무를 진다. 이 경우 각 상속인은 그들 중에서 피상속인의 국세 및 강제징수비를 납부할 대표자를 정하여 대통령령으로 정하는 바에 따라 관할 세무서장에게 신고하여야 한다.
1. 상속인 중 수유자가 있는 경우
2. 상속인 중 「민법」 제1019조제1항에 따라 상속을 포기한 사람이 있는 경우
3. 상속인 중 「민법」 제1112조에 따른 유류분을 받은 사람이 있는 경우
4. 상속으로 받은 재산에 보험금이 포함되어 있는 경우
④ 제1항의 경우에 상속인이 있는지 분명하지 아니할 때에는 상속인에게 하여야 할 납부의 고지·독촉이나 그 밖에 필요한 사항은 상속재산관리인에게 하여야 한다.
⑤ 피상속인에게 한 처분 또는 절차는 제1항에 따라 상속으로 인한 납세의무를 승계하는 상속인이나 상속재산관리인에 대해서도 효력이 있다.

2 납세의무의 확장

1. 의의

납세의무의 확장이란, 본래의 납세의무자로부터 관세를 징수할 수 없는 경우, 관세채권 확보를 위해 본래의 납세의무자와 일정한 관계에 있는 자에게 관세 납세의무를 부담시키는 것을 말한다.

2. 일반적인 경우

원칙적인 납세의무자인 화주 또는 특별납세의무자가 납세의무를 이행하지 않은 경우, 납세보증자가 납부의무를 지며, 납세보증자 또한 납세의무를 이행하지 않은 경우 제2차 납세의무자, 양도담보권자의 순으로 납세의무가 확장된다.

3. 연대납세의무

수입신고수리된 물품(수입신고 수리 전 반출승인을 얻어 반출된 물품 포함)에 대하여 사후에 납부세액이 부족한 경우, 화주의 주소 및 거소가 불명한 경우, 신고인이 화주를 명백히 하지 못하는 경우 및 법인이 합병하거나 상속이 개시된 경우 그 신고인은 해당 물품을 수입한 화주와 연대하여 해당 관세를 납부하여야 하며, 분할납부승인을 얻은 법인이 합병·분할·분할합병된 경우에는 합병·분할·분할합병 후 존속하거나 그로 인해 설립된 법인이 연대하여 관세를 납부하여야 한다.

4. 용도세율 · 조건부감면 · 분할납부 적용 대상 물품(법 제83조, 제102조, 제107조)

용도세율·조건부감면·분할납부 적용 대상 물품을 사후관리기간 내에 용도 외 사용할 자에게 양도한 경우 양도인으로부터 관세를 징수하고, 양도인으로부터 징수할 수 없는 경우에는 양수인으로부터 관세를 징수한다.

5. 시설대여업자(법 제105조)

「여신전문금융업법」에 따른 시설대여업자가 관세법에 따라 관세가 감면되거나 분할납부되는 물품을 수입할 때에는 관세법 제19조에도 불구하고 대여시설 이용자를 납세의무자로 하여 수입신고를 할 수 있다. 이 경우 납세의무자는 대여시설 이용자가 된다. 그러나 관세를 감면받거나 분할납부를 승인받은 물품에 대하여 관세를 징수하는 경우 납세의무자인 대여시설 이용자로부터 관세를 징수할 수 없을 때에는 시설대여업자로부터 징수한다.

03 과세표준

1 과세표준

1. 의의

(1) 과세표준과 관세평가

① **과세표준**: 관세의 과세요건은 과세물건, 납세의무자, 세율 및 과세표준의 4대 요건이 있는바, 이 중 세액을 실제로 산출하는 데 기준이 되는 것은 과세표준과 세율이라고 할 수 있다. 즉, '과세표준×관세율 = 관세액'이 되는 것이므로, 과세표준은 관세액 결정의 2대요건 중의 하나이다. 여기에서 과세표준이란 세법에 의하여 직접적으로 세액산출의 기초가 되는 과세물건의 가격 또는 수량을 말하며, 관세의 과세표준은 수입물품의 가격 또는 수량이 된다.
우리나라는 수입물품 대부분의 과세표준을 수입물품의 가격으로 하는 종가세 주의를 취하고 있기 때문에 사실상 관세의 과세표준이라 함은 과세가격을 의미한다.

② **관세평가**: 관세평가란 수입물품의 과세가격을 결정하는 절차와 방법을 말한다. 종가세 대상물품의 경우 관세액을 산출하기 위한 과세표준은 수입물품의 가격인데, 이 가격을 과세표준으로 하는 수입물품에 대하여 정하여진 원칙에 따라 관세의 과세가격을 결정하는 절차를 관세평가라 한다.

(2) 관세평가의 목적

관세평가의 목적은 수입물품의 저가신고를 방지하여 관세수입을 확보하고, 부정무역 및 불공정무역을 방지하며, 아울러 고가신고로 인한 부당한 외화도피 및 조세회피와 합법적인 무역거래를 가장한 불법자금 세탁행위를 방지함으로써 공평하고 적정한 과세확보를 도모하는 데 그 목적이 있다. 또한 관세평가제도의 국제적 통일은 각국의 자의적인 관세평가 운용에 의한 무역확대의 장애요소를 제거하여 무역마찰을 줄이고 자유무역의 진흥에 기여한다.

(3) 과세가격 결정방법

과세가격 결정방법에는 6가지 방법이 있다. 각 방법은 순차적으로 적용하되, 납세의무자의 요청이 있는 경우 제5방법을 제4방법에 우선하여 적용할 수 있다. 이 경우 제5방법에 따라 결정할 수 없을 때에는 제4방법, 제6방법의 순서에 따라 과세가격을 결정한다.

제1방법(법 제30조)	해당 물품의 거래가격을 기초로 한 과세가격 결정방법
제2방법(법 제31조)	동종·동질 물품의 거래가격을 기초로 한 과세가격 결정방법
제3방법(법 제32조)	유사물품의 거래가격을 기초로 한 과세가격 결정방법
제4방법(법 제33조)	국내판매가격을 기초로 한 과세가격 결정방법
제5방법(법 제34조)	산정가격을 기초로 한 과세가격 결정방법
제6방법(법 제35조)	합리적 기준에 의한 과세가격 결정방법

(4) 과세가격 결정원칙(법 제30조)

수입물품의 과세가격은 우리나라에 수출하기 위하여 판매되는 물품에 대하여 구매자가 실제로 지급하였거나 지급할 가격에 법정가산요소를 가산하고 조정한 거래가격이다.

2. 제1평가방법 적용 요건

(1) 의의

우리나라에 수출・판매되는 물품일 것 → 법정가산요소를 객관적이고 수량화할 수 있을 것 → 가격결정에 영향을 미치지 아니할 것 → 합리적 의심에 대해 입증책임을 다할 것

(2) 우리나라에 수출・판매되는 물품

1) 의의: 우리나라에 수출하기 위하여 판매되는 물품이란 해당 물품을 우리나라에 도착하게 한 원인이 되는 거래를 통해 판매되는 물품을 말한다. 주로 소유권 이전이 이루어지는 거래형태를 의미한다.

2) 우리나라에 수출・판매되는 물품이 아닌 것(영 제17조)

① 무상으로 국내에 도착하는 물품
② 국내 도착 후 경매 등을 통해 판매가격이 결정되는 위탁판매물품
③ 수출자의 책임으로 국내에서 판매하기 위해 국내에 도착하는 물품
④ 별개의 독립된 법적 사업체가 아닌 지점 등과의 거래에 따라 국내에 도착하는 물품
⑤ 임대차계약에 따라 국내에 도착하는 물품
⑥ 무상으로 임차하여 국내에 도착하는 물품
⑦ 산업쓰레기 등 수출자의 부담으로 국내에서 폐기하기 위해 국내에 도착하는 물품

(3) 객관적이고 수량화할 수 있는 자료에 근거

과세가격결정시 구매자 실제지급금액에 법정가산금액을 더할 경우에는 일반적으로 인정된 회계원칙에 따라 객관적이고 수량화할 수 있는 자료에 근거하여야 한다.

(4) 가격결정에 영향을 미치지 아니할 것(법 제30조 제3항)

다음 어느 하나에 해당하는 경우에는 거래가격을 해당 물품의 과세가격으로 하지 아니하고 관세법 제31조부터 제35조까지(제2방법부터 제6방법 까지)에 규정된 방법으로 과세가격을 결정한다. 이 경우 세관장은 판단 근거를 납세의무자에게 미리 서면으로 통보하여 의견을 제시할 기회를 주어야 한다.

1) 처분 또는 사용의 제한

① 처분 또는 사용에 제한이 있는 경우

㉠ 전시용・자선용・교육용 등 해당 물품을 특정용도로 사용하도록 하는 제한
㉡ 해당 물품을 특정인에게만 판매 또는 임대하도록 하는 제한
㉢ 기타 해당 물품의 가격에 실질적으로 영향을 미치는 제한

② 인정되는 처분 또는 사용의 제한

㉠ 우리나라의 법령이나 법령에 의한 처분에 의하여 부과되거나 요구되는 제한

㉡ 수입물품이 전매될 수 있는 지역의 제한

㉢ 그 밖에 수입물품의 특성, 해당 산업부문의 관행 등을 고려하여 통상적으로 허용되는 제한으로서 수입가격에 실질적으로 영향을 미치지 아니한다고 세관장이 인정하는 제한

2) 금액으로 계산할 수 없는 조건 또는 사정에 의한 영향을 받은 경우

① 구매자가 판매자로부터 특정수량의 다른 물품을 구매하는 조건으로 해당 물품의 가격이 결정되는 경우

② 구매자가 판매자에게 판매하는 다른 물품의 가격에 따라 해당 물품의 가격이 결정되는 경우

③ 판매자가 반제품을 구매자에게 공급하고 그 대가로 그 완제품이 일정수량을 받는 조건으로 해당 물품의 가격이 결정되는 경우

3) 수입한 후에 전매 · 처분 또는 사용하여 생긴 수익의 일부가 판매자에게 직접 또는 간접으로 귀속되는 경우(다만, 적절히 조정할 수 있는 경우는 제외한다.)

4) 구매자와 판매자 간에 대통령령으로 정하는 특수관계가 있어 그 특수관계가 해당 물품의 가격에 영향을 미친 경우(다만, 해당 산업부분의 정상적인 가격 결정 관행에 부합하는 방법으로 결정된 경우 등은 제외)

① 특수관계의 범위(영 제23조)

㉠ 구매자와 판매자가 상호 사업상의 임원 또는 관리자인 경우

㉡ 구매자와 판매자가 상호 법률상의 동업자인 경우

㉢ 구매자와 판매자가 고용관계에 있는 경우

㉣ 특정인이 구매자 및 판매자의 의결권 있는 주식을 직접 또는 간접으로 5퍼센트 이상 소유하거나 관리하는 경우

㉤ 구매자 및 판매자중 일방이 상대방에 대하여 법적으로 또는 사실상으로 지시나 통제를 할 수 있는 위치에 있는 등 일방이 상대방을 직접 또는 간접으로 지배하는 경우

㉥ 구매자 및 판매자가 동일한 제3자에 의하여 직접 또는 간접으로 지배를 받는 경우

㉦ 구매자 및 판매자가 동일한 제3자를 직접 또는 간접으로 공동지배하는 경우

㉧ 구매자와 판매자가 친족관계에 있는 경우

② 특수관계가 물품의 가격에 영향을 미치지 않는 경우

㉠ 특수관계가 없는 구매자와 판매자간에 통상적으로 이루어지는 가격결정방법으로 결정된 경우

㉡ 당해 산업부문의 정상적인 가격결정 관행에 부합하는 방법으로 결정된 경우

㉢ 해당 물품의 가격이 다음의 어느 하나의 가격에 근접하는 가격으로서 기획재정부령으로 정하는 가격에 해당함을 구매자가 입증하는 경우

- 특수관계가 없는 우리나라의 구매자에게 수출되는 동종 · 동질물품 또는 유사물품의 거래가격
- 법 제33조(4방법) 및 법 제34조(5방법)의 규정에 의하여 결정되는 동종 · 동질물품 또는 유사물품의 과세가격

"기획재정부령이 정하는 가격"이란 수입가격과 비교가격과의 차이가 비교가격을 기준으로 하여 비교할 때 100분의 10이하인 경우를 말한다. 다만, 세관장은 해당 물품의 특성·거래내용·거래관행 등으로 보아 그 수입가격이 합리적이라고 인정되는 경우에는 비교가격의 100분의 110을 초과하더라도 비교가격에 근접한 것으로 볼 수 있으며, 수입가격이 불합리한 가격이라고 인정되는 경우에는 비교가격의 100분의 110 이하인 경우라도 비교가격에 근접한 것으로 보지 아니할 수 있다.
비교가격은 비교의 목적으로만 사용되어야 하며, 비교가격을 과세가격으로 결정하여서는 아니 된다.
"비교가격 산출의 기준시점"이란, 다음과 같다.
① 특수관계가 없는 우리나라의 구매자에게 수출되는 동종·동질물품 또는 유사물품의 거래가격: 선적 시점
② 법 제33조에 따라 결정되는 동종·동질물품 또는 유사물품의 과세가격: 국내판매 시점
③ 법 제34조에 따라 결정되는 동종·동질물품 또는 유사물품의 과세가격: 수입신고 시점
해당 물품의 가격과 비교가격을 비교할 때에는 거래단계, 거래수량 및 법 제30조제1항 각 호의 금액의 차이 등을 고려해야 한다.
해당 산업부문의 정상적인 가격결정 관행에 부합하는 방법으로 규정을 적용받고자 하는 자는 관세청장이 정하는 바에 따라 가격신고를 하는 때에 그 증명에 필요한 자료를 제출하여야 한다.

(5) 합리적 의심에 대한 입증 책임(법 제30조 제4항, 제5항)

1) 의의: 세관장은 납세의무자가 신고한 가격이 동종·동질물품 또는 유사물품의 거래가격과 현저한 차이가 있는 등 이를 과세가격으로 인정하기 곤란한 경우로서 대통령령으로 정하는 바에 따라 납세의무자에게 신고가격이 사실과 같음을 증명할 수 있는 자료를 제출할 것을 요구[14)]할 수 있다. 납세의무자가 자료제출을 하지 않는 등 입증책임 의무를 다하지 못하는 경우 세관장은 거래가격을 해당 물품의 과세가격으로 인정하지 아니하고 관세법 제31조부터 제35조까지(제2방법부터 제6방법까지)에 규정된 방법으로 과세가격을 결정한다.

2) 합리적 의심 사유(영 제24조)

① 납세의무자가 신고한 가격이 동종·동질물품 또는 유사물품의 가격과 현저한 차이가 있는 경우
② 납세의무자가 동일한 공급자로부터 계속하여 수입하고 있음에도 불구하고 신고한 가격에 현저한 변동이 있는 경우
③ 신고한 물품이 원유·광석·곡물 등 국제거래시세가 공표되는 물품인 경우 신고한 가격이 그 국제거래시세와 현저한 차이가 있는 경우
④ 신고한 물품이 원유·광석·곡물 등으로서 국제거래시세가 공표되지 않는 물품인 경우 관세청장 또는 관세청장이 지정하는 자가 조사한 수입물품의 산지 조사가격이 있는 때에는 신고한 가격이 그 조사가격과 현저한 차이가 있는 경우
⑤ 납세의무자가 거래선을 변경한 경우로서 신고한 가격이 종전의 가격과 현저한 차이가 있는 경우
⑥ 기타 위에 준하는 사유로서 기획재정부령으로 정하는 경우

---

14) **시행령 제24조(과세가격 불인정의 범위 등) 제2항**
자료제출을 요구하는 경우 그 사유와 자료제출에 필요한 기간(자료제출 요구일로부터 15일로 한다. 다만, 부득이한 사유로 납세의무자가 자료제출 기간 연장을 요청하는 경우에는 세관장이 해당 사유를 고려하여 타당하다고 인정하는 기간)을 적은 서면으로 해야 한다.

3) **과세가격 불인정 사유**: 세관장은 다음의 사유에 해당하는 경우 빠른 시일 내에 과세가격 결정을 하기 위하여 납세의무자와 정보교환 등 적절한 협조가 이루어지도록 노력하여야 하고, 신고가격을 과세가격으로 인정하기 곤란한 사유와 과세가격 결정 내용을 해당 납세의무자에게 통보하여야 한다.

① 납세의무자가 세관장이 요구한 신고가격이 사실과 같음을 증명할 수 있는 자료를 제출하지 아니한 경우

② 세관장의 요구에 따라 제출한 자료가 일반적으로 인정된 회계원칙에 부합하지 아니하게 작성된 경우

③ 납세의무자가 제출한 자료가 수입물품의 거래관계를 구체적으로 나타내지 못하는 경우

④ 그 밖에 납세의무자가 제출한 자료에 대한 사실관계를 확인할 수 없는 등 신고가격의 정확성이나 진실성을 의심할 만한 합리적인 사유가 있는 경우

3. 제1평가방법 과세가격의 결정

(1) 의의

과세가격은 '구매자가 실제로 지급하였거나 지급하여야 할 가격'에 법정가산요소를 가산하여 산출한다.

(2) 구매자가 실제로 지급하였거나 지급하여야 할 가격(법 제30조 제2항)

실제로 지급하였거나 지급하여야 할 가격은 수입물품의 대가로서 구매자가 지급하였거나 지급하여야 할 총 금액을 말하며, 구매자가 해당 수입물품의 대가와 판매자의 채무를 상계(相計)하는 금액, 구매자가 판매자의 채무를 변제하는 금액 및 기타의 간접적인 지급금액[15]을 포함한다.

1) **간접지급금액**: 구매자가 지급하는 실제지급금액에는 다음의 금액이 포함되는 것으로 한다.

① 구매자가 해당 수입물품의 대가와 판매자의 채무를 상계하는 금액

② 구매자가 판매자의 채무를 변제하는 금액

③ 판매자의 요청으로 수입물품의 대가 중 전부 또는 일부를 제3자에게 지급하는 경우 그 지급금액

④ 구매자가 해당 수입물품의 거래조건으로 판매자 또는 제3자가 수행하여야 하는 하자보증[16]을 대신하고 그에 해당하는 금액을 할인받았거나 하자보증비 중 전부 또는 일부를 별도로 지급하는 경우 해당금액

⑤ 수입물품의 거래조건으로 구매자가 지급하는 외국훈련비 또는 외국교육비

⑥ 그 밖에 일반적으로 판매자가 부담하는 금융비용 등을 구매자가 지급하는 경우 그 지급금액

---

15) 법 제30조제1항 각 호의 가산금액 외에 구매자가 자기의 계산으로 행한 활동의 비용은 같은 조 제2항 각 호 외의 부분 본문의 "그 밖의 간접적인 지급액"으로 보지 않는다.(영 제20조의2 제2항)

16) WTO 관세평가협약 예해 20.1의 제5호를 보면 수출자가 구매자에게 하자보증을 제공하는 경우 수출자는 물품가격에 보증비용을 고려할 것이고 이는 가격의 일부를 이룰 것이므로 보증비용이 실제로 지급하였거나 지급하여야 할 가격과 구분되더라도 보증비용은 거래가격의 일부분으로 공제가 허용되지 아니한다.(국심 2003관0138, 2004.2.4.)

2) **구매자 지급금액에서 공제되는 금액**: 구매자가 지급하였거나 지급하여야 할 총 금액에서 다음의 금액을 명백히 구분할 수 있을 경우에는 그 금액을 뺀 금액으로 한다.

① 수입 후에 하는 해당 수입물품의 건설, 설치, 조립, 정비, 유지 또는 해당 수입물품에 관한 기술지원에 필요한 비용

② 수입항에 도착한 후 해당 수입물품을 운송하는 데에 필요한 운임・보험료와 그 밖에 운송과 관련되는 비용

③ 우리나라에서 해당 수입물품에 부과된 관세 등의 세금과 그 밖의 공과금

④ 연불조건(延拂條件)의 수입인 경우에는 해당 수입물품에 대한 연불이자[17]

3) **법정가산금액**: 다음에 해당하는 금액을 더할 경우에는 객관적이고 수량화할 수 있는 자료에 근거하여야 한다. 이러한 자료가 없는 경우에는 제1방법으로 과세가격을 결정하지 아니하고, 제2방법부터 제6방법까지 규정된 방법으로 과세가격을 결정한다.

① 구매자가 부담하는 수수료 및 중개료. 다만, 구매수수료를 제외한다.(수수료 및 중개료)[18]

② 해당 수입물품과 동일체로 취급되는 용기의 비용과 해당 수입물품의 포장에 드는 노무비와 자재비로서 구매자가 부담하는 비용(용기 및 포장비용)

③ 구매자가 해당 수입물품의 생산 및 수출거래를 위하여 무료 또는 인하된 가격으로 대통령령으로 정하는 물품 및 용역을 직접 또는 간접으로 공급할 경우에는 그 물품 및 용역의 가격 또는 인하차액을 해당 수입물품의 총생산량 등 대통령령으로 정하는 요소를 고려하여 적절히 배분한 금액(생산지원비용)

④ 특허권, 실용실안권, 디자인권, 상표권 및 이와 유사한 권리를 사용하는 대가로 지급하는 것으로서 대통령령으로 정하는 바에 따라 산출된 금액(권리사용료)

⑤ 해당 물품을 수입한 후 전매・처분 또는 사용하여 생긴 수익금액 중 판매자에게 직접 또는 간접으로 귀속되는 금액(사후귀속이익)

PART 02

---

17) 구매자가 지급하였거나 지급하여야 할 총금액에서 수입물품에 대한 연불이자를 빼는 경우는 해당 연불이자가 다음의 요건을 모두 갖춘 경우로 한다.(영 제20조의2 제3항)
   1. 연불이자가 수입물품의 대가로 실제로 지급하였거나 지급하여야 할 금액과 구분될 것
   2. 금융계약이 서면으로 체결되었을 것
   3. 해당 물품이 수입신고된 가격으로 판매되고, 그 이자율은 금융이 제공된 국가에서 당시 금융거래에 통용되는 수준의 이자율을 초과하지 않을 것

18) **통칙 제30－0－1조(수수료, 중개료, 구매수수료의 의의)** 법 제30조 제1항 제1호에서 "수수료 및 중개료와 구매수수료"라 함은 다음 각호를 말한다.
   1. 수수료라 함은 해당 수입물품의 거래를 위하여 구매자 또는 판매자 이외의 자가 구매자 또는 판매자를 대리하여 제공하는 용역의 대가로 지급하는 비용을 말한다. 일반적으로 수출자가 부담하는 오퍼수수료(Offer Commission)를 구매자가 부담하는 경우, 해당 수수료를 과세가격에 가산하여야 한다.
   2. 중개료로 함은 해당 수입물품의 거래를 위하여 구매자 또는 판매자 이외의 자가 구매자와 판매자를 위하여 거래알선 또는 중개의 대가로 지급하는 비용을 말한다. 세계각국에 대한 시장조사, 판매자와의 상담, 무역업무에 대한 자문 및 협조 등의 대가로서 장래에 수입하고자 하는 물품가격의 일정비율에 해당하는 금액을 중개회사에 지불하는 경우, 중개회사가 행하는 용역이 외국에서 자신의 책임 하에 하는 것이 아니고 구매자와 판매자간의 거래를 성립시키기 위한 중간역할과 자문에 불과한 경우에는 이에 대한 대가로 지급하는 금액
   3. 구매수수료라 함은 해당 수입물품을 구매하기 위하여 외국에서 구매자만을 위하여 구매자를 대리하여 행하는 용역(공급자를 물색하고, 구매자의 요구사항을 판매자에게 알려주며, 샘플을 수집하고, 물품을 검사하며, 때로는 보험, 운송, 보관 및 인도 등의 업무를 수행함)의 대가로 지급하는 비용을 말한다.

⑥ 수입항(輸入港)까지의 운임・보험료와 그 밖에 운송과 관련되는 비용으로서 대통령령으로 정하는 바에 따라 결정된 금액. 다만, 기획재정부령으로 정하는 물품의 경우에는 이의 전부 또는 일부를 제외할 수 있다.(운송관련비용)

㉠ **수수료 및 중개료**: 물품을 판매하는 자가 지불한 판매에 관련된 비용은 물품가격에 합하여 과세가격을 결정하지만, 구매자가 부담하는 수수료 및 중개료는 판매물품가격에 반영되어 있지 않기 때문에 이를 판매가격에 가산한다. 다만, 판매물품가격에 영향을 미치지 아니하는 구매자가 독자적 판단에 따라 사용된 구매수수료는 가산하지 않는다.

ⓐ 구매수수료의 범위(영 제17조의2)

1. 구매수수료는 해당 수입물품의 구매와 관련하여 외국에서 구매자를 대리하여 행하는 용역의 대가로서 구매자가 구매대리인에게 지급하는 비용으로 한다.
2. 구매자가 구매대리인에게 지급한 비용에 구매수수료 외의 비용이 포함된 경우에는 그 지급한 비용 중 구매수수료에 해당하는 금액이 따로 구분하여 산정될 수 있는 경우에만 해당 금액을 구매수수료로 한다.
3. 세관장은 필요하다고 인정하는 경우 구매수수료에 관한 자료의 제출을 구매자에게 요청할 수 있다.

ⓑ **구매자를 대리하여 행하는 용역의 범위 등**: 구매자를 대리하여 행하는 용역은 구매자의 계산과 위험부담으로 공급자 물색, 구매 관련 사항 전달, 샘플수집, 물품검사, 보험・운송・보관 및 인도 등을 알선하는 용역으로 한다. 다만, 다음 각 호의 어느 하나에 해당하는 경우에는 그러하지 아니하다.

1. 구매대리인이 자기의 계산으로 용역을 수행하는 경우
2. 구매대리인이 해당 수입물품에 대하여 소유권 또는 그 밖의 이와 유사한 권리가 있는 경우
3. 구매대리인이 해당 거래나 가격을 통제하여 실질적인 결정권을 행사하는 경우

㉡ **용기 및 포장비용**: 물품의 용기 및 포장비용은 해당 물품과 동일체로 취급하여, 구매자가 해당 물품의 용기 및 포장비용에 대해 부담한 비용은 과세가격 산출시 가산한다.

㉢ **생산지원비용**: 생산지원비용이란 구매자가 해당 수입물품의 생산 및 수출거래를 위하여 대통령령으로 정하는 물품 및 용역을 무료 또는 인하된 가격으로 직접 또는 간접으로 공급한 경우 그 가격 또는 인하차액을 해당 수입물품의 총 생산량 등 대통령령으로 정하는 요소를 고려하여 적절히 배분한 금액을 말한다.

ⓐ 생산지원 물품 및 용역의 범위(영 제18조 규칙 제4조)

1. 수입물품에 결합되는 재료・구성요소・부분품 및 그 밖에 이와 비슷한 물품
2. 수입물품의 생산에 사용되는 공구・금형・다이스 및 수입물품의 조립・가공・성형 등의 생산과정에 직접 사용되는 기계・기구

3. 수입물품의 생산과정에 소비되는 물품
4. 수입물품의 생산에 필요한 기술[19] · 설계 · 고안 · 공예 및 디자인. 다만, 우리나라에서 개발된 것은 제외한다.

ⓑ 생산지원 비용의 결정

1. **당해 물품 및 용역을 영 제23조제1항의 규정에 의한 특수관계가 없는 자로부터 구입 또는 임차하여 구매자가 공급하는 경우**: 그 구입 또는 임차하는 데에 소요되는 비용과 이를 생산장소까지 운송하는 데에 소요되는 비용을 합한 금액
2. **당해 물품 및 용역을 구매자가 직접 생산하여 공급하는 경우**: 그 생산비용과 이를 수입물품의 생산장소까지 운송하는 데에 소요되는 비용을 합한 금액
3. **당해 물품 및 용역을 구매자와 영 제23조제1항의 규정에 의한 특수관계에 있는 자로부터 구입 또는 임차하여 공급하는 경우**: 다음 각 목의 어느 하나에 따라 산출된 비용과 이를 수입물품의 생산장소까지 운송하는 데에 소요되는 비용을 합한 금액
   가. 해당 물품 및 용역의 생산비용
   나. 특수관계에 있는 자가 해당 물품 및 용역을 구입 또는 임차한 비용
4. **수입물품의 생산에 필요한 기술 · 설계 · 고안 · 공예 및 의장이 수입물품 및 국내생산물품에 함께 관련된 경우**: 당해 기술등이 제공되어 생산된 수입물품에 해당되는 기술등의 금액

ⓒ 생산지원 물품 및 용역금액의 배분 등

① 무료 또는 인하된 가격으로 공급하는 물품 및 용역의 금액(실제 거래가격을 기준으로 산정한 금액을 말하며 국내에서 생산된 물품 및 용역을 공급하는 경우에는 부가가치세를 제외하고 산정한다)을 더하는 경우 다음 각 호의 요소를 고려하여 배분한다.
1. 해당 수입물품의 총생산량 대비 실제 수입된 물품의 비율
2. 공급하는 물품 및 용역이 해당 수입물품 외의 물품 생산과 함께 관련되어 있는 경우 각 생산 물품별 거래가격(해당 수입물품 외의 물품이 국내에서 생산되는 경우에는 거래가격에서 부가가치세를 제외한다) 합계액 대비 해당 수입물품 거래가격의 비율

② 그럼에도 불구하고 납세의무자는 무료 또는 인하된 가격으로 공급하는 물품 및 용역의 가격 또는 인하차액 전액을 최초로 수입되는 물품의 실제로 지급하였거나 지급하여야 할 가격에 배분할 수 있다. 이 경우 수입되는 전체 물품에 관세율이 다른 여러 개의 물품이 혼재된 경우에는 전단에 따른 전액을 관세율이 다른 물품별로 최초로 수입되는 물품의 가격에 안분하여 배분한다.

19) 수입물품의 생산에 필요한 기술은 특허기술 · 노하우 등 이미 개발되어 있는 기술과 새로이 수행하여 얻은 기술로 한다.(규칙 제4조 제2항)

㉣ 권리사용료[20]

해당 물품에 관련되고, 거래조건으로 지급되는 특허권 등의 권리사용료로 구매자가 직접 또는 간접으로 지급하는 금액은 과세가격결정시 가산한다.[21]

ⓐ **관련성**: 특허권·실용신안권·디자인권·상표권·저작권·영업비밀[22]등을 사용하는 대가로 지급하는 금액으로서 수입물품과 관련이 있어야 한다.

다만, 컴퓨터소프트웨어에 대하여 지급하는 권리사용료는 컴퓨터소프트웨어가 수록된 마그네틱테이프·마그네틱디스크·시디롬 및 이와 유사한 물품(관세법 별표 관세율표 번호 제8523호에 속하는 것으로 한정한다)과 관련되지 아니하는 것으로 본다.

- **특허권**: 특허발명품, 방법에 의한 특허에 의하여 생산된 물품, 부분품·구성요소 등에 특허의 내용이 구현되어 있는 물품, 방법에 의한 특허 실시에 적합한 설비·기계·장치
- **디자인권**: 디자인을 표현하는 물품, 국내에서 해당 디자인권에 의하여 생산되는 물품의 부분품 또는 구성요소로서 그 자체에 해당 디자인이 전부 또는 일부가 표현되어 있는 경우
- **상표권**: 수입물품에 상표가 부착되거나 경미한 가공 후에 상표가 부착되는 경우
- **저작권**: 수입물품에 가사·선율·영상·컴퓨터소프트웨어 등이 수록되어 있는 경우
- **실용신안권 및 영업비밀**: 특허권 규정에 준하는 관련이 있는 경우
- **기타**: 위의 규정 중 가장 유사한 권리에 대한 규정에 준하는 관련이 있는 경우

ⓑ **거래조건**[23]: 해당 물품의 거래조건으로 구매자가 직접 또는 간접으로 지급하는 금액이어야 한다.

1. 구매자가 수입물품을 구매하기 위하여 판매자에게 권리사용료를 지급하는 경우
2. 수입물품의 구매자와 판매자간의 약정에 따라 구매자가 수입물품을 구매하기 위하여 해당 판매자가 아닌 자에게 권리사용료를 지급하는 경우

---

20) **통칙 제30-19-7조(우리나라에서 재현하는 권리)** 특정한 고안이나 창안이 구현되어 있는 수입물품이 우리나라에서 재현하는 데에만 사용되고 수입물품 자체가 판매되거나 분배되지 않는 경우, 재현하는 권리 이외의 판매권 등은 의미 없는 공허한 권리에 불과하므로 이러한 수입물품에 대한 권리사용료는 과세대상이 아니다.

21) 구매자가 지급하는 권리사용료에 수입물품과 관련이 없는 물품이나 국내 생산 및 그 밖의 사업 등에 대한 활동 대가가 포함되어 있는 경우에는 전체 권리사용료 중 수입물품과 관련된 권리사용료만큼 가산한다. 이 경우 관세청장은 필요한 계산식을 정할 수 있다.(영 제19조 6항)

22) **시행령 제19조(영업비밀)** 영업비밀이란, 법적권리에는 속하지 아니하지만 경제적 가치를 가지는 것으로서 상당한 노력에 의하여 비밀로 유지된 생산방법, 판매방법 기타 사업활동에 유용한 기술상 또는 경영상의 정보 등을 말한다.

23) **규칙 제4조의2(권리사용료의 산출)** 구매자가 수입물품과 관련하여 판매자가 아닌 자에게 권리사용료를 지급하는 경우 그 권리사용료가 영 제19조제2항에 따른 해당 물품의 거래조건에 해당하는지를 판단할 때에는 다음 각 호를 고려해야 한다.
1. 물품판매계약 또는 물품판매계약 관련 자료에 권리사용료에 대해 기술한 내용이 있는지 여부
2. 권리사용계약 또는 권리사용계약 관련 자료에 물품 판매에 대해 기술한 내용이 있는지 여부
3. 물품판매계약·권리사용계약 또는 각각의 계약 관련 자료에 권리사용료를 지급하지 않는 경우 물품판매계약이 종료될 수 있다는 조건이 있는지 여부
4. 권리사용료가 지급되지 않는 경우 해당 권리가 결합된 물품을 제조·판매하는 것이 금지된다는 조건이 권리사용계약에 있는지 여부
5. 상표권 등 권리의 사용을 허락한 자가 품질관리 수준을 초과하여 우리나라에 수출하기 위해 판매되는 물품의 생산 또는 판매 등을 관리할 수 있는 조건이 권리사용계약에 포함되어 있는지 여부
6. 그 밖에 실질적으로 권리사용료에 해당하는 지급의무가 있고, 거래조건으로 지급된다고 인정할 만한 거래사실이 존재하는지 여부

> 3. 구매자가 수입물품을 구매하기 위하여 판매자가 아닌 자로부터 특허권 등의 사용에 대한 허락을 받아 판매자에게 그 특허권 등을 사용하게 하고 해당 판매자가 아닌 자에게 권리사용료를 지급하는 경우

㉤ **사후귀속이익**[24] : 해당 물품의 수입한 후 전매・처분 또는 사용하여 생긴 수입금액 중 판매자에게 직접 또는 간접으로 귀속되는 금액으로서 화폐단위로 환산하여 확인할 수 있는 금액을 과세가격결정시 가산한다.

㉥ **운송관련비용**: 수입항까지의 운임・보험료[25] 기타 운송에 관련된 비용은 수입물품이 수입항에 도착하여 본선하역준비가 완료될 때까지 수입자가 부담하는 비용[26][27]을 말하며 이 금액은 과세가격 결정시 가산한다.

PART 02

---

24) **시행령 제19조의2(수입물품을 전매・처분 또는 사용하여 생긴 수익금액의 범위)** "해당 수입물품을 수입한 후 전매・처분 또는 사용하여 생긴 수익금액"이란 해당 수입물품의 전매・처분대금, 임대료 등을 말한다. 다만, 주식배당금 및 금융서비스의 대가 등 수입물품과 관련이 없는 금액은 제외한다.

25) **통칙 제30－20－8조(보험료의 과세가격 포함 범위)**
① 보험료는 수입물품에 대하여 실제로 보험에 부보한 경우에만 과세가격에 포함한다.
② 선박의 노후를 이유로 지불한 선박할증보험료는 그 부담자가 누구인지와 관계없이 법 제30조 제1항 제6호 규정의 보험료에 해당된다. 다만, 선박할증보험료를 선박회사가 대납한 경우에는 해당 수입물품의 실제지급가격에 가산하여야 할 운임은 실제로 대납된 선박할증보험료 상당액이 차감된 금액이 된다.

26) **시행령 제20조(운임 등의 결정)**
① 법 제30조제1항제6호의 규정에 의한 운임 및 보험료는 당해 사업자가 발급한 운임명세서・보험료명세서 또는 이에 갈음할 수 있는 서류에 의하여 산출한다.
② 제1항에 따라 운임 및 보험료를 산출할 수 없는 경우의 운임 및 보험료는 운송거리・운송방법 등을 고려하여 기획재정부령으로 정하는 바에 따라 산출한다.
③ 기획재정부령으로 정하는 물품이 항공기로 운송되는 경우에는 제1항에도 불구하고 해당 물품이 항공기 외의 일반적인 운송방법에 의하여 운송된 것으로 보아 기획재정부령으로 정하는 바에 따라 운임 및 보험료를 산출한다.
④ 다음 각 호의 어느 하나에 해당하는 물품의 운임이 통상의 운임과 현저하게 다른 때에는 제1항에도 불구하고 법 제225조제1항에 따른 선박회사 또는 항공사(그 업무를 대행하는 자를 포함한다. 이하 이 항에서 "선박회사등"이라 한다)가 통상적으로 적용하는 운임을 해당 물품의 운임으로 할 수 있다.
1. 수입자 또는 수입자와 특수관계에 있는 선박회사등의 운송수단으로 운송되는 물품
2. 운임과 적재수량을 특약한 항해용선계약에 따라 운송되는 물품(실제 적재수량이 특약수량에 미치지 아니하는 경우를 포함한다)
3. 기타 특수조건에 의하여 운송되는 물품
⑤ 법 제30조제1항제6호 본문에 따른 금액은 해당 수입물품이 수입항에 도착하여 본선하역준비가 완료될 때까지 발생하는 비용으로 한다.
⑥ 제3항에 따라 산출된 운임 및 보험료를 적용받으려는 납세의무자는 해당 물품에 대하여 법 제27조에 따른 가격신고를 할 때 해당 물품이 제3항에 따른 기획재정부령으로 정하는 물품에 해당됨을 증명하는 자료를 세관장에게 제출해야 한다. 다만, 과세가격 금액이 소액인 경우 등으로서 세관장이 자료 제출이 필요하지 않다고 인정하는 경우는 제외한다.

27) **규칙 제4조의3(운임 등의 결정)**
① 영 제20조제2항에 따른 운임은 다음 각 호에 따른다.
1. 법 제241조제2항제3호의2가목에 따른 운송수단이 외국에서 우리나라로 운항하여 수입되는 경우 : 해당 운송수단이 수출항으로부터 수입항에 도착할 때까지의 연료비, 승무원의 급식비, 급료, 수당, 선원 등의 송출비용 및 그 밖의 비용 등 운송에 실제로 소요되는 금액
2. 하나의 용선계약으로 여러가지 화물을 여러 차례에 걸쳐 왕복운송하거나 여러가지 화물을 하나의 운송계약에 따라 일괄운임으로 지급하는 경우 : 수입되는 물품의 중량을 기준으로 계산하여 배분한 운임. 다만, 수입되는 물품의 중량을 알 수 없거나 중량을 기준으로 계산하는 것이 현저히 불합리한 경우에는 가격을 기준으로 계산하여 배분한 운임으로 한다.

4. 제2평가방법(동종 · 동질물품의 거래가격을 기초로 한 과세가격 결정 방법)(법 제31조)

(1) 의의

제1방법(법 제30조의 규정에 의한 과세가격 결정의 원칙적인 방법)으로 과세가격을 결정할 수 없는 경우에는 과세가격으로 인정된 사실이 있는 동종 · 동질물품의 거래가격으로서 일정한 요건을 갖춘 가격을 기초로 하여 과세가격을 결정한다.

(2) 동종 · 동질물품의 범위

동종 · 동질물품이라 함은 해당 수입물품의 생산국에서 생산된 것으로서 물리적 특성, 품질 및 소비자 등의 평판을 포함한 모든 면에서 동일한 물품(외양에 경미한 차이가 있을 뿐 그 밖의 모든 면에서 동일한 물품을 포함한다)을 말한다.

---

3. 운송계약상 선적항 및 수입항의 구분 없이 총 허용정박 시간만 정하여 체선료(滯船料) 또는 조출료(早出料)의 발생장소를 명확히 구분할 수 없는 경우: 총 허용정박 시간을 선적항과 수입항에서의 허용 정박시간으로 반분(半分)하여 계산된 선적항에서의 체선료를 포함한 운임. 이 경우 실제 공제받은 조출료는 운임에 포함하지 않는다.
4. 법 제254조의2제6항에 따라 통관하는 탁송품으로서 그 운임을 알 수 없는 경우: 관세청장이 정하는 탁송품 과세운임표에 따른 운임

② 영 제20조제3항에서 "기획재정부령으로 정하는 물품"이란 다음 각 호의 어느 하나에 해당하는 물품을 말한다.
1. 무상으로 반입하는 상품의 견본, 광고용품 및 그 제조용 원료로서 운임 및 보험료를 제외한 총 과세가격이 20만원 이하인 물품
2. 수출물품의 제조 · 가공에 사용할 외화획득용 원재료로서 세관장이 수출계약의 이행에 필요하다고 인정하여 무상으로 반입하는 물품
3. 계약조건과 다르거나 하자보증기간 안에 고장이 생긴 수입물품을 대체 · 수리 또는 보수하기 위해 무상으로 반입하는 물품
4. 계약조건과 다르거나 하자보증 기간 안에 고장이 생긴 수입물품을 외국으로 반출한 후 이를 수리하여 무상으로 반입하는 물품으로서 운임 및 보험료를 제외한 총 과세가격이 20만원 이하인 물품
5. 계약조건과 다르거나 하자보증 기간 안에 고장이 생긴 수출물품을 수리 또는 대체하기 위해 무상으로 반입하는 물품
6. 신문사, 방송국 또는 통신사에서 반입하는 뉴스를 취재한 사진필름, 녹음테이프 및 이와 유사한 취재물품
7. 우리나라의 거주자가 받는 물품으로서 자가 사용할 것으로 인정되는 것 중 운임 및 보험료를 제외한 총 과세가격이 20만원 이하인 물품
8. 제48조의2제1항에 따른 우리나라 국민, 외국인 또는 재외영주권자가 입국할 때 반입하는 이사화물로서 운임 및 보험료를 제외한 총 과세가격이 50만원 이하인 물품
9. 여행자가 휴대하여 반입하는 물품
10. 항공사가 자기 소유인 운송수단으로 운송하여 반입하는 항공기용품과 외국의 본사 또는 지사로부터 무상으로 송부받은 해당 운송사업에 사용할 소모품 및 사무용품
11. 항공기 외의 일반적인 운송방법으로 운송하기로 계약된 물품으로서 해당 물품의 제작지연, 그 밖에 수입자의 귀책사유가 아닌 사유로 수출자가 그 운송방법의 변경에 따른 비용을 부담하고 항공기로 운송한 물품
12. 항공기 외의 일반적인 운송방법으로 운송하기로 계약된 물품으로서 천재지변이나 영 제2조제1항 각 호에 해당하는 사유로 운송수단을 변경하거나 해외 거래처를 변경하여 항공기로 긴급하게 운송하는 물품

③ 제2항 각 호의 물품은 다음 각 호의 구분에 따라 운임을 산출한다. 이 경우 다음 각 호의 적용 운임이 실제 발생한 항공운임을 초과하는 경우에는 해당 항공운임을 적용한다.
1. 제2항제1호부터 제9호까지의 물품: 우리나라에서 적용하고 있는 선편소포우편물요금표에 따른 요금. 이 경우 물품의 중량이 선편소포우편물요금표에 표시된 최대중량을 초과하는 경우에는 최대중량의 요금에 최대중량을 초과하는 중량에 해당하는 요금을 가산하여 계산한다.
2. 제2항제10호부터 제12호까지의 물품: 법 제225조제1항에 따른 선박회사(그 업무를 대행하는 자를 포함한다)가 해당 물품에 대해 통상적으로 적용하는 운임

④ 영 제20조제3항에 따른 제2항 각 호의 물품에 대한 보험료는 보험사업자가 통상적으로 적용하는 항공기 외의 일반적인 운송방법에 대한 보험료로 계산할 수 있다.

(3) 동종 · 동질물품 거래가격 적용 요건

① 과세가격을 결정하려는 해당 물품의 생산국에서 생산된 것으로서 해당 물품의 선적일에 선적되거나 해당 물품의 선적일[28]을 전후하여 가격에 영향을 미치는 시장 조건이나 상관행에 변동이 없는 기간[29] 중에 선적되어 우리나라에 수입된 것일 것

② 거래단계, 거래수량, 운송거리, 운송형태 등이 해당 물품과 같아야 하며, 두 물품 간에 차이가 있는 경우에는 그에 따른 가격차이를 조정[30]한 가격일 것

(4) 동종 · 동질물품의 거래가격 배제

과세가격으로 인정된 사실이 있는 동종 · 동질물품의 거래가격이라 하더라도 그 가격의 정확성과 진실성을 의심할만한 합리적인 사유가 있는 경우 그 가격은 과세가격 결정의 기초자료에서 제외한다.

PART 02

(5) 동종 · 동질물품 거래가격이 둘 이상인 경우[31]

동종 · 동질물품의 거래가격이 둘 이상 있는 경우에는 생산자, 거래시기, 거래단계, 거래수량 등(거래내용 등) 이 해당 물품과 가장 유사한 것에 해당하는 물품의 가격을 기초로 하고, 거래내용 등이 같은 물품이 둘 이상이 있고 그 가격도 둘 이상이 있는 경우에는 가장 낮은 가격을 기초로 하여 과세가격을 결정한다.

5. 제3평가방법(유사물품의 거래가격을 기초로 한 과세가격 결정 방법)

(1) 의의

제1방법 및 제2방법에 따른 방법으로 과세가격을 결정할 수 없을 경우에는 과세가격으로 인정된 사실이 있는 유사물품의 거래가격으로서 일정한 요건을 갖춘 가격을 기초로 하여 과세가격을 결정한다.

(2) 유사물품의 범위

유사물품이라 함은 해당 수입물품의 생산국에서 생산된 것으로서 모든 면에서 동일하지는 아니하지만 동일한 기능을 수행하고 대체사용이 가능할 수 있을 만큼 비슷한 특성과 비슷한 구성요소를 가지고 있는 물품을 말한다.

---

28) "선적일"은 수입물품을 수출국에서 우리나라로 운송하기 위하여 선적하는 날로 하며, 선하증권, 송품장 등으로 확인한다. 다만, 선적일의 확인이 곤란한 경우로서 해당 물품의 선적국 및 운송수단이 동종 · 동질물품의 선적국 및 운송수단과 동일한 경우에는 같은 호에 따른 "선적일"을 "입항일"로, "선적"을 "입항"으로 본다.(영 제25조 제2항)

29) 해당 물품의 선적일 전 60일과 선적일 후 60일을 합한 기간으로 한다. 다만, 농림축산물 등 계절에 따라 가격의 차이가 심한 물품의 경우에는 선적일 전 30일과 선적일 후 30일을 합한 기간으로 한다.(영 제25조 제3항)

30) 가격차이의 조정은 다음 각 호의 구분에 따른 방법으로 한다.(영 제25조 제4항)
1. 거래 단계가 서로 다른 경우 : 수출국에서 통상적으로 인정하는 각 단계별 가격차이를 반영하여 조정
2. 거래 수량이 서로 다른 경우 : 수량할인 등의 근거자료를 고려하여 가격차이를 조정
3. 운송 거리가 서로 다른 경우 : 운송 거리에 비례하여 가격차이를 조정
4. 운송 형태가 서로 다른 경우 : 운송 형태별 통상적으로 적용되는 가격차이를 반영하여 조정

31) 해당 물품의 생산자가 생산한 동종 · 동질물품은 다른 생산자가 생산한 동종 · 동질물품보다 우선하여 적용한다.(영 제25조 제5항)

(3) 유사물품 거래가격 적용 요건

① 과세가격을 결정하려는 해당 물품의 생산국에서 생산된 것으로서 해당 물품의 선적일에 선적되거나 해당 물품의 선적일을 전후하여 가격에 영향을 미치는 시장 조건이나 상관행에 변동이 없는 기간 중에 선적되어 우리나라에 수입된 것일 것

② 거래단계, 거래수량, 운송거리, 운송형태 등이 해당 물품과 같아야 하며, 두 물품 간에 차이가 있는 경우에는 그에 따른 가격차이를 조정한 가격일 것

(4) 유사물품의 거래가격 배제

과세가격으로 인정된 사실이 있는 동종·동질물품의 거래가격이라 하더라도 그 가격의 정확성과 진실성을 의심할만한 합리적인 사유가 있는 경우 그 가격은 과세가격 결정의 기초자료에서 제외한다.

(5) 유사물품 거래가격이 둘 이상인 경우

동종·동질물품의 거래가격이 둘 이상 있는 경우에는 생산자, 거래시기, 거래단계, 거래수량 등(거래내용 등)이 해당 물품과 가장 유사한 것에 해당하는 물품의 가격을 기초로 하고, 거래내용 등이 같은 물품이 둘 이상이 있고 그 가격도 둘 이상이 있는 경우에는 가장 낮은 가격을 기초로 하여 과세가격을 결정한다.

6. 제4평가방법(국내판매가격을 기초로 한 과세가격 결정 방법)

(1) 의의

제1방법부터 제3방법까지 과세가격을 결정할 수 없는 경우에는 해당 물품 등이 국내에서 판매되는 가격에서 법정공제요소를 뺀 가격을 과세가격으로 한다. 국내에서 판매되는 단위가격이라 하더라도 그 가격의 정확성과 진실성을 의심할만한 합리적인 사유가 있는 경우[32]에는 적용하지 아니한다.

(2) 수입물품의 국내판매가격 등

해당 물품, 동종·동질물품 또는 유사물품이 수입된 것과 동일한 상태로 해당 물품의 수입신고일 또는 수입신고일과 거의 동시에 특수관계가 없는 자에게 가장 많은 수량으로 국내에서 판매되는 단위가격을 기초로 하여 산출한 금액

(3) 국내판매되는 단위가격

국내판매되는 단위가격이란 수입 후 최초의 거래에서 판매되는 단위가격을 말하며 금액을 산출할 때에는 해당 물품, 동종·동질물품, 유사물품의 순서로 적용한다. 이 경우 해당 수입자가 동종·동질물품 또는 유사물품을 판매하고 있는 경우에는 해당 수입자의 판매가격을 다른 수입자의 판매가격에 우선하여 적용한다.

다만, 다음의 가격은 국내판매되는 단위가격으로 보지 아니한다.

① 최초거래의 구매자가 판매자 또는 수출자와 특수관계에 있는 경우

② 최초거래의 구매자가 판매자 또는 수출자에게 수입물품의 생산 또는 거래에 관련하여 사용하도록 물품 및 용역을 무료 또는 인하된 가격으로 공급하는 경우

---

32) 해당 물품의 국내판매가격이 동종·동질물품 또는 유사물품의 국내판매가격보다 현저하게 낮은 경우 등을 말한다.

⑷ 수입신고일과 거의 동시에 판매되는 단위가격

수입신고일과 거의 동시에 판매되는 단위가격은 해당 물품의 종류와 특성에 따라 수입신고일의 가격과 가격변동이 거의 없다고 인정되는 기간내의 판매가격으로 한다. 다만, 수입신고일부터 90일이 경과된 후에 판매되는 가격을 제외한다.

⑸ 공제요소

다음의 해당하는 것은 국내판매되는 단위가격에서 공제해야 할 요소이다.

① 국내판매와 관련하여 통상적으로 지급하였거나 지급하여야 할 것으로 합의된 수수료 또는 동종·동류[33]의 수입물품이 국내에서 판매되는 때에 통상적으로 부가되는 이윤 및 일반경비[34]에 해당하는 금액

② 수입항에 도착한 후 국내에서 발생한 통상의 운임·보험료와 그 밖의 관련 비용[35]

③ 해당 물품의 수입 및 국내판매와 관련하여 납부하였거나 납부하여야 하는 조세와 그 밖의 공과금

⑹ 국내가공을 거치는 경우(초공제 방법)

해당 물품, 동종·동질물품 또는 유사물품이 수입된 것과 동일한 상태로 국내에서 판매되는 사례가 없는 경우 납세의무자가 요청할 때에는 해당 물품이 국내에서 가공된 후 특수관계가 없는 자에게 가장 많은 수량으로 판매되는 단위가격을 기초로 하여 산출된 금액에서 다음 각 호의 금액을 뺀 가격을 과세가격으로 한다.

① 법정공제요소에 해당하는 금액

② 국내 가공에 따른 부가가치

PART 02

---

33) '동종·동류의 수입물품'이라 함은 해당 수입물품이 제조되는 특정산업 또는 산업부문에서 생산되고 해당 수입물품과 일반적으로 동일한 범주에 속하는 물품을 말한다.(동종·동질물품 또는 유사물품을 포함한다)

34) 이윤 및 일반경비는 일체로서 취급하며, 일반적으로 인정된 회계원칙에 따라 작성된 회계보고서를 근거로 하여 다음 각 호의 구분에 따라 계산한다.

1. 납세의무자가 제출한 회계보고서를 근거로 계산한 이윤 및 일반경비의 비율이 제6항 또는 제8항에 따라 산출한 이윤 및 일반경비의 비율(이하 이 조에서 "동종·동류비율"이라 한다)의 100분의 120 이하인 경우: 납세의무자가 제출한 이윤 및 일반경비
2. 제1호 외의 경우: 동종·동류비율을 적용하여 산출한 이윤 및 일반경비

세관장은 관세청장이 정하는 바에 따라 해당 수입물품의 특성, 거래 규모 등을 고려하여 동종·동류의 수입물품을 선정하고 이 물품이 국내에서 판매되는 때에 부가되는 이윤 및 일반경비의 평균값을 기준으로 동종·동류비율을 산출하여야 한다.

세관장은 동종·동류비율 및 그 산출근거를 납세의무자에게 서면으로 통보하여야 한다.

납세의무자는 세관장이 산출한 동종·동류비율이 불합리하다고 판단될 때에는 제7항에 따른 통보를 받은 날부터 30일 이내에 관세청장이 정하는 바에 따라 해당 납세의무자의 수입물품을 통관했거나 통관할 세관장을 거쳐 관세청장에게 이의를 제기할 수 있다. 이 경우 관세청장은 해당 납세의무자가 제출하는 자료와 관련 업계 또는 단체의 자료를 검토하여 동종·동류비율을 다시 산출할 수 있다.

35) "그 밖의 관련 비용"이란 해당 물품, 동종·동질물품 또는 유사물품의 하역, 검수, 검역, 검사, 통관 비용 등 수입과 관련하여 발생하는 비용을 말한다.

7. 제5평가방법(산정가격을 기초로 한 과세가격 결정 방법)

(1) 의의

제1방법부터 제4방법까지 과세가격을 결정할 수 없는 경우에는 해당 수입물품을 구성하는 수입물품의 생산원가, 이윤 및 일반경비 및 수입항까지의 운송관련 비용등을 산정하여 산출한 가격을 기초로 하여 과세가격을 결정한다.

(2) 가산요소

① 해당 물품의 생산에 사용된 원자재 비용 및 조립이나 그 밖의 가공에 드는 비용 또는 그 가격[36)]

② 수출국 내에서 해당 물품과 동종·동류의 물품의 생산자가 우리나라에 수출하기 위하여 판매할 때 통상적으로 반영하는 이윤 및 일반 경비에 해당하는 금액

③ 해당 물품의 수입항까지의 운임·보험료와 그 밖에 운송과 관련된 비용

8. 제6평가방법(합리적 기준에 따른 과세가격 결정 방법)

(1) 의의

제1방법부터 제5방법까지 과세가격을 결정할 수 없는 경우에는 대통령령이 정하는 바에 의하여 제1방법부터 제5방법까지의 원칙과 부합되는 합리적인 기준에 따라 과세가격을 결정한다. 위 방법으로 과세가격을 결정할 수 없을 때에는 국제거래시세·산지조사가격을 조정한 가격을 적용하는 방법 등 거래의 실질 및 관행에 비추어 합리적으로 인정되는 방법에 따라 과세가격을 결정한다.

(2) 최우선 과세가격 결정방법(영 제29조, 규칙 제7조)

① 제2방법 또는 제3방법 규정의 신축적 해석

㉠ 해당 물품의 생산국에서 생산된 것이라는 장소적 요건을 다른 생산국에서 생산된 것으로 확대하여 해석·적용하는 방법

㉡ 해당 물품의 선적일 또는 선적일 전후라는 시간적 요건을 선적일 전후 90일로 확대하여 해석·적용하는 방법. 다만, 가격에 영향을 미치는 시장조건이나 상관행이 유사한 경우에는 90일을 초과하는 기간으로 확대하여 해석·적용할 수 있다.

㉢ 제4방법, 제5방법을 기초로 결정된 가격이 과세가격으로 인정된 바 있는 동종·동질물품 또는 유사물품의 과세가격을 기초로 과세가격을 결정하는 방법

② 제4방법 규정의 신축적 해석

㉠ 납세의무자의 요청이 없는 경우에도 국내 가공에 따른 부가가치를 공제하는 방식으로 과세가격을 결정하는 방법

㉡ 수입신고일부터 90일 이내에 판매되어야 한다는 조건을 180일 이내로 확대 적용하는 방법

③ 기타: 그 밖에 거래의 실질 및 관행에 비추어 합리적이라고 인정되는 방법

---

36) **시행령 제28조(조립 기타 가공에 소요되는 비용 또는 그 가격)**

① 법 제34조제1항제1호에 해당하는 금액은 해당 물품의 생산자가 생산국에서 일반적으로 인정된 회계원칙에 따라 작성하여 제공하는 회계장부 등 생산에 관한 자료를 근거로 하여 산정한다.

② 법 제34조제1항제1호에 따른 조립이나 그 밖의 가공에 드는 비용 또는 그 가격에는 법 제30조제1항제2호에 따른 금액이 포함되는 것으로 하며, 우리나라에서 개발된 기술·설계·고안·디자인 또는 공예에 드는 비용을 생산자가 부담하는 경우에는 해당 비용이 포함되는 것으로 한다.

(3) 사용불가능한 가격

합리적 기준에 의한 과세가격을 결정함에 있어 다음에 해당하는 가격을 기준으로 하여서는 안 된다.

① 우리나라에서 생산된 물품의 국내판매가격

② 선택가능한 가격중 반드시 높은 가격을 과세가격으로 하여야 한다는 기준에 따라 결정하는 가격

③ 수출국의 국내판매가격

④ 동종·동질물품 또는 유사물품에 대하여 5평가방법 외의 방법으로 생산비용을 기초로 하여 결정된 가격

⑤ 우리나라외의 국가에 수출하는 물품의 가격

⑥ 특정수입물품에 대하여 미리 설정하여 둔 최저과세기준가격

⑦ 자의적 또는 가공적인 가격

(4) 특수물품의 과세가격 결정

관세청장은 다음에 해당하는 물품에 대한 과세가격결정에 필요한 기초자료, 금액의 계산방법 등 과세가격결정에 필요한 세부사항을 결정할 수 있다.

① 수입신고전에 변질·손상된 물품[37)]

② 여행자 또는 승무원의 휴대품·우편물·탁송품 및 별송품[38)]

---

37) **규칙 제7조의2(수입신고 전 변질 또는 손상물품의 과세가격의 결정)**
영 제29조제3항제1호에 해당하는 물품의 과세가격은 다음 각 호의 가격을 기초로 하여 결정할 수 있다.
1. 변질 또는 손상으로 인해 구매자와 판매자간에 다시 결정된 가격
2. 변질 또는 손상되지 않은 물품의 가격에서 다음 각 목 중 어느 하나의 금액을 공제한 가격
가. 관련 법령에 따른 감정기관의 손해평가액
나. 수리 또는 개체(改替)비용
다. 보험회사의 손해보상액

38) **규칙 제7조의3(여행자 휴대품·우편물등의 과세가격의 결정)**
① 영 제29조제3항제2호에 따른 여행자 또는 승무원의 휴대품·우편물·탁송품 및 별송품(이하 "여행자 휴대품·우편물등"이라 한다)의 과세가격을 결정하는 때에는 다음 각 호의 가격을 기초로 하여 결정할 수 있다.
1. 신고인의 제출 서류에 명시된 신고인의 결제금액(명칭 및 형식에 관계없이 모든 성격의 지급수단으로 결제한 금액을 말한다)
2. 외국에서 통상적으로 거래되는 가격으로서 객관적으로 조사된 가격
3. 해당 물품과 동종·동질물품 또는 유사물품의 국내도매가격에 관세청장이 정하는 시가역산율을 적용하여 산출한 가격
4. 관련 법령에 따른 감정기관의 감정가격
5. 중고 승용차(화물자동차를 포함한다) 및 이륜자동차에 대해 제1호 또는 제2호를 적용하는 경우 최초 등록일 또는 사용일부터 수입신고일까지의 사용으로 인한 가치감소에 대해 관세청장이 정하는 기준을 적용하여 산출한 가격
6. 그 밖에 신고인이 제시하는 가격으로서 세관장이 타당하다고 인정하는 가격
② 제1항제3호의 국내도매가격을 산출하려는 경우에는 다음 각 호의 방법에 따른다.
1. 해당 물품과 동종·동질물품 또는 유사물품을 취급하는 2곳 이상의 수입물품 거래처(인터넷을 통한 전자상거래처를 포함한다)의 국내도매가격을 조사해야 한다. 다만, 다음 각 목의 경우에는 1곳의 수입물품 거래처만 조사하는 등 국내도매가격 조사방법을 신축적으로 적용할 수 있다.
가. 국내도매가격이 200만원 이하인 물품으로 신속한 통관이 필요한 경우
나. 물품 특성상 2곳 이상의 거래처를 조사할 수 없는 경우
다. 과세가격 결정에 지장이 없다고 세관장이 인정하는 경우
2. 제1호에 따라 조사된 가격이 둘 이상인 경우에는 다음 각 목에 따라 국내도매가격을 결정한다.
가. 조사된 가격 중 가장 낮은 가격을 기준으로 최고가격과 최저가격의 차이가 10%를 초과하는 경우에는 조사된 가격의 평균가격
나. 조사된 가격 중 가장 낮은 가격을 기준으로 최고가격과 최저가격의 차이가 10% 이하인 경우에는 조사된 가격 중 최저가격
③ 제1항제3호의 시가역산율은 국내도매가격에서 법 제33조제1항제2호부터 제4호까지의 금액을 공제하여 과세가격을 산정하기 위한 비율을 말하며, 산출방법은 관세청장이 정하는 바에 따른다.

③ 임차수입물품[39)]
④ 중고물품[40)]
⑤ 법 제188조(보세공장 제품과세) 단서의 규정에 의하여 외국물품으로 보는 물품[41)]
⑥ 범칙물품[42)]

---

39) **규칙 제7조의4(임차수입물품의 과세가격의 결정)**
① 영 제29조제3항제3호에 따른 임차수입물품의 과세가격은 다음 각 호를 순차적으로 적용한 가격을 기초로 하여 결정할 수 있다.
1. 임차료의 산출 기초가 되는 해당 임차수입물품의 가격
2. 해당 임차수입물품, 동종·동질물품 또는 유사물품을 우리나라에 수출할 때 공개된 가격자료에 기재된 가격(중고물품의 경우에는 제7조의5에 따라 결정된 가격을 말한다)
3. 해당 임차수입물품의 경제적 내구연한 동안 지급될 총 예상임차료를 기초로 하여 계산한 가격. 다만, 세관장이 일률적인 내구연한의 적용이 불합리하다고 판단하는 경우는 제외한다.
4. 임차하여 수입하는 물품에 대해 수입자가 구매선택권을 가지는 경우에는 임차계약상 구매선택권을 행사할 수 있을 때까지 지급할 총 예상임차료와 구매선택권을 행사하는 때에 지급해야 할 금액의 현재가격(제2항제2호 및 제3호를 적용하여 산정한 가격을 말한다)의 합계액을 기초로 하여 결정한 가격
5. 그 밖에 세관장이 타당하다고 인정하는 합리적인 가격
② 제1항제3호에 따라 과세가격을 결정할 때에는 다음 각 호에 따른다.
1. 해당 수입물품의 경제적 내구연한 동안에 지급될 총 예상임차료(해당 물품을 수입한 후 이를 정상으로 유지 사용하기 위해 소요되는 비용이 임차료에 포함되어 있을 때에는 그에 상당하는 실비를 공제한 총 예상임차료)를 현재가격으로 환산한 가격을 기초로 한다.
2. 수입자가 임차료 외의 명목으로 정기적 또는 비정기적으로 지급하는 특허권 등의 사용료 또는 해당 물품의 거래조건으로 별도로 지급하는 비용이 있는 경우에는 이를 임차료에 포함한다.
3. 현재가격을 계산하는 때에 적용할 이자율은 임차계약서에 따르되, 해당 계약서에 이자율이 정해져 있지 않거나 규정된 이자율이 제9조의3에서 정한 이자율 이상인 때에는 제9조의3에서 정한 이자율을 적용한다.

40) **규칙 제7조의5(중고물품의 과세가격의 결정)**
① 영 제29조제3항제4호에 따른 중고물품의 과세가격은 다음 각 호의 가격을 기초로 하여 결정할 수 있다.
1. 관련 법령에 따른 감정기관의 감정가격
2. 국내도매가격에 제7조의3제1항제3호의 시가역산율을 적용하여 산출한 가격
3. 해외로부터 수입되어 국내에서 거래되는 신품 또는 중고물품의 수입당시의 과세가격을 기초로 하여 가치감소분을 공제한 가격. 다만, 내용연수가 경과된 물품의 경우는 제외한다.
4. 그 밖에 세관장이 타당하다고 인정하는 합리적인 가격
② 제1항제3호의 가치감소 산정기준은 관세청장이 정할 수 있다.

41) **규칙 제7조의6(보세공장에서 내국물품과 외국물품을 혼용하여 제조한 물품의 과세가격의 결정)**
① 영 제29조제3항제5호에 따라 내국물품과 외국물품의 혼용에 관한 승인을 받아 제조된 물품의 과세가격은 다음의 산식에 따른다.

제품가격 × [외국물품가격 / (외국물품가격 + 내국물품가격)]

② 제1항을 적용할 때 제품가격, 외국물품가격 및 내국물품 가격은 다음 각 호의 방법으로 결정한다.
1. 제품가격은 보세공장에서 외국물품과 내국물품을 혼용하여 제조된 물품의 가격으로 하며, 법 제30조부터 제35조까지에서 정하는 방법에 따른다.
2. 제조에 사용된 외국물품의 가격은 법 제30조부터 제35조까지에서 정하는 방법에 따른다.
3. 제조에 사용된 내국물품의 가격은 해당 보세공장에서 구매한 가격으로 한다.
4. 제3호에도 불구하고 다음 각 목의 어느 하나에 해당하는 경우에는 해당 물품과 동일하거나 유사한 물품의 국내판매가격을 구매가격으로 한다. 이 경우 거래 단계 등이 같아야 하며, 두 물품 간 거래 단계 등에 차이가 있는 경우에는 그에 따른 가격 차이를 조정해야 한다.
가. 구매자와 판매자가 영 제23조제1항 각 호에서 정하는 특수관계가 있는 경우
나. 영 제18조 각 호에서 정하는 물품 및 용역을 무료 또는 인하된 가격으로 직접 또는 간접으로 공급한 사실이 있는 경우
5. 제2호부터 제4호까지의 가격은 법 제186조제1항에 따라 사용신고를 하는 때에 이를 확인해야 하며, 각각 사용신고 하는 때의 원화가격으로 결정한다.

42) **규칙 제7조의7(범칙물품의 과세가격의 결정)**
영 제29조제3항제6호에 따른 범칙물품의 과세가격은 제7조의2부터 제7조의6까지 및 제7조의8에 따라 결정한다.

⑦ 「석유 및 석유대체연료 사업법」 제2조제1호의 석유로서 국제거래시세를 조정한 가격으로 보세구역에서 거래되는 물품
⑧ 그 밖에 과세가격결정에 혼란이 발생할 우려가 있는 물품으로서 기획재정부령으로 정하는 물품[43)]

2 과세가격 기타 규정

1. 과세환율(법 제18조)

과세가격을 결정하는 경우 외국통화로 표시된 가격을 내국통화로 환산할 때에는 제17조(적용법령)에 따른 날(보세건설장에 반입된 물품의 경우에는 수입신고를 한 날을 말한다)이 속하는 주의 전주(前週)의 기준환율 또는 재정환율을 평균하여 관세청장이 그 율을 정한다.

2. 가산율 또는 공제율(영 제30조)

(1) 의의

관세청장 또는 세관장은 장기간 반복하여 수입되는 물품에 대하여 법 제30조 제1항(제1방법 법정가산요소)이나 법 제33조(제4방법) 제1항 또는 제3항을 적용하는 경우 납세의무자의 편의와 신속한 통관업무를 위하여 필요하다고 인정되는 때에는 기획재정부령으로 정하는 바에 따라 해당 물품에 대하여 통상적으로 인정되는 가산율 또는 공제율을 적용할 수 있다.

(2) 적용요건

① 장기간 반복하여 수입하는 물품
② 제1방법 및 제4방법에만 적용
③ 납세의무자의 요청

43) 규칙 제7조의8(보세구역에서 거래되는 석유의 과세가격의 결정)
① 영 제29조제3항제7호에 따른 국제거래시세를 조정한 가격으로 보세구역에서 거래되는 석유의 과세가격은 보세구역에서 거래되어 판매된 가격을 알 수 있는 송품장, 계약서 등의 자료를 기초로 하여 결정할 수 있다.
② 국내에서 발생한 하역비, 보관료 등의 비용이 제1항의 보세구역에서 거래되어 판매된 가격에 포함되어 있고, 이를 입증자료를 통해 구분할 수 있는 경우 그 비용을 해당 가격에서 공제할 수 있다.

3 가격신고 등(법 제27조)

1. 의의

관세의 납세의무자는 수입신고를 할 때 대통령령으로 정하는 바에 따라 세관장에게 해당 물품의 가격에 대한 신고를 하여야 한다. 다만, 통관의 능률을 높이기 위하여 필요하다고 인정되는 경우에는 대통령령으로 정하는 바에 따라 물품의 수입신고를 하기 전에 가격신고[44]를 할 수 있다.

2. 가격신고 대상

원칙적으로 가격신고는 수입되는 모든 물품에 대하여 하여야 하나 과세가격의 결정에 곤란이 없다고 기획재정부령으로 정하는 물품에 대하여는 가격신고를 생략할 수 있다.

(1) 가격신고 생략 가능 물품(시행규칙 제2조)

① 정부 또는 지방자치단체가 수입하는 물품
② 정부조달물품
③「공공기관의 운영에 관한 법률」제4조에 따른 공공기관이 수입하는 물품
④ 관세 및 내국세등이 부과되지 아니하는 물품
⑤ 방위산업용 기계와 그 부분품 및 원재료로 수입하는 물품. 다만, 해당 물품과 관련된 중앙행정기관의 장의 수입 확인 또는 수입추천을 받은 물품에 한한다.
⑥ 수출용 원재료
⑦「특정연구기관 육성법」의 규정에 의한 특정연구기관이 수입하는 물품
⑧ 과세가격이 미화 1만불 이하인 물품. 다만, 개별소비세, 주세, 교통·에너지·환경세가 부과되는 물품과 분할하여 수입되는 물품은 제외한다.
⑨ 종량세 적용물품. 다만, 종량세와 종가세 중 높은 세액 또는 높은 세율을 선택하여 적용해야 하는 물품의 경우에는 제외한다.
⑩ 특수관계가 있는 자들 간에 거래되는 물품의 과세가격 결정방법의 사전심사 결과가 통보된 물품. 다만,「관세법 시행령」제16조 제1항(잠정가격신고 대상) 각 호의 물품은 제외한다.

(2) 가격신고 생략불가 물품

① 과세가격을 결정함에 있어서 법 제30조 제1항 제1호 내지 제5호의 규정(수입항까지의 운임·보험료 기타 운송관련 비용을 제외한 가산 대상 금액)에 의한 금액을 가산하여야 하는 물품
② 구매자가 실제로 지급하였거나 지급하여야 할 가격에 구매자가 해당 수입물품의 대가와 판매자의 채무를 상계하는 금액, 구매자가 판매자의 채무를 변제하는 금액, 그 밖의 간접적인 지급액이 포함되어 있는 경우에 해당하는 물품
③ 과세가격이 제2평가 ~ 6평가 방법에 따라 결정되는 경우에 해당하는 물품
④ 법 제39조(부과고지)의 규정에 의하여 세관장이 관세를 부과·징수하는 물품

---

44) 물품의 수입신고일 이전에 가격신고를 하고자 하는 자는 그 사유와 ① 수입관련거래에 관한 사항, ② 과세가격산출내용에 관한 사항을 기재한 신고서를 세관장에게 제출하여야 한다.

⑤ 잠정가격신고 대상 물품
⑥ 수입신고수리전 세액 심사 대상물품 중 일부[45)]

3. 과세자료의 제출 등

(1) 과세자료 제출

가격신고를 할 경우에는 대통령령으로 정하는 바에 따라 다음에 해당하는 과세가격의 결정에 관계되는 자료를 제출하여야 한다. 다만, 해당 물품의 거래의 내용, 과세가격결정방법 등에 비추어 과세가격결정에 곤란이 없다고 세관장이 인정하는 경우에는 자료의 일부를 제출하지 아니할 수 있다.

① 송품장
② 계약서
③ 각종 비용의 금액 및 산출근거를 나타내는 증빙자료
④ 기타 가격신고의 내용을 입증하는 데에 필요한 자료

(2) 서류제출 생략

세관장은 다음의 어느 하나에 해당하는 경우로서 관세청장이 정하여 고시하는 경우에는 해당 서류의 전부 또는 일부를 제출하지 아니하게 할 수 있다.

① 같은 물품을 같은 조건으로 반복적으로 수입하는 경우
② 수입항까지의 운임 및 보험료 외에 우리나라에 수출하기 위하여 판매되는 물품에 대하여 구매자가 실제로 지급하였거나 지급하여야 할 가격에 가산할 금액이 없는 경우
③ 그 밖에 과세가격결정에 곤란이 없다고 인정하여 관세청장이 정하는 경우

4. 일괄가격신고

세관장은 가격신고를 하려는 자가 같은 물품을 같은 조건으로 반복적으로 수입하는 경우에는 가격신고를 일정기간 일괄하여 신고하게 할 수 있다.

5. 잠정가격신고(법 제28조)

(1) 의의

납세의무자는 가격신고를 할 때 신고하여야 할 가격이 확정되지 아니한 경우로서 대통령령으로 정하는 경우에는 잠정가격으로 가격신고[46)]를 하고 가격이 최종적으로 확정되는 시점에 확정가격신고를 할 수 있다.

---

45) 1. 관세를 체납하고 있는 자가 신고하는 물품(체납액이 10만원 미만이거나 체납기간이 7일 이내에 수입신고하는 경우를 제외한다)
2. 납세자의 성실성 등을 참작하여 관세청장이 정하는 기준에 해당하는 불성실신고인이 신고하는 물품
3. 물품의 가격변동이 큰 물품 기타 수입신고수리후에 세액을 심사하는 것이 적합하지 아니하다고 인정하여 관세청장이 정하는 물품.

46) 잠정가격으로 가격신고를 하려는 자는 다음 각 호의 사항을 적은 신고서에 제15조제5항 각 호의 서류를 첨부하여 세관장에게 제출하여야 한다.(영 제16조 제3항)
1. 송품장, 계약서, 각종 비용의 금액 및 산출근거를 나타내는 증빙자료, 기타 가격신고의 내용을 입증하는 데에 필요한 자료
2. 거래내용
3. 가격을 확정할 수 없는 사유
4. 잠정가격 및 잠정가격의 결정방법
5. 가격확정예정시기

⑵ 잠정가격 신고대상(시행령 제16조)

① 거래관행상 거래가 성립된 때부터 일정기간이 지난 후에 가격이 정하여지는 물품(기획재정부령으로 정하는 것[47]으로 한정한다)으로서 수입신고일 현재 그 가격이 정하여지지 아니한 경우

② 우리나라에 수출・판매되는 물품에 대하여 '구매자지급금액'에 가산조정하여야 할 금액이 수입신고일부터 일정기간이 지난 후에 정하여 질 수 있음이 첨부서류 등으로 확인되는 경우

③ 법 제37조 제1항 제3호(특수관계가 있는 자들 간에 거래되는 물품의 과세가격 결정 방법)에 따라 과세가격 결정방법의 사전심사를 신청한 경우

④ 특수관계가 있는 구매자와 판매자 사이의 거래 중 수입물품의 거래 가격이 수입신고 수리 이후에 「국제조세조정에 관한 법률」 제8조에 따른 정상가격으로 조정될 것으로 예상되는 거래로서 기획재정부령으로 정하는 요건을 갖춘 경우

⑤ 계약의 내용이나 거래의 특성상 잠정가격으로 가격신고를 하는 것이 불가피하다고 세관장이 인정하는 경우

⑶ 확정가격신고

① 잠정가격으로 가격신고를 한 자는 2년의 범위 안에서 구매자와 판매자 간의 거래계약의 내용 등을 고려하여 세관장이 지정하는 기간내에 물품의 확정된 가격을 세관장에게 신고하여야 한다. 이 경우 잠정가격으로 가격신고를 한 자는 관세청장이 정하는 바에 따라 전단에 따른 신고기간이 끝나기 30일 전까지 확정가격의 계산을 위한 가산율을 산정해 줄 것을 요청할 수 있다.

② 세관장은 구매자와 판매자간의 거래계약내용이 변경되는 등 잠정가격을 확정할 수 없는 불가피한 사유가 있다고 인정되는 경우로서 납세의무자의 요청이 있는 경우에는 기획재정부령으로 정하는 바[48]에 따라 확정가격 신고기간을 연장할 수 있다. 이 경우 연장하는 기간은 확정가격 신고기간의 만료일부터 2년을 초과할 수 없다.

③ 세관장은 납세의무자가 지정된 기간 내에 확정된 가격을 신고하지 아니하는 경우에는 해당 물품에 적용될 가격을 확정할 수 있다. 다만, 납세의무자가 폐업, 파산신고, 법인해산 등의 사유로 확정된 가격을 신고하지 못할 것으로 인정되는 경우에는 확정가격신고 기간 중에도 해당 물품에 적용될 가격을 확정할 수 있다.

⑷ 사후정산

① 세관장은 확정된 가격의 신고를 받거나 직권으로 가격을 확정한 경우에는 잠정가격을 기초로 신고납부한 세액과 확정된 가격에 따른 세액과의 차액을 징수하거나 환급하여야 한다.

② 잠정가격신고물품에 대한 정산시 법 제56조(환급가산금 등의 결정) 규정은 준용하지 않는다.

③ 잠정가격신고물품에 대한 정산시 시행령 제39조(가산세) 규정은 준용하지 않는다.

---

47) "기획재정부령으로 정하는 것"이란 원유・곡물・광석 그 밖의 이와 비슷한 1차 산품을 말한다.(시행규칙 제3조)

48) **규칙 제3조의2(확정가격 신고기간의 연장방법)**

① 확정가격 신고기간의 연장을 요청하려는 자는 확정가격 신고기간이 만료되기 3일전까지 관세청장이 정하는 확정가격 신고기간 연장 신청서에 관련 증빙자료를 첨부하여 잠정가격을 신고한 세관장에게 제출해야 한다.

② 확정가격 신고기간 연장을 신청하려는 자는 잠정가격을 신고한 세관장이 둘 이상인 경우 그 중 어느 하나의 세관장에게 일괄적으로 확정가격 신고기간 연장을 신청할 수 있다.

③ 세관장은 확정가격 신고기간의 연장 여부가 결정되면 세관장은 그 결과를 신청인에게 통보해야 한다.

6. 가격조사의 보고 등(법 제29조)

① 기획재정부장관 또는 관세청장은 과세가격을 결정하기 위하여 필요하다고 인정되는 경우에는 수출입업자, 경제단체 또는 그 밖의 관계인에게 과세가격 결정에 필요한 자료를 제출할 것을 요청할 수 있다. 이 경우 그 요청을 받은 자는 정당한 사유가 없으면 이에 따라야 한다.
② 관세청장은 다음 어느 하나에 해당하는 경우 국민 생활에 긴요한 물품으로서 국내물품과 비교 가능한 수입물품의 평균 신고가격이나 반입 수량에 관한 자료를 대통령령으로 정하는 바에 따라 집계하여 공표할 수 있다.
  1. 원활한 물자수급을 위하여 특정물품의 수입을 촉진시킬 필요가 있는 경우
  2. 수입물품의 국내가격을 안정시킬 필요가 있는 경우
③ 관세청장은 수입물품의 평균 신고가격이나 반입 수량에 관한 자료의 집계결과를 공표할 경우에는 관세청의 인터넷 홈페이지를 통하여 공표하여야 한다. 이 경우 공표대상 수입물품의 선정기준 및 수입물품의 평균 신고가격이나 반입 수량에 관한 자료의 집계방법 등을 함께 공표하여야 한다.
④ 관세청장은 다음의 어느 하나에 해당하는 사항은 공표하여서는 아니 된다.
  1. 수입물품의 상표 및 상호
  2. 수입자의 영업상 비밀에 관한 사항
  3. 그 밖에 공개될 경우 수입자의 정당한 이익을 현저히 침해할 우려가 있는 사항
⑤ 국내물품과 비교 가능한 수입물품은 다음 각 호의 요건을 모두 충족하는 것으로 한다.
  1. 제98조(품목분류표 등)에 따른 관세·통계통합품목분류표상 품목번호에 해당할 것
  2. 해당 수입물품의 수입자가 2인 이상일 것

4 과세가격 결정방법의 사전심사(법 제37조)

1. 의의

납세신고를 하여야 하는 자는 과세가격 결정과 관련하여 의문이 있을 경우에는 가격신고를 하기 전에 대통령령으로 정하는 바에 따라 관세청장에게 미리 심사하여 줄 것을 신청할 수 있다. 현행 신고납부제도하에서 납세의무자가 가격신고를 하여야 할 의무가 있는 바, 과세가격 결정사항에 대해 의문이 있는 경우 납세자를 도와주어 납세의무자가 성실하게 납세신고 등을 할 수 있도록 하려는 제도이다.

2. 사전심사 신청 대상

① 법정가산요소 또는 해당 수입물품의 대가로서 구매자가 실제로 지급하였거나 지급하여야 할 가격을 산정할 때 더하거나 빼야 할 금액
② 제1평가방법으로 과세가격을 결정할 수 없는 경우에 적용되는 과세가격 결정방법
③ 특수관계가 있는 자들 간에 거래되는 물품의 과세가격 결정방법

PART 02

3. 과세가격 사전심사 절차

(1) 사전심사 신청

과세가격결정에 관한 사전심사를 신청하려는 자는 거래당사자・통관예정세관・신청내용 등을 적은 신청서에 다음의 서류를 첨부하여 관세청장에게 제출하여야 한다. 관세청장은 제출된 신청서 및 서류가 과세가격의 심사에 충분하지 아니하다고 인정될 때에는 일정기간을 정하여 보완을 요구할 수 있다.

① 거래관계에 관한 기본계약서(투자계약서・대리점계약서・기술용역계약서・기술도입계약서 등)

② 수입물품과 관련된 사업계획서

③ 수입물품공급계약서

④ 수입물품가격결정의 근거자료

⑤ 특수관계가 있는 자들 간에 거래되는 물품의 과세가격 결정방법 사전심사 대상에 해당하는 경우에는 기획재정부령[49]으로 정하는 서류

⑥ 기타 과세가격결정에 필요한 참고자료

---

49) **규칙 제7조의10(특수관계자간 거래물품의 과세가격 결정방법 사전심사)**

① 영 제31조제1항제4호의2에서 "기획재정부령으로 정하는 서류"란 다음 각 호의 서류를 말한다. 다만, 제2호 및 제7호의 서류는 특수관계 사전심사 신청 물품의 과세가격 결정방법과 관련이 없다고 관세청장이 인정하는 경우에는 제출하지 않을 수 있다.

1. 거래당사자의 사업연혁, 사업내용, 조직 및 출자관계 등에 관한 설명자료
2. 관할 세무서에 신고한 거래당사자의 최근 3년 동안의 재무제표, 무형자산 및 용역거래를 포함한 「국제조세조정에 관한 법률」 제16조제2항제3호에 따른 정상가격 산출방법 신고서
3. 원가분담 계약서, 비용분담 계약서 등 수입물품 거래에 관한 서류
4. 수입물품 가격의 산출방법을 구체적으로 설명하는 다음 각 목의 자료
   가. 가격산출 관련 재무자료
   나. 가격산출의 전제가 되는 조건 또는 가정에 대한 설명자료
   다. 특수관계자간 가격결정에 관한 내부지침 및 정책
5. 「국제조세조정에 관한 법률」 제14조에 따른 정상가격 산출방법의 사전승인을 받은 경우 이를 증명하는 서류
6. 회계법인이 작성한 이전가격보고서가 있는 경우 산출근거자료 및 자산・용역의 가격에 영향을 미치는 요소에 관한 분석자료가 포함된 보고서
7. 판매 형태에 따라 구분한 최근 3년간 수입품목별 매출액・매출원가
8. 특수관계가 거래가격에 영향을 미치지 않았음을 확인할 수 있는 자료

② 제1항에도 불구하고 사전심사를 신청하는 자가 「중소기업기본법」 제2조에 따른 중소기업인 경우에는 영 제31조제1항제4호의2의 "기획재정부령으로 정하는 서류"는 제1항제4호 및 제8호의 자료를 말한다.

③ 영 제31조제7항제4호에 따라 특수관계 사전심사 결과의 적용기간을 연장하려는 자는 관세청장이 정하는 특수관계 사전심사 적용기간 연장 신청서에 다음 각 호의 서류를 첨부하여 관세청장에게 제출해야 한다. 다만, 연장 신청일 이전에 법 제37조제5항에 따른 보고서에 다음 각 호의 서류를 포함하여 제출하였고, 연장 신청일 현재 거래사실 등이 변동되지 않은 경우에는 첨부하지 않을 수 있다.

1. 수입물품 거래 관련 계약서(수입물품과 관련된 기술용역 계약서 등을 포함한다)
2. 사전심사 결정물품의 거래 상대방 및 거래단계 등을 확인할 수 있는 서류
3. 사전심사 결과 결정된 과세가격 결정방법의 전제가 되는 조건 또는 가정의 변동 여부를 확인할 수 있는 자료

(2) 사전심사 기간 및 재심사 신청

과세가격 사전심사 신청을 받은 관세청장은 다음의 기간 이내에 과세가격의 결정방법을 심사한 후 그 결과를 신청인에게 통보하여야 한다. 사전심사를 신청하여 결과를 통보받은 자가 그 결과에 이의가 있는 경우에는 그 결과를 통보받은 날부터 30일 이내에 관세청장에게 재심사를 신청할 수 있다.(재심사의 기간 및 결과통보는 사전심사 규정을 준용) 사전심사의 결과에 대하여 재심사를 신청하려는 자는 재심사 신청의 요지와 내용이 기재된 신청서에 다음의 서류 및 자료를 첨부하여 관세청장에게 제출하여야 한다.

① 과세가격 결정방법 사전심사서 사본
② 재심사 신청의 요지와 내용을 입증할 수 있는 자료

사전심사 대상	심사기간	보정기간	비고
법정가산요소, 공제요소 등	1개월	20일 이내	관세청장이 신청서 및 서류의 보완을 요구한 경우에는 그 기간은 산입하지 아니한다.
과세가격 결정방법			
특수관계자간 과세가격 결정	1년	30일 이내	

4. 사전심사서의 적용

세관장은 관세의 납세의무자가 관세청장에 의하여 통보된 과세가격의 결정방법에 따라 납세신고를 한 경우 대통령령으로 정하는 요건을 갖춘 경우에는 그 결정방법에 따라 과세가격을 결정하여야 한다.

① 사전심사 신청인과 납세의무자가 동일할 것
② 사전심사 신청인이 제출한 내용에 거짓이 없고 그 내용이 가격신고된 내용과 같을 것
③ 사전심사의 기초가 되는 법령이나 거래관계 등이 달라지지 아니하였을 것
④ 사전심사결과의 통보일 부터 3년(특수관계에 있는 자가 결과 통보일을 기준으로 2년 이후부터 3년이 도래하기 30일 전까지 신고기간을 2년 연장하여 줄 것을 신청한 경우로서 관세청장이 이를 허용하는 경우에는 5년) 이내에 신고될 것

5. 보고서 제출

특수관계가 있는 자들 간에 거래되는 물품의 과세가격 결정방법 사전심사를 신청하여 결과를 통보받은 자는 심사결과 결정된 과세가격 결정방법을 적용하여 산출한 과세가격 및 그 산출과정 등이 포함된 보고서를 내년 사업연도 말일 이후 6개월 이내에 다음 각 호의 사항을 포함하여 관세청장에게 제출해야 한다.

① 사전심사 결과 결정된 과세가격 결정방법의 전제가 되는 조건 또는 가정의 실현 여부
② 사전심사 결과 결정된 과세가격 결정방법으로 산출된 과세가격 및 그 산출과정
③ 산출된 과세가격과 실제의 거래가격이 다른 경우에는 그 차이에 대한 처리내역
④ 그 밖에 관세청장이 결과를 통보할 때 보고서에 포함하도록 통보한 사항

6. 사전심사 결과 변경 등

관세청장은 보고서를 제출하지 아니하는 등 대통령령으로 정하는 사유에 해당하는 경우에는 사전심사 결과를 변경, 철회 또는 취소할 수 있다. 이 경우 관세청장은 사전심사를 신청한 자에게 그 사실을 즉시 통보하여야 한다.

(1) 사전심사 결과를 변경할 수 있는 사유

① 사전심사 결과 결정된 과세가격 결정방법의 전제가 되는 조건 또는 가정의 중요한 부분이 변경되거나 실현되지 않은 경우
② 관련 법령 또는 국제협약이 변경되어 사전심사 결과 결정된 과세가격 결정방법이 적정하지 않게 된 경우
③ 사전심사 결과 결정된 과세가격 결정방법을 통보받은 자가 국내외 시장상황 변동 등으로 인하여 과세가격 결정방법의 변경을 요청하는 경우
④ 그 밖에 사전심사 결과 결정된 과세가격 결정방법의 변경이 필요하다고 관세청장이 정하여 고시하는 사유에 해당하는 경우

(2) 사전심사 결과를 철회할 수 있는 사유

① 신청인이 보고서의 전부 또는 중요한 부분을 제출하지 않아 보완을 요구했으나 보완을 하지 않은 경우
② 신청인이 보고서의 중요한 부분을 고의로 누락했거나 허위로 작성한 경우

(3) 사전심사 결과를 취소할 수 있는 사유

① 신청인이 자료의 중요한 부분을 고의로 누락했거나 허위로 작성한 경우
② 신청인이 사전심사 결과 결정된 과세가격 결정방법의 내용 또는 조건을 준수하지 않고 과세가격을 신고한 경우

7. 사전심사 신청 반려

관세청장은 과세가격결정방법 사전심사 또는 재심사의 신청이 다음 어느 하나에 해당하는 경우에는 해당 신청을 반려할 수 있다.

① 해당 신청인에 대해 관세조사(과세가격에 대한 관세조사에 한정한다)가 진행 중인 경우
② 해당 신청인에 대한 관세조사를 통해 과세가격결정방법이 확인된 후에 계약관계나 거래실질에 변동이 없는 경우
③ 해당 신청인이 법 제119조에 따른 이의신청·심사청구 및 심판청구나 행정소송을 진행 중인 경우
④ 보정기간 내에 보정자료를 제출하지 않은 경우

8. 사전심사 신청 변경 및 철회 등

① 신청인은 관세청장이 과세가격의 결정방법을 통보하기 전까지는 신청내용을 변경하여 다시 신청하거나 신청을 철회할 수 있으며, 관세청장은 신청인이 신청을 철회한 때에는 제출된 모든 자료를 신청인에게 반환해야 한다.
② 사전심사 및 재심사 신청을 위한 서류 및 자료는 한글로 작성하여 제출해야 한다. 다만, 관세청장이 허용하는 경우에는 영문 등으로 작성된 서류 및 자료를 제출할 수 있다.
③ 관세청장 또는 세관장은 제출된 서류 및 자료 등을 과세가격 결정방법의 사전심사 외의 용도로는 사용할 수 없다.

PART 02

5 관세의 과세가격 결정방법과 국세의 정상가격 산출방법의 사전조정(법 제37조의2)

1. 의의

특수관계가 있는 자들 간에 거래되는 물품의 과세가격 결정방법에 의문이 있어 사전심사를 신청하는 자는 관세의 과세가격과 국세의 정상가격을 사전에 조정받기 위하여 「국제조세조정에 관한 법률」 제14조제1항에 따른 정상가격 산출방법의 사전승인을 관세청장에게 동시에 신청할 수 있다. 관세청장은 사전조정 신청을 받은 경우에는 국세청장에게 정상가격 산출방법의 사전승인 신청서류를 첨부하여 신청을 받은 사실을 통보하고, 국세청장과 과세가격 결정방법, 정상가격 산출방법 및 사전조정 가격의 범위에 대하여 대통령령으로 정하는 바에 따라 협의하여야 한다.

2. 사전조정 절차

① 관세청장은 사전조정 신청을 받은 날부터 90일 이내에 사전조정 절차를 시작하고, 그 사실을 신청자에게 통지하여야 한다. 다만, 관세청장은 자료가 제출되지 아니하거나 거짓으로 작성되는 등의 사유로 사전조정 절차를 시작할 수 없으면 그 사유를 신청자에게 통지하여야 한다.
② 신청자는 사전조정 절차를 시작할 수 없다는 통지를 받은 경우에는 그 통지를 받은 날부터 30일 이내에 자료를 보완하여 제출하거나 과세가격결정방법 사전심사와 「국제조세조정에 관한 법률」 제14조제2항 단서에 따른 사전승인 절차를 따로 진행할 것인지를 관세청장에게 통지할 수 있다. 이 경우 관세청장은 그 통지받은 사항을 지체 없이 국세청장에게 알려야 한다.
③ 사전조정의 실시, 그 밖에 사전조정에 필요한 사항은 기획재정부령으로 정한다.

3. 사전조정 및 결과통보

관세청장은 국세청장과 과세가격 결정방법, 정상가격 산출방법 및 사전조정 가격의 범위에 대하여 협의가 이루어진 경우에는 사전조정을 하여야 하고 신청의 처리결과를 사전조정을 신청한 자와 기획재정부장관에게 통보하여야 한다.

6 관세의 부과 등을 위한 정보제공(법 제37조의3)

관세청장 또는 세관장은 과세가격의 결정·조정 및 관세의 부과·징수를 위하여 필요한 경우에는 국세청장, 지방국세청장 또는 세무서장에게 다음의 정보 또는 자료를 요청할 수 있다. 이 경우 요청을 받은 기관은 정당한 사유가 없으면 요청에 따라야 한다.

① 「국제조세조정에 관한 법률」 제4조에 따른 과세표준 및 세액의 결정·경정과 관련된 정보 또는 자료
② 그 밖에 과세가격의 결정·조정에 필요한 자료

7 특수관계자 수입물품 과세가격결정자료 등 제출(법 제37조의4)

1. 과세가격결정자료 제출 요청

① 세관장은 관세조사 및 세액심사시 특수관계에 있는 자가 수입하는 물품의 과세가격의 적정성을 심사하기 위하여 해당 특수관계자에게 과세가격결정자료(전산화된 자료를 포함한다)를 제출할 것을 요구할 수 있다. 이 경우 자료의 제출범위, 제출방법 등은 대통령령으로[50] 정한다.

---

50) **특수관계자 수입물품 과세자료 제출범위 등(영 제31조의5)**
① 법 제37조의4제1항에 따라 세관장이 해당 특수관계자에게 요구할 수 있는 자료는 다음 각 호와 같다.
1. 특수관계자간 상호출자현황
2. 삭제
3. 수입물품 가격산출 내역 등 내부가격 결정자료와 국제거래가격 정책자료
4. 수입물품 구매계약서 및 원가분담계약서
5. 권리사용료, 기술도입료 및 수수료 등에 관한 계약서
6. 광고 및 판매촉진 등 영업·경영지원에 관한 계약서
7. 삭제
8. 해당 거래와 관련된 회계처리기준 및 방법
9. 해외 특수관계자의 감사보고서 및 연간보고서
10. 해외 대금 지급·영수 내역 및 증빙자료
11. 「국제조세조정에 관한 법률 시행령」 제33조에 따른 통합기업보고서 및 개별기업보고서
12. 그 밖에 수입물품에 대한 과세가격 심사를 위하여 필요한 자료

② 제1항에 해당하는 자료는 한글로 작성하여 제출하여야 한다. 다만, 세관장이 허용하는 경우에는 영문으로 작성된 자료를 제출할 수 있다.
③ 법 3조의4제3항 단서에서 "대통령령으로 정하는 부득이한 사유"란 다음 각 호의 어느 하나에 해당하는 경우를 말한다.
1. 자료제출을 요구받은 자가 화재·도난 등의 사유로 자료를 제출할 수 없는 경우
2. 자료제출을 요구받은 자가 사업이 중대한 위기에 처하여 자료를 제출하기 매우 곤란한 경우
3. 관련 장부·서류가 권한 있는 기관에 압수되거나 영치된 경우
4. 자료의 수집·작성에 상당한 기간이 걸려 기한까지 자료를 제출할 수 없는 경우
5. 제1호부터 제4호까지에 준하는 사유가 있어 기한까지 자료를 제출할 수 없다고 판단되는 경우

④ 법 제37조의4 제2항 단서에 따라 제출기한의 연장을 신청하려는 자는 제출기한이 끝나기 15일 전까지 관세청장이 정하는 자료제출 기한연장신청서를 세관장에게 제출하여야 한다.
⑤ 세관장은 자료제출기한 연장신청이 접수된 날부터 7일 이내에 연장 여부를 신청인에게 통지하여야 한다. 이 경우 7일 이내에 연장 여부를 신청인에게 통지를 하지 아니한 경우에는 연장신청한 기한까지 자료제출기한이 연장된 것으로 본다.

② 세관장은 제출받은 과세가격결정자료에서 법정가산요소에 해당하는 금액이 이에 해당하지 아니하는 금액과 합산되어 있는지 불분명한 경우에는 이를 구분하여 계산할 수 있는 객관적인 증명자료(전산화된 자료를 포함한다)의 제출을 요구할 수 있다.

2. 자료제출 기한 및 연장 신청

자료제출을 요구받은 자는 자료제출을 요구받은 날부터 60일 이내에 해당 자료를 제출하여야 한다. 다만, 대통령령으로 정하는 부득이한 사유[51]로 제출기한의 연장을 신청하는 경우에는 세관장은 한 차례만 60일까지 연장할 수 있다.

3. 자료미제출시 과세가격 결정

① 세관장은 특수관계에 있는 자가 객관적인 증명자료를 정해진 기한까지 제출하지 아니하는 경우에는 해당 과세가격결정 자료에 따른 금액을 제31조부터 제35조까지의 규정에 따른 방법(예외적인 과세가격 결정방법)으로 과세가격을 결정할 수 있다. 이 경우 세관장은 과세가격을 결정하기 전에 특수관계에 있는 자와 대통령령으로 정하는 바에 따라 협의를 하여야 하며 의견을 제시할 기회를 주어야 한다.

② 그럼에도 불구하고 세관장은 특수관계에 있는 자가 제30조제3항제4호 단서(해당 산업부문의 정상적인 가격결정 관행에 부합하는 방법으로 결정된 경우)에 해당하는 경우임을 증명하는 경우에는 1평가방법으로 과세가격을 결정하여야 한다.

4. 자료제출 유의사항

과세가격결정 자료는 한글로 작성하여 제출하여야 한다. 다만, 세관장이 허용하는 경우에는 영문으로 작성된 자료를 제출할 수 있다.

---

51) "대통령령으로 정하는 부득이한 사유"란 다음 각 호 어느 하나에 해당하는 경우를 말한다.
1. 자료제출을 요구받은 자가 화재 · 도난 등의 사유로 자료를 제출할 수 없는 경우
2. 자료제출을 요구받은 자가 사업이 중대한 위기에 처하여 자료를 제출하기 매우 곤란한 경우
3. 관련 장부 · 서류가 권한 있는 기관에 압수되거나 영치된 경우
4. 자료의 수집 · 작성에 상당한 기간이 걸려 기한까지 자료를 제출할 수 없는 경우
5. 제1호부터 제4호까지에 준하는 사유가 있어 기한까지 자료를 제출할 수 없다고 판단되는 경우

④ 제출기한의 연장을 신청하려는 자는 제출기한이 끝나기 15일 전까지 관세청장이 정하는 자료제출기한연장신청서를 세관장에게 제출하여야 한다.

⑤ 세관장은 자료제출기한 연장신청이 접수된 날부터 7일 이내에 연장 여부를 신청인에게 통지하여야 한다. 이 경우 7일 이내에 연장 여부를 신청인에게 통지를 하지 아니한 경우에는 연장신청한 기한까지 자료제출기한이 연장된 것으로 본다.

⑥ 세관장은 법 제37조의4제4항 후단에 따라 특수관계에 있는 자와 다음 각 호의 사항에 대하여 협의해야 하며, 10일 이상의 기간 동안 의견을 제시할 기회를 주어야 한다.
1. 특수관계에 있는 자가 법 제37조의4제5항에 따라 법 제30조제3항제4호 단서에 해당하는 경우임을 증명하여 같은 조 제1항 및 제2항에 따라 과세가격을 결정해야 하는지 여부
2. 법 제31조부터 제35조까지의 규정에 따른 방법 중 과세가격을 결정하는 방법

5. 과태료 부과

① 과세가격결정자료등의 제출을 요구받은 특수관계에 있는 자로서 정하는 정당한 사유 없이 자료를 기한까지 제출하지 아니하거나 거짓으로 제출하는 행위를 한 자에게는 1억원 이하의 과태료를 부과한다.(법 제277조 제1항)

② 세관장은 과세가격결정자료등의 제출을 요구받은 자가 제277조제1항에 따라 과태료를 부과받고도 자료를 제출하지 아니하거나 거짓의 자료를 시정하여 제출하지 아니하는 경우에는 미제출된 자료를 제출하도록 요구하거나 거짓의 자료를 시정하여 제출하도록 요구할 수 있다. 이러한 자료제출을 요구받은 자는 그 요구를 받은 날부터 30일 이내에 그 요구에 따른 자료를 제출하여야 한다.

③ 과세자료 시정제출 요구를 위반한 자에게는 2억원 이하의 과태료를 부과한다.

세율

1 관세율

1. 의의

관세율은 과세물건, 납세의무자 및 과세표준과 함께 관세의 4대 요건의 하나로 관세의 과세표준인 수입물품의 가격 또는 수량에 적용되는 비율을 말한다. 관세율은 조세법률주의에 따라 법률로 정하는 것이 원칙이나, 국내외 경제여건 등의 변동에 신속하고 탄력적으로 대응할 수 있도록 대통령령, 기획재정부령으로 조정할 수 있고, 또한 외국과의 조약·협정 등에 의하여 협정세율을 정할 수 있다.

2. 관세율 종류(법 제49조)

(1) 기본세율

기본세율이란 수입물품에 원칙적으로 적용되는 세율이며, 관세법 별표 관세율표상의 기본세율은 국회에서 법률로 정한다.

(2) 잠정세율

① 잠정세율이란, 관세법 별표 관세율표에 기본세율과 함께 표기되어 있는 것으로서 일시적으로 기본세율을 적용할 수 없는 사유가 있을 때 잠정적으로 적용하기 위한 세율이다.

② 별표 관세율표 중 잠정세율을 적용받는 물품에 대하여는 대통령령으로 정하는 바에 따라 그 물품의 전부 또는 일부에 대하여 잠정세율의 적용을 정지하거나 기본세율과의 세율차를 좁히도록 잠정세율을 올리거나 내릴 수 있다.

③ 잠정세율의 적용을 받는 물품과 관련이 있는 관계부처의 장 또는 이해관계인은 잠정세율의 적용정지나 잠정세율의 인상 또는 인하의 필요가 있다고 인정되는 경우에는 이를 기획재정부장관에게 요청[52]할 수 있다.

---

52) 관계부처의 장 또는 이해관계인은 잠정세율의 적용정지 등을 요청 하려는 경우에는 해당 물품과 관련된 다음 각 호의 사항에 관한 자료를 기획재정부장관에게 제출하여야 한다.(영 제57조)
1. 해당 물품의 관세율표 번호·품명·규격·용도 및 대체물품
2. 해당 물품의 제조용 투입원료 및 해당 물품을 원료로 하는 관련제품의 제조공정설명서 및 용도
3. 적용을 정지하여야 하는 이유 및 기간
4. 변경하여야 하는 세율·이유 및 그 적용기간
5. 최근 1년간의 월별 주요 수입국별 수입가격 및 수입실적
6. 최근 1년간의 월별 주요 국내제조업체별 공장도가격 및 출고실적
7. 기타 참고사항
기획재정부장관은 잠정세율의 적용정지 등에 관한 사항을 조사하기 위하여 필요하다고 인정되는 때에는 관계기관·수출자·수입자 기타 이해관계인에게 관련자료의 제출 기타 필요한 협조를 요청할 수 있다.

(3) **제51조부터 제67조까지, 제67조의2 및 제68조부터 제77조까지의 규정에 따라 대통령령 또는 기획재정부령으로 정하는 세율**

① 탄력세율

법 제51조부터 제72조까지 및 제74조의 규정에 따라 대통령령 또는 기획재정부령이 정하는 세율로서 법률의 위임범위 내에서 관세율의 변경권을 행정부에 위임하고 있는 세율이다.

② 국제협력관세(법 제73조)

우리나라의 대외무역의 증진을 위하여 필요하다고 인정되는 경우 등 국제적인 관세협력을 위하여 마련된 세율이다.

③ 일반특혜관세(법 제76조부터 제77조까지)

선진국이 개발도상국의 수출 확대 및 공업화 촉진을 위하여, 아무런 조건 없이 무관세 또는 저율의 관세를 부과하는 관세상의 특혜이다.

2 세율적용의 우선순위(법 제50조)

1. 관세율의 적용순위

1순위	덤핑방지관세(법 제51조) 상계관세(법 제57조) 보복관세(법 제63조) 긴급관세(법 제65조) 특정국물품긴급관세(법 제67조의2) 농림축산물에 대한 특별긴급관세(법 제68조) 조정관세(법 제69조 제2호)	−
2순위	편익관세(법 제74조) 국제협력관세(법 제73조)	후순위 세율보다 낮은 경우
3순위	조정관세(법 제69조 제1호, 제3호, 제4호) 할당관세(법 제71조) 계절관세(법 제72조)	할당관세는 일반특혜관세 보다 낮은 경우에만 우선 적용
4순위	일반특혜관세(법 제76조)	−
5순위	잠정관세	−
6순위	기본관세	−

① 기본세율과 잠정세율은 별표 관세율표에 따르되, 잠정세율은 기본세율에 우선하여 적용한다.
② 법 제51조부터 제77조의 세율은 별표 관세율표의 세율에 우선하여 적용한다.
③ 편익관세 및 국제협력관세의 세율은 후 순위의 세율보다 낮은 경우에만 우선 적용한다.
④ 할당관세의 세율은 일반특혜관세의 세율보다 낮은 경우만 우선 적용한다.

⑤ 국제협력관세 중 국제기구와의 관세에 관한 협상에서 국내외의 가격차에 상당하는 율로 양허 하거나 국내시장 개방과 함께 기본세율보다 높은 세율로 양허한 농림축산물 중 대통령령으로 정하는 물품에 대하여 양허한 세율(시장접근물량에 대한 양허세율 포함)은 기본세율 및 잠정세율에 우선하여 적용한다.

⑥ 세율을 적용할 때 관세율표 중 종량세인 경우에는 해당 세율에 상당하는 금액을 적용한다.

2 특수한 세율 적용

1. 간이세율(법 제81조)

(1) 의의

간이세율이란 여행자 휴대품, 우편물, 탁송품 · 별송품 등 소액물품으로서 대통령령이 정하는 물품에 대하여 관세 및 내국세 등 수입시 부과되는 세율을 통합하여 신속통관 및 국민의 편의를 도모하는 세율을 말한다.

(2) 간이세율의 적용

1) 간이세율 적용대상: 다음에 해당하는 물품 중 대통령령이 정하는 물품에 대하여는 다른 법령의 규정에 불구하고 간이세율을 적용할 수 있다.

① 여행자 또는 외국을 오가는 운송수단의 승무원이 휴대하여 수입하는 물품

② 우편물(다만, 수입신고를 하여야 하는 것은 제외한다)

③ 탁송품 또는 별송품

2) 간이세율 적용 제외 대상(영 제96조)

① 관세율이 무세인 물품과 관세가 감면되는 물품

② 수출용원재료

③ 범칙행위에 관련된 물품

④ 종량세가 적용되는 물품

⑤ 다음에 해당하는 물품으로서 관세청장이 정하는 물품

㉠ 상업용으로 인정되는 수량인 물품

㉡ 고가품

㉢ 당해 물품의 수입이 국내산업을 저해할 우려가 있는 물품

㉣ 단일한 간이세율의 적용이 과세형평을 현저히 저해할 우려가 있는 물품

⑥ 화주가 수입신고를 할 때에 과세대상물품의 전부에 대하여 간이세율의 적용을 받지 아니할 것을 요청한 경우의 해당 물품

3) 간이세율 산정기준

① 수입물품에 대한 관세·임시수입부가세 및 내국세의 세율을 기초로 하여 대통령령으로 정한다.

② 여행자 또는 외국에 왕래하는 운송수단의 승무원이 휴대하여 수입하는 물품으로서 그 총액이 대통령령이 정하는 금액 이하인 물품에 대하여는 일반적으로 휴대하여 수입하는 물품의 관세·임시수입부가세 및 내국세의 세율을 감안하여 간이세율을 단일한 세율로 할 수 있다.

간이세율표

품명	세율(%)
1. 다음 각 목의 어느 하나에 해당하는 물품 중 개별소비세가 과세되는 물품	
가. 투전기, 오락용 사행기구 그 밖의 오락용품	47
나. 보석·진주·별갑·산호·호박 및 상아와 이를 사용한 제품, 귀금속 제품	721,200원 + 4,808,000원을 초과하는 금액의 45
다. 고급 시계, 고급 가방	288,450원 + 1,923,000원을 초과하는 금액의 45
라. 삭제 <2017. 3. 27.>	
2. 삭제 <2019. 2. 12>	
3. 다음 각 목의 어느 하나에 해당하는 물품 중 기본관세율이 10 퍼센트 이상인 것으로서 개별소비세가 과세되지 아니하는 물품	
가. 모피의류, 모피의류의 부속품 그 밖의 모피제품	19
나. 가죽제 또는 콤포지션레더제의 의류와 그 부속품, 방직용 섬유와 방직용 섬유의 제품, 신발류	18
다. 녹용	21
4. 제1호부터 제3호까지에 해당하지 않는 물품. 다만, 고급모피와 그 제품, 고급융단, 고급가구, 승용자동차, 수렵용 총포류, 주류 및 담배는 제외한다.	15

2. 합의에 따른 세율적용(법 제82조)

(1) 의의

일괄하여 수입신고가 된 물품으로서 물품별 세율이 다른 물품에 대하여는 신고인의 신청에 따라 그 세율 중 가장 높은 세율을 적용할 수 있다.

(2) 적용상의 한계

합의에 의한 세율을 적용하는 경우에는 제5장제2절 심사와 심판 규정(제119조부터 제132조까지)은 적용하지 아니한다.

3. 용도세율 적용(법 제83조)

(1) 의의

동일한 물품에 대해 용도에 따라 세율을 다르게 정하는 물품을 세율이 낮은 용도에 사용하고자 하는 자는 세관장에게 신청하여 그 중 가장 낮은 세율을 적용할 수 있다.

(2) **용도세율 적용 대상**

별표 관세율표나 제50조제4항, 제51조, 제57조, 제63조, 제65조, 제67조의2, 제68조, 제70조부터 제74조까지 및 제76조에 따른 대통령령 또는 기획재정부령으로 용도에 따라 세율을 다르게 정하는 물품을 세율이 낮은 용도에 사용하여 해당물품에 용도세율의 적용을 받으려는 자는 대통령령으로 정하는 바에 따라 세관장에게 신청하여야 한다.

(3) **용도세율의 적용신청(영 제97조)**

① **원칙**: 용도세율의 적용을 받고자 하는 자는 해당 물품을 수입신고하는 때부터 수입신고가 수리되기 전까지 그 품명・규격・수량・가격・용도・사용방법 및 사용장소를 기재한 신청서를 세관장에게 제출해야 한다. 다만, 해당 물품을 보세구역에서 반출하지 않은 경우에는 수입신고 수리일부터 15일이 되는 날까지 신청서를 제출할 수 있다.

② **예외**: 미리 세관장으로부터 해당 용도로만 사용할 것을 승인받은 경우에는 용도세율 적용 신청을 생략할 수 있다. 이 경우 관세청장이 정하여 고시하는 신청서에 해당 물품의 품명, 규격 및 용도 등을 확인할 수 있는 서류를 첨부하여 세관장에게 신청해야 한다. 이와 관련된 승인에 필요한 사항은 관세청장이 정하여 고시한다.

(4) **사후관리**

① **사후관리 기간**: 용도세율 적용을 받은 물품은 수입신고수리일부터 3년의 범위에서 대통령령이 정하는 기준에 따라 관세청장이 정하는 기간에는 해당 용도 외의 다른 용도에 사용하거나 양도할 수 없다. 다만, 대통령령으로 정하는 바에 따라 미리 세관장의 승인을 받은 경우에는 그러하지 아니하다.

② **관세징수**: 사후관리기간에 해당 용도 외의 다른 용도에 사용하거나 그 용도 외의 다른 용도에 사용하려는 자에게 양도한 경우에는 해당 물품을 특정용도 외에 사용한 자 또는 그 양도인으로부터 해당 물품을 특정용도에 사용할 것을 요건으로 하지 아니하는 세율에 따라 계산한 관세액과 해당 용도세율에 따라 계산한 관세액의 차액에 상당하는 관세를 즉시 징수하며, 양도인으로부터 해당 관세를 징수할 수 없을 때에는 그 양수인으로부터 즉시 징수한다. 다만, 재해나 그 밖의 부득이한 사유로 멸실되었거나 미리 세관장의 승인을 받아 폐기한 경우에는 그러하지 아니하다.

③ **조건이행의 확인(영 제132조)**: 세관장은 용도세율의 적용받은 물품에 대하여 관세청장이 정하는 바에 따라 당해 조건의 이행을 확인하기 위하여 필요한 조치를 할 수 있다. 조건이행 서류는 관세청장이 정하는 바에 따라 통관세관장 또는 관할지세관장에게 제출하여야 한다.

④ **사후관리 위탁(영 제133조)**: 관세청장은 사후관리를 위하여 필요한 경우에는 해당 업무를 주관하는 부처의 장에게 그 사후관리에 관한 사항을 위탁한다. 사후관리를 위탁받은 부처의 장은 관세의 징수사유가 발생한 것을 확인한 때에는 지체 없이 당해 물품의 관할지세관장에게 통보하여야 한다.

⑤ **물품의 반입 및 변경신고(영 제129조)**

㉠ **물품의 반입**: 용도세율의 적용을 받은 자는 설치 또는 사용할 장소에 해당 물품을 수입신고수리일부터 1개월 이내에 반입하여야 한다. 설치 또는 사용할 장소에 물품을 반입한 자는 해당 장소에 해당 물품의 품명·규격 및 수량 등의 사항을 기재한 장부를 비치하여야 한다.

설치장소 부족 등 부득이한 반입 지연사유가 있는 경우에는 관세청장이 정하는 바에 따라 세관장에게 반입 기한의 연장을 신청할 수 있다. 세관장은 수입신고 수리일부터 3개월의 범위에서 해당 기한을 연장할 수 있다.

㉡ **변경신고**: 용도세율을 적용받은 자는 물품을 사후관리 기간 내에 그 설치 또는 사용장소를 변경하고자 하는 경우에는 변경전의 관할지 세관장에게 설치 또는 사용장소변경신고서를 제출하고, 제출일부터 1월 내에 변경된 설치 또는 사용장소에 이를 반입하여야 한다. 다만, 재해·노사분규 등의 긴급한 사유로 자기소유의 국내의 다른 장소로 해당 물품의 설치 도는 사용장소를 변경하고자 하는 경우에는 관할지 세관장에게 신고하고, 변경된 설치 또는 사용장소에 반입한 후 1월 이내에 설치 또는 사용장소변경신고서를 제출하여야 한다.

⑥ **사후관리 대상물품의 이관 및 관세의 징수(영 제130조)**

㉠ 용도세율의 적용, 승인을 받은 물품의 통관세관과 관할지세관이 서로 다른 경우에는 통관세관장은 관세청장이 정하는 바에 따라 관할지세관장에게 해당 물품에 대한 관계서류를 인계하여야 한다.

㉡ 통관세관장이 관할지 세관장에게 관계서류를 인계한 물품에 대하여 사후관리 위반으로 징수하는 관세는 관할지세관장이 이를 징수한다.

⑦ **용도세율 적용물품의 수출(법 제108조 제4항)**: 용도세율의 적용 또는 관세의 감면을 받은 물품을 세관장의 승인을 받아 수출한 경우에는 관세법의 적용에 있어서 용도 외 사용으로 보지 아니하고 사후관리를 종결한다. 다만, 용도세율의 적용 또는 관세의 감면을 받은 물품을 가공 또는 수리를 목적으로 수출한 후 다시 수입하거나 해외시험 및 연구목적으로 수출한 후 다시 수입하여 재수입 면세 또는 해외임가공물품등의 감세 규정에 의한 감면을 받은 경우에는 사후관리를 계속한다.

3 탄력관세

1. 의의

탄력관세제도(Flexible Tariff System)란 법률에 의하여 일정한 범위 안에서 관세율의 변경권을 행정부에 위임하여 관세율을 탄력적으로 변경할 수 있도록 함으로써 급격하게 변동하는 국내외적 경제여건 변화에 신축성 있게 대응하여 관세정책을 보다 효과적으로 수행하는 제도이다.

2. 탄력관세 기능

(1) 국내산업의 보호

급격한 수입물량의 증가 또는 저가 상품등의 수입으로 인하여 동종의 상품을 생산하는 국내산업이 피해를 입는 경우 국회의 입법절차를 거치면 많은 시일이 소요되므로, 행정부에서 대통령령 또는 기획재정부령으로 신속히 피해를 방지함으로써, 국내산업을 보호하는 기능을 가진다.

(2) 물가안정

국제원재료 가격이 급등하여 이를 원료로 하는 국내 생필품 등의 가격이 급등하는 경우 관련 수입물품의 관세율을 인하하여 수입을 촉진시킴으로써 물가상승의 요인을 완화시키는 기능을 한다.

(3) 주요자원의 안정적 확보

우리나라는 수입원재료에 대한 의존도가 높기 때문에 원재료를 외국으로부터 수입하여 이를 제조·가공 후 수출하고 있다. 따라서 외국의 경제적 원인등으로 인하여 원재료 가격 변동이 큰 경우 탄력관세가 발동함으로써 주요 자원을 안정적으로 확보할 수 있도록 한다.

(4) 법률의 경직성 탈피

외국에서 수입되는 물품의 급격한 물량 증가 또는 가격의 하락으로 인하여 국내산업이 피해를 입는 경우 국내외 경제여건 변화에 신속하게 대응할 필요가 있는 바, 국회의 입법과정을 거치게 되면 장시간이 소요되므로, 관세율의 변경권을 행정부에 위임하여 국내외적 변화에 신속하게 대응할 수 있도록 하고 있다. 다만, 관세율의 변경은 조세법률주의에 의거하여 법률에서 정하여진 한도 내에서 이루어져야 한다.

(5) 세율불균형의 시정

산업구조의 변동 또는 유사물품간의 세율이 현저히 불균형하여 이를 시정할 필요가 있는 경우 관세율의 조정을 통하여 이러한 세율불균형을 시정할 수 있다.

(6) 대외관계개선

급변하는 국내외 여건변화에 대응하여 대외관계를 개선하고, 우호적으로 해당국에 편익을 제공하는 방법으로, 탄력관세제도를 통하여 이러한 대외관계개선 및 대외협력의 기능을 가지게 된다.

3. 탄력관세의 종류

(1) 덤핑방지관세(법 제51조부터 제56조)

1) 의의: 국내산업에 이해관계가 있는 자로서 대통령령으로 정하는 자 또는 주무부장관이 부과요청을 한 경우로서 외국의 물품이 정상가격 이하로 수입되어 국내산업이 실질적인 피해를 받거나 받을 우려가 있는 경우 또는 국내산업의 발전이 실질적으로 지연된 경우가 조사를 통하여 확인되고 해당 국내산업을 보호할 필요가 있다고 인정되는 때에 기획재정부령으로 그 물품과 공급자 또는 공급국을 지정하여 해당 물품에 대하여 정상가격과 덤핑가격과의 차액에 상당하는 금액 이하의 관세를 추가하여 부과하는 제도이다.

2) 덤핑방지관세 특징

① 덤핑수출한 공급국 및 해당기업에 선별적으로 적용이 가능하다.

② 산업구제효과가 크다

③ 반덤핑제소의 움직임만으로도 상품수출이 위축될 수 있다.

④ 자의성이 개입될 가능성이 크다.

3) 덤핑방지관세 부과요건

① 정상가격이하(덤핑수입)로 수입이 되어야 한다.

② 국내산업이 실질적 피해를 받거나 받을 우려가 있어야 한다.

③ 국내산업이 발전이 실질적으로 지연되었음이 조사를 통해서 확인되어야 한다.

④ 국내산업 보호 필요성이 있어야 한다.

⑤ 주무부장관 또는 국내산업의 이해관계가 있는 자의 요청이어야 한다.

4) 덤핑방지관세 부과 절차

① 부과요청(영 제59조)

㉠ 실질적 피해 등을 받은 국내산업에 이해관계가 있는 자 또는 해당 산업을 관장하는 주무부장관은 기획재정부령이 정하는 바에 따라 기획재정부장관에게 덤핑방지관세의 부과요청을 할 수 있으며, 이 요청은 「불공정무역행위 조사 및 산업피해구제에 관한 법률」 제27조에 따른 무역위원회에 대한 덤핑방지관세의 부과에 필요한 조사신청[53]으로 갈음한다.

㉡ 주무부장관은 기획재정부장관에게 덤핑방지관세 부과를 요청하기 전에 관세청장에게 해당 수입물품의 덤핑거래에 관한 검토를 요청할 수 있다.

㉢ 관세청장은 덤핑거래에 관한 검토 요청이 없는 경우에도 덤핑거래 우려가 있다고 판단되는 경우에는 해당 수입물품의 덤핑거래 여부에 대하여 검토하고 그 결과를 주무부장관에게 통지할 수 있다.

㉣ 법 제51조를 적용함에 있어서의 국내산업은 정상가격 이하로 수입되는 물품과 동종물품의 국내생산사업(당해 수입물품의 공급자 또는 수입자와 제23조제1항의 규정에 의한 특수관계에 있는 생산자에 의한 생산사업과 당해 수입물품의 수입자인 생산자로서 기획재정부령이 정하는 자에 의한 생산사업을 제외할 수 있다.)의 전부 또는 국내총생산량의 상당부분을 점하는 국내생산사업으로 한다.

---

53) 덤핑방지관세 부과에 필요한 조사를 신청하려는 자는 다음 각 호의 자료를 무역위원회에 제출해야 한다.
1. 다음 각목의 사항을 기재한 신청서 3부
가. 당해 물품의 품명·규격·특성·용도·생산자 및 생산량
나. 당해 물품의 공급국·공급자·수출실적 및 수출가능성과 우리나라의 수입자·수입실적 및 수입가능성
다. 당해 물품의 공급국에서의 공장도가격 및 시장가격과 우리나라에의 수출가격 및 제3국에의 수출가격
라. 국내의 동종물품의 품명·규격·특성·용도·생산자·생산량·공장도가격·시장가격 및 원가계산
마. 당해 물품의 수입으로 인한 국내산업의 실질적 피해 등
바. 국내의 동종물품생산자들의 당해 조사신청에 대한 지지 정도
사. 신청서의 기재사항 및 첨부자료를 비밀로 취급할 필요가 있는 경우에는 그 사유
아. 기타 기획재정부장관이 필요하다고 인정하는 사항
2. 덤핑물품의 수입사실과 당해 물품의 수입으로 인한 실질적 피해등의 사실에 관한 충분한 증빙자료 3부

ⓜ "국내산업에 이해관계가 있는 자"라 함은 실질적 피해등을 받은 국내산업에 속하는 국내 생산자와 이들을 구성원으로 하거나 이익을 대변하는 법인·단체 및 개인으로서 기획재정부령이 정하는 자를 말한다.

ⓑ 무역위원회는 조사신청을 받은 사실을 기획재정부장관 및 관계 행정기관의 장과 해당 물품의 공급국 정부에 통보해야 한다. 이 경우 필요한 자료는 조사개시결정을 한 후에 통보해야 한다.

② 조사개시 결정(영 제60조)

㉠ 무역위원회는 조사신청을 받은 경우 덤핑사실과 실질적인 피해 등의 사실에 관한 조사의 개시여부를 결정하여 조사신청을 받은 날부터 2개월 이내에 그 결과와 조사대상물품(조사대상물품이 많은 경우에는 기획재정부령이 정하는 바에 따라 선정된 조사대상물품), 조사대상기간, 조사대상 공급자(조사대상공급자가 많은 경우에는 기획재정부령이 정하는 바에따라 선정된 조사대상 공급자)등의 사항을 기획재정부장관에게 통보하여야 한다. 무역위원회는 조사대상물품의 품목분류 등에 대해서는 관세청장과 협의하여 선정할 수 있다.

㉡ **조사신청의 기각**: 무역위원회는 조사의 개시 여부를 결정할 때에 조사신청이 다음의 어느 하나에 해당하면 그 조사신청을 기각하여야 한다.

1. 신청서를 제출한 자가 부과요청을 할 수 있는 자가 아닌 경우
2. 덤핑사실과 실질적인 피해 등의 사실에 관한 충분한 증빙자료를 제출하지 아니한 경우
3. 덤핑차액 또는 덤핑물품의 수입량이 기획재정부령이 정하는 기준[54]에 미달되거나 실질적 피해등이 경미하다고 인정되는 경우
4. 해당 조사신청에 찬성 의사를 표시한 국내생산자들의 생산량 합계가 기획재정부령이 정하는 기준[55]에 미달된다고 인정되는 경우
5. 조사 개시 전에 국내산업에 미치는 나쁜 영향을 제거하기 위한 조치가 취하여지는 등 조사개시가 필요없게 된 경우

㉢ **통지 및 관보 게재**: 무역위원회는 조사개시 결정을 한 경우에는 그 결정일부터 10일 이내에 조사개시 결정에 관한 사항을 조사신청자, 해당 물품의 공급국 정부 및 공급자 기타 이해관계인에게 통지하고, 관보에 게재하여야 한다.

③ 덤핑 및 실질적 피해등의 조사(영 제61조)

㉠ **무역위원회 조사**: 덤핑사실 및 실질적 피해등의 사실에 관한 조사는 무역위원회가 담당한다. 이 경우 무역위원회는 필요하다고 인정하는 경우에는 관계행정기관의 공무원 또는 관계전문가로 하여금 조사활동에 참여하도록 할 수 있다.

---

54) 1. 덤핑차액: 덤핑가격의 100분의 2 이상인 경우
2. 덤핑물품 수입량: 다음 각 목의 어느 하나에 해당하는 경우
가. 특정 공급국으로부터의 수입량이 동종물품의 국내수입량의 100분의 3 이상인 경우
나. 동종물품의 국내수입량의 100분의 3 미만의 점유율을 보이는 공급국들로부터의 수입량의 합계가 국내수입량의 100분의 7을 초과하는 경우

55) 1. 영 제59조제1항에 의한 부과요청에 대하여 찬성 또는 반대의사를 표시한 국내생산자들의 동종물품 국내생산량합계 중 찬성의사를 표시한 국내생산자들의 생산량합계가 100분의 50을 초과하는 경우
2. 영 제59조제1항에 의한 부과요청에 대하여 찬성의사를 표시한 국내생산자들의 생산량합계가 동종물품 국내총생산량의 100분의 25 이상인 경우

ⓛ **예비조사**: 무역위원회는 조사개시의 결정에 관한 사항이 관보에 게재된 날부터 3월 이내에 덤핑사실 및 그로 인한 실질적 피해등의 사실이 있다고 추정되는 충분한 증거가 있는지에 관한 예비조사를 하여 그 결과를 기획재정부장관에게 제출하여야 한다.

ⓒ **잠정조치 여부 결정**: 기획재정부장관은 예비조사결과가 제출된 날부터 1월 이내에 잠정조치의 필요 여부 및 내용에 관한 사항을 결정하여야 한다. 다만, 필요하다고 인정되는 경우에는 20일의 범위 내에서 그 결정기간을 연장할 수 있다.

ⓓ **본조사**

ⓐ **본조사 개시 및 결과 제출**: 무역위원회는 기획재정부령이 정하는 특별한 사유가 없는 한 예비조사결과를 제출한 날의 다음날부터 본조사를 개시하여야 하며, 본조사 개시일부터 3월 이내에 본조사 결과를 기획재정부장관에게 제출하여야 한다.

ⓑ **본조사 부과여부 및 내용 결정**: 본조사 결과가 접수되면 관보게재일부터 12개월 이내에 덤핑방지관세의 부과여부 및 내용을 결정하여 덤핑방지관세의 부과조치를 하여야 한다. 다만, 특별한 사유가 있다고 인정되는 경우에는 관보게재일부터 18개월 이내에 덤핑방지관세의 부과조치를 할 수 있다.

ⓒ **본조사의 종결 및 관보게재**: 예비조사에 따른 덤핑차액 또는 덤핑물품의 수입량이 기획재정부령이 정하는 기준에 미달하거나 실질적 피해등이 경미한 것으로 인정되는 경우에는 본조사를 종결하여야 한다. 이 경우 무역위원회는 기획재정부장관에게 본조사 종결에 관한 사항을 통보해야 하며, 기획재정부장관은 이를 관보에 게재해야 한다.

ⓜ **조사기간의 연장**: 무역위원회는 예비조사 및 본조사와 관련하여 조사기간을 연장할 필요가 있거나 이해관계인이 정당한 사유를 제시하여 조사기간의 연장을 요청하는 경우에는 2월의 범위내에서 그 조사기간을 연장할 수 있다. 그럼에도 불구하고 기획재정부장관은 18개월 이내에 덤핑방지관세의 부과조치를 할 특별한 사유가 있다고 인정하는 경우 무역위원회와 협의하여 본조사 기간을 2개월의 범위에서 추가로 연장하게 할 수 있다

ⓑ **실질적 피해 등의 판정(영 제63조)**: 무역위원회는 실질적 피해등의 사실을 조사·판정하는 경우에는 다음의 사항을 포함한 실질적 증거에 근거하여야 한다.

1. 덤핑물품의 수입물량(당해 물품의 수입이 절대적으로 또는 국내생산이나 국내소비에 대하여 상대적으로 뚜렷하게 증가되었는지 여부를 포함한다)
2. 덤핑물품의 가격(국내 동종물품의 가격과 비교하여 뚜렷하게 하락되었는지 여부를 포함한다)
3. 덤핑차액의 정도(덤핑물품의 수입가격이 수출국내 정상가격과 비교하여 뚜렷하게 하락되었는지 여부를 포함한다)
4. 국내산업의 생산량·가동률·재고·판매량·시장점유율·가격(가격하락 또는 인상억제의 효과를 포함한다)·이윤·생산성·투자수익현금수지·고용·임금·성장·자본조달·투자능력·기술개발
5. 덤핑물품의 수입물량 및 덤핑물품의 가격이 국내산업에 미치는 실재적 또는 잠재적 영향

㉦ **실질적 피해 등의 우려 판정**: 실질적인 피해 등의 조사·판정하는 경우 실질적 피해 등을 받을 우려가 있는지에 관한 판정은 실질적 피해 등의 판정 사항 뿐만 아니라 다음의 사항을 포함한 사실에 근거를 두어야 하며, 덤핑물품으로 인한 피해는 명백히 예견되고 급박한 것이어야 한다.

1. 실질적인 수입증가의 가능성을 나타내는 덤핑물품의 현저한 증가율
2. 우리나라에 덤핑수출을 증가시킬 수 있는 생산능력의 실질적 증가(가격하락 또는 인상억제의 효과를 포함한다)
3. 덤핑물품의 가격이 동종물품의 가격을 하락 또는 억제시킬 수 있는지 여부 및 추가적인 수입수요의 증대 가능성
4. 덤핑물품의 재고 및 동종물품의 재고상태

㉧ **피해누적의 평가**: 무역위원회는 실질적 피해등의 사실을 조사·평가함에 있어 2 이상의 국가로부터 수입된 물품이 동시에 조사대상물품이 되고 다음 각 호 모두에 해당하는 경우에는 그 수입물품으로부터의 피해를 누적적으로 평가할 수 있다.

1. 덤핑차액 및 덤핑물품의 수입량이 기획재정부령이 정하는 기준에 해당하는 경우
2. 덤핑물품이 상호 경쟁적이고 국내 동종물품과 경쟁적인 경우

㉨ **기타 피해 요인 조사**: 무역위원회는 덤핑물품 외의 다른 요인으로서 국내산업에 피해를 미치는 요인들을 조사해야 하며, 이러한 요인들에 의한 산업피해 등을 덤핑물품으로 인한 것으로 간주해서는 안 된다.

㉩ 덤핑방지관세 부과요청의 철회(영 제62조)

ⓐ **철회신청**: 조사를 신청한 자는 해당 신청을 철회하고자 하는 경우에는 서면으로 그 뜻을 무역위원회에 제출하여야 한다. 이 경우 무역위원회는 예비조사결과를 제출하기 전에 해당 철회서를 접수한 경우에는 기획재정부장관 및 관계행정기관의 장과 협의하여 조사개시 여부의 결정을 중지하거나 예비조사를 종결할 수 있으며, 예비조사결과를 제출한 후에 해당 철회서를 접수한 경우에는 기획재정부장관에게 이를 통보하여야 한다.

ⓑ **조사의 종결 또는 잠정조치의 철회**: 기획재정부장관은 철회 신청에 대한 통보를 받은 경우에는 무역위원회 및 관계행정기관의 장과 협의하여 조사를 종결하도록 할 수 있으며, 잠정조치가 취하여진 경우에는 이를 철회할 수 있다.

ⓒ **환급 및 담보해제**: 기획재정부장관은 잠정조치를 철회하는 경우에는 해당 잠정조치에 의하여 납부된 잠정덤핑방지관세를 환급하거나 제공된 담보를 해제하여야 한다.

㉪ **조치건의**: 무역위원회는 예비조사 및 본조사의 조사결과를 제출하는 경우 필요하다고 인정되는 경우에는 기획재정부장관에게 약속의 제의, 잠정조치 및 덤핑방지관세의 부과를 건의할 수 있다.

④ 이해관계인에 대한 자료협정 요청(영 제64조)

㉠ 기획재정부장관 또는 무역위원회는 조사 및 덤핑방지관세의 부과 여부 등을 결정하기 위하여 필요하다고 인정하는 경우에는 관계행정기관·국내생산자·공급자·수입자 및 이해관계인에게 관계자료의 제출 등 필요한 협조를 요청할 수 있다. 다만, 공급자에게 덤핑사실여부를 조사하기 위한 질의를 하는 경우 에는 회신을 위하여 질의서 발송일부터 40일 이상의 회신기간을 주어야 하며 공급자가 사유를 제시하여 동 기한의 연장을 요청할 경우 이에 대하여 적절히 고려하여야 한다.

㉡ 기획재정부장관 또는 무역위원회는 제출된 자료 중 성질상 비밀로 취급하는 것이 타당하다고 인정되거나 조사신청자나 이해관계인이 정당한 사유를 제시하여 비밀로 취급하여 줄 것을 요청한 자료에 대하여는 해당 자료를 제출한 자의 명시적인 동의 없이 이를 공개하여서는 아니 된다.

㉢ 기획재정부장관 또는 무역위원회는 비밀로 취급하여 줄 것을 요청한 자료를 제출한 자에게 해당 자료의 비밀이 아닌 요약서의 제출을 요구할 수 있다. 이 경우 해당 자료를 제출한 자가 그 요약서를 제출할 수 없는 경우에는 그 사유를 기재한 서류를 제출하여야 한다.

㉣ 기획재정부장관 또는 무역위원회는 비밀취급 요청이 정당하지 아니하다고 인정됨에도 불구하고 자료의 제출자가 정당한 사유없이 자료의 공개를 거부하는 때 또는 비밀이 아닌 요약서의 제출을 거부한 경우에는 해당 자료의 정확성이 충분히 입증되지 아니하는 한 해당 자료를 참고하지 아니할 수 있다.

㉤ 기획재정부장관 또는 무역위원회는 조사 및 덤핑방지 관세의 부과여부 등을 결정함에 있어서 이해관계인이 관계자료를 제출하지 아니하거나 무역위원회의 조사를 거부·방해하는 경우 등의 사유로 조사 또는 자료의 검증이 곤란한 경우[56]에는 이용가능한 자료 등을 사용하여 덤핑방지를 위한 조치를 할 것인지 여부를 결정할 수 있다.

㉥ 기획재정부장관 및 무역위원회는 덤핑방지관세의 부과절차와 관련하여 이해관계인으로부터 취득한 정보·자료 및 인지한 사실을 다른 목적으로 사용할 수 없다.

㉦ 기획재정부장관 및 무역위원회는 이해관계인이 제출한 관계증빙자료와 제출 또는 통보된 자료 중 비밀로 취급되는 것 외의 자료 제공을 요청하는 경우에는 특별한 사유가 없는 한 이에 따라야 한다. 이 경우 이해관계인의 자료제공요청은 그 사유 및 자료목록을 기재한 서면으로 해야 한다.

---

56) **관세법 시행규칙 제15조의2(덤핑방지조치 관련 이용가능한 자료)**

① 무역위원회는 이해관계인이 관계자료를 제출하지 않거나 제출한 자료가 불충분하여 영 제64조제5항에 따라 조사 또는 자료의 검증이 곤란하다고 판단한 경우에는 그 사실을 즉시 해당 이해관계인에게 통보하고, 특별한 사정이 없는 한 7일 이내에 추가 자료제출 또는 설명을 할 수 있는 기회를 제공해야 한다.

② 무역위원회는 영 제64조제5항에 따라 이용가능한 자료를 사용할 경우 조사절차가 지나치게 지연되지 않는 한 공식 수입통계 등 다른 자료로부터 취득하거나 조사 과정에서 다른 이해관계인으로부터 얻은 정보를 확인해야 한다.

③ 무역위원회는 영 제64조제5항에 따라 이용가능한 자료를 사용하여 조사·판정한 경우에는 해당 자료를 사용한 사유를 영 제71조제2항제3호 및 제9호에 따른 통지(영 제71조의9제1항에 따라 준용되는 경우에는 영 제71조의11제2항제2호나목에 따른 통지를 말한다) 시에 이해관계인에게 함께 통지해야 한다. 〈개정 2024. 3. 22.〉

◎ 기획재정부장관 또는 무역위원회는 필요하다고 인정하거나 이해관계인의 요청이 있는 경우에는 이해관계인으로 하여금 공청회[57] 등을 통하여 의견을 진술할 기회를 주거나 상반된 이해관계인과 협의할 수 있는 기회를 줄 수 있다. 이 경우 이해관계인이 구두로 진술하거나 협의한 내용은 공청회 등이 있은 후 7일 이내에 서면으로 제출된 경우에만 해당 자료를 참고할 수 있다.

⑤ 덤핑방지조치

㉠ 잠정조치(법 제53조)

ⓐ 의의: 기획재정부장관은 덤핑방지관세의 부과 여부를 결정하기 위하여 조사가 시작된 경우로서 일정한 사유에 해당하는 경우에는 조사기간 중에 발생하는 피해를 방지하기 위하여 해당 조사가 종결되기 전이라도 대통령령으로 정하는 바에 따라 그 물품과 공급자 또는 공급국 및 기간을 정하여 잠정적으로 추계(推計)된 덤핑차액에 상당하는 금액 이하의 잠정덤핑방지관세를 추가하여 부과하도록 명하거나 담보를 제공하도록 명하는 조치를 할 수 있다.

ⓑ 잠정조치 부과 사유

1. 해당 물품에 대한 덤핑 사실 및 그로 인한 실질적 피해등의 사실이 있다고 추정되는 충분한 증거가 있는 경우
2. 약속을 위반하거나 약속의 이행에 관한 자료제출 요구 및 제출자료의 검증 허용 요구에 응하지 아니한 경우로서 이용할 수 있는 최선의 정보가 있는 경우

ⓒ 잠정조치의 적용(영 제66조): 잠정조치는 예비조사결과 덤핑사실 및 그로 인한 실질적 피해 등의 사실이 있다고 추정되는 충분한 증거가 있다고 판정된 경우로서 해당 조사의 개시 후 최소한 60일이 경과된 날 이후부터 적용할 수 있다. 잠정조치의 적용 기간은 4월 이내로 하여야 한다. 다만, 당해 물품의 무역에 있어서 중요한 비중을 차지하는 공급자가 요청하는 경우에는 그 적용기간을 6월까지 연장할 수 있다.
그럼에도 불구하고 덤핑차액에 상당하는 금액 이하의 관세 부과로도 국내산업 피해를 충분히 제거할 수 있는지 여부를조사하는 경우 등 기획재정부장관이 필요하다고 인정하는 때에는 국제협약에 따라 잠정조치의 적용기간을 9개월까지 연장할 수 있다.

---

57) **관세법 시행규칙 제16조(덤핑방지관세부과를 위한 공청회)**
① 무역위원회는 영 제64조제8항에 따라 공청회를 개최하는 때에는 그 계획 및 결과를 기획재정부장관에게 통보하여야 한다.
② 기획재정부장관 및 무역위원회는 공청회를 개최하고자 하는 때에는 신청인 및 이해관계인에게 공청회의 일시 및 장소를 개별통지하고, 관보 등 적절한 방법으로 공청회개최일 30일 이전에 공고하여야 한다. 다만, 사안이 시급하거나 조사일정상 불가피한 때에는 7일 이전에 알려줄 수 있다.
③ 공청회에 참가하고자 하는 자는 공청회개최예정일 7일전까지 신청인 또는 이해관계인이라는 소명자료와 진술할 발언의 요지, 관련근거자료, 자신을 위하여 진술할 자의 인적사항 등을 첨부하여 기획재정부장관 및 무역위원회에 신청하여야 한다.
④ 신청인 또는 이해관계인은 공청회에 대리인과 공동으로 참가하여 진술하거나 필요한 때에는 대리인으로 하여금 진술하게 할 수 있다.
⑤ 공청회에 참가하는 자는 공청회에서 진술한 내용과 관련되는 보완자료를 공청회 종료후 7일 이내에 기획재정부장관 및 무역위원회에 서면으로 제출할 수 있다.
⑥ 신청인 또는 이해관계인은 공청회에서 진술하는 때에는 한국어를 사용하여야 한다.
⑦ 외국인이 공청회에 직접 참가하는 때에는 통역사를 대동할 수 있다. 이 경우 통역사가 통역한 내용을 당해 외국인이 진술한 것으로 본다.

ⓓ **담보의 종류 및 담보액**: 잠정조치에 의하여 제공되는 담보는 "금전", "국채 또는 지방채", "세관장이 인정하는 유가증권", "납세보증보험증권", "세관장이 인정하는 보증인의 납세보증서"로서 잠정덤핑방지관세액에 상당하는 금액이어야 한다.

ⓔ **잠정덤핑방지관세 환급 및 담보해제**: 다음에 해당하는 경우에는 대통령령이 정하는 바[58]에 따라 납부된 잠정덤핑방지 관세를 환급하거나 제공된 담보를 해제하여야 한다.

1. 잠정조치를 한 물품에 대한 덤핑방지관세의 부과요청이 철회되어 조사가 종결된 경우
2. 잠정조치를 한 물품에 대한 덤핑방지관세의 부과여부가 결정된 경우
3. 약속이 수락된 경우

ⓕ **잠정덤핑방지관세 정산**: 다음에 해당 하는 경우 다음 어느 하나에 해당하는 경우 덤핑방지관세액이 잠정덤핑방지관세액 또는 제공된 담보금액을 초과할 때에는 그 차액을 징수하지 아니하며, 덤핑방지관세액이 잠정덤핑방지관세액 또는 제공된 담보금액에 미달될 때에는 그 차액을 환급하거나 차액에 해당하는 담보를 해제하여야 한다.

1. 덤핑과 그로 인한 산업피해를 조사한 결과 해당 물품에 대한 덤핑 사실 및 그로 인한 실질적 피해등의 사실이 있는 것으로 판정된 이후에 약속이 수락된 경우
2. 덤핑방지관세를 소급하여 부과하는 경우

ⓛ 약속의 제의(법 제54조)

ⓐ 의의: 덤핑방지관세의 부과 여부를 결정하기 위하여 예비조사를 한 결과 해당 물품에 대한 덤핑 사실 및 그로 인한 실질적 피해등의 사실이 있는 것으로 판정된 경우 해당 물품의 수출자 또는 기획재정부장관은 대통령령으로 정하는 바에 따라 덤핑으로 인한 피해가 제거될 정도의 가격수정이나 덤핑수출의 중지에 관한 약속을 제의할 수 있다.

---

58) **관세법 시행령 제67조(잠정덤핑방지관세액 등의 정산)**

① 제69조제1항의 규정에 해당되는 경우로서 법 제53조제3항의 규정에 의하여 잠정조치가 적용된 기간 중에 수입된 물품에 대하여 부과하는 덤핑방지관세액이 잠정덤핑방지관세액과 같거나 많은 때에는 그 잠정덤핑방지관세액을 덤핑방지관세액으로 하여 그 차액을 징수하지 아니하며, 적은 때에는 그 차액에 상당하는 잠정덤핑방지관세액을 환급하여야 한다.

② 법 제53조제1항의 규정에 의하여 담보가 제공된 경우로서 제69조제1항의 규정에 해당되는 경우에는 당해 잠정조치가 적용된 기간 중에 소급부과될 덤핑방지관세액이 제공된 담보금액과 같거나 많은 경우에는 그 담보금액을 덤핑방지관세액으로 하여 그 차액을 징수하지 않으며, 적은 경우에는 그 차액에 상당하는 담보를 해제해야 한다. 〈개정 2024. 2. 29.〉

③ 제68조제1항의 규정에 의한 약속이 제61조제5항의 규정에 의한 본조사의 결과에 따라 당해 물품에 대한 덤핑사실 및 그로 인한 실질적 피해등의 사실이 있는 것으로 판정된 후에 수락된 경우로서 조사된 최종덤핑률을 기초로 산정한 덤핑방지관세액이 잠정덤핑방지관세액 또는 제공된 담보금액과 같거나 많은 경우에는 그 차액을 징수하지 않으며, 적은 경우에는 그 차액을 환급하거나 차액에 상당하는 담보를 해제해야 한다. 〈개정 2024. 2. 29.〉

ⓑ **약속의 내용**: 기획재정부장관은 필요하다고 인정되는 경우에는 약속을 수출자를 지정하여 제의할 수 있다[59]. 기획재정부장관으로부터 약속을 제의받은 수출자는 1개월 이내에 수락 여부를 통보하여야 한다.

ⓒ **약속의 수락**: 약속의 내용이 즉시로 가격을 수정하거나 약속일부터 6월 이내에 덤핑수출을 중지하는 것인 경우에는 기획재정부장관은 그 약속을 수락할 수 있다. 다만, 동 약속의 이행을 확보하는 것이 곤란하다고 인정되는 경우로서 기획재정부령이 정하는 경우에는 그러하지 아니하다.

ⓓ **조사의 중지 또는 종결**: 약속이 수락된 경우 기획재정부장관은 잠정조치 또는 덤핑방지관세의 부과 없이 조사가 중지 또는 종결되도록 하여야 한다. 다만, 기획재정부장관이 필요하다고 인정하거나 수출자가 조사를 계속하여 줄 것을 요청한 경우에는 그 조사를 계속할 수 있다.

ⓔ **약속위반시 조치**: 수출자가 약속을 이행하지 아니한 경우 기획재정부 장관은 이용가능한 최선의 정보에 의하여 잠정조치를 실시하는 등 덤핑방지를 위한 신속한 조치를 할 수 있다.

ⓒ 덤핑방지관세 부과

ⓐ **의의**: 기획재정부장관은 본조사 결과가 접수되면 관보게재일부터 1년 이내에 덤핑방지관세의 부과여부 및 내용을 결정하여 덤핑방지관세의 부과조치를 하여야 한다. 다만, 특별한 사유가 있다고 인정되는 경우에는 관보게재일부터 18개월 이내에 덤핑방지관세의 부과조치를 할 수 있다.

ⓑ **부과방법(영 제65조)**: 덤핑방지관세는 실질적 피해 등을 구제하기 위하여 필요한 범위에서 부과한다. 조사대상 기간에 수출을 한 공급자 중 "조사대상공급자"와 "조사대상공급자와 특수관계가 있는 자"에 대해서는 공급자 또는 공급국별로 덤핑방지관세율 또는 기준수입가격을 정하여 부과한다. 다만, 정당한 사유없이 자료를 제출하지 아니하거나 해당 자료의 공개를 거부하는 경우 및 기타의 사유로 조사 또는 자료의 검증이 곤란한 공급자에 대하여는 단일 덤핑방지관세율 또는 단일 기준수입가격을 정하여 부과할 수 있다.

- **정률세의 방법으로 부과하는 경우**: 덤핑률의 범위 안에서 결정한 율을 과세가격에 곱하여 산출한 금액

덤핑률 = (조정된 정상가격 − 조정된 덤핑가격) / 과세가격 × 100

59) **가격수정 · 수출중지 등의 약속(시행규칙 제19조)**

① 수출자가 수출가격을 실질적 피해등이 제거될 수 있는 수준으로 인상한다는 내용 또는 기획재정부장관과 협의하여 정하는 기간 내에 덤핑수출을 중지한다는 내용

② 약속수락전까지 계약되거나 선적되는 물품에 관한 내용

③ 형식 · 모양 · 명칭 등의 변경이나 저급품의 판매 등의 방법으로 약속의 이행을 회피하는 행위를 하지 아니하겠다는 내용

④ 제3국이나 제3자를 통한 판매 등의 방법으로 사실상 약속을 위반하지 아니하겠다는 내용

⑤ 수출국안에서의 판매물량 및 판매가격과 우리나라로의 수출물량 및 수출가격에 대하여 기획재정부장관에게 정기적으로 보고하겠다는 내용

⑥ 관련자료에 대한 검증을 허용하겠다는 내용

⑦ 그 밖의 상황변동의 경우에 기획재정부장관의 요구에 대하여 재협의할 수 있다는 내용

• **기준수입가격의 방법으로 부과하는 경우**: 기준수입가격에서 과세가격을 차감하여 산출한 금액을 추가 부과한다. 기준수입가격은 조정된 공급국의 정상가격에 수입관련비용을 가산한 범위안에서 결정한다.

ⓒ 조사대상에 선정되지 않은 공급자 및 신규공급자

① 조사대상기간에 수출을 한 공급자 중 조사대상에 선정되지 않는 자 및 조사대상기간 후에 수출하는 해당 공급국의 신규 공급자에 대해서는 다음에 따라 덤핑방지관세를 부과한다.

1. 조사대상공급자에게 적용되는 덤핑방지관세율 또는 기준수입가격을 기획재정부령으로 정하는 바에 따라 가중평균한 덤핑방지관세율 또는 기준수입가격을 적용하여 부과할 것
2. 그럼에도 불구하고 자료를 제출한 자에 대해서는 조사를 통해 공급자 또는 공급국별로 덤핑방지관세율 또는 기준수입가격을 정하여 부과할 것. 이 경우 해당 자료를 제출한 신규공급자에 대해서는 기획재정부령으로 정하는 바에 따라 조사대상공급자와 다른 조사방법 및 조사절차를 적용할 수 있다.
3. 조사대상공급자와 특수관계가 있는 신규공급자에 대해서는 조사대상공급자에 대한 덤핑방지관세율 또는 기준수입가격을 적용하여 부과할 것. 다만, 정당한 사유 없이 특수관계 관련 자료를 제출하지 않는 등의 사유로 특수관계 여부에 대한 검증이 곤란한 신규공급자에 대해서는 단일 덤핑방지관세율 또는 단일 기준수입가격을 정하여 부과할 수 있다.

② 신규공급자에 대한 조사가 개시된 경우 세관장은 그 신규공급자가 공급하는 물품에 대하여 이를 수입하는 자로부터 담보를 제공받고 조사 완료일까지 덤핑방지관세의 부과를 유예할 수 있다.

③ 신규공급자에 대한 조사가 개시된 경우 별도의 덤핑방지관세율 또는 기준수입가격은 해당 조사의 개시일부터 적용한다.

㉣ 덤핑방지관세의 소급부과

ⓐ **부과시기(법 제55조)**: 덤핑방지관세의 부과와 잠정조치는 각각의 조치일 이후 수입되는 물품에 대하여 적용된다. 다만, 잠정조치가 적용된 물품에 대하여 국제협약에서 달리 정하는 경우와 그 밖에 대통령령으로 정하는경우에는 그 물품에 대하여도 덤핑방지관세를 부과할 수 있다.

ⓑ **소급부과대상(영 제69조)**: 잠정조치가 적용된 물품으로서 덤핑방지관세가 부과되는 물품은 다음과 같다.

1. **잠정조치가 적용된 기간동안 수입된 물품**: 실질적 피해등이 있다고 최종판정이 내려진 경우 또는 실질적인 피해등의 우려가 있다는 최종판정이 내려졌으나 잠정조치가 없었다면 실질적인 피해등이 있다는 최종판정이 내려졌을 것으로 인정되는 경우에는 잠정조치가 적용된 기간동안 수입된 물품

> 2. **잠정조치를 적용한 날부터 90일전 이후에 수입된 물품**: 비교적 단기간 내에 대량 수입되어 발생되는 실질적 피해등의 재발을 방지하기 위하여 덤핑방지관세를 소급하여 부과할 필요가 있는 경우로서 해당 물품이 과거에 덤핑되어 실질적 피해등을 입힌 사실이 있었던 경우 또는 수입자가 덤핑사실과 그로 인한 실질적 피해등의 사실을 알았거나 알 수 있었을 경우
> 3. 기타 국제협약에서 정하는 바에 따라 기획재정부장관이 정하는 기간에 수입된 물품

ⓒ **덤핑방지관세의 소급부과 요청**: 국내산업에 이해관계가 있는 자는 본조사의 결과에 따라 최종판정의 통지를 받은 날부터 7일 이내에 당해 물품이 덤핑방지관세 소급부과 대상에 해당된다는 증거를 제출하여 덤핑방지관세의 부과를 요청할 수 있다.

⑥ 재심사(법 제56조)

㉠ **의의**: 기획재정부장관은 필요하다고 인정되는 경우에는 덤핑방지관세의 부과와 약속에(덤핑방지 조치) 대하여 재심사를 할 수 있으며, 재심사의 결과에 따라 덤핑방지관세의 부과, 약속의 내용변경, 환급 등 필요한 조치를 할 수 있다.

㉡ 재심사대상

> 1. 덤핑방지관세 또는 약속의 시행 이후 그 조치의 내용변경이 필요하다고 인정할만한 충분한 상황변동이 발생한 경우
> 2. 덤핑방지관세 또는 약속의 종료로 인하여 덤핑 및 국내산업피해가 지속되거나 재발될 우려가 있는 경우
> 3. 실제 덤핑차액보다 덤핑방지관세액이 과다하게 납부된 경우 또는 약속에 따른 가격수정이 과도한 경우

㉢ **재심사 요청**: 재심사의 요청은 덤핑방지관세조치 시행일부터 1년이 경과된 날 이후에 할 수 있으며, 덤핑방지관세조치 효력이 상실되는 날 6월 이전에 요청하여야 한다. 이 경우 기획재정부장관은 재심사를 요청받은 날부터 2월 이내에 재심사의 필요여부를 결정하여야 하며, 그 결정일부터 10일 이내에 재심사개시의 결정에 관한 사항을 재심사 요청자, 해당 물품의 공급국 정부 및 공급자, 그 밖의 이해관계인에게 통지하고, 관보에 게재하여야 한다.

기획재정부장관은 재심사를 하는 경우 외에 시행 중인 덤핑방지조치의 적정성 여부에 관한 재심사를 할 수 있으며, 이를 위하여 덤핑방지조치의 내용(재심사에 따라 변경된 내용을 포함한다)에 관하여 매년 그 시행일이 속하는 달에 덤핑가격에 대한 재검토를 하여야 한다. 이 경우 관세청장은 재검토에 필요한 자료를 작성하여 매년 그 시행일이 속하는 달에 기획재정부장관에게 제출해야 한다.

㉣ **협의 및 조사**: 기획재정부장관은 재심사의 필요 여부를 결정하는 때에는 관계행정기관의 장 및 무역위원회와 협의할 수 있으며, 재심사가 필요한 것으로 결정된 때에는 무역위원회는 이를 조사하여야 한다. 이 경우 무역위원회는 재심사의 사유가 되는 부분에 한정하여 조사할 수 있다.

ⓜ **조사결과제출**: 무역위원회는 재심사 개시일부터 6월 이내에 조사를 종결하여 그 결과를 기획재정부장관에게 제출하여야 한다. 다만, 무역위원회는 조사기간을 연장할 필요가 있거나 이해관계인이 정당한 사유를 제시하여 조사기간의 연장을 요청하는 경우에는 4월의 범위내에서 그 조사기간을 연장할 수 있다.

ⓑ **조치시기**: 기획재정부장관은 조사결과가 제출되면 관보게재일부터 12개월 이내에 조치 여부 및 내용을 결정하여 필요한 조치를 하여야 한다.

ⓢ **덤핑방지조치 수정요청**: 기획재정부장관은 재심사 결과 약속의 실효성이 상실되거나 상실될 우려가 있다고 판단되는 때에는 해당 약속을 이행하고 있는 수출자에게 약속의 수정을 요구할 수 있으며, 해당 수출자가 약속의 수정을 거부하는 때에는 이용가능한 정보를 바탕으로 덤핑방지관세율을 산정하여 덤핑방지관세를 부과할 수 있다.

ⓞ **재심사 정산**: 재심사기간 중 덤핑방지관세가 계속 부과된 물품에 대하여 법 제56조 제1항에 따라 기획재정부장관이 새로운 덤핑방지관세의 부과 또는 가격수정·수출중지 등의 약속을 시행하는 경우에는 제67조 제1항 및 제3항의 예(덤핑방지관세액과 잠정덤핑방지관세액의 정산 규정)에 따라 정산할 수 있다.

ⓙ **재심사 요청의 철회**: 재심사를 요청한 자가 해당 요청을 철회하려는 경우에는 서면으로 그 뜻을 기획재정부장관에게 제출하여야 한다. 이 경우 기획재정부장관은 무역위원회 및 관계 행정기관의 장과 협의하여 재심사 개시 여부의 결정을 중지하거나 제4항에 따른 조사를 종결하도록 할 수 있다.

⑦ **덤핑방지관세 및 약속의 유효기간(법 제56조 제3항)**: 덤핑방지 조치는 기획재정부령으로 그 적용시한을 따로 정하는 경우를 제외하고는 해당 덤핑방지관세 또는 약속의 시행일부터 5년이 지나면 그 효력을 잃으며, 덤핑과 산업피해를 재심사하고 그 결과에 따라 내용을 변경할 때에는 기획재정부령으로 그 적용시한을 따로 정하는 경우를 제외하고는 변경된 내용의 시행일부터 5년이 지나면 그 효력을 잃는다. 다만, 대통령령으로 정하는 사유로 재심사하는 경우에는 재심사가 끝나기 전에 해당 덤핑방지조치의 적용시한이 종료되더라도 재심사기간 동안 그 덤핑방지조치는 효력을 잃지 아니한다.

5) 정상가격과 덤핑가격(영 제58조)

① 정상가격

ⓐ **일반적인 경우**: 정상가격이라 함은 해당 물품의 공급국에서 소비되는 동종물품의 통상거래가격을 말한다. 다만, 동종물품이 거래되지 아니하거나 특수한 시장상황 등으로 인하여 통상거래가격을 적용할 수 없는 경우에는 해당 국가에서 제3국으로 수출되는 수출가격중 대표적인 가격으로서 비교가능한 가격 또는 원산지국에서의 제조원가에 합리적인 수준의 관리비 및 판매비와 이윤을 합한 가격(이하 "구성가격"이라한다)을 정상가격으로 본다.

ⓑ **제3국을 경유하는 경우**: 해당 물품의 원산지국으로부터 직접 수입되지 아니하고 제3국을 거쳐 수입되는 경우에는 그 제3국의 통상거래가격을 정상가격으로 본다. 다만, 그 제3국 안에서 해당 물품을 단순히 옮겨 싣거나 동종물품의 생산실적이 없는 때 또는 그 제3국내에 통상거래가격으로 인정될 가격이 없는 경우에는 원산지국의 통상거래가격을 정상가격으로 본다.

㉢ **시장경제체제가 확립되지 아니한 국가로부터 수입**: 해당 물품이 통제경제를 실시하는 시장경제체제가 확립되지 아니한 국가로부터 수입되는 경우에는 제1항 및 제2항의 규정에 불구하고 다음에 해당하는 가격을 정상가격으로 본다. 다만, 시장경제체제가 확립되지 아니한 국가가 시장경제로의 전환체제에 있는 등 기획재정부령이 정하는 경우에는 1 및 2의 규정에 따른 통상거래가격 등을 정상가격으로 볼 수 있다.

> 1. 우리나라를 제외한 시장경제국가에서 소비되는 동종물품의 통상거래가격
> 2. 우리나라를 제외한 시장경제국가에서 우리나라를 포함한 제3국으로의 수출가격 또는 구성가격

구분	정상가격
일반적인경우	• 공급국에서 소비되는 동종물품의 통상거래가격 • 당해 국가에서 제3국으로 수출되는 수출가격중 대표적인 가격으로서 비교가능한 가격 • 원산지국에서의 제조원가에 합리적인 수준의 관리비 및 판매비와 이윤을 합한 가격(구상가격)
제3국 경유시	• 제3국의 통상거래가격 • 원산지국의 통상거래가격(그 제3국안에서 당해 물품을 단순히 옮겨 싣거나 동종물품의 생산실적이 없는 때 또는 그 제3국내에 통상거래가격으로 인정될 가격이 없는 때)
통제경제국가로부터 수입시	• 우리나라를 제외한 시장경제국가에서 소비되는 동종물품의 통상거래가격 • 우리나라를 제외한 시장경제국가에서 우리나라를 포함한 제3국으로의 수출가격 또는 구성가격

② 덤핑가격

㉠ **일반적인 경우**: 덤핑가격이라 함은 조사가 개시된 조사대상물품에 대하여 실제로 지급하였거나 지급하여야 하는 가격을 말한다.

㉡ **특수관계 또는 보상약정이 있는 경우**: 공급자와 수입자 또는 특수관계 또는 보상약정이 있어 실제로 지급하였거나 지급하여야 하는 가격에 의할 수 없는 경우에는 다음의 가격으로 할 수 있다.

> 1. 수입물품이 그 특수관계 또는 보상약정이 없는 구매자에게 최초로 재판매된 경우에는 기획재정부령이 정하는 바에 따라 그 재판매 가격을 기초로 산정한 가격
> 2. 수입물품이 그 특수관계 또는 보상약정이 없는 구매자에게 재판매된 실적이 없거나 수입된 상태로 물품이 재판매되지 아니하는 경우에는 기획재정부령이 정하는 합리적인 기준에 의한 가격

③ 가격의 조정

㉠ **동일한 시기 및 거래단계비교**: 정상가격과 덤핑가격의 비교는 가능한 한 동일한 시기 및 동일한 거래단계(통상적으로 공장도 거래단계를 말한다)에서 비교하여야 한다.

㉡ **가격의 조정 및 조사대상기간**: 해당 물품의 물리적 특성, 판매수량, 판매조건, 과세상의 차이, 거래단계의 차이, 환율변동 등이 가격비교에 영향을 미치는 경우에는 기획재정부령이 정하는 바에 따라 정상가격 및 덤핑가격을 조정하여야 하며, 덤핑률 조사대상기간은 6월 이상의 기간으로 한다.

㉢ **적용환율**: 정상가격과 덤핑가격을 비교할 때 적용하는 환율은 원칙적으로 해당 물품의 거래일의 환율로 한다. 다만, 해당 물품 거래가 선물환거래와 직접적으로 연계되어 있는 경우에는 그 약정환율을 적용할 수 있다.

㉣ **이해관계인의 입증**: 이해관계인은 물리적 특성, 판매수량 및 판매조건의 차이로 인하여 가격조정을 요구하는 때에는 그러한 차이가 시장가격 또는 제조원가에 직접적으로 영향을 미친다는 사실을 입증하여야 한다.

6) 이해관계인에 대한 통지 · 통고

① **기획재정부장관의 관보 게재 및 통지**: 기획재정부장관은 다음에 해당하는 경우에는 그 내용을 관보에 게재하고, 이해관계인에게 서면으로 통지하여야 한다.

㉠ 덤핑방지관세의 부과 및 덤핑방지 조치를 결정하거나 해당 조치를 하지 아니하기로 결정한 때

㉡ 약속을 수락하여 조사를 중지 또는 종결하거나 조사를 계속하는 때

㉢ 재심사 결과 덤핑방지조치의 내용을 변경한 때

㉣ 덤핑방지조치의 효력이 연장되는 때[60)]

② **기획재정부장관 또는 무역위원회의 통지**: 기획재정부장관 또는 무역위원회는 다음에 해당되는 경우에는 그 내용을 이해관계인에게 통지하여야 한다.

㉠ 부적격자의 부과신청등으로 조사신청이 기각되거나 예비조사에 따른 덤핑차액이 기준에 미달하는 등의 사유로 조사가 종결된 때

㉡ 예비조사의 결과에 따라 예비판정을 한 때

㉢ 본조사의 결과에 따라 최종판정을 한 때

㉣ 예비조사 및 본조사의 조사기간을 연장한 때

㉤ 특별한 사유로 본조사의 부과조치 기간을 연장한 때

㉥ 덤핑방지관세의 부과 요청 또는 재심사 요청이 철회되어 조사의 개시 여부 또는 재심사의 개시 여부에 관한 결정이 중지되거나 조사가 종결된 때

㉦ 잠정조치의 적용기간을 연장한 때

㉧ 기획재정부장관이 약속을 제의한 때

③ **조사 진행상황의 통지**: 기획재정부장관 또는 무역위원회는 조사과정에서 조사와 관련된 이해관계인의 서면 요청이 있는 경우에는 조사의 진행상황을 통지하여야 한다.

---

60) 덤핑방지관세 또는 약속의 종료로 인하여 덤핑 및 국내산업피해가 지속되거나 재발된 우려가 있는 경우의 사유로 재심사를 하는 경우 재심사기간 중에 해당 덤핑방지조치의 적용시한이 종료되는 때에도 그 재심사기간중 해당 조치의 효력은 계속된다.(영 제70조 제7항)

7) 우회덤핑 물품에 대한 덤핑방지관세의 부과(법 제56조의2)

① **의의**: 덤핑방지관세가 부과되는 물품의 물리적 특성이나 형태 등을 경미하게 변경하는 행위 등[61]을 통하여 해당 덤핑방지관세의 부과를 회피하려는 사실이 조사를 통하여 확인되는 경우[62]에는 기획재정부령으로 그 물품을 지정하여 핑방지관세를 부과할 수 있다.

② **잠정조치 및 약속의 제의 적용 배제**: 우회덤핑 물품에 대해서는 잠정조치 및 약속의 제의 규정을 적용하지 아니한다.

③ **부과시기**: 우회덤핑방지관세의 부과는 해당 우회덤핑에 대한 조사의 개시일 이후 수입되는 물품에 대해서도 적용한다.

④ **우회덤핑 행위의 유형(영 제71조의2)**

㉠ 덤핑방지관세가 부과되는 물품의 물리적 특성이나 형태 등을 경미하게 변경하는 행위 란 덤핑방지관세물품에 대해 해당 물품의 공급국 안에서 그 물품의 본질적 특성을 변경하지 않는 범위에서 물리적 특성이나 형태, 포장방법 또는 용도 등을 변경하는 행위(그 행위로 법 제84조제3호에 따른 관세·통계통합품목분류표상 품목번호가 변경되는 경우를 포함하며, 이하 "경미한 변경행위"라 한다)를 말한다.

㉡ 덤핑방지관세물품과 변경된 물품의 생산설비 등 경미한 변경행위 여부를 판단할 때 고려해야 하는 사항은 기획재정부령으로 정한다.

⑤ **우회덤핑 직권조사 사유**: 무역위원회가 덤핑방지관세물품에 대한 경미한 변경행위를 통해 해당 덤핑방지관세의 부과를 회피하려는 사실에 관한 충분한 증거를 확보하는 등 직권으로 조사를 개시할 수 있는 특별한 상황이 인정되는 경우를 말한다.

---

61) **관세법 시행규칙제20조의2(경미한 변경행위의 판단)**
영 제71조의2제2항에 따라 경미한 변경행위 여부를 판단할 때에는 다음 각 호의 사항을 고려해야 한다.
1. 법 제51조에 따라 덤핑방지관세가 부과되는 물품(이하 "덤핑방지관세물품"이라 한다)과 법 제56조의2제1항에 따른 우회덤핑(이하 "우회덤핑"이라 한다) 조사대상물품의 물리적 특성 및 화학성분 차이
2. 덤핑방지관세물품과 우회덤핑 조사대상물품의 법 제84조제3호에 따른 관세·통계통합품목분류표상 품목번호 차이
3. 덤핑방지관세물품을 우회덤핑 조사대상물품으로 대체할 수 있는 범위 및 우회덤핑 조사대상물품의 용도
4. 덤핑방지관세물품과 우회덤핑 조사대상물품의 생산설비 차이
5. 영 제71조의2제1항에 따른 경미한 변경행위에 소요되는 비용
6. 그 밖에 무역위원회가 필요하다고 인정하는 사항

62) **시행령 제71조의4(우회덤핑 조사의 신청)**
① 법 제56조의2제1항제1호에 따른 우회덤핑 해당 여부에 대한 조사를 신청하려는 자는 무역위원회에 다음 각 호의 자료를 제출해야 한다.
1. 다음 각 목의 사항을 적은 신청서 3부
가. 덤핑방지관세물품에 대한 덤핑방지관세 부과 내용
나. 덤핑방지관세물품과 관련된 무역위원회의 의결서 공개본 내용
다. 신청인이 덤핑방지관세물품의 덤핑방지관세 부과요청을 한 자인지 여부
라. 우회덤핑 조사대상물품의 사진·도면·사양·표준 등 시각적 요소를 제공하는 자료 및 품명·규격·특성·용도·생산자·생산량
마. 우회덤핑 조사대상물품의 공급국·공급자·수출실적 및 수출가능성과 우리나라의 수입자·수입실적 및 수입가능성
바. 우회덤핑 조사대상물품과 같은 종류의 국내 물품의 품명·규격·특성·용도·생산자·생산량
사. 신청서의 기재사항 및 첨부자료를 비밀로 취급할 필요가 있는 경우에는 그 사유
아. 그 밖에 무역위원회가 우회덤핑의 조사에 필요하다고 인정하는 사항
2. 우회덤핑 조사대상물품이 수입된 사실과 해당 물품이 우회덤핑에 해당함을 충분히 증명할 수 있는 자료 3부
3. 신청인이 우회덤핑이라고 판단한 이유를 적은 사유서 3부
② 무역위원회는 제1항에 따른 신청을 받은 경우에는 그 사실을 기획재정부장관 및 관계 행정기관의 장과 해당 물품의 공급국 정부에 통보해야 한다. 이 경우 제1항 각 호에 따른 자료는 제71조의5제1항에 따른 조사개시 결정을 한 후에 통보해야 한다.

⑥ 우회덤핑 조사 및 우회덤핑 직권조사 개시

㉠ 우회덤핑조사 개시

ⓐ 무역위원회는 우회덤핑조사 신청을 받은 경우 신청인이 제출한 자료의 정확성 및 적정성을 검토하여 우회덤핑 조사의 개시 여부를 결정한 후 신청일부터 30일 이내에 그 결과와 다음 각 호의 사항을 기획재정부장관에게 통보해야 한다. 다만, 무역위원회가 필요하다고 인정하는 경우에는 15일의 범위에서 그 기간을 연장할 수 있다.

1. 우회덤핑 조사대상물품
2. 우회덤핑 조사대상기간
3. 우회덤핑 조사대상 공급자

ⓑ 무역위원회는 우회덤핑 조사의 개시 여부를 결정할 때 그 신청인이 다음 각 호의 어느 하나에 해당하는 경우에는 그 조사 신청을 기각해야 한다.

1. 신청인이 법 제56조의2제1항제1호에 따른 우회덤핑 해당 여부에 대한 조사를 신청할 수 있는 자가 아닌 경우
2. 우회덤핑 사실에 관한 충분한 증명자료를 제출하지 않은 경우

ⓒ 무역위원회는 우회덤핑 조사의 개시를 결정한 경우에는 결정일부터 10일 이내에 조사개시의 결정에 관한 사항을 조사신청인, 해당 물품의 공급국 정부 및 공급자와 그 밖의 이해관계인에게 통보하고, 관보에 게재해야 한다. 이 경우 해당 물품의 공급자에게는 제71조의4제1항 각 호의 자료를 함께 제공해야 한다.

ⓓ 무역위원회는 우회덤핑 조사대상물품의 품목분류 등에 대해서는 관세청장과 협의하여 선정할 수 있다.

㉡ 우회덤핑 직권조사 개시

ⓐ 무역위원회는 직권조사의 개시 여부를 결정하기 위해 필요하면 관세청장에게 우회덤핑 여부에 관한 검토를 요청할 수 있다.

ⓑ 관세청장은 무역위원회의 검토 요청이 없는 경우에도 우회덤핑 우려가 있다고 판단되는 경우에는 해당 수입물품에 대해 우회덤핑 여부를 검토하고 그 결과를 무역위원회에 통지할 수 있다.

ⓒ 무역위원회는 직권조사를 개시하기로 결정한 경우에는 즉시 그 결정 내용과 우회덤핑 조사대상물품에 대한 사항을 기획재정부장관에게 통보해야 한다.

ⓓ 무역위원회는 직권조사의 개시를 결정한 경우에는 결정일부터 10일 이내에 조사개시의 결정에 관한 사항을 해당 물품의 공급국 정부 및 공급자와 그 밖의 이해관계인에게 통보하고, 관보에 게재해야 한다.

ⓔ 무역위원회는 직권조사 대상 물품의 품목분류 등에 대해서는 관세청장과 협의하여 선정할 수 있다.

⑦ 우회덤핑의 조사 절차 등

㉠ 우회덤핑의 사실에 관한 조사는 무역위원회가 담당한다. 이 경우 무역위원회는 필요하다고 인정되면 관계 행정기관의 공무원 또는 관계 전문가를 조사활동에 참여하게 할 수 있다.

㉡ 무역위원회는 관보게재일부터 6개월 이내에 우회덤핑 여부에 관한 조사를 하여 그 결과를 기획재정부장관에게 제출해야 한다.

㉢ 무역위원회는 조사기간을 연장할 필요가 있거나 이해관계인이 정당한 사유를 제시하여 조사기간의 연장을 요청하는 경우에는 1개월의 범위에서 그 조사기간을 연장할 수 있다.

㉣ 무역위원회는 조사결과를 제출할 때 필요하다고 인정되면 기획재정부장관에게 우회덤핑 사실이 확인된 물품에 대해 덤핑방지관세의 부과를 건의할 수 있다.

㉤ 기획재정부장관은 조사결과를 받은 경우에는 관보게재일부터 8개월 이내에 덤핑방지관세의 부과 여부 및 내용을 결정하여 덤핑방지관세를 부과해야 한다. 다만, 특별한 사유가 있다고 인정되는 경우에는 관보게재일부터 9개월 이내에 덤핑방지관세를 부과할 수 있다.

㉥ 기타 우회덤핑 조사 및 판정 절차와 우회덤핑 물품에 대한 덤핑방지관세의 부과에 필요한 사항은 무역위원회가 기획재정부장관과 협의하여 고시한다.

(2) 상계관세(법 제57조부터 제62조)

1) 의의

국내산업에 이해관계가 있는 자로서 대통령령이 정하는 자[63] 또는 주무부장관이 부과요청을 한 경우로서 외국에서 제조·생산 또는 수출에 관하여 직접 또는 간접으로 보조금이나 장려금을 받은 물품의 수입으로 인하여 국내산업이 실질적인 피해를 받거나 받을 우려가 있는 경우 또는 국내산업의 발전이 실질적으로 지연된 경우 이러한 사항이 조사를 통하여 확인되고, 해당 국내산업을 보호할 필요가 있다고 인정되는 경우에는 기획재정부령으로 그 물품과 수출자 또는 수출국을 지정하여 그 물품에 대하여 해당 보조금등의 금액 이하의 관세를 추가하여 부과할 수 있다.

2) 보조금 등

① **의의**: 정부·공공기관 등의 재정지원 등에 의한 혜택중 특정성이 있는 것을 말한다. 다만, 특정성은 있으나 연구·지역개발 및 환경관련 보조금 또는 장려금으로서 국제협약에서 인정하고 있는 것은 제외한다.(영 제72조 제1항)

② **특정성의 범위**: 특정성 이라 함은 보조금등이 특정기업이나 산업 또는 특정기업군이나 산업군에 지급되는 경우를 말하며, 다음의 하나에 해당되는 경우에는 특정성이 있는 것으로 본다.

㉠ 보조금등이 일부 기업 등에 대하여 제한적으로 지급되는 경우

㉡ 보조금등이 제한된 수의 기업 등에 의하여 사용되어지는 경우

㉢ 보조금등이 특정한 지역에 한정되어 지급되는 경우

㉣ 그 밖에 국제협약에서 인정하고 있는 특정성의 기준에 부합되는 경우

63) "국내산업에 이해관계가 있는 자"라 함은 실질적 피해등을 받은 국내산업에 속하는 국내생산자와 이들을 구성원으로 하거나 이익을 대변하는 법인·단체 및 개인으로서 기획재정부령이 정하는 자를 말한다.(영 제73조 제3항)

③ **보조금 등의 금액**[64]**(규칙 제21조)**: 보조금등의 금액은 수혜자가 실제로 받는 혜택을 기준으로 하여 기획재정부령이 정하는 바에 따라 계산한다.

㉠ **지분참여의 경우**: 해당 지분참여와 통상적인 투자와의 차이에 의하여 발생하는 금액 상당액

㉡ **대출의 경우**: 해당 대출금리에 의하여 지불하는 금액과 시장금리에 의하여 지불하는 금액과의 차액 상당액

㉢ **대출보증의 경우**: 해당 대출에 대하여 지불하는 금액과 대출보증이 없을 경우 비교가능한 상업적 차입에 대하여 지불하여야 하는 금액과의 차액 상당액

㉣ **재화·용역의 공급 또는 구매의 경우**: 해당 가격과 시장가격과의 차이에 의하여 발생하는 금액 상당액

㉤ 그 밖에 국제협약에서 인정하고 있는 기준에 의한 금액

3) **약속의 제의(법 제60조 제1항)**: 상계관세의 부과여부를 결정하기 위한 예비조사결과 보조금등의 지급과 그로 인한 실질적 피해등의 사실이 있는 것으로 판정된 경우 해당 물품의 수출국 정부 또는 기획재정부장관은 해당 물품에 대한 보조금 등을 철폐 또는 삭감하거나 보조금 등의 국내산업에 대한 피해효과를 제거하기 위한 적절한 조치에 관한 약속을 제의할 수 있으며, 해당 물품의 수출자는 수출국정부의 동의를 얻어 보조금 등의 국내산업에 대한 피해효과가 제거될 수 있을 정도로 가격을 수정하겠다는 약속을 제의할 수 있다.

4) **보조금률**

보조금률 = 보조금 등의 금액 / 과세가격 × 100

5) **준용규정**: 상계관세부과와 관련한 절차 및 기타 사항은 덤핑방지관세 부과절차를 준용한다.

(3) 보복관세(법 제63조부터 제64조)

1) **의의**: 보복관세란 외국이 우리나라의 수출물품, 선박 또는 항공기에 부당한 관세나 불리한 대우를 하는 경우 상대국으로부터 수입되는 물품에 대하여 보복적으로 관세를 부과하는 제도를 말한다.

2) **부과대상**

① 관세 또는 무역에 관한 국제협정이나 양자간의 협정 등에 규정된 우리나라의 권익을 부인하거나 제한하는 경우

② 기타 우리나라에 대하여 부당 또는 차별적인 조치를 취하는 경우

3) **세부사항규정**: 보복관세를 부과하여야 하는 대상 국가, 물품, 수량, 세율, 적용시한, 그 밖에 필요한 사항은 대통령령으로 정한다.

4) **보복관세의 부과에 관한 협의**: 기획재정부장관은 보복관세를 부과할 때 필요하다고 인정되는 경우에는 관련 국제기구 또는 당사국과 미리 협의할 수 있다.

---

64) **상계관세부과를 위한 피해의 통산(시행규칙 제26조)**
국제협약에서 달리 정하지 아니하는 한 보조금등의 금액이 당해 물품 가격대비 100분의 1 이상인 경우를 말한다.

⑷ 긴급관세(법 제65조부터 제67조)

1) 의의: 특정 물품의 수입증가로 인하여 동종 물품 또는 직접적인 경쟁관계에 있는 물품을 생산하는 국내산업이 심각한 피해를 받거나 받을 우려가 있음이 조사를 통하여 확인되고 해당 국내산업을 보호할 필요가 있다고 인정되는 경우에는 해당 물품에 대하여 심각한 피해 등을 방지하거나 치유하고 조정을 촉진하기 위하여 필요한 범위 안에서 관세를 추가하여 부과할 수 있다.

2) 긴급관세의 부과

① 부과여부 검토: 긴급관세는 해당 국내산업의 보호 필요성, 국제통상관계, 긴급관세 부과에 따른 보상수준 및 국제경제 전반에 미치는 영향 등을 검토하여 부과여부와 그 내용을 결정한다. 긴급관세의 부과여부 및 그 내용은 무역위원회의 부과건의가 접수된 날로부터 1월 내에 결정하여야 한다. 다만, 주요 이해당사국과 긴급관세 부과에 관한 협의 등을 위하여 소요된 기간은 이에 포함되지 아니한다.

② 부과기간

㉠ 긴급관세의 부과는 부과조치 결정 시행일 이후 수입되는 물품에 한정하여 적용된다.

㉡ 긴급관세의 부과기간은 4년을 초과할 수 없다.

㉢ 재심사의 결과에 따라 부과기간을 연장하는 경우에는 잠정긴급관세의 부과기간, 긴급관세의 부과기간과 대외무역법 제39조 제1항에 따른 수입수량제한 등의 적용 기간 및 그 연장기간을 포함한 총 적용기간은 8년을 초과할 수 없다.

③ 이해당사국과의 협의: 기획재정부장관은 긴급관세를 부과하는 경우에는 이해당사국과 긴급관세부과의 부정적 효과에 대한 적절한 무역보상방법에 관한 협의를 할 수 있다.

④ 이해관계인 등에 대한 협조요청: 기획재정부장관은 긴급관세 또는 잠정긴급관세의 부과 여부를 결정하기 위하여 필요하다고 인정되는 경우에는 관계 행정기관의 장 및 이해관계인 등에게 관련 자료의 제출 등 필요한 협조를 요청할 수 있다.

3) 잠정긴급관세

① 의의: 긴급관세의 부과여부를 결정하기 위한 조사가 개시된 물품 또는 불공정무역행위 조사 및 산업피해구제에 관한 법률 제7조 제1항의 규정에 의하여 잠정조치가 건의된 물품에 대하여 조사기간 중에 발생하는 심각한 피해 등을 방지하지 아니할 경우 회복하기 어려운 피해를 초래하거나 초래할 우려가 있다고 판단될 경우에는 조사가 종결되기 전에 피해의 구제를 위하여 필요한 범위 내에서 잠정긴급관세를 추가하여 부과할 수 있다.

② 잠정긴급관세의 부과

㉠ 잠정긴급관세의 부과여부 및 그 내용은 무역위원회의 부과건의가 접수된 날부터 1월 이내에 긴급관세 부과시의 검토사항을 고려하여 결정하여야 한다. 다만, 기획재정부장관은 필요하다고 인정되는 경우에는 20일의 범위 내에서 그 결정기간을 연장할 수 있다.

㉡ 잠정긴급관세의 부과는 부과조치결정 시행일 이후 수입되는 물품에 한정하여 적용된다.

㉢ 잠정긴급관세는 200일을 초과하여 부과할 수 없다.

③ 잠정긴급관세의 부과중단 및 환급

㉠ 긴급관세의 부과 또는 불공정무역행위조사 및 산업피해구제에 관한 법률에 의한 수입수량제한 등의 조치여부를 결정한 경우에는 잠정긴급관세의 부과를 중단한다.

㉡ 잠정긴급관세의 부과 또는 수입수량제한 등의 조치여부를 결정하기 위한 조사결과 수입증가가 국내산업에 심각한 피해를 초래하거나 초래할 우려가 있다고 판단되지 아니하는 경우에는 납부한 잠정긴급관세를 환급하여야 한다.

④ 잠정긴급관세의 정산

㉠ 긴급관세액이 잠정긴급관세액과 같거나 많은 경우에는 그 잠정긴급관세액을 긴급관세액으로 하여 그 차액을 징수하지 않는다.

㉡ 긴급관세액이 잠정긴급관세액보다 적은 경우에는 그 차액에 상당하는 잠정긴급관세액을 환급하는 조치를 하여야 한다.

4) 긴급관세의 재심사

① 재심사: 기획재정부장관은 필요하다고 인정되는 경우에는 긴급관세의 부과결정에 대하여 재심사를 할 수 있으며, 재심사결과에 따라 부과내용을 변경할 수 있다. 이 경우 변경된 내용은 최초의 조치내용보다 더 강화되어서는 아니 된다.

② 조치여부 결정: 기획재정부장관은 부과중인 긴급관세에 대하여 무역위원회가 그 내용의 완화·해제 또는 연장 등을 건의하는 경우에는 그 건의가 접수된 날부터 1월 이내에 재심사를 하여 긴급관세의 부과의 완화·해제 또는 연장 등의 조치 여부를 결정하여야 한다. 다만, 기획재정부장관은 필요하다고 인정되는 경우에는 20일의 범위내에서 그 결정기간을 연장할 수 있다.

5) 세부사항 규정: 긴급관세 또는 잠정긴급관세를 부과하여야 하는 대상 물품, 세율, 적용기간, 수량, 수입관리방안, 그 밖에 필요한 사항은 기획재정부령으로 정한다.

구분	긴급관세	잠정긴급관세
부과결정	1개월 이내 (협의기간 불포함)	1개월 이내 (20일 연장 가능)
부과기간	4년 (최대 8년)	200일
적용	부과조치 결정 시행일 이후	

(5) 특정국물품 긴급관세(법 제67조의2)

1) 의의: 국제조약 또는 일반적인 국제법규에 의하여 허용되는 한도에서 대통령령이 정하는 국가를 원산지로 하는 물품이 해당 물품의 수입증가가 국내시장의 교란 또는 교란 우려의 중대한 원인이 되는 등에 해당하는 것으로 조사를 통하여 확인되는 경우에는 피해를 구제하거나 방지하기 위하여 필요한 범위에서 관세를 추가하여 부과할 수 있다.

2) 특정국물품긴급관세 부과 사유

① 해당 물품의 수입증가가 국내시장의 교란 또는 교란 우려의 중대한 원인이 되는 경우

② 세계무역기구 회원국이 해당 물품의 수입증가에 대하여 자국의 피해를 구제하거나 방지하기 위하여 취한 조치로 인하여 중대한 무역전환이 발생하여 해당 물품이 우리나라로 수입되거나 수입될 우려가 있는 경우

3) 특정국물품 잠정긴급관세

① **특정국물품 잠정긴급관세의 부과**: 특정국물품긴급관세의 부과여부를 결정하기 위한 조사가 개시된 물품에 대하여 조사기간중에 발생하는 국내시장의 교란을 방지하지 아니하는 경우 회복하기 어려운 피해가 초래되거나 초래될 우려가 있다고 판단되는 경우에는 조사가 종결되기 전에 피해를 구제하거나 방지하기 위하여 필요한 범위 안에서 특정국물품에 대한 잠정긴급관세를 200일의 범위에서 부과할 수 있다.

② **특정국물품 잠정긴급관세의 환급**: 특정국물품 긴급관세의 부과 여부를 결정하기 위하여 조사한 결과 국내시장의 교란 또는 교란우려가 있다고 판단되지 아니하는 경우에는 납부된 특정국물품 잠정긴급관세를 환급하여야 한다.

4) **부과의 중지**: 특정국물품긴급관세 부과의 원인이 된 세계무역기구 회원국의 조치가 종료된 경우에는 동 종료일부터 30일 이내에 특정국물품긴급관세 부과를 중지하여야 한다.

5) **이해당사국과의 사전협의**: 기획재정부장관은 특정국물품긴급관세를 부과할 경우에는 이해당사국과 해결책을 모색하기 위하여 사전협의를 할 수 있다.

(6) 농림축산물에 대한 특별긴급관세(법 제68조)

1) **의의**: 농림축산물에 대한 특별긴급관세는 국내외가격차에 상당한 율로 양허한(TE: Tariff Equivalent) 농림축산물의 수입물량이 급증하거나 수입가격이 하락하는 경우에는 대통령령이 정하는 바에 따라 양허한 세율을 초과하여 관세를 부과할 수 있다.

2) **특별긴급관세의 부과(영 제90조)**: 농림축산물에 대한 특별긴급관세는 물량기준 또는 가격기준으로 부과된다. 둘 중 모두에 해당하는 경우에는 기획재정부령이 정하는 바에 따라 그 중 하나를 선택하여 적용할 수 있다.

① 물량 기준 부과

㉠ **부과범위**: 물량기준 특별긴급관세는 국내외가격차에 상당한 율인 해당 양허세율에 그 양허세율의 3분의 1까지를 추가한 세율로 부과할 수 있으며, 해당 연도 말까지 수입되는 분에 대해서만 이를 적용한다.

부과범위 = 양허세율 + (양허세율 × 1/3)

㉡ **기준발동물량**: 기준발동물량은 자료입수가 가능한 최근 3년간의 평균수입량에 다음의 구분에 의한 계수(기준발동계수)를 곱한 것과 자료입수가 가능한 최근 연도의 해당 품목 국내소비량의 그 전년도대비 변화량을 합한 물량으로 한다.

기준발동물량 = [기준발동계수 × 최근 3년간 평균수입량(시장점유율)] + 국내소비변화량

PART 02

시장점유율	기준발동계수
시장점유율이 100분의 10 이하인 때	100분의 125
시장점유율이 100분의 10초과 100분의 30 이하인 때	100분의 110
시장점유율이 100분의 30을 초과하는 때	100분의 105
시장점유율을 산정할 수 없는 때	100분의 125

② **가격 기준 부과**: 원화로 환산한 운임 및 보험료를 포함한 해당 물품의 수입가격이 1988년부터 1990년 까지의 평균수입가격(단, 일부 농수산물품은 1986년부터 1988년까지의 평균수입가격으로 한다.) 평균수입가격의 100분의 10을 초과하여 하락하는 경우, 국내외 가격차에 상당한 율인 해당 양허세율에 의한 관세에 기준가격을 기준으로 계산한 금액을 추가하여 부과할 수 있다.다만, 수입량이 감소하는 때에는 기획재정부령이 정하는 바에 따라 부과하지 아니할 수 있다.

ⓛ **기준가격**: 기준가격이란 1988년 ~ 1990년 까지의 평균수입가격을 말하며, 기준가격을 기준으로 계산하여 양허세율에 추가 부과하고자 하는 금액은 다음과 같다.

ⓐ 기준가격과 대비한 수입가격하락률이 100분의 10초과 100분의 40 이하인 때

→ 기준가격 × (하락률 − 10퍼센트포인트) × 30퍼센트

ⓑ 기준가격과 대비한 수입가격하락률이 100분의 40초과 100분의 60 이하인 때

→ 기준가격 × [9퍼센트 + (하락률 − 40퍼센트포인트) × 50퍼센트]

ⓒ 기준가격과 대비한 수입가격하락률이 100분의 60초과 100분의 75 이하인 때

→ 기준가격 × [19퍼센트 + (하락률 − 60퍼센트포인트) × 70퍼센트]

ⓓ 기준가격과 대비한 수입가격하락률이 100분의 75를 초과한 때

→ 기준가격 × [29.5퍼센트 + (하락률 − 75퍼센트포인트) × 90퍼센트]

3) 특별긴급관세 부과의 제한

① **계절성 물품**: 부패하기 쉽거나 계절성이 있는 물품에 대하여는 기준발동물량을 산정함에 있어서는 3년보다 짧은 기간을 적용하거나 기준가격을 산정시 다른 기간동안의 가격을 적용하는 등 해당 물품의 특성을 고려할 수 있다.

② **시장접근물량 수입물품**: 국제기구와 관세에 관한 협상에서 양허된 시장접근물량으로 수입되는 물품은 특별긴급관세 부과대상에서 제외한다.
다만, 그 물품은 특별긴급관세의 부과를 위하여 수입량을 산정하는 경우에는 이를 산입한다.

③ **계약 기체결 운송물품**: 물량기준으로 부과하는 경우, 특별긴급관세가 부과되기 전에 계약이 체결되어 운송중에 있는 물품은 특별긴급관세 부과대상에서 제외한다. 다만, 해당 물품은 다음 해에 특별긴급관세를 부과하기 위하여 필요한 수입량에는 산입할 수 있다.

④ **수입량 감소시**: 가격기준으로 부과하는 경우, 수입량이 감소하는 경우에는 기획재정부령이 정하는 바에 따라 동호의 규정에 의한 특별긴급관세는 이를 부과하지 아니할 수 있다.

4) **이해관계인 등에 대한 협조요청**: 기획재정부장관은 긴급관세 또는 잠정긴급관세의 부과 여부를 결정하기 위하여 필요하다고 인정되는 경우에는 관계 행정기관의 장 및 이해관계인 등에게 관련 자료의 제출 등 필요한 협조를 요청할 수 있다.

5) **자료제출**: 관계부처의 장 또는 이해관계인이 농림축산물에 대한 특별긴급관세 조치를 요청하려는 경우에는 해당 물품과 관련된 다음의 사항에 관한 자료를 기획재정부장관에게 제출하여야 한다.

① 해당 물품의 관세율표 번호·품명·규격·용도 및 대체물품
② 해당 물품의 최근 3년간 연도별 국내소비량·수입량 및 기준가격
③ 인상하여야 하는 세율, 인상이유, 적용기간 및 그 밖의 참고사항

PART 02

(7) 조정관세(법 제69조)

1) **의의**: 1984년 정부의 무역자유화 개방정책 실시에 따라 그 부작용을 관세측면에서 시정·보완하기 위하여 일정한 율의 범위 안에서 관세를 부과하기 위해 마련한 제도이다.

2) **부과대상**: 다음의 어느 하나에 해당하는 경우에는 100분의 100에서 해당 물품의 기본세율을 뺀 율을 기본세율에 더한 율의 범위에서 관세를 부과할 수 있다. 다만, 농림축수산물 또는 이를 원재료로 하여 제조된 물품의 국내외 가격차가 해당 물품의 과세가격을 초과하는 경우에는 국내외 가격차에 상당하는 율의 범위에서 관세를 부과할 수 있다.

① 산업구조의 변동 등으로 물품 간의 세율 불균형이 심하여 이를 시정할 필요가 있는 경우
② 공중도덕 보호, 인간·동물·식물의 생명 및 건강 보호, 환경보전, 한정된 천연자원 보존 및 국제평화와 안전보장 등을 위하여 필요한 경우
③ 국내에서 개발된 물품을 일정 기간 보호할 필요가 있는 경우
④ 농림축수산물 등 국제경쟁력이 취약한 물품의 수입증가로 인하여 국내시장이 교란되거나 산업기반이 붕괴될 우려가 있어 이를 시정하거나 방지할 필요가 있는 경우

3) **부과요청**

① 관계부처의 장 또는 이해관계인이 조정관세 부과 조치를 요청하려는 경우에는 해당 물품과 관련된 다음 각 호의 사항에 관한 자료를 기획재정부장관에게 제출해야 한다.
㉠ 해당 물품의 관세율표 번호·품명·규격·용도 및 대체물품
㉡ 해당 물품의 제조용 투입원료 및 해당 물품을 원료로 하는 관련제품의 제조공정설명서 및 용도
㉢ 해당 연도와 그 전후 1년간의 수급실적 및 계획
㉣ 최근 1년간의 월별 주요 수입국별 수입가격 및 수입실적
㉤ 최근 1년간의 월별 주요 국내제조업체별 공장도가격 및 출고실적
㉥ 인상하여야 하는 세율·인상이유 및 그 적용기간
㉦ 세율 인상이 국내 산업, 소비자 이익, 물가 등에 미치는 영향(법 제69조제2호에 해당하는 경우에 한정한다)

② 기획재정부장관은 조정관세의 적용에 관하여 필요한 사항을 조사하기 위하여 필요하다고 인정되는 때에는 관계기관·수출자·수입자 기타 이해관계인에게 관계자료의 제출 기타 필요한 협조를 요청할 수 있다.

③ 기획재정부장관은 공중도덕 보호, 인간・동물・식물의 생명 및 건강 보호, 환경보전, 한정된 천연자원 보존 및 국제평화와 안전보장 등을 위하여 조정관세를 부과하려는 때에는 미리 관계부처의 장의 의견을 들어야 한다.

4) **부과여부 및 결정**: 조정관세는 해당 국내산업의 보호 필요성, 국제통상관계,국제평화・국가안보・사회질서・국민경제 전반에 미치는 영향 등을 검토하여 부과 여부와 그 내용을 정한다.

5) **세부사항 결정**: 조정관세를 부과하여야 하는 대상 물품, 세율 및 적용시한 등은 대통령령으로 정한다.

(8) 할당관세(법 제71조)

1) **의의**: 할당관세 제도란, 관세율의 조작에 의하여 수입수량을 규제하는 제도로서 특정물품의 수입에 대하여 일정한 수량의 쿼터를 설정하여 놓고 그 수량 또는 금액만큼 수입되는 분에 대하여는 무세 내지 저세율을 적용하고 그 이상 수입되는 분에 대해서는 고세율을 적용하는 일종의 이중 관세율 제도를 말한다.

2) **부과대상**

① **세율의 인하**: 다음에 해당하는 경우에는 100분의 40의 범위의 율을 기본세율에서 빼고 관세를 부과할 수 있다. 이 경우 필요하다고 인정될 경우에는 그 수량을 제한할 수 있다.

㉠ 원활한 물자수급 또는 산업의 경쟁력 강화를 위하여 특정물품의 수입을 촉진할 필요가 있는 경우

㉡ 수입가격이 급등한 물품 또는 이를 원재료로 한 제품의 국내가격을 안정시키기 위하여 필요한 경우

㉢ 유사물품간의 세율이 불균형하여 이를 시정할 필요가 있는 경우

② **세율의 인상**: 특정물품의 수입을 억제할 필요가 있는 경우에는 일정한 수량을 초과하여 수입되는 분에 대하여 100분의 40의 범위의 율을 기본세율에 더하여 관세를 부과할 수 있다. 다만, 농림축수산물인 경우에는 기본세율에 동종물품・유사물품 또는 대체물품의 국내외 가격차에 상당하는 율을 더한 율의 범위에서 관세를 부과할 수 있다.

3) **수량의 할당(영 제92조)**

① 할당관세의 일정수량의 할당은 당해 수량의 범위 안에서 주무부장관 또는 그 위임을 받은 자의 추천으로 행한다. 다만, 기획재정부장관이 정하는 물품에 있어서는 수입신고 순위에 따르되, 일정수량에 달하는 날의 할당은 그날에 수입신고되는 분을 당해 수량에 비례하여 할당한다.

② 주무부장관 또는 그 위임을 받은 자의 추천을 받은 자는 당해 추천서를 수입신고 수리전까지 세관장에게 제출하여야 한다. 다만, 해당 물품이 보세구역에서 반출되지 않은 경우에는 수입신고 수리일부터 15일이 되는 날까지 제출할 수 있다.

③ 일정수량까지의 수입통관실적의 확인은 관세청장이 이를 행한다.

4) **할당관세의 보고**: 기획재정부장관은 매 회계연도 종료 후 5개월 이내에 관세의 전년도 부과 실적 및 그 결과를 국회 소관 상임위원회에 보고하여야 한다. 기획재정부장관은 관세의 전년도 부과 실적 등의 보고를 위하여 관계부처의 장에게 매 회계연도 종료 후 3개월 이내에 관세 부과실적 및 효과 등에 관한 자료를 기획재정부장관에게 제출할 것을 요청할 수 있다. 이 경우 요청을 받은 관계부처의 장은 특별한 사유가 없으면 그 요청에 따라야 한다.

5) **의견수렴**: 관계부처의 장은 할당관세의 부과를 요청하는 경우 다음의 사항을 해당 관계부처의 인터넷 홈페이지 등에 10일 이상 게시하여 의견을 수렴하고 그 결과를 기획재정부장관에게 제출하여야 한다. 다만, 자연재해 또는 가격급등 등으로 할당관세를 긴급히 부과할 필요가 있는 경우에는 기획재정부장관과 협의하여 의견 수렴을 생략할 수 있다.

① 해당 물품의 관세율표 번호 · 품명 · 규격 · 용도 및 대체물품
② 해당 물품의 제조용 투입원료 및 해당 물품을 원료로 하는 관련제품의 제조공정설명서 및 용도
③ 해당 연도와 그 전후 1년간의 수급실적 및 계획
④ 최근 1년간의 월별 주요 수입국별 수입가격 및 수입실적
⑤ 최근 1년간의 월별 주요 국내제조업체별 공장도가격 및 출고실적
⑥ 당해 할당관세를 적용하여야 하는 세율 · 인상이유 및 그 적용기간
⑦ 기본관세율을 적용하여야 하는 수량 및 그 산출근거
⑧ 농림축수산물의 경우에는 최근 2년간의 월별 또는 분기별 동종물품 · 유사물품 또는 대체물품별 국내외 가격동향

6) **세부사항 규정**: 할당관세를 부과하여야 하는 대상물품 · 수량 · 세율 · 적용기간 등은 대통령령으로 정한다.

(9) 계절관세(법 제72조)

1) **의의**: 계절관세는 계절에 따라 가격차이가 심한 물품의 가격안정과 관련 산업 또는 소비자를 보호하기 위하여 동종물품, 유사물품 또는 대체물품이 수입될 때 관세율을 계절구분에 따라 일정 범위에서 인상, 인하하는 관세이다.

2) **부과범위**: 계절구분에 따라 해당 물품의 국내외 가격차에 상당하는 율의 범위에서 기본세율보다 높게 관세를 부과하거나 100분의 40의 범위 안의 율을 기본세율에서 빼고 관세를 부과할 수 있다.

3) **부과요청**

① 관계행정기관의 장 또는 이해관계인이 법 제72조의 규정에 의한 계절관세의 부과를 요청하고자 하는 때에는 당해 물품에 관련한 다음의 사항에 관한 자료를 기획재정부장관에게 제출하여야 한다.

㉠ 품명 · 규격 · 용도 및 대체물품
㉡ 최근 1년간의 월별 수입가격 및 주요 국제상품시장의 가격동향
㉢ 최근 1년간의 월별 주요국내제조업체별 공장도가격
㉣ 당해 물품 및 주요관련제품의 생산자물가지수 · 소비자물가지수 및 수입물가지수
㉤ 계절관세를 적용하고자 하는 이유 및 그 적용기간

ⓑ 계절별 수급실적 및 전망

ⓢ 변경하고자 하는 세율과 그 산출내역

② 기획재정부장관은 계절관세의 적용에 관하여 필요한 사항을 조사하기 위하여 필요하다고 인정하는 때에는 관계기관·수출자·수입자 기타 이해관계인에게 관계자료의 제출 기타 필요한 협조를 요청할 수 있다.

4) **세부사항 규정**: 계절관세를 부과하여야 하는 대상물품·세율 및 적용시한 등은 기획재정부령으로 정한다.

⑽ 편익관세(법 제74조부터 제75조까지)

1) **의의**: 관세에 관한 조약에 따른 편익을 받지 아니하는 나라의 생산물로서 우리나라에 수입되는 물품에 대하여 이미 체결된 외국과의 조약에 따른 편익의 한도에서 관세에 관한 편익을 부여할 수 있다.

2) **편익관세 대상국가**: 편익관세 규정에 의하여 관세에 관한 편익을 받을 수 있는 국가는 다음과 같다.

지역	국가
아시아	부탄
중동	이란·이라크·레바논·시리아
대양주	나우루
아프리카	코모로·에티오피아·소말리아
유럽	안도라·모나코·산마리노·바티칸·덴마크(그린란드 및 페로제도에 한정한다)

3) **적용물품**: 관세에 관한 편익을 받을 수 있는 물품은 관세법 시행령 제95조 제1항의 표에 규정된 국가의 생산물중 「세계무역기구협정 등에 의한 양허관세 규정」 별표 1의 가 및 나에 따른 물품으로 한다. 이 경우 해당 물품에 대한 관세율표상의 품목분류가 세분되거나 통합된 때에도 동일한 편익을 받는다.

4) **편익관세 적용 순위**: 편익관세 적용물품에 대하여는 해당 양허표에 규정된 세율을 적용한다. 다만, 다음 각호의 경우에는 해당 양허표에 규정된 세율보다 다음 각 호에 규정된 세율을 우선하여 적용한다.

구분	적용 세율
관세법에 의한 세율이 해당 양허표에 규정된 세율보다 낮은 경우	관세법에 의한 세율
관세법 제50조 제3항 단서의 규정에 의한 농림축산물의 경우	해당 양허표에 규정된 세율을 기본세율 및 잠정세율에 우선하여 적용한다.
법 제51조(덤핑방지관세)·법 제57조(상계관세)·법 제63조(보복관세)·법 제65조(긴급관세) 또는 법 제68조(농림축산물에 대한 특별긴급관세)의 규정에 의하여 대통령령 또는 기획재정부령으로 세율을 정하는 경우	대통령령 또는 기획재정부령으로 정하는 그 세율

5) **이해관계인 등에 대한 협조요청**: 기획재정부장관은 긴급관세 또는 잠정긴급관세의 부과 여부를 결정하기 위하여 필요하다고 인정되는 경우에는 관계 행정기관의 장 및 이해관계인 등에게 관련 자료의 제출 등 필요한 협조를 요청할 수 있다.

6) **세부사항 규정**: 편익관세를 부여할 수 있는 대상 국가, 대상 물품, 적용 세율, 적용방법, 그 밖에 필요한 사항은 대통령령으로 정한다.

4 국제협력관세(법 제73조, 법 제78조부터 제80조)

1. 의의

국제협력관세란 주로 무역장벽 제거 내지 완화하는 관세제도의 국제적 조화와 개선을 도모함으로써 국제무역을 증대시킬 목적으로 각국 정부나 국제기구에 의해 수행되어지는 국제 간 협력을 말한다.

2. 양허의 범위

정부는 협상을 수행할 때 필요하다고 인정되면 관세를 양허할 수 있다. 다만, 특정 국가와 협상할 경우에는 기본 관세율의 100분의 50의 범위를 초과하여 관세를 양허할 수 없다.

3. 농림축산물에 대한 양허세율의 적용

국제협력관세규정에 의하여 국제기구와 관세에 관한 협상에서 국내외 가격차에 상당한 세율로 양허하거나 시장접근개방과 함께 기본세율보다 높은 세율로 양허한 농림축산물중 시장접근물량 이내로서 관련기관의 추천을 받은 자는 당해 추천서를 수입신고수리 전까지 세관장에게 제출하여야 한다. 다만, 해당 농림축산물이 보세구역에서 반출되지 않은 경우에는 수입신고 수리일부터 15일이 되는 날까지 제출할 수 있다.

4. 양허의 철회 · 수정 및 보상조치

정부는 외국에 있어서의 가격의 하락 기타 예상하지 못하였던 사정의 변화 또는 조약상의 의무이행으로 인하여 특정물품의 수입이 증가됨으로써, 이와 동종의 물품 또는 직접 경쟁관계에 있는 물품을 생산하는 국내생산자에게 중대한 피해를 가져오거나 가져올 우려가 있다고 인정될 때, 양허의 철회 · 수정 및 보상조치를 할 수 있다.

(1) 양허의 철회 및 수정

조약에 의하여 관세의 양허를 하고 있는 때에는 특정물품에 대한 양허를 철회 또는 수정하여 관세법의 세율 또는 수정후의 세율에 의하여 관세를 부과하는 조치를 할 수 있다.

(2) 보상조치

특정물품에 대하여 양허의 철회 및 수정의 조치를 하고자 하거나 그 조치를 한 경우 해당 조약에 의한 협의에 따라 그 물품 외에 이미 양허한 물품의 관세율을 수정하거나 양허품목을 추가하여 새로 관세의 양허를 하고 수정 또는 양허한 후의 세율을 적용하는 조치를 할 수 있다. 이러한 보상조치는 필요한 범위에 한한다.

5. 양허 및 철회의 효력

(1) 양허 철회시 효력

조약에 의하여 우리나라가 양허한 품목에 대하여 그 양허를 철회한 경우에는 해당 조약에 의하여 철회의 효력이 발생한 날부터 관세법에 따른 세율을 적용한다.

(2) 보상조치로 새로이 한 양허의 효력

양허의 철회에 대한 보상으로 우리나라가 새로 양허한 품목에 관하여는 그 양허의 효력이 발생한 날부터 관세법에 의한 세율을 적용하지 아니한다.

6. 대항조치

정부는 외국이 특정물품에 관한 양허의 철회·수정 또는 그 밖의 조치를 하려고 하거나 그 조치를 한 경우 해당 조약에 따라 대항조치를 할 수 있다고 인정될 경우에는 다음 각 호의 조치를 할 수 있다. 다음의 조치는 외국의 조치에 대한 대항조치로서 필요한 범위에서만 할 수 있다.

① 특정물품에 대하여 관세의 양허를 하고 있는 경우에는 그 양허의 적용을 정지하고 관세법에 따른 세율의 범위에서 관세를 부과하는 조치
② 특정물품에 대하여 관세법에 따른 관세 외에 그 물품의 과세가격 상당액의 범위에서 관세를 부과하는 조치

7. 세부사항 규정

국제협력관세의 적용을 받을 물품, 세율 및 적용기간등은 대통령령으로 정한다.

5 일반특혜관세(법 제76조부터 제77조)

1. 의의

일반특혜관세란 개발도상국의 수출증대 및 공업화의 촉진을 위해 대통령령으로 정하는 개발도상국가(특혜대상국)를 원산지로 하는 물품 중 대통령령으로 정하는 물품(특혜대상물품)에 대하여는 기본세율보다 낮은 세율의 관세를 부과할 수 있다. 일반특혜관세는 무차별적이며, 수혜국에게 상호주의를 요구하지 않는다는 점이 특징이다.

2. 차등부과 및 수량 제한

일반특혜관세를 부과할 때 해당 특혜대상물품의 수입이 국내산업에 미치는 영향 등을 고려하여 그 물품에 적용되는 세율에 차등을 두거나 특혜대상물품의 수입수량 등을 한정할 수 있다.

3. 최빈국 우대

국제연합총회의 결의에 따른 최빈(最貧)개발도상국 중 대통령령으로 정하는 국가를 원산지로 하는 물품에 대하여는 다른 특혜대상국보다 우대하여 일반특혜관세를 부과할 수 있다.

특혜관세가 적용되는 최빈개발도상국

지역	국가
아시아	아프가니스탄 · 방글라데시 · 캄보디아 · 미얀마 · 부탄 · 키리바시 · 라오스 · 네팔 · 투발루 · 바누아투 · 솔로몬제도 · 예멘 · 동티모르
아프리카	앙골라 · 베냉 · 부르키나파소 · 부룬디 · 중앙아프리카공화국 · 차드 · 코모로 · 지부티 · 적도기니 · 에리트레아 · 에티오피아 · 감비아 · 기니 · 기니비사우 · 레소토 · 라이베리아 · 마다가스카르 · 말라위 · 말리 · 모리타니 · 모잠비크 · 니제르 · 르완다 · 상투메프린시페 · 시에라리온 · 소말리아 · 수단 · 탄자니아 · 토고 · 우간다 · 콩고민주공화국 · 잠비아 · 세네갈 · 남수단
아메리카	아이티

PART 02

4. 적용정지

기획재정부장관은 특정한 특혜대상물품의 수입이 증가하여 이와 동종의 물품 또는 직접적인 경쟁관계에 있는 물품을 생산하는 국내산업에 중대한 피해를 주거나 줄 우려가 있는 등 일반특혜관세를 부과하는 것이 적당하지 아니하다고 판단되는 경우에는 대통령령이 정하는 바에 의하여 해당 물품과 그 물품의 원산지인 국가를 지정하여 일반특혜관세의 적용을 정지할 수 있다.

5. 적용의 배제

기획재정부장관은 다음의 사유 등에 해당하여 일반특혜관세를 부과하는 것이 적당하지 아니하다고 판단되는 경우에는 대통령령이 정하는 바에 의하여 해당 국가를 지정하거나 해당 국가 및 물품을 지정하여 일반특혜관세의 적용을 배제할 수 있다.

① 특정한 특혜대상국의 소득수준
② 우리나라의 총수입액중 특정한 특혜대상국으로부터의 수입액이 차지하는 비중
③ 특정한 특혜대상국의 특정한 특혜대상물품이 지니는 국제경쟁력의 정도

6. 세부사항 규정

특혜대상물품에 적용되는 세율 및 적용기간과 그 밖에 필요한 사항은 대통령령으로 정한다.

6 품목분류(법 제84조부터 제87조)

1. 품목분류

(1) 의의

① 품목분류란 세계관세기구(WCO)가 정한 국제통일상품분류체계(HS : Harmonized Commodity Description and Coding System)에 따라 수출입 물품에 하나의 품목번호에 분류하는 것을 말한다.

② 관세법 별표 관세율표에는 상품에 대한 품목번호와 해당 품목의 관세율이 표시되어 있으며, 관세율을 적용하려면 먼저 품목분류번호를 확인하여야 한다.

(2) 품목분류의 중요성

수입물품에 대한 관세는 해당 품목번호마다 적용되는 관세율이 상이하므로, 정확한 품목분류가 선행되어야 관세액이 산정된다. 품목번호는 기능은 유사하나 형태등이 다양한 수입물품에 달리 적용될 수 있으므로 정확한 관세액 산정을 위해서는 수입신고 시점에서 올바른 품목분류가 중요하다.

(3) 품목분류 체계의 수정

1) 수정(법 제84조) : 기획재정부장관은 「통일상품명 및 부호체계에 관한 국제협약」에 따른 관세협력이사회의 권고 또는 결정 등 대통령령으로 정하는 사유로 다음에 따른 표 또는 품목분류의 품목을 수정할 필요가 있는 경우 그 세율이 변경되지 아니하는 경우에는 대통령령으로 정하는 바에 따라 품목을 신설 또는 삭제하거나 다시 분류할 수 있다.

① 별표 관세율표

② 제73조 및 제76조에 따라 대통령령으로 정한 품목분류[65)]

③ 「통일상품명 및 부호체계에 관한 국제협약」 및 별표 관세율표를 기초로 기획재정부장관이 품목을 세분하여 고시하는 관세·통계통합품목분류표(이하 "품목분류표"라 한다)

2) 품목분류표의 고시(영 제98조)

① 기획재정부장관은 「통일상품명 및 부호체계에 관한 국제협약」 제3조제3항에 따라 수출입물품의 신속한 통관, 통계파악 등을 위하여 협약 및 법 별표 관세율표를 기초로 하여 품목을 세분한 관세·통계통합품목분류표를 고시할 수 있다.

② 품목분류 체계수정 사유란 다음 어느 하나에 해당하는 경우를 말한다.

㉠ 관세협력이사회로부터 협약의 통일상품명 및 부호체계에 관한 권고 또는 결정이 있은 경우

㉡ 관계 법령이 개정된 경우

㉢ 그 밖에 제1호 및 제2호와 유사한 경우로서 품목을 수정할 필요가 있다고 기획재정부장관이 인정하는 경우

③ 기획재정부장관은 품목분류표의 품목을 수정한 경우에는 이를 고시해야 한다.

---

65) 법 제84조제2호에서 "대통령령으로 정한 품목분류"란 「세계무역기구협정 등에 의한 양허관세규정」 별표 1부터 별표 4까지, 「특정국가와의 관세협상에 따른 국제협력관세의 적용에 관한 규정」 별표 및 「최빈개발도상국에 대한 특혜관세 공여규정」 별표 2에 따른 품목분류를 말한다.

④ 기획재정부장관은 관계법령이 개정된 사유로 품목분류표의 품목을 수정하는 경우에는 협약에 따른 기한 내에 수정해야 한다.

3) 품목분류의 적용 기준(영 제99조)

① 기획재정부장관은 품목분류를 적용하는 데에 필요한 기준을 정할 수 있으며, 적용기준은 기획재정부령으로 정한다.

② 기획재정부장관은 관세협력이사회가 협약에 따라 권고한 통일상품명 및 부호체계의 품목분류에 관한 사항을 관세청장으로 하여금 고시하게 할 수 있다. 이 경우 관세청장은 고시할 때 기획재정부장관의 승인을 받아야 한다.

4) 품목분류 분쟁 해결 절차(영 제98조의2)

① 기획재정부장관 또는 관세청장은 상대국과의 품목분류 분쟁 사실을 알게 된 경우 협약 제10조 제1항에 따라 그 상대국과 분쟁에 대한 협의를 진행한다. 다만, 관세청장이 해당 협의를 진행하는 경우에는 매 반기 마지막 날까지 그 분쟁 사실과 협의 내용 등을 기획재정부장관에게 보고해야 한다.

② 기획재정부장관은 제1항에 따라 협의를 진행한 품목분류 분쟁이 상대국과 합의되지 않은 경우에는 협약 제10조 제2항에 따라 관세협력이사회에 해당 분쟁의 해결을 요구할 수 있다.

2. 특정물품에 적용될 품목분류 사전심사(법 제86조)

(1) 의의

물품을 수출입하려는 자와 수출할 물품의 제조자 및 「관세사법」에 따른 관세사·관세법인 또는 통관취급법인은 수출입신고를 하기 전에 대통령령으로 정하는 서류를 갖추어 관세청장에게 해당 물품에 적용될 별표 관세율표상의 품목분류를 미리 심사하여 줄 것을 신청할 수 있다. 관세청장은 품목분류를 심사 또는 재심사하기 위하여 해당 물품에 대한 구성재료의 물리적·화학적 분석이 필요한 경우에는 해당 품목분류를 심사 또는 재심사하여 줄 것을 신청한 자에게 기획재정부령으로 정하는 수수료[66]를 납부하게 할 수 있다.

(2) 서류 및 물품을 제출

특정물품에 적용될 품목분류의 사전심사 및 재심사를 신청하고자 하는 자는 다음의 서류 및 물품을 제출하여야 한다. 다만, 관세청장은 물품의 성질상 견본을 제출하기 곤란한 물품으로서 견본이 없어도 품목분류 심사에 지장이 없고, 해당 물품의 통관시에 세관장이 이를 확인할 수 있다고 인정되는 경우에는 견본의 제출을 생략하게 할 수 있다.

① 물품의 품명·규격·제조과정·원산지·용도·종전의 통관여부 및 통관예정세관을 기재한 신청서

② 신청대상물품의 견본

③ 그 밖의 설명자료

66) 분석수수료는 분석이 필요한 물품에 대한 품목분류 사전심사 및 재심사 신청품목당 3만원으로 한다.

(3) 보정

관세청장은 제출된 신청서와 견본 및 그 밖의 설명자료가 미비하여 품목분류를 심사하기가 곤란한 때에는 20일 이내의 기간을 정하여 보정을 요구할 수 있다. 관세청장은 사전심사 또는 재심사의 신청을 보정기간 내에 보정하지 아니한 경우 및 신청인이 사전심사 또는 재심사를 신청한 물품과 동일한 물품을 이미 수출입신고한 경우에는 해당 신청을 반려할 수 있다.

(4) 품목분류 결정통지 등

① 심사의 신청을 받은 관세청장은 해당 물품에 적용될 품목분류를 심사하여 사전심사 또는 재심사의 신청을 받은 날부터 30일(관세품목분류위원회에서 사전심사를 심의하는 경우 해당 심의에 소요되는 기간, 보정기간, 물리적·화학적 분석이 필요한 경우로서 해당 분석에 소요되는 기간, 관세협력이사회에 질의하는 경우 해당 질의에 소요되는 기간은 제외) 이내에 이를 신청인에게 통지[67]하여야 한다. 다만, 제출자료의 미비 등으로 품목분류를 심사하기 곤란한 경우에는 그 뜻을 통지하여야 한다.

② 통지를 받은 자는 통지받은 날부터 30일 이내에 대통령령으로 정하는 서류를 갖추어 관세청장에게 재심사를 신청할 수 있다. 이 경우 관세청장은 해당 물품에 적용될 품목분류를 재심사하여 60일(관세품목분류위원회에서 사전심사를 심의하는 경우 해당 심의에 소요되는 기간, 보정기간, 물리적·화학적 분석이 필요한 경우로서 해당 분석에 소요되는 기간, 관세협력이사회에 질의하는 경우 해당 질의에 소요되는 기간은 제외) 이내에 신청인에게 통지하여야 하며, 제출자료의 미비 등으로 품목분류를 심사하기 곤란한 경우에는 그 뜻을 통지하여야 한다.

③ 관세청장은 품목분류를 심사한 물품 및 재심사 결과 적용할 품목분류가 변경된 물품에 대하여는 해당 물품에 적용될 품목분류와 품명, 용도, 규격, 그 밖에 필요한 사항을 고시 또는 공표하여야 한다. 다만, 신청인의 영업비밀을 포함하는 등 해당 물품에 적용될 품목분류를 고시 또는 공표하는 것이 적당하지 아니하다고 인정되는 물품에 대하여는 고시 또는 공표하지 아니할 수 있다.

④ 품목분류를 심사하여 신청인에게 통지하는 경우에는 통관예정세관장에게도 그 내용을 통지하여야 한다. 세관장은 수출입신고가 된 물품이 통지한 물품과 같을 때에는 그 통지 내용에 따라 품목분류를 적용하여야 한다.

⑤ 통지받은 품목분류 사전심사 또는 재심사 결과의 유효기간은 해당 품목분류가 변경되기 전까지 유효하다.

⑥ 관세청장은 사전심사의 신청이 없는 경우에도 수출입신고된 물품에 적용될 품목분류를 결정할 수 있다. 이 경우 관세품목분류위원회의 심의를 거쳐 품목분류가 결정된 물품에 대해서는 해당 물품의 품목분류에 관한 사항을 고시 또는 공표하여야 한다.

---

67) ① 관세청장은 품목분류를 심사하여 신청인에게 통지하는 경우에는 통관예정세관장에게도 그 내용을 통지하여야 한다. 이 경우 설명자료를 함께 송부하여야 한다.
② 관세청장은 법 제86조제2항에 따라 품목분류를 심사할 때 신청인이 법 별표 관세율표에 따른 호 및 소호까지의 품목분류에 대한 심사를 요청하는 경우에는 해당 번호까지의 품목분류에 대해서만 심사하여 통지할 수 있다.

(5) 관세품목분류 위원회 심의 사항

관세청장은 재심사를 신청한 물품이 다음 어느 하나에 해당하는 경우에는 관세품목분류위원회의 심의에 부쳐야한다.

① 해당 물품의 품목분류가 변경될 경우 등 납세자(수출자를 포함한다)의 권리 및 의무에 중대한 영향을 미칠 수 있다고 판단되는 경우

② 법 별표 관세율표 및 품목분류 적용기준에 대하여 사전(事前)적 해석이 필요하다고 판단되는 경우

③ 그 밖에 이와 유사한 경우로서 관세청장이 정하여 고시하는 경우

(6) 특정물품에 적용되는 품목분류의 변경 및 적용(법 제87조)

PART 02

1) 의의: 관세청장은 사전심사 또는 재심사한 품목분류를 변경하여야 할 필요가 있거나 그 밖에 관세청장이 직권으로 한 품목분류를 변경하여야 할 부득이한 사유가 생겼을 때에는 해당 물품에 적용할 품목분류를 변경할 수 있다.

2) 품목분류 변경사유(영 제107조)

① 신청인의 허위자료제출 등으로 품목분류에 중대한 착오가 생긴 경우

② 「통일상품명 및 부호체계에 관한 국제협약」에 따른 관세협력이사회의 권고 또는 결정 및 법원의 확정판결이 있는 경우

③ 동일 또는 유사한 물품에 대하여 서로 다른 품목분류가 있는 경우: 관세청장은 「통일상품명 및 부호체계에 관한 국제협약」에 따른 관세협력이사회의 권고·결정이나 법원의 판결로법 제87조 제1항에 따른 품목분류 변경이 필요한 경우에는 그 권고·결정이 있은 날 또는 판결이 확정된 날부터 3개월 이내에 이를 관세품목분류위원회의 심의에 부쳐야 한다.

3) 변경 사항의 고시 및 통지: 관세청장은 품목분류를 변경한 경우에는 그 내용을 고시하고, 변경 전에 품목분류 결과를 통지한 신청인에게도 그 내용을 통지하여야 한다. 다만, 신청인의 영업비밀을 포함하는 등 해당 물품에 적용될 품목분류를 고시하는 것이 적당하지 아니하다고 인정되는 물품에 대해서는 고시하지 아니할 수 있다.

4) 재심사 신청: 품목분류 변경 통지를 받은 자는 통지받은 날부터 30일 이내에 대통령령으로 정하는 서류를 갖추어 관세청장에게 재심사를 신청할 수 있다. 이 경우 재심사의 기간, 재심사 결과의 통지 및 고시·공표, 수수료 및 재심사의 절차·방법 등에 관하여는 품목분류 사전심사 신청 규정을 준용 한다.

5) 변경고시의 적용: 품목분류가 변경된 경우에는 변경일부터 변경된 품목분류를 적용하되, 다음의 기준에 따라 달리 적용할 수 있다.

① 변경일부터 30일이 지나기 전에 우리나라에 수출하기 위하여 선적된 물품에 대하여 변경 전의 품목분류를 적용하는 것이 수입신고인에게 유리한 경우 → 변경 전의 품목분류 적용

② 다음의 어느 하나에 해당하는 경우 → 변경일 전까지 수출입신고가 수리된 물품에 대해서도 소급하여 변경된 품목 분류 적용

㉠ 거짓자료 제출 등 신청인에게 책임 있는 사유로 품목분류가 변경된 경우

㉡ 다음의 어느 하나에 해당하는 경우로서 수출입신고인에게 유리한 경우

1. 신청인에게 자료제출 미비 등의 책임 있는 사유 없이 해당 물품의 품목분류가 결정되었으나 다른 이유로 품목분류가 변경된 경우
2. 신청인이 아닌 자가 관세청장이 결정하여 고시하거나 공표한 품목분류에 따라 수출입신고를 하였으나 품목분류가 변경된 경우

6) 유효기간: 사전심사 또는 재심사한 품목분류가 품목분류 변경 사유에 해당하여 변경되거나 재심사 결과 품목분류가 변경된 경우 그 변경된 품목분류는 품목분류가 다시 변경되기 전까지 유효하다.

3. 관세품목분류위원회[68)]

(1) 품목분류위원회 심의사항

다음의 사항을 심의하기 위하여 관세청에 관세품목분류위원회를 둔다.

① 품목분류 적용기준의 신설 또는 변경과 관련하여 관세청장이 기획재정부장관에게 요청할 사항

② 특정물품에 적용될 품목분류의 사전심사 및 재심사

③ 특정물품에 적용될 품목분류의 변경 및 재심사

④ 그 밖의 품목분류에 관하여 관세청장이 분류위원회에 부치는 사항

---

68) 시행령 제100조(관세품목분류위원회의 구성 등)

① 법 제85조제2항에 따른 관세품목분류위원회(이하 "관세품목분류위원회"라 한다)는 위원장 1명과 30명 이상 40명 이하의 위원으로 구성한다.

② 관세품목분류위원회의 위원장은 관세청의 3급 공무원 또는 고위공무원단에 속하는 일반직공무원으로서 관세청장이 지정하는 자가 되고, 위원은 다음 각 호의 어느 하나에 해당하는 자중에서 관세청장이 임명 또는 위촉한다.

1. 관세청소속 공무원
2. 관계중앙행정기관의 공무원
3. 삭제
4. 시민단체(「비영리민간단체 지원법」 제2조의 규정에 의한 비영리민간단체를 말한다. 이하 같다)에서 추천한 자
5. 기타 상품학에 관한 지식이 풍부한 자

③ 제2항제4호 및 제5호에 해당하는 위원의 임기는 2년으로 하되, 한번만 연임할 수 있다. 다만, 보궐위원의 임기는 전임위원 임기의 남은 기간으로 한다.

④ 관세청장은 관세품목분류위원회의 위원이 다음 각 호의 어느 하나에 해당하는 경우에는 해당 위원을 해임 또는 해촉할 수 있다.

1. 심신장애로 인하여 직무를 수행할 수 없게 된 경우
2. 직무와 관련된 비위사실이 있는 경우
3. 직무태만, 품위손상이나 그 밖의 사유로 인하여 위원으로 적합하지 아니하다고 인정되는 경우
4. 위원 스스로 직무를 수행하는 것이 곤란하다고 의사를 밝히는 경우
5. 제101조의2제1항 각 호의 어느 하나에 해당함에도 불구하고 회피하지 아니한 경우

⑤ 관세품목분류위원회의 위원장은 위원회의 회무를 통할하고 위원회를 대표한다.

⑥ 관세품목분류위원회의 위원장이 직무를 수행하지 못하는 부득이한 사정이 있는 때에는 위원장이 지명하는 위원이 그 직무를 대행한다.

⑦ 관세품목분류위원회의 위원 중 공무원인 위원이 회의에 출석하지 못할 부득이한 사정이 있는 때에는 그가 소속된 기관의 다른 공무원으로 하여금 회의에 출석하여 그 직무를 대행하게 할 수 있다.

⑧ 관세청장은 회의의 원활한 운영을 위하여 품목분류와 관련된 기술적인 사항 등에 대한 의견을 듣기 위하여 관련 학계·연구기관 또는 협회 등에서 활동하는 자를 기술자문위원으로 위촉할 수 있다.

⑵ 관세품목분류위원회의 구성 등

1) 위원회의 구성: 관세품목분류위원회는 위원장 1인과 30인 이상 40인 이하의 위원으로 구성한다.

2) 위원장 및 위원: 위원장은 관세청의 3급 공무원 또는 고위공무원단에 속하는 일반직공무원으로서 관세청장이 지정하는 자가 되고, 위원은 다음 어느 하나에 해당하는 중에서 관세청장이 임명 또는 위촉한다.

① 관세청소속 공무원

② 관계중앙행정기관의 공무원

③ 시민단체에서 추천한 자

④ 기타 상품학에 관한 지식이 풍부한 자

시행령 제101조(관세품목분류위원회의 회의)

① 관세품목분류위원회의 위원장은 위원회의 회의를 소집하고 그 의장이 된다.

② 관세품목분류위원회의 회의는 위원장과 위원장이 매 회의마다 지정하는 14명 이상 16명 이하의 위원으로 구성하되, 제100조제2항제2호의 위원 2명 이상과 같은 항 제4호 또는 제5호의 위원 8명 이상이 포함되어야 한다.

③ 관세품목분류위원회의 회의는 제2항에 따른 구성원 과반수의 출석과 출석위원 과반수의 찬성으로 의결한다.

④ 관세품목분류위원회에서 법 제85조제2항제2호 또는 제3호에 따른 품목분류의 재심사를 심의하려는 경우로서 제2항에 따라 제100조제2항제4호 또는 제5호의 위원을 회의의 구성원으로 포함시키려는 경우에는 재심사의 대상인 품목분류의 사전심사 또는 품목분류의 변경을 심의할 때 출석하지 않은 위원을 회의의 구성원으로 포함시켜야 한다.

시행령 제101조의2(관세품목분류위원회 위원의 제척 · 회피)

① 관세품목분류위원회의 위원은 다음 각 호의 어느 하나에 해당하는 경우에는 심의 · 의결에서 제척된다.

1. 위원이 해당 안건의 당사자(당사자가 법인 · 단체 등인 경우에는 그 임원을 포함한다. 이하 이 항에서 같다)이거나 해당 안건에 관하여 직접적인 이해관계가 있는 경우
2. 위원의 배우자, 4촌 이내의 혈족 및 2촌 이내의 인척의 관계에 있는 사람이 해당 안건의 당사자이거나 해당 안건에 관하여 직접적인 이해관계가 있는 경우
3. 위원이 해당 안건 당사자의 대리인이거나 최근 5년 이내에 대리인이었던 경우
4. 위원이 해당 안건 당사자의 대리인이거나 최근 5년 이내에 대리인이었던 법인 · 단체 등에 현재 속하고 있거나 속하였던 경우
5. 위원이 최근 5년 이내에 해당 안건 당사자의 자문 · 고문에 응하였거나 해당 안건 당사자와 연구 · 용역 등의 업무 수행에 동업 또는 그 밖의 형태로 직접 해당 안건 당사자의 업무에 관여를 하였던 경우
6. 위원이 최근 5년 이내에 해당 안건 당사자의 자문 · 고문에 응하였거나 해당 안건 당사자와 연구 · 용역 등의 업무 수행에 동업 또는 그 밖의 형태로 직접 해당 안건 당사자의 업무에 관여를 하였던 법인 · 단체 등에 현재 속하고 있거나 속하였던 경우

② 관세품목분류위원회의 위원은 제1항 각 호의 어느 하나에 해당하는 경우에는 스스로 해당 안건의 심의 · 의결에서 회피하여야 한다.

시행령 제102조(관세품목분류위원회의 간사)

① 관세품목분류위원회의 서무를 처리하기 위하여 위원회에 간사 1인을 둔다.

② 관세품목분류위원회의 간사는 관세청장이 소속공무원 중에서 임명한다.

시행령 제103조(수당)

관세품목분류위원회의 회의에 출석한 공무원이 아닌 위원 및 기술자문위원에 대하여는 예산의 범위 안에서 수당과 여비를 지급할 수 있다.

OX문제

01 관세는 수입신고수리를 하는 때의 성질과 그 수량에 따라 부과한다. ( )

02 우편으로 수입되는 물품의 과세가격 확정의 시기는 수입신고를 하여야 하는 경우를 제외하고는 통관우체국에 도착한 때이다. ( )

03 과세가격을 결정하는 경우 외국통화로 표시된 가격을 내국통화로 환산할 때에는 관세법 제17조에 따른 날(보세건설장에 반입된 물품의 경우에는 수입신고를 한 날을 말한다)이 속하는 주의 전주의 기준환율 또는 재정환율을 평균하여 관세청장이 그 율을 정한다. ( )

04 수입을 위탁받아 수입업체가 대행수입한 경우의 납세의무자는 그 물품의 수입을 위탁받은 자이다. ( )

05 보세구역에 장치된 외국물품이 멸실되거나 폐기된 때에는 운영인 또는 보관인을 납세의무자로 본다. ( )

06 수입신고 전의 물품반출 규정에 따라 물품을 반출한 자가 기간 내에 수입신고를 하지 아니하여 관세를 징수하는 경우 해당 물품을 즉시 반출한 자를 납세의무자로 본다. ( )

07 과세가격을 결정하기가 곤란하지 아니하다고 인정하여 대통령령으로 정하는 물품에 대하여는 가격신고를 생략할 수 있다. ( )

08 잠정가격으로 가격신고를 한 자는 1년의 범위 안에서 구매자와 판매자 간의 거래계약의 내용 등을 고려하여 세관장이 지정하는 기간 내에 확정된 가격을 신고하여야 한다. ( )

09 관세청장은 국민 생활에 긴요한 물품으로서 국내물품과 비교 가능한 수입물품의 상표 및 상호에 관한 자료를 대통령령으로 정하는 바에 따라 집계하여 공표할 수 있다. ( )

10 수입자의 책임으로 국내에서 판매하기 위하여 수입하는 물품은 우리나라에 수출하기 위하여 판매되는 물품으로 보지 않는다. ( )

11 관세의 과세표준은 수입물품의 가격 또는 수량으로 한다. ( )

12 전시용, 자선용, 교육용 등 당해 물품을 특정용도로 사용하도록 하는 제한이 있는 경우 과세가격결정방법(1평가방법)을 배제할 수 있다. ( )

13 수입물품이 판매될 수 있는 지역의 제한이 있는 경우 과세가격결정방법(1평가방법)을 배제할 수 있다. ( )

14 수입 후에 하는 해당 수입물품의 건설, 설치, 조립, 정비 유지 또는 해당 수입물품에 관한 기술지원에 필요한 비용은 구매자가 지급하였거나 지급하여야 할 총금액에서 공제할 수 있다. ( )

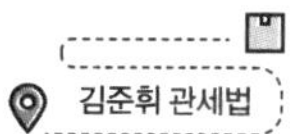

15 유사물품의 거래가격이 둘 이상이 있는 경우에는 거래내용 등이 해당 물품과 가장 유사한 것에 해당하는 물품의 가격을 기초로 하고, 거래내용 등이 같은 물품이 둘 이상이 있고 그 가격도 둘 이상이 있는 경우에는 가장 높은 가격을 기초로 하여 과세가격을 결정한다. (　　)

16 특수관계가 있는 자들 간에 거래되는 물품의 과세가격 결정방법 사전심사신청에 대한 회신은 1개월이다. (　　)

17 컴퓨터소프트웨어에 대하여 지급되는 권리사용료는 컴퓨터소프트웨어가 수록된 마그네틱테이프, 마그네틱디스크, 시디롬 및 이와 유사한 물품(관세율표 중 세 번 8523호에 속하는 것에 한한다)과 관련되지 아니하는 것으로 본다. (　　)

18 세관장으로부터 특수관계에 있는 자가 수입하는 물품의 과세가격의 적정성을 심사하기 위하여 자료제출을 요구받은 자는 자료제출을 요구받은 날부터 30일 이내에 해당 자료를 제출하여야 한다. (　　)

19 할당관세는 일반특혜관세율 보다 높은 경우에 한하여 우선 적용한다. (　　)

20 잠정세율을 적용받는 물품에 대하여는 대통령령으로 정하는 바에 따라 그 물품의 전부 또는 일부에 대하여 잠정세율의 적용을 정지하거나 기본세율과 의 세율차를 좁히도록 잠정세율을 올리거나 내릴 수 있다. (　　)

21 세율을 적용할 때 관세법 별표 관세율표 중 종량세인 경우에는 해당 세율에 상당하는 금액을 적용한다. (　　)

22 무역위원회는 덤핑방지관세 조사개시 결정을 한 때에는 그 결정일부터 1개월 이내에 조사 개시의 결정에 관한 사항을 조사신청자, 당해 물품의 공급국 정부 및 공급자 기타 이해관계인에게 통지하고, 관보에 게재하여야 한다. (　　)

23 동종물품이 거래되지 아니하거나 특수한 시장상황 등으로 인하여 통상거래가격을 적용할 수 없는 때에는 당해 국가에서 제3국으로 수출되는 수출가격 중 대표적인 가격으로서 비교가능한 가격 또는 원산지국에서의 제조원가에 합리적인 수준의 관리비 및 판매비와 이윤을 합한 가격을 정상가격으로 본다. (　　)

24 보조금등을 받은 물품의 수입으로 인하여 실질적피해 등이 조사를 통하여 확인되고 해당 국내산업을 보호할 필요가 있다고 인정되는 경우에는 대통령령으로 그 물품과 수출자 또는 수출국을 지정하여 상계관세를 추가하여 부과할 수 있다. (　　)

25 비교적 단기간 내에 대량 수입되어 발생되는 실질적 피해 등의 재발을 방지하기 위하여 상계관세를 소급하여 부과할 필요가 있는 경우로서 해당 물품이 과거에 보조금등을 받아 수입되어 실질적 피해등을 입힌 사실이 있었던 경우 잠정조치를 적용한 날부터 60일 전 이후에 수입된 물품에 대하여 상계관세를 부과한다. (　　)

26 긴급관세의 부과기간은 4년을 초과할 수 없으며, 잠정긴급관세는 200일을 초과하여 부과할 수 없다. ( )

27 특정국물품 긴급관세 부과의 원인이 된 세계무역기구 회원국의 조치가 종료된 때에는 그 종료일부터 20일 이내에 특정국물품 긴급관세 부과를 중지하여야 한다. ( )

28 할당관세는 유사물품 간의 세율이 현저히 불균형하여 이를 시정할 필요가 있는 경우 100분의 100에서 해당 물품의 기본세율을 뺀 율을 기본세율에 더한 율의 범위에서 관세를 부과할 수 있다. ( )

29 할당관세 규정에 의하여 주무부장관 또는 그 위임을 받은 자의 추천을 받은 자는 당해 추천서를 수입신고전까지 세관장에게 제출하여야 한다. ( )

30 국제협력 관세규정에 따른 협상을 수행할 때 필요하다고 인정되면 관세를 양허할 수 있다. 다만, 국제기구와 협상할 때에는 기본관세율의 100분의 40의 범위를 초과하여 관세를 양허할 수 없다. ( )

31 정부는 외국이 특정물품(관세양허물품)에 관한 양허의 철회 · 수정 또는 그 밖의 조치를 하려고 하거나 그 조치를 한 경우 해당 조약에 따라 대항조치를 할 수 있다고 인정될 때에는 특정물품에 대하여 관세법에 따른 관세 외에 그 물품의 과세가격 상당액의 범위에서 관세를 부과하는 조치를 할 수 있다. ( )

32 양허의 철회에 대한 보상으로 우리나라가 새로 양허한 품목에 대하여는 그 양허의 효력이 발생한 날부터 관세법에 따른 세율을 적용한다. ( )

33 기획재정부장관은 특정한 특혜대상국의 소득수준, 우리나라의 총수입액 중 특정한 특혜대상국으로부터의 수입액이 차지하는 비중, 특정한 특혜대상국의 특정한 특혜 대상물품이 지니는 국제경쟁력의 정도, 그 밖의 사정을 고려하여 일반특혜관세를 부과하는 것이 적당하지 아니하다고 판단될 때에는 대통령령으로 정하는 바에 일반특혜관세의 적용을 배제할 수 있다. ( )

34 수출용원재료 등 특정한 물품에 대하여 관세, 임시수입부가세 및 내국세의 세율을 기초로 하여 정한 단일한 세율을 적용하여 과세의 간소화를 통한 납세자 및 과세관청의 편의를 도모하려는 제도로서 간이세율이 있다. ( )

35 품목분류사전심사 결과의 통지를 받은 자는 통지받은 날부터 30일 이내에 대통령령으로 정하는 서류를 갖추어 관세청장에게 재심사를 신청할 수 있다. ( )

Answer

01 ×	02 ○	03 ○	04 ×	05 ○	06 ○	07 ×	08 ×	09 ×	10 ×
11 ○	12 ○	13 ×	14 ○	15 ×	16 ×	17 ○	18 ×	19 ×	20 ○
21 ○	22 ×	23 ○	24 ×	25 ×	26 ○	27 ×	28 ×	29 ×	30 ×
31 ○	32 ×	33 ○	34 ○	35 ○					

Self 필기노트

합격까지 함께
관세직 만점 기본서

김준휘 관세법

합격까지 박문각

Part

03

관세의 부과·징수·환급

납세의무의 확정

과세요건이 충족되면 납세의무가 성립되게 되고 관세는 관세채권이 확정되어야 납부 또는 징수할 수 있다.
신고납부방식은 납세자가 스스로 납부하여야 할 관세의 과세표준, 세율 및 납부세액을 결정하여 세관장에게 신고함으로써 관세채권이 확정되는 방식이며, 부과고지방식은 납부하여야 할 세액이 세관장의 처분에 의하여 확정되는 방식이다.

1 신고납부(법 제38조)

1. 의의

신고납부라 함은 관세의 납세의무자가 수입신고를 할 때에 과세표준, 세율 및 납부세액을 세관장에게 신고하고 스스로 납부하는 것을 말한다. 수입물품에 대한 통관의 신속과 자진납세풍토의 조성으로 민주적인 세정을 구현하는데 그 취지가 있으며 신고납부에 대한 과세관청의 수령은 사실행위로서 불복대상이 되는 처분이 아니다.

2. 신고납부의 대상

부과고지 대상물품을 제외한 수입물품은 신고납부대상이 된다.

3. 납세신고

신고납부를 위하여 납세의무자가 그 세액을 세관장에게 신고하는 것을 납세신고라 한다. 물품을 수입하려는 자는(세관장이 부과고지하는 물품은 제외한다) 수입신고를 할 때에 세관장에게 관세의 납부에 관한 신고(납세신고[69])를 하여야 한다.

---

69) 시행령 제32조(납세신고)
① 법 제38조 제1항의 규정에 의하여 납세신고를 하고자 하는 자는제246조의 규정에 의한 수입신고서에 동조 각 호의 사항 외에 다음 각 호의 사항을 기재하여 세관장에게 제출하여야 한다.
1. 당해 물품의 관세율표상의 품목분류 · 세율과 품목분류마다 납부하여야 할 세액 및 그 합계액
2. 법 기타 관세에 관한 법률 또는 조약에 의하여 관세의 감면을 받는 경우에는 그 감면액과 법적 근거
3. 제23조 제1항의 규정에 의한 특수관계에 해당하는지 여부와 그 내용
4. 기타 과세가격결정에 참고가 되는 사항
② 관세청장은법 제38조 제2항의 규정에 의한 세액심사의 원활을 기하기 위하여 필요한 때에는 심사방법 등에 관한 기준을 정할 수 있다.

4. 세액의 심사

(1) 사후세액심사(원칙)

세관장은 납세신고를 받으면 수입신고서에 기재된 사항과 관세법에 따른 확인사항 등을 심사하되, 신고한 세액 등 납세신고 내용에 대한 심사(세액심사)는 수입신고를 수리한 후에 한다. 다만, 신고한 세액에 대하여 관세채권을 확보하기가 곤란하거나, 수입신고를 수리한 후 세액심사를 하는 것이 적당하지 아니하다고 인정하여 기획재정부령으로 정하는 물품의 경우에는 수입신고를 수리하기 전에 이를 심사한다.

(2) 수입신고수리 전 세액심사(예외)(규칙 제8조)

신고한 세액에 대하여 관세채권을 확보하기가 곤란하거나, 수입신고를 수리한 후 세액심사를 하는 것이 적당하지 아니하다고 인정하여 기획재정부령으로 정하는 물품의 경우에는 수입신고를 수리하기 전에 이를 심사한다.

다만, 감면 또는 분할납부의 적정여부에 대한 심사는 신고수리 전에 하고, 과세가격 및 세율 등에 대한 심사는 신고수리 후에 한다.

① 관세 또는 내국세를 감면받고자 하는 물품

② 관세를 분할납부하고자 하는 물품

③ 관세를 체납하고 있는 자가 신고하는 물품(단, 체납액이 10만원 미만이거나 체납기간 7일 이내에 수입신고하는 경우를 제외)

④ 불성실신고인이 신고하는 물품

⑤ 물품의 가격변동이 크거나 수입신고 수리 후에 세액을 심사하는 것이 부적당하다고 관세청장이 정하는 물품

(3) 기업자율심사

1) 의의: 세관장은 납세실적 및 수입규모 등을 고려하여 관세청장이 정하는 요건을 갖춘 자가 신청하는 때에는 납세신고한 세액을 자체적으로 심사하게 할 수 있다.

2) 절차(영 제32조의2)

① **신청 및 승인**: 세관장은 납세의무자가 납세신고세액을 자체적으로 심사하고자 신청하는 경우에는 관세청장이 정하는 절차에 의하여 자율심사를 하는 납세의무자로 승인할 수 있다. 이 경우 세관장은 자율심사의 방법 및 일정 등에 대하여 자율심사업체와 사전협의할 수 있다.

② **자료제공**: 세관장은 자율심사업체에게 수출입업무의 처리방법 및 체계 등에 관한 관세청장이 정한 자료를 제공하여야 한다.

③ **자율심사업체의 자료 제출**: 자율심사업체는 세관장이 제공한 자료에 따라 다음의 사항을 기재한 자율심사결과 및 조치내용을 세관장에게 제출하여야 한다. 이 경우 자율심사업체는 해당 결과를 제출하기 전에 납부세액의 과부족분에 대하여는 보정신청 하거나 수정신고 또는 경정청구 하여야 하며, 과다환급금이 있는 경우에는 세관장에게 통지하여야 한다.

㉠ 세관장이 제공한 자료에 따라 작성한 심사결과

㉡ 자율심사를 통하여 업무처리방법·체계 및 세액 등에 대한 보완이 필요한 것으로 확인된 사항에 대하여 조치한 내용

PART 03

④ **결과통지**: 세관장은 제출된 결과를 평가하여 자율심사업체에 통지하여야 한다. 다만, 자율심사가 부적절하게 이루어진 것으로 판단되는 경우에는 추가적으로 필요한 자료의 제출을 요청하거나 방문하여 심사한 후에 통지할 수 있다.

⑤ **보완요청**: 세관장은 자료의 요청 또는 방문심사한 결과에 따라 해당 자율심사업체로 하여금 자율심사를 적정하게 할 수 있도록 보완사항을 고지하고, 개선방법 및 일정 등에 대한 의견을 제출하게 하는 등 자율심사의 유지에 필요한 조치를 할 수 있다.

3) **자율심사 승인취소**: 세관장은 자율심사업체가 다음에 해당하는 때에는 자율심사의 승인을 취소할 수 있다.

① 관세청장이 정한 요건을 갖추지 못하게 되는 경우

② 자율심사를 하지 아니할 의사를 표시하는 경우

③ 자율심사 결과의 제출 등 자율심사의 유지를 위하여 필요한 의무 등을 이행하지 아니하는 경우

5. 세액의 정정

(1) 정정신고

① **의의**: 납세의무자는 납세신고한 세액을 납부하기 전에 해당세액에 과부족이 있는 것을 안 때에는 납세신고한 세액을 정정할 수 있다.

② **납부기한**: 납세신고한 세액을 납부하기 전에 세액을 정정한 경우 납부기한은 당초의 납부기한으로 한다.

③ **자료제출**: 세액을 정정하고자 하는 자는 해당 납세신고와 관련된 서류를 세관장으로부터 교부받아 과세표준 및 세액 등을 정정하고, 그 정정한 부분에 서명 또는 날인하여 세관장에게 제출하여야 한다.

(2) 세액보정(법 제38조의2)

1) **의의**: 납세의무자는 신고납부한 세액이 부족하다는 것을 알게 되거나 세액산출의 기초가 되는 과세가격 또는 품목분류 등에 오류가 있는 것을 알게 되었을 경우에는 신고납부한 날부터 6개월 이내에 대통령령으로 정하는 바에 따라 해당 세액을 보정(補正)하여 줄 것을 세관장에게 신청할 수 있다.

2) **보정통지(통지에 의한 보정)**: 세관장은 신고납부한 세액이 부족하다는 것을 알게 되거나 세액산출의 기초가 되는 과세가격 또는 품목분류 등에 오류가 있다는 것을 알게 되었을 경우에는 대통령령으로 정하는 바에 따라 납세의무자에게 해당 보정기간에 보정신청을 하도록 통지할 수 있다. 이 경우 세액보정을 신청하려는 납세의무자는 대통령령으로 정하는 바에 따라 세관장에게 신청하여야 한다.

3) **납부기한**: 납세의무자가 부족한 세액에 대한 세액을 보정을 신청한 경우에는 보정신청을 한 날의 다음 날까지 해당 관세를 납부하여야 한다.

4) 보정이자

① 의의: 세관장은 보정신청에 따라 세액을 보정한 결과 부족한 세액이 있을 때에는 납부기한 다음날부터 보정신청을 한 날까지의 기간과 금융회사의 정기예금에 대하여 적용하는 이자율을 고려하여 대통령령이 정하는 이율에 따라 계산한 금액을 더하여 해당 부족세액을 징수하여야 한다.

② 보정이자율: 부족세액에 가산하여야 할 보정이자의 이율은 은행법에 의한 은행업의 인가를 받은 은행으로서 서울특별시에 본점을 둔 은행의 1년 만기 정기예금 이자율의 평균을 감안하여 기획재정부령으로 정하는 이자율[70]로 한다.

다만, 다음 각 호의 어느 하나에 해당하는 경우에는 그러하지 아니하다.

㉠ 국가・지방자치단체・지방자치단체조합이 직접수입하는 물품

㉡ 국가・지방자치단체・지방자치단체조합에 기증되는 물품

㉢ 우편물(수입신고대상 제외)

㉣ 신고납부한 세액의 부족 등에 대하여 납세의무자에게 정당한 사유가 있는 경우

1. 천재지변으로 인한 기한 연장 사유에 해당하는 경우
2. 법 해석에 관한 질의・회신 등에 따라 신고・납부했으나 이후 동일한 사안에 대해 다른 과세처분을 하는 경우
3. 그 밖에 납세자가 의무를 이행하지 않은 정당한 사유가 있는 경우

"㉣"의 사유(납세의무자에게 정당한 사유)로 보정이자를 면제 받으려는 자는 다음의 사항을 적은 신청서를 세관장에게 제출하여야 한다. 이 경우 "면제받으려는 금액","정당한 사유"와 관련한 증명자료가 있으면 이를 첨부할 수 있다. 세관장은 이자면제의 신청서를 제출받은 경우에는 신청일부터 20일 이내에 면제 여부를 서면으로 통지하여야 한다.

- 납세의무자의 성명 또는 상호 및 주소
- 면제받으려는 금액
- 정당한 사유

5) 가산세: 납세의무자가 법 제42조 제2항에 따른 부정한 행위로 과소신고한 후 보정신청을 한 경우에는 세관장은 가산세를 징수하여야 한다.

6) 보정신청: 세액보정을 신청하려는 납세의무자는 세관장에게 세액보정을 신청한 다음에 이미 제출한 수입신고서를 교부받아 수입신고서상의 품목분류・과세표준・세율 및 세액 그 밖의 관련 사항을 보정하고, 그 보정한 부분에 서명 또는 날인하여 세관장에게 제출하여야 한다.

(3) 수정신고

1) 의의: 납세의무자는 신고납부한 세액이 부족한 경우에는 대통령령으로 정하는 바에 따라 수정신고(보정기간이 지난 날부터 관세부과제척기간이 끝나기 전까지로 한정한다)를 할 수 있다.

---

70) **관세법시행규칙 제9조의3(관세 등 환급가산금의 이율)** 영 제56조 제2항에서 "기획재정부령으로 정하는 이자율"이란 연 1천분의 35을 말한다.

PART 03

2) **납부기한**: 납세의무자가 신고납부한 세액에 부족이 있어 수정신고 하는 경우에는 해당 수정신고를 한 날의 다음날까지 해당관세를 납부하여야 한다.

3) **가산세**: 세관장은 수정신고를 한 세액에 대하여 가산세를 부과·징수한다.

4) **수정신고서의 내용(영 제34조)**: 수정신고를 하려는 자는 다음 각 호의 사항을 기재한 수정신고서를 세관장에게 제출하여야 한다.

① 해당 물품의 수입신고번호와 품명·규격 및 수량

② 수정신고 전의 해당 물품의 품목분류·과세표준·세율 및 세액

③ 수정신고 후의 해당 물품의 품목분류·과세표준·세율 및 세액

④ 가산세액

⑤ 기타 참고사항

(4) 경정청구

1) 경정청구

① 납세의무자는 신고납부한 세액, 보정신청한 세액 및 수정신고한 세액이 과다한 것을 알게 되었을 때에는 최초로 납세신고를 한 날부터 5년 이내에 대통령령으로 정하는 바에 따라 신고한 세액의 경정을 세관장에게 청구할 수 있다. 경정의 청구를 받은 세관장은 그 청구를 받은 날부터 2개월 이내에 세액을 경정하거나 경정하여야 할 이유가 없다는 뜻을 청구한 자에게 통지하여야 한다.

② 경정을 청구한 자가 2개월 이내에 통지를 받지 못한 경우에는 그 2개월이 되는 날의 다음날부터 이의신청, 심사청구, 심판청구 또는 감사원법에 따른 심사청구를 할 수 있다.

2) 후발적 경정청구

① 납세의무자는 최초의 신고 또는 경정에서 과세표준 및 세액의 계산근거가 된 거래 또는 행위 등이 그에 관한 소송에 대한 판결(판결과 같은 효력을 가지는 화해나 그 밖의 행위를 포함)에 의하여 다른 것으로 확정되는 등 대통령령으로 정하는 사유가 발생하여 납부한 세액이 과다한 것을 알게 되었을 때에는 최초로 납세신고를 한 날부터 5년이 경과하여도 그 사유가 발생한 것을 안 날부터 2개월 이내에 대통령령으로 정하는 바에 따라 납부한 세액의 경정을 세관장에게 청구할 수 있다.

㉠ 최초의 신고 또는 경정에서 과세표준 및 세액의 계산근거가 된 거래 또는 행위 등이 그에 관한 소송에 대한 판결(판결과 같은 효력을 가지는 화해나 그 밖의행위를 포함한다)에 의하여 다른 것으로 확정된 경우

㉡ 최초의 신고 또는 경정을 할 때 장부 및 증거서류의 압수, 그 밖의 부득이한 사유로 과세표준 및 세액을 계산할 수 없었으나 그 후 해당 사유가 소멸한 경우

㉢ 원산지증명서 등의 진위 여부 등을 회신받은 세관장으로부터 그 회신 내용을 통보받은 경우

② 후발적 경정청구를 받은 세관장은 그 청구를 받은 날부터 2개월 이내에 세액을 경정하거나 경정하여야 할 이유가 없다는 뜻을 청구한 자에게 통지하여야 한다. 경정을 청구한 자가 2개월 이내에 통지를 받지 못한 경우에는 그 2개월이 되는 날의 다음날부터 이의신청, 심사청구, 심판청구 또는 감사원법에 따른 심사청구를 할 수 있다.

3) 수입물품의 과세가격 조정에 따른 경정청구(법 제38조의4)

① **의의**: 납세의무자는 「국제조세조정에 관한 법률」 제7조 제1항[71]에 따라 관할 지방국세청장 또는 세무서장이 해당 수입물품의 거래가격을 조정하여 과세표준 및 세액을 결정·경정 처분하거나 같은 법 제14조 제3항[72] 단서에 따라 국세청장이 해당 수입물품의 거래가격과 관련하여 소급하여 적용하도록 사전 승인을 함에 따라 그 거래가격과 관세법에 따라 신고납부·경정한 세액의 산정기준이 된 과세가격간 차이가 발생한 경우에는 그 결정·경정 처분 또는 사전승인이 있음을 안 날(처분 또는 사전승인의 통지를 받은 경우에는 그 받은 날)부터 3개월 또는 최초로 납세신고를 한 날부터 5년 내에 대통령령으로 정하는 바에 따라 세관장에게 세액의 경정을 청구할 수 있다.

② **세관장의 보고**: 경정청구서를 제출받은 세관장은 경정청구의 대상이 되는 납세신고의 사실과 경정청구에 대한 의견을 첨부하여 관세청장에게 보고하여야 한다. 이 경우 관세청장은 세관장을 달리하는 동일한 내용의 경정청구가 있으면 경정처분의 기준을 정하거나, 경정청구를 통합 심사할 세관장을 지정할 수 있다.

③ **경정**: 수입물품의 과세가격 조정에 따른 경정청구를 받은 세관장은 대통령령으로 정하는 다음의 바에 따라 해당 수입물품의 거래가격 조정방법과 계산근거 등이 법 제30조부터 제35조(제1방법부터 제6방법)까지의 규정에 적합하다고 인정하는 경우에는 세액을 경정할 수 있다.

㉠ 지방국세청장 또는 세무서장의 결정·경정 처분에 따라 조정된 사항이 수입물품의 지급가격, 권리사용료 등 법 제30조제1항의 과세가격으로 인정되는 경우

㉡ 지방국세청장 또는 세무서장이 「국제조세조정에 관한 법률」 제8조에 따른 정상가격의 산출방법에 따라 조정하는 경우로서 그 비교대상거래, 통상이윤의 적용 등 조정방법과 계산근거가 법 제31조부터 제35조까지의 규정에 적합하다고 인정되는 경우

④ **경정통지**: 세관장은 경정청구를 받은 날부터 2개월 내에 세액을 경정하거나 경정하여야 할 이유가 없다는 뜻을 청구인에게 통지하여야 한다. 청구인은 2개월 이내에 통지를 받지 못한 경우에는 그 2개월이 되는 날의 다음 날부터 이의신청, 심사청구, 심판청구 또는 감사원법에 따른 심사청구를 할 수 있다.

---

71) **국제조세조정에 관한 법률 제7조(정상가격에 의한 과세조정)**
과세당국은 거주자와 국외특수관계인 간의 국제거래에서 그 거래가격이 정상가격보다 낮거나 높은 경우에는 정상가격을 기준으로 거주자의 과세표준 및 세액을 결정하거나 경정할 수 있다.

72) **국제조세조정에 관한 법률 제14조(사전승인의 신청 및 승인)**
① 거주자는 일정 기간의 과세연도에 대하여 일정한 정상가격 산출방법을 적용하려는 경우에는 대통령령으로 정하는 바에 따라 그 정상가격 산출방법을 적용하려는 일정 기간의 과세연도 중 최초의 과세연도 개시일의 전날까지 국세청장에게 사전승인을 신청할 수 있다.
② 국세청장은 거주자가 제1항에 따라 정상가격 산출방법에 대한 사전승인을 신청하는 경우 대통령령으로 정하는 바에 따라 체약상대국의 권한 있는 당국과의 상호합의절차를 거쳐 합의하였을 때에는 정상가격 산출방법을 사전승인할 수 있다. 다만, 대통령령으로 정하는 경우에는 상호합의절차를 거치지 아니하고 정상가격 산출방법을 사전승인(이하 "일방적 사전승인"이라 한다)할 수 있다.
③ 국세청장은 거주자가 승인신청 대상 기간 전의 과세연도에 대하여 정상가격 산출방법을 소급하여 적용해 줄 것을 제1항에 따른 사전승인 신청과 동시에 신청하는 경우 「국세기본법」 제26조의2제1항 단서에 따른 국세부과의 제척기간(일방적 사전승인의 경우 같은 법 제45조의2제1항 각 호 외의 부분 본문에 따른 기한)이 지나지 아니한 범위에서 소급하여 적용하도록 승인할 수 있다.

⑤ **조정신청**: 세관장의 통지에 이의가 있는 청구인은 그 통지를 받은 날(2개월 내에 통지를 받지 못한 경우에는 2개월이 경과한 날)부터 30일 내에 기획재정부장관에게 국세의 정상가격과 관세의 과세가격 간의 조정을 신청할 수 있다. 이 경우 「국제조세조정에 관한 법률」 제20조[73)]를 준용한다.

⑥ **업무 협의**: 세관장은 세액을 경정하기 위하여 필요한 경우에는 관할 지방국세청장 또는 세무서장과 협의할 수 있다.

4) **경정청구서 등 우편제출에 따른 특례(법 제38조의5)**: 보정신청, 수정신고, 경정청구, 수입물품의 과세가격 조정신청, 경정청구에 따른 각각의 제출기한까지 우편으로 발송(「국세기본법」 제5조의2에서 정한 날을 기준으로 한다)한 청구서 등이 세관장 또는 기획재정부장관에게 기간을 지나서 도달한 경우 그 기간의 만료일에 신청·신고 또는 청구된 것으로 본다.

(5) 경정

1) **의의**: 세관장은 납세의무자가 신고납부한 세액, 납세신고한 세액 또는 경정청구한 세액을 심사한 결과 과부족 하다는 것을 알게 되었을 때에는 대통령령으로 정하는 바에 따라 그 세액을 결정하여야 한다.

2) **재경정**: 세관장은 경정을 한 후 그 세액에 과부족이 있는 것을 발견한 때에는 그 경정한 세액을 다시 경정한다.

3) **경정통지서의 교부**: 세관장은 세액을 경정하려는 때에는 다음 각 호의 사항을 기재한 경정통지서를 납세의무자에게 교부하여야 한다.

① 당해 물품의 수입신고번호와 품명·규격 및 수량
② 경정 전의 당해 물품의 품목분류·과세표준·세율 및 세액
③ 경정 후의 당해 물품의 품목분류·과세표준·세율 및 세액
④ 가산세액
⑤ 경정사유
⑥ 기타 참고사항

4) **납부고지**: 경정을 하는 경우 이미 납부한 세액에 부족이 있거나 납부할 세액에 부족이 있는 경우에는 그 부족세액에 대하여 납부고지를 해야 한다. 이 경우 동일한 납세의무자에게 경정에 따른 납부고지를 여러 건 해야 할 경우 통합하여 하나의 납부고지를 할 수 있다.

5) **가산세**: 부족세액에 대하여 경정을 한 경우 세관장은 가산세를 부과·징수한다.

---

73) **국제조세조정에 관한 법률 제20조(국세의 정상가격과 관세의 과세가격에 대한 과세의 조정)**
① 납세의무자는 제19조제3항에 따른 통지를 받은 날(2개월 이내에 통지를 받지 못한 경우에는 2개월이 지난 날)부터 30일 이내에 기획재정부장관에게 국세의 정상가격과 관세의 과세가격 간 조정을 신청할 수 있다.
② 기획재정부장관은 납세의무자가 제1항에 따른 조정을 신청한 경우 과세당국 또는 세관장에게 국세의 정상가격과 관세의 과세가격에 대한 과세의 조정을 권고할 수 있다. 이 경우 기획재정부장관은 그 조정 권고에 대한 과세당국 또는 세관장의 이행계획(이행하지 아니할 경우 그 이유를 포함한다)을 받아 납세의무자에게 그 조정의 신청을 받은 날부터 90일 이내에 통지하여야 한다.
③ 제1항 및 제2항에 따른 조정의 신청, 조정의 방법 등에 관하여 필요한 사항은 대통령령으로 정한다.
④ 제1항 및 제2항에 따라 조정을 신청한 날부터 통지를 받은 날까지의 기간은 「국세기본법」 제61조·제66조·제68조 및 「관세법」 제121조·제131조·제132조의 청구기간 또는 신청기간에 산입하지 아니한다.

6. 관세의 납부

(1) 관세의 납부기한

납세의무자는 납세신고가 수리된 날부터 15일 이내에 해당세액을 납부하여야 한다. 이 경우 납세의무자는 수입신고 수리 전에도 해당세액을 납부할 수 있다.

(2) 관세의 납부방법

1) **계좌이체**: 관세청과 수납은행간 전산망 연계로 납세자가 자신의 사무실에서 인터넷뱅킹으로 전자납부서를 조회하고 이체하는 방식으로 세금을 납부하는 제도이다.

2) 신용카드등에 의한 관세등의 납부(법 제38조 제6항, 영 제32조의5)

① **의의**: 관세의 납부에 관하여는 국세징수법 제12조 1항 제3호 같은 조 제2항 및 제3항을 준용한다.

② **신용카드 등**: 납세의무자가 신고하거나 세관장이 부과 또는 경정하여 고지한 세액(세관장이 관세와 함께 징수하는 내국세등의 세액 포함)은 신용카드, 직불카드 등으로 납부할 수 있다.

③ **관세납부대행기관**: 관세법 제38조 제6항에 따라 준용되는 「국세징수법」 제12조제1항제3호 각 목 외의 부분에 따른 국세납부대행기관이란 정보통신망을 이용하여 신용카드등에 의한 결제를 수행하는 기관으로서 관세납부를 대행하는 기관[74)]을 말한다.

④ **납부대행수수료**: 관세납부대행기관은 납세자로부터 신용카드등에 의한 관세납부대행용역의 대가로 납부대행수수료를 받을 수 있다. 이 경우 납부대행수수료는 관세청장이 관세납부대행기관의 운영경비 등을 종합적으로 고려하여 승인하되, 해당 납부세액의 1천분의 10을 초과할 수 없다.

⑤ **기타**: 관세청장은 납부에 사용되는 신용카드 등의 종류, 그 밖에 관세납부에 필요한 사항을 정할 수 있다.

(3) 징수금액의 최저한(법 제40조)

세관장은 납세의무자가 납부하여야 하는 세액이 1만원 미만인 경우에는 이를 징수하지 아니한다. 관세를 징수하지 아니하게 된 경우에는 당해 물품의 수입신고수리일을 그 납부일로 본다.

2 부과고지(법 제39조)

1. 의의

세액을 처음부터 세관장이 결정하여 이를 고지하면, 납세의무자가 고지된 세액을 납기 내에 납부하는 방식이다.

---

74) **신용카드 등에 의한 관세납부(시행규칙 제8조의2)**
1. 「민법」 제32조 및 「금융위원회의 소관에 속하는 비영리법인의설립 및 감독에 관한 규칙」에 따라 설립된 금융결제원
2. 시설, 업무수행능력, 자본금 규모 등을 고려하여 관세청장이 관세납부대행기관으로 지정하는 자

2. 부과고지 대상

① 법 제16조 제1호부터 제6호까지 및 제8호부터 제11호까지 해당되어 관세를 징수하는 경우
② 보세건설장에서 건설된 시설로서 수입신고 수리전에 가동된 경우
③ 보세구역에 반입된 물품이 수입신고 수리전에 무단반출된 경우
④ 납세의무자가 관세청장이 정하는 사유로 과세가격이나 관세율 등을 결정하기 곤란하여 부과고지를 요청하는 경우
⑤ 수입신고전 즉시 반출한 물품을 반출신고 후 10일 내 수입신고를 하지 아니하여 관세를 징수하는 경우
⑥ 그 밖에 납세신고가 부적당한 것으로서 기획재정부령으로 정하는 경우
1. 여행자 또는 승무원의 휴대품 및 별송품
2. 우편물(수입신고 대상 제외)
3. 법령의 규정에 의하여 세관장이 관세를 부과・징수하는 물품
4. 기타 납세신고가 부적당하다고 인정하여 관세청장이 지정하는 물품

3. 관세추징

세관장은 과세표준, 세율, 관세의 감면 등에 관한 규정의 적용 착오 또는 그 밖의 사유로 이미 징수한 금액이 부족한 것을 알게 되었을 때에는 그 부족세액을 징수한다.

4. 납부고지

(1) 의의

세관장이 부과고지 규정과 관세추징 규정에 따라 관세를 징수하고자 하는 때에는 납세의무자에게 납부고지를 하여야 한다.

(2) 납부고지서의 교부 사유(영 제36조)

세관장은 부과고지, 과다환급관세징수 또는 부정환급액징수의 규정에 의하여 관세를 징수하고자 하는 때에는 세목・세액・납부장소 등을 기재한 납부고지서를 납세의무자에게 교부하여야 한다.

(3) 관세의 현장수납(법 제43조)

① 여행자의 휴대품 및 조난선박에 적재된 물품으로서 보세구역이 아닌 장소에 장치한 물품의 관세는 그 물품을 검사한 공무원이 검사 장소에서 수납할 수 있다.
② 검사한 공무원이 관세를 수납할 때에는 부득이한 사유가 있는 경우를 제외하고는 다른 공무원을 참여시켜야 한다.
③ 출납공무원이 아닌 공무원이 관세를 수납한 때에는 지체없이 출납공무원에게 인계하여야 한다.
④ 출납공무원이 아닌 공무원이 선량한 관리자로서의 주의를 게을리하여 위 규정에 의하여 수납한 현금을 잃어버린 경우에는 변상하여야 한다.
⑤ 물품을 검사한 공무원이 관세를 수납하는 경우에는 그 공무원으로 하여금 말로써 고지하게 할 수 있다.

3 가산세(법 제42조)[75)]

(1) 의의

가산세란 세법에서 규정하고 있는 성실의 의무를 위반한 자에 대하여 행정벌적 성격의 경제적 제재를 가하기 위하여 징수할 세액에 가산하여 징수하는 금액을 말한다.

(2) 납부지연 가산세

1) 의의: 세관장은 납세의무자가 납부기한까지 납부하지 아니한 관세액(미납부세액)을 징수하거나, 수정신고 또는 경정에 따라 부족한 관세액(부족세액)을 징수할 때에는 다음 각 호의 금액을 합한 금액을 가산세로 징수한다.

2) 가산세액

① 부족세액의 100분의 10

② 다음 각 목의 금액을 합한 금액

㉠ 미납부세액 또는 부족세액×법정납부기한의 다음 날부터 납부일까지의 기간(납부고지일부터 납부고지서에 따른 납부기한까지의 기간은 제외한다)×금융회사 등이 연체대출금에 대하여 적용하는 이자율 등을 고려하여 대통령령으로 정하는 이자율(1일 10만분의 22)

㉡ 법정납부기한까지 납부하여야 할 세액 중 납부고지서에 따른 납부기한까지 납부하지 아니한 세액×100분의 3(관세를 납부고지서에 따른 납부기한까지 완납하지 아니한 경우에 한정한다)

3) 가산세의 가중: 세관장은 납세의무자가 부정한 행위로 과소신고한 경우에는 해당 부족세액의 100분의40에 상당하는 금액을 가산세로 징수한다.

① 부족세액의 100분의 40

② 다음 각 목의 금액을 합한 금액

㉠ 미납부세액 또는 부족세액×법정납부기한의 다음 날부터 납부일까지의 기간(납부고지일부터 납부고지서에 따른 납부기한까지의 기간은 제외한다)×금융회사 등이 연체대출금에 대하여 적용하는 이자율 등을 고려하여 대통령령으로 정하는 이자율(1일 10만분의 22)

㉡ 법정납부기한까지 납부하여야 할 세액 중 납부고지서에 따른 납부기한까지 납부하지 아니한 세액×100분의 3(관세를 납부고지서에 따른 납부기한까지 완납하지 아니한 경우에 한정한다)

---

75) [대법원 2011.2.10. 선고 2008두2330]
가산세는 과세의 적정을 기하기 위하여 납세의무자인 법인으로 하여금 성실한 과세표준의 신고 및 세액의 납부의 의무를 부과하면서 그 확보책으로 그 의무이행을 게을리하였을 경우에 가해지는 일종의 행정상의 제재라고 할 것이다. 이와 같은 제재는 단순한 법률의 부지나 오해의 범위를 넘어 세법의 해석상 의의로 인한 경해의 대립이 있는 등으로 말미암아 납세의무자가 그 의무를 알지 못하는 것이 무리가 아니라고 할 수 있어서 그를 정당시할 수 있는 사정이 있을 때 또는 그 의무의 이행을 도저히 당사자에게 기대할 수 없다고 평가되는 사정이 있을 때와 같이 그 의무를 게을리한 점을 탓할 수 없는 정당한 사유가 있는 경우에는 이를 과할 수 없다.

'부당한 방법'의 범위

1. 이중송품장 · 이중계약서 등 허위증명 또는 허위문서의 작성이나 수취
2. 세액심사에 필요한 자료의 파기
3. 관세부과의 근거가 되는 행위나 거래의 조작 · 은폐
4. 그 밖에 관세를 포탈하거나 환급 또는 감면을 받기 위한 부정한 행위

4) **납부기간 적용의 특례**: 납부고지서에 따른 납부기한의 다음 날부터 납부일까지의 기간이 5년을 초과하는 경우에는 그 기간은 5년으로 한다.

5) **기간이자 면제**: 체납된 관세(세관장이 징수하는 내국세가 있을 때에는 그 금액을 포함한다)가 150만원 미만인 경우에는 가산세액 "㉠"에 해당하는 금액의 가산세를 적용하지 아니한다.

6) **가산세의 감면(법 제42조의2)**: 세관장은 다음 어느 하나에 해당하는 경우에는 가산세액에서 정하는 일정 금액을 감면한다.

① 수입신고가 수리되기 전에 관세를 납부한 결과 부족세액이 발생한 경우로서 수입신고가 수리되기 전에 납세의무자가 당해 세액에 대하여 수정신고를 하거나 세관장이 경정하는 경우

② 잠정가격신고를 기초로 납세신고를 하고 이에 해당하는 세액을 납부한 경우. 다만, 납세의무자가 제출한 자료가 사실과 다름이 판명되어 추징의 사유가 발생한 경우에는 그러하지 아니하다.

③ 특수관계가 있는 자들 간에 거래되는 물품의 과세가격 결정방법에 관한 과세가격 사전심사의 결과를 통보받은 경우 그 통보일부터 2개월 이내에 통보된 과세가격 결정방법에 따라 해당 사전심사의 결과를 통보받은 날 전에 신고납부한 세액을 수정신고하는 경우

④ 사전세액심사 대상 물품 중 감면대상 및 감면율을 잘못 적용하여 부족세액이 발생한 경우

⑤ 수정신고(보정기간이 지난 날부터 1년 6개월이 지나기 전에 한 수정신고로 한정)를 한 경우. 다만, 해당 관세에 대하여 과세표준과 세액을 경정할 것을 미리 알고 수정신고서를 제출한 경우로서 기획재정부령으로 정하는 경우는 제외한다.

㉠ 납세자가 법 제114조제1항 본문에 따른 관세조사의 사전통지를 받은 후 수정신고서를 제출한 경우

㉡ 납세자가 법 제114조제1항 단서에 따라 사전통지 없이 법 제110조제2항 각 호의 조사가 개시된 사실을 알고 수정신고서를 제출한 경우

㉢ 납세자가 법 제118조제1항에 따른 서면통지를 받은 후 수정신고서를 제출한 경우

⑥ 국가 또는 지방자치단체가 직접 수입하는 물품 등 대통령령으로 정하는 물품의 경우

㉠ 납세자가 관세조사의 사전통지를 받은 후 수정신고서를 제출한 경우

㉡ 납세자가 관세조사의 사전통지 없이 조사가 개시된 사실을 알고 수정신고서를 제출한 경우

㉢ 납세자가 과세전 사전통지의 서면통지를 받은 후 수정신고서를 제출한 경우

⑦ 관세심사위원회가 결정기간 내에 과세전적부심사의 결정 · 통지를 하지 아니한 경우

⑧ 신고납부한 세액의 부족 등에 대하여 납세의무자에게 정당한 사유가 있는 경우

①, ②, ⑥, ⑧	(㉠, ㉡)
③, ④	(㉠)

⑤	보정기간이 지난 날부터 6월 이내	(㉠)의 100분 30
	보정기간이 지난 날부터 6월 초과 1년 6월 이내	(㉠)의 100분 20
	보정기간이 지난 날부터 1월 초과 1년 6월 이내	(㉠)의 100분 10
⑦	(㉡)의 100분의 50에 해당하는 금액	

(3) 무신고가산세(법 제42조 제3항)

1) 의의: 세관장은 제16조 제11호(수입신고를 하지 아니하고 수입된 물품)에 따른 물품에 대하여 관세를 부과·징수할 때에는 가산세를 징수한다. 다만, 제241조 제5항(휴대품·이사물품 신고불이행 가산세)에 따라 가산세를 징수하는 경우와 천재지변 등 수입신고를 하지 아니하고 수입한 데에 정당한 사유가 있는 것으로 세관장이 인정하는 경우는 제외한다.

2) 가산세액: 세관장은 수입신고를 하지 아니하고 수입된 물품에 대하여 다음의 금액을 합한 금액을 가산세로 징수한다.

① 해당 관세액의 100분의 20(밀수출입죄에 해당하여 처벌받거나 통고처분을 받은 경우에는 100분의 40)

② 다음 각 목의 금액을 합한 금액

㉠ 해당 관세액×수입된 날부터 납부일까지의 기간(납부고지일부터 납부고지서에 따른 납부기한까지의 기간은 제외한다)×금융회사 등이 연체대출금에 대하여 적용하는 이자율 등을 고려하여 대통령령으로 정하는 이자율(1일 10만분의 22)

㉡ 해당 관세액 중 납부고지서에 따른 납부기한까지 납부하지 아니한 세액×100분의 3(관세를 납부고지서에 따른 납부기한까지 완납하지 아니한 경우에 한정한다)

3) 납부기간 적용의 특례: 납부고지서에 따른 납부기한의 다음 날부터 납부일까지의 기간이 5년을 초과하는 경우에는 그 기간은 5년으로 한다.

4) 기간이자 면제: 체납된 관세(세관장이 징수하는 내국세가 있을 때에는 그 금액을 포함한다)가 150만원 미만인 경우에는 가산세액 "㉠"에 해당하는 금액의 가산세를 적용하지 아니한다.

(4) 수입·반송 신고지연가산세(법 제241조)

1) 의의: 수입하거나 반송을 하고자 하는 물품을 지정장치장 또는 보세창고에 반입하거나 보세구역이 아닌 장소에 장치한 자는 그 반입일 또는 장치일부터 30일 이내에 수입 또는 반송의 신고를 하여야 한다. 신고기한이 지난 경우, 해당물품의 과세가격의 100분의 2에 상당하는 금액의 범위에서 대통령령이 정하는 금액을 가산세로 징수한다.

2) 가산세율

신고기한	가산세율
20일 이내에 신고하는 경우	과세가격의 1천분의 5
50일 이내에 신고하는 경우	과세가격의 1천분의 10
80일 이내에 신고하는 경우	과세가격의 1천분의 15
이외의 경우	과세가격의 1천분의 20

3) 가산세 한도: 가산세액은 500만원을 초과할 수 없다.

4) 가산세 대상 물품: 신고지연 가산세를 징수하여야 하는 물품은 물품의 신속한 유통이 긴요하다고 인정하여 보세구역의 종류와 물품의 특성을 감안하여 관세청장이 정하는 물품으로 한다.

(5) 재수출불이행 가산세(법 제97조부터 제98조)

재수출 면세 또는 재수출 감면세의 규정에 따라 관세의 감면을 받은 물품을 정해진 기간에 재수출하지 아니한 경우 관세의 100분의 20에 상당하는 금액을 가산세로 징수한다. 단, 가산세액은 500만원을 초과할 수 없다.

(6) 휴대품 · 이사물품 신고 불이행 가산세(법 제241조)

1) 휴대품 신고 불이행 가산세: 세관장은 여행자나 승무원이 과세대상 휴대품을 신고하지 아니하여 과세하는 경우에는 해당 물품에 대하여 납부할 세액(관세 및 내국세 포함)의 100분의 40(여행자나 승무원에 대하여 그 여행자나 승무원의 입국일을 기준으로 소급하여 2년 이내에 2회 이상 과세대상 휴대품을 신고하지 아니하여 과세하는 경우: 100분의 60)에 상당하는 금액을 가산세로 징수한다.

2) 이사물품 신고 불이행 가산세: 우리나라로 거주를 이전하기 위하여 입국하는 자가 입국할 때에, 수입하는 이사물품을 신고하지 아니하여 과세하는 경우, 납부할 세액(관세 및 내국세 포함)의 100분의 20에 상당하는 금액을 가산세로 징수한다.

(7) 즉시반출신고물품 수입신고 불이행 가산세(법 제253조)

즉시반출신고 규정에 따라 반출신고를 한 경우, 즉시반출신고를 한 날부터 10일 이내에 수입신고를 하여야 한다. 이 기간에 수입신고를 하지 않은 경우, 해당물품에 대한 관세의 100분의 20에 상당하는 금액을 가산세로 징수한다.

4 압류 · 매각의 유예(법 제43조의2)

1. 의의

세관장은 재산의 압류나 압류재산의 매각을 유예함으로써 사업을 정상적으로 운영할 수 있게 되어 체납액의 징수가 가능하다고 인정되는 경우에는 그 체납액에 대하여 강제징수에 의한 재산의 압류나 압류재산의 매각을 대통령령으로 정하는 바에 따라 유예할 수 있다.

2. 압류 · 매각의 유예 신청(영 제40조)

① 체납자의 주소 또는 거소와 성명
② 납부할 체납액의 세목, 세액과 납부기한
③ 압류 또는 매각의 유예를 받으려는 이유와 기간
④ 체납자가 체납액을 분할하여 납부하려는 경우에는 그 분납액 및 분납횟수

3. 압류해제

세관장은 압류 또는 매각을 유예하는 경우에 필요하다고 인정하면 이미 압류한 재산의 압류를 해제할 수 있다.

4. 담보제공 요구

세관장은 재산의 압류를 유예하거나 압류한 재산의 압류를 해제하는 경우에는 그에 상당하는 납세담보의 제공을 요구할 수 있다. 다만, 세관장은 압류 또는 매각의 유예 결정일 기준으로 최근 3년 이내에 관세법, 「수출용 원재료에 대한 관세 등 환급에 관한 특례법」 또는 「조세범 처벌법」 위반으로 처벌받은 사실이 없는 체납자로부터 체납액 납부계획서[76]를 제출받고 그 납부계획의 타당성을 인정하는 경우에는 납세담보의 제공을 요구하지 아니할 수 있다.

5. 압류 또는 매각의 유예기간

세관장이 압류 또는 매각을 유예하는 경우 그 유예기간은 유예한 날부터 2년 이내로 한다. 이 경우 세관장은 그 유예기간 이내에 분할하여 납부하게 할 수 있다.

6. 압류 또는 매각의 유예 취소

세관장은 압류 또는 매각을 유예받은 체납자가 다음 각 호의 어느 하나에 해당하는 경우에는 그 압류 또는 매각의 유예를 취소하고, 유예에 관계되는 체납액을 한꺼번에 징수할 수 있다. 다만, 정당한 사유가 있는 것으로 세관장이 인정하는 경우에는 압류 또는 매각의 유예를 취소하지 아니할 수 있다.

1. 체납액을 분납계획에 따라 납부하지 아니한 경우
2. 담보의 변경이나 그 밖에 담보 보전에 필요한 세관장의 명령에 따르지 아니한 경우
3. 재산상황이나 그 밖의 사정의 변화로 유예할 필요가 없다고 인정될 경우
4. 다음 각 목 중 어느 하나의 경우에 해당되어 그 유예한 기한까지 유예에 관계되는 체납액의 전액을 징수할 수 없다고 인정될 경우
   가. 국세·지방세 또는 공과금의 체납으로 강제징수를 받은 경우
   나. 「민사집행법」에 따른 강제집행·담보권 실행 등을 위한 경매가 시작된 경우
   다. 「어음법」 및 「수표법」에 따른 어음교환소에서 거래정지처분을 받은 경우
   라. 「채무자 회생 및 파산에 관한 법률」에 따른 파산선고를 받은 경우
   마. 법인이 해산된 경우
   바. 관세의 체납이 발생되거나 관세를 포탈하려는 행위가 있다고 인정되는 경우

---

76) 체납액 납부계획서에는 다음 각 호의 사항이 포함되어야 한다.(영 제40조 제3항)
   1. 체납액 납부에 제공될 재산 또는 소득에 관한 사항
   2. 체납액의 납부일정에 관한 사항(분할하여 납부하게 된 경우에는 분납일정을 포함해야 한다)
   3. 그 밖에 체납액 납부계획과 관련된 사항으로서 관세청장이 정하여 고시하는 사항

7. 통지

세관장은 압류 또는 매각을 유예하였거나[77] 압류 또는 매각의의 유예를 취소하였을 때에는 체납자에게 그 사실을 사유와 함께 문서로 통지하여야 한다.

8. 압류 또는 매각의 유예연장

세관장은 다음 어느 하나에 해당하는 경우에는 압류 또는 매각의 유예를 받은 체납액에 대하여 유예기간이 지난 후 다시 압류 또는 매각의 유예를 할 수 있다.

① 압류 또는 매각의 유예를 취소하지 아니한 경우
② 재산상황이나 그 밖의 사정의 변화로 유예할 필요가 없다고 인정될 경우에 해당하여 압류 또는 매각의 유예를 취소한 경우

9. 범죄경력 자료 조회 요청

관세청장은 관세법 등 위반 사실을 확인하기 위하여 관계 기관의 장에게 범죄경력자료(관세법, 「자유무역협정의 이행을 위한 관세법의 특례에 관한 법률」, 「수출용 원재료에 대한 관세 등 환급에 관한 특례법」 또는 「조세범 처벌법」 위반에 한정한다)의 조회를 요청할 수 있으며, 그 요청을 받은 관계 기관의 장은 정당한 사유가 없으면 이에 따라야 한다.

5 체납자료의 제공(법 제44조부터 법 제45조)

1. 체납자료의 제공

세관장은 관세징수 또는 공익목적을 위하여 필요한 경우로서 「신용정보의 이용 및 보호에 관한 법률」 제2조 제5호에 따른 신용정보회사 또는 같은 조 제6호에 따른 신용정보집중기관, 그 밖에 대통령령으로 정하는 자가 다음의 어느 하나에 해당하는 체납자의 인적사항 및 체납액에 관한 자료를 요구한 경우에는 이를 제공할 수 있다.

① 체납 발생일부터 1년이 지나고 체납액이 500만원 이상인 자
② 1년에 3회 이상 체납하고 체납액이 500만원 이상인 자

77) 세관장이 압류 또는 매각을 유예하여 그 사실을 통지하는 경우에는 다음 각 호의 사항을 적은 문서로 해야 한다.(영 제40조 4항)
1. 압류 또는 매각을 유예한 체납액의 세목, 세액과 납부기한
2. 체납액을 분할하여 납부하게 하는 경우에는 그 분납액 및 분납횟수
3. 압류 또는 매각의 유예기간

2. 체납자료 제공 등

(1) 체납자료 제공의 배제

체납된 관세 및 내국세등과 관련하여 관세법에 따른 이의신청·심사청구 또는 심판청구 및 행정소송이 계류 중인 경우나 그 밖에 대통령령으로 정하는 경우에는 체납자료를 제공하지 아니한다.

① 관세법에 따른 이의신청·심사청구 또는 심판청구 및 행정소송이 계류 중인 경우
② 전쟁·화재 등 재해나 도난으로 인하여 재산에 심한 손실을 입은 경우
③ 사업에 현저한 손실을 입은 경우
④ 사업이 중대한 위기에 처한 경우
⑤ 압류 또는 매각이 유예된 경우

(2) 체납자료의 작성

세관장은 체납자료를 전산정보처리조직에 의하여 처리하는 경우에는 체납자료 파일(자기테이프, 자기디스크, 그 밖에 이와 유사한 매체에 체납자료가 기록·보관된 것을 말한다.)을 작성할 수 있다.

PART 03

(3) 체납자료의 요청 및 제공

① 체납자료를 요구하려는 자는 다음의 사항을 적은 문서를 세관장에게 제출하여야 한다. 체납자료를 요구받은 세관장은 체납자료 파일이나 문서로 제공할 수 있다.
② 제공한 체납자료가 체납액의 납부 등으로 체납자료에 해당되지 아니하게 되는 경우에는 그 사실을 사유 발생일부터 15일 이내에 요구자에게 통지하여야 한다.
  ㉠ 요구자의 이름 및 주소
  ㉡ 요구하는 자료의 내용 및 이용 목적

(4) 체납자료의 관리

체납자료 파일의 정리, 관리, 보관 등에 필요한 사항 또는 기타 체납자료의 요구 및 제공 등에 필요한 사항은 관세청장이 정한다.

(5) 비밀유지

체납자료를 제공받은 자는 이를 업무 목적 외의 목적으로 누설하거나 이용하여서는 아니 된다.

(6) 관세체납정리위원회[78)]

관세(세관장이 징수하는 내국세등을 포함한다)의 체납정리에 관한 사항을 심의하게 하기 위하여 세관에 관세체납정리위원회를 둘 수 있다.

---

78) **관세체납정리위원회 구성(영 제42조)**
① 법 제45조의 규정에 의하여 세관에 관세체납정리위원회를 둔다.
② 관세체납정리위원회는 위원장 1인을 포함한 5인 이상 7인 이내의 위원으로 구성한다.
③ 관세체납정리위원회의 위원장은 세관장이 되며, 위원은 다음 각 호의 자중에서 세관장이 임명 또는 위촉한다.
  1. 세관공무원
  2. 변호사·관세사·공인회계사·세무사
  3. 상공계의 대표
  4. 기획재정에 관한 학식과 경험이 풍부한 자
④ 위원의 임기는 2년으로 하되, 한번만 연임할 수 있다. 다만, 보궐위원의 임기는 전임위원 임기의 남은 기간으로 한다.

관세체납정리위원회 위원의 해임 등(영 제43조)

세관장은 관세체납정리위원회의 위원이 다음 각 호의 어느 하나에 해당하는 경우에는 해당 위원을 해임 또는 해촉(解嘱)할 수 있다.

1. 심신장애로 인하여 직무를 수행할 수 없게 된 경우
2. 직무와 관련된 비위사실이 있는 경우
3. 직무태만, 품위손상이나 그 밖의 사유로 인하여 위원으로 적합하지 아니하다고 인정되는 경우
4. 위원 스스로 직무를 수행하는 것이 곤란하다고 의사를 밝히는 경우
5. 제42조제3항제1호 및 제2호에 따른 신분을 상실한 경우
6. 제45조의2제1항 각 호의 어느 하나에 해당함에도 불구하고 회피하지 아니한 경우
7. 관할 구역 내에 거주하지 아니하게 된 경우
8. 관세 및 국세를 체납한 경우

관세체납정리위원회의 위원장의 직무(영 제44조)

① 관세체납정리위원회의 위원장은 당해 위원회의 회무를 총괄하고 해당 위원회를 대표한다.

② 관세체납정리위원회의 위원장이 직무를 수행하지 못하는 부득이한 사정이 있는 때에는 위원장이 지명하는 위원이 그 직무를 대행한다.

관세체납정리위원회의 회의(영 제45조)

① 관세체납정리위원회의 위원장은 체납세액이 관세청장이 정하는 금액 이상인 경우로서 다음 각 호의 어느 하나에 해당하는 경우 회의를 소집하고 그 의장이 된다.

1. 「국세징수법」 제57조 제1항제4호 본문에 따른 사유로 압류를 해제하려는 경우
2. 삭제
3. 법 제4조제2항에 따라 체납된 내국세등에 대해 세무서장이 징수하게 하는 경우

② 관세체납정리위원회의 회의의 의사는 위원장을 포함한 재적위원 과반수의 출석으로 개의하고 출석위원 과반수의 찬성으로 의결한다.

관세체납정리위원회 위원의 제척 · 회피(영 제45조의2)

① 관세체납정리위원회의 위원이 다음 각 호의 어느 하나에 해당하는 경우에는 심의 · 의결에서 제척된다.

1. 위원이 해당 안건의 당사자(당사자가 법인 · 단체 등인 경우에는 그 임원을 포함한다)이거나 해당 안건에 관하여 직접적인 이해관계가 있는 경우
2. 위원의 배우자, 4촌 이내의 혈족 및 2촌 이내의 인척의 관계에 있는 사람이 해당 안건의 당사자이거나 해당 안건에 관하여 직접적인 이해관계가 있는 경우
3. 위원이 해당 안건 당사자의 대리인이거나 최근 5년 이내에 대리인이었던 경우
4. 위원이 해당 안건 당사자의 대리인이거나 최근 5년 이내에 대리인이었던 법인 · 단체 등에 현재 속하고 있거나 속하였던 경우
5. 위원이 최근 5년 이내에 해당 안건 당사자의 자문 · 고문에 응하였거나 해당 안건 당사자와 연구 · 용역 등의 업무 수행에 동업 또는 그 밖의 형태로 직접 해당 안건 당사자의 업무에 관여를 하였던 경우
6. 위원이 최근 5년 이내에 해당 안건 당사자의 자문 · 고문에 응하였거나 해당 안건 당사자와 연구 · 용역 등의 업무 수행에 동업 또는 그 밖의 형태로 직접 해당 안건 당사자의 업무에 관여를 하였던 법인 · 단체 등에 현재 속하고 있거나 속하였던 경우

② 관세체납정리위원회의 위원은 제1항 각 호의 어느 하나에 해당하는 경우에는 스스로 해당 안건의 심의 · 의결에서 회피하여야 한다.

의견청취(영 제46조)

관세체납정리위원회는 의안에 관하여 필요하다고 인정되는 때에는 체납자 또는 이행관계인 등의 의견을 들을 수 있다.

관세체납정리위원회의 회의록(영 제47조)

관세체납정리위원회의 위원장은 회의를 개최한 때에는 회의록을 작성하여 이를 비치하여야 한다.

의결사항의 통보(영 제48조)

관세체납정리위원회의 위원장은 당해 위원회에서 의결된 사항을 관세청장에게 통보하여야 한다.

수당(영 제49조)

관세체납정리위원회의 회의에 출석한 공무원이 아닌 위원에 대하여는 예산의 범위 안에서 수당을 지급할 수 있다.

CHAPTER 02 관세채권 확보

1 납세담보제도의 의의

담보란, 채권확보를 위하여 미리 채무자로부터 제공받는 채무이행 확보수단을 말한다. 납세담보란 조세채권을 보전하기 위하여 국가가 제공받는 공법상의 담보를 말한다.

2 관세법상 납세담보제도

1. 납세담보의 종류(법 제24조)

(1) 납세담보의 종류

① 금전

② 국채 또는 지방채

③ 세관장이 인정하는 유가증권

④ 세관장이 인정하는 보증인의 납세보증서

⑤ 납세보증보험증권

⑥ 토지

⑦ 보험에 가입된 등기 또는 등록된 건물, 건물재단, 광업재단, 선박, 항공기 또는 건설기계

(2) 담보의 요건

납세보증보험증권 및 세관장이 인정하는 보증인의 납세보증서는 세관장이 요청하면 특정인이 납부하여야 하는 금액을 일정기일 이후에는 언제든지 세관장에게 지급한다는 내용의 것이어야 한다.

2. 포괄담보의 제공

(1) 의의

납세의무자(관세의 납부보증자 포함)는 관세법의 규정에 따라 계속하여 담보를 제공하여야 하는 사유가 있는 경우에는 관세청장이 정하는 바에 따라 일정 기간에 제공하여야 하는 담보를 포괄하여 미리 세관장에게 제공할 수 있다.

(2) 포괄담보의 신청(영 제11조)

담보를 포괄하여 제공하고자 하는 자는 그 기간 및 담보의 최고액과 담보제공자의 전년도 수출입실적 및 예상수출입물량을 기재한 신청서를 세관장에게 제출하여야 한다. 담보를 포괄하여 제공할 수 있는 요건, 그 담보의 종류 그 밖에 필요한 사항은 관세청장이 정한다.

3. 담보의 제공사유

(1) 관세채권의 확보가 곤란한 물품에 대하여 수입신고를 하는 경우(법 제248조 제2항)

세관장은 관세를 납부하여야 하는 물품에 대해서는 제241조(수입신고) 또는 244조(입항전수입신고)에 따른 신고를 수리할 때에 다음 어느 하나에 해당하는 자에게 관세에 상당하는 담보의 제공을 요구할 수 있다.

① 관세법 또는 「수출용원재료에 대한 관세 등 환급에 관한 특례법」 제23조를 위반하여 징역형의 실형을 선고받고 그 집행이 끝나거나(집행이 끝난 것으로 보는 경우를 포함한다) 면제된 후 2년이 지나지 아니한 자

② 관세법 또는 「수출용원재료에 대한 관세 등 환급에 관한 특례법」 제23조를 위반하여 징역형의 집행유예를 선고받고 그 유예기간 중에 있는 자

③ 제269조부터 제271조까지, 제274조, 제275조의2, 제275조의3 또는 「수출용원재료에 대한 관세 등 환급에 관한 특례법」 제23조에 따라 벌금형 또는 통고처분을 받은 자로서 그 벌금형을 선고받거나 통고처분을 이행한 후 2년이 지나지 아니한 자

④ 제241조 또는 제244조에 따른 수입신고일을 기준으로 최근 2년간 관세 등 조세를 체납한 사실이 있는 자

⑤ 수입실적, 수입물품의 관세율 등을 고려하여 대통령령으로 정하는 관세채권의 확보가 곤란한 경우에 해당하는 자

㉠ 최근 2년간 계속해서 수입실적이 없는 자

㉡ 파산, 청산 또는 개인회생절차가 진행 중인 자

㉢ 수입실적, 자산, 영업이익, 수입물품의 관세율 등을 고려할 때 관세채권 확보가 곤란한 경우로서 관세청장이 정하는 요건에 해당하는 자

(2) 수입신고수리전 반출승인을 얻어 물품을 반출하는 경우

(3) 수입신고전 즉시반출신고를 하고 물품을 반출하는 경우

(4) 상표권, 저작권, 저작인접권등 침해 물품에 대한 통관보류를 요청하는 경우 및 이에 대한 통관의 허용을 요청하는 경우

(5) 덤핑방지관세 · 상계관세의 잠정조치를 하는 경우, 신규공급자에 대한 덤핑방지관세부과를 유예하는 경우

(6) 관세감면, 분할납부, 월별납부, 천재지변으로 인한 기한의 연장을 하는 경우

(7) 보세구역외 장치허가를 하는 경우

(8) 보세운송의 신고를 하거나 승인(조난물품 운송승인 포함)을 얻고자 하는 경우

(9) 압류 또는 매각을 유예하기 위하여 재산의 압류를 유예하거나 압류한 재산의 압류를 해제하는 경우

4. 담보의 제공절차 등(영 제10조)

(1) 담보제공서의 제출

관세의 담보를 제공하고자 하는 자는 담보의 종류·수량·금액 및 담보사유를 기재한 담보제공서를 세관장에게 제출하여야 한다.

(2) 권리증명 서류

담보의 종류	권리증명 서류
금전	관세청장이 지정한 금융기관의 납입 확인서
국채 또는 지방채	해당 채권에 관하여 모든 권리를 행사할 수 있는 자의 위임장
세관장이 인정하는 유가증권	증권발행자의 증권확인서와 해당 증권에 관한 모든 권리를 행사할 수 있는 자의 위임장
납세보증보험증권 또는 세관장이 인정하는 보증인의 납세보증서	납세보증보험증권 또는 납세보증서 (보증 또는 보험의 기간은 해당 담보를 필요로 하는 기간으로 하되, 납부기한이 확정되지 아니한 경우에는 관세청장이 정하는 기간으로 한다.)
토지, 건물·공장재단·광업재단·선박·항공기나 건설기계	저당권을 설정하는 데에 필요한 서류
보험에 든 건물·공장재단·광업재단·선박·항공기나 건설기계	보험증권(보험기간은 담보를 필요로 하는 기간에 30일 이상을 더한 것)

(3) 담보의 금액

제공하고자 하는 담보의 금액은 납부하여야 하는 관세에 상당하는 금액이어야 한다. 다만, 그 관세가 확정되지 아니한 경우에는 관세청장이 정하는 금액으로 한다.

(4) 납부고지

세관장은 다음에 해당하는 경우에는 부과고지 규정에 의한 납부고지를 할 수 있다.

① 관세의 담보를 제공하고자 하는 자가 담보액의 확정일부터 10일 이내에 담보를 제공하지 아니하는 경우

② 납세의무자가 수입신고후 10일 이내에 법 제248조 제2항의 규정(수입신고수리시담보제공)에 의한 담보를 제공하지 아니하는 경우

5. 담보물의 평가(영 제9조)

(1) 국채 또는 지방채 및 세관장이 인정하는 유가증권

① 「자본시장과 금융투자업에 관한 법률」에 따라 거래소가 개설한 증권시장에 상장된 유가증권 중 매매사실이 있는 것: 담보로 제공하는 날의 전날에 공표된 최종시세가액

② 기타의 유가증권: 담보로 제공하는 날의 전날에 「상속세 및 증여세법 시행령」 제58조 제1항 제2호를 준용하여 계산한 가액

⑵ **토지, 보험에 든 등기 또는 등록된 건물, 건물재단, 광업재단, 선박, 항공기와 건설기계**

① **토지 또는 건물의 평가**: 「상속세 및 증여세법」 제61조를 준용하여 평가한 가액

② **공장재단·광업재단·선박·항공기 또는 건설기계**: 「감정평가 및 감정평가사에 관한 법률」에 따른 감정평가 법인등의 평가액 또는 「지방세법」에 따른 시가표준액

6. 담보물의 변경 및 해제

⑴ 담보물의 변경(영 제12조)

1) **가격감소시**: 관세의 담보를 제공한 자는 당해 담보물의 가격감소에 따라 세관장이 담보물의 증가 또는 변경을 통지한 때에는 지체없이 이를 이행하여야 한다.

2) **지급기일 또는 보험기간 변경시**: 관세의 담보를 제공한 자는 담보물, 보증은행, 보증보험회사, 은행지급보증에 의한 지급기일 또는 납세보증보험기간을 변경하고자 하는 때에는 세관장의 승인을 받아야 한다.

⑵ 담보의 해제

세관장은 납세담보의 제공을 받은 관세 강제징수비가 납부되었을 때에는 지체 없이 담보해제의 절차를 밟아야 한다. 제공된 담보를 해제받고자 하는 자는 담보의 종류·수량 및 금액, 담보제공 연월일과 해제사유를 기재한 신청서에 해제사유를 증명하는 서류를 첨부하여 세관장에게 제출하여야 한다. 다만, 국가관세종합정보시스템의 전산처리설비를 이용하여 세관장이 관세의 사후납부사실 등 담보의 해제사유를 확인할 수 있는 경우에는 해당 사유를 증명하는 서류로서 관세청장이 고시하는 서류 등을 제출하지 아니할 수 있다.

7. 담보의 관세충당(법 제25조)

⑴ 의의

세관장은 담보를 제공한 납세의무자가 그 납부기한까지 해당 관세를 납부하지 아니하면 기획재정부령으로 정하는 바에 따라 그 담보를 해당 관세에 충당할 수 있다. 이 경우 담보로 제공된 금전을 해당 관세에 충당할 때에는 납부기한이 지난 후에 충당하더라도 제42조(가산세)를 적용하지 아니한다.

⑵ 충당방법

1) 매각

① 국채 또는 지방채

② 세관장이 인정하는 유가증권

③ 토지

④ 보험에 든 등기 또는 등록된 건물, 건물재단, 광업재단, 선박, 항공기와 건설기계

2) 보증인에게 즉시 통보

① 납세보증보험증권

② 세관장이 인정하는 보증인의 납세보증서

⑶ 담보물의 매각(영 제14조)

① 세관장은 제공된 담보물을 매각하고자 하는 때에는 담보제공자의 주소·성명·담보물의 종류·수량, 매각사유, 매각장소, 매각일시 기타 필요한 사항을 공고하여야 한다.

② 세관장은 납세의무자가 매각예정일 1일 전까지 관세와 비용을 납부하는 때에는 담보물의 매각을 중지하여야 한다.

⑷ 잔금의 교부

① 담보를 관세에 충당하고 남은 금액이 있을 때에는 담보를 제공한 자에게 이를 돌려주어야 하며, 돌려줄 수 없는 경우에는 이를 공탁할 수 있다.

② 관세의 납세의무자가 아닌 자가 관세의 납부를 보증한 경우 그 담보로 관세에 충당하고 남은 금액이 있을 때에는 그 보증인에게 이를 직접 돌려주어야 한다.

8. 담보 등이 없는 경우의 관세징수(법 제26조)

PART 03

⑴ 의의

담보 제공이 없거나 징수한 금액이 부족한 관세의 징수에 관하여는 관세법에 규정된 것을 제외하고는 국세기본법과 국세징수법의 예에 따른다.

⑵ 강제징수비의 징수

세관장은 관세의 강제징수를 할 때에는 재산의 압류, 보관, 운반 및 공매에 드는 비용에 상당하는 강제징수비를 징수할 수 있다.

납세의무의 완화

1 관세의 감면

1. 개요

(1) 의의

수입물품에는 관세를 부과하는 것이 원칙이나, 특별한 정책목적을 수행하기 위하여 수입물품이 일정한 요건을 갖춘 경우에 무조건 또는 일정 조건하에 관세의 일부 또는 전부를 면제하는데 이를 관세의 감면제도라 한다.

(2) 관세법상 감면제도

관세법상 감면제도는 감면요건을 갖춘 수입물품에 대하여 감면승인시 조건 유무에 따라 무조건 감면과 조건부 감면으로 나뉜다. 무조건 감면의 경우 조건 없이 감면이 되고 수입 후 감면물품의 양수도, 감면용도 이외의 사용 등에 대하여 원칙적으로 추징이나, 세관의 관리 감독을 받지 아니하지만, 조건부 감면은 일정한 조건이행에 대한 세관의 관리감독(사후관리)을 받으며, 일정한 조건이 이행되지 않는 경우 감면한 관세를 징수한다.

근거조항	무조건 감면	경감률	근거조항	조건부 감면	경감률
제88조	외교관용물품 등의 면세	100	제89조	세율불균형물품의 면세	100
제92조	정부용품 등의 면세	100	제90조	학술연구용품의 감면	50 ~ 80
제94조	소액물품 등의 면세	100	제91조	종교용품 · 자선박용품 · 장애인용품 등의 면세	100
제96조	여행자 휴대품 및 이사물품 등의 감면	30	제93조	특정물품의 면세 등	100
제99조	재수입 면세	100	제95조	환경오염방지물품 등에 대한 감면	30/50
제100조	손상물품에 대한 감면	손상분	제97조	재수출 면세	100
제101조	해외임가공물품 등의 감면	수출분	제98조	재수출 감면	30 ~ 85

(3) 관세감면의 적용

1) 감면신청시기(영 제112조): 관세법 기타 관세에 관한 법률 또는 조약에 의하여 관세의 감면을 받고자 하는 자는 다음의 기간 내에 세관장에게 감면 신청서를 제출하여야 한다.

① 해당 수입물품의 수입신고 수리 전

② 법 제39조 제2항(부과고지)에 따라 관세를 징수하는 경우: 해당 납부고지를 받은 날부터 5일 이내

③ 그 밖에 수입신고수리전까지 감면신청서를 제출하지 못한 경우: 해당 수입신고 수리일부터 15일 이내(해당 물품이 보세구역에서 반출되지 아니한 경우로 한정한다)

2) **담보제공(영 제131조)**: 세관장은 필요하다고 인정되는 때에는 관세를 감면 받은 물품에 대하여 그 물품을 수입하는 때에 감면하는 관세액(재수출 불이행 가산세는 제외한다)에 상당하는 담보를 제공하게 할 수 있다. 다만, 현행 조건부 면세제도 중 재수출면세 또는 재수출감면세의 규정에 의하여 관세를 감면받은 경우 담보를 제공하도록 하고 있다.
관세를 감면받은 물품에 대하여 세관장은 수입신고를 수리하는 때까지 담보를 제공하게 할 수 있다. 다만, 긴급한 사유로 공휴일 등 금융기관이 업무를 수행할 수 없는 날에 수입하는 물품으로서 긴급성의 정도 등을 고려하여 관세청장이 정하여 고시하는 물품에 대하여는 수입신고를 수리하는 때 이후 최초로 금융기관이 업무를 수행하는 날까지 담보를 제공하게 할 수 있다.

(4) 관세경감률의 산정기준(영 제111조)

1) **관세의 경감률**: 관세의 경감에 있어서 경감률의 산정은 실제로 적용되는 관세율을 기준으로 한다.

2) 관세의 경감·면제와 탄력관세

① **관세의 경감**: 관세경감률 산정시 덤핑방지관세, 상계관세, 보복관세, 긴급관세, 특정국물품긴급관세, 농림축산물에 대한 특별긴급관세의 세율은 경감되는 관세의 범위에 포함되지 않는다. 즉, 덤핑방지관세 등의 세율에는 관세경감을 적용하지 않는다.

② **관세의 면제**: 관세법 기타 법률 또는 조약에 의하여 관세를 면제하는 경우 면제되는 관세의 범위에 대하여 특별한 규정이 없는 때에는 덤핑방지관세, 상계관세, 보복관세, 긴급관세, 특정국물품긴급관세, 농림축산물에 대한 특별긴급관세의 세율은 면제되는 관세의 범위에 포함되지 않는다.

2. 무조건 감면

(1) 외교관용물품등의 면세(법 제88조)

1) **의의**: 외교관 우대관례에 따라 외교관의 공용품과 공관원 및 그 가족이 사용하는 물품 및 정부와 체결한 사업계약을 수행하기 위하여 외국계약자가 계약조건에 따라 수입하는 업무용품 등에 대하여 수입시 관세를 면제한다. 다만, 자동차등 일정한 물품에 대하여는 양수를 제한하고 있다.

2) 면세대상

① 우리나라에 있는 외국의 대사관·공사관 및 그 밖에 이에 준하는 기관의 업무용품
② 우리나라에 주재하는 외국의 대사·공사 기타 이에 준하는 사절 및 그 가족이 사용하는 물품
③ 우리나라에 있는 외국의 영사관 기타 이에 준하는 기관의 업무용품
④ 우리나라에 있는 외국의 대사관·공사관·영사관 기타 이에 준하는 기관의 직원 중 대통령령이 정하는 직원과 그 가족이 사용하는 물품
㉠ 대사관 또는 공사관의 참사관·1등서기관·2등서기관·3등서기관 및 외교관보
㉡ 총영사관 또는 영사관의 총영사·영사·부영사 및 영사관보(명예총영사 및 명예영사를 제외한다)
㉢ 대사관·공사관·총영사관 또는 영사관의 외무공무원으로서 제1호 및 제2호에 해당하지 아니하는 자

⑤ 정부와 체결한 사업계약을 수행하기 위하여 외국계약자가 계약조건에 따라 수입하는 업무용품

⑥ 국제기구 또는 외국 정부로부터 우리나라 정부에 파견된 고문관·기술단원 및 그 밖에 기획재정부령으로 정하는 자가 사용하는 물품

3) 양수제한 물품

① **사후관리기간**: 외교관용물품 등의 면세 규정에 의하여 관세를 면제받은 물품 중 다음에 해당하는 물품은 수입신고수리일부터 3년의 범위에서 대통령령이 정하는 기준에 따라 관세청장이 정하는 기간에 지정 용도외의 다른 용도에 사용하기 위하여 이를 양수할 수 없다. 다만, 대통령령이 정하는 바에 의하여 미리 세관장의 승인을 받았을 때에는 그러하지 아니한다.

㉠ 자동차(삼륜자동차와 이륜자동차를 포함한다)

㉡ 선박

㉢ 피아노

㉣ 전자오르간 및 파이프오르간

㉤ 엽총

② **추징**: 양수제한 물품을 사후관리기간에 지정된 용도 외의 다른 용도로 사용하기 위하여 양수한 경우에는 그 양수자로부터 면제된 관세를 즉시 징수한다.

(2) 정부용품등의 면세(법 제92조)

1) **의의**: 정부 또는 지방자치단체에 기증된 물품, 군수품, 국가원수 경호용품, 국가의 안전보장을 위하여 필요한 물품등에 대해서는 관세를 면제한다.

2) 면세대상

① 국가기관이나 지방자치단체에 기증된 물품으로서 공용으로 사용하는 물품. 다만, 기획재정부령으로 정하는 물품은 제외한다.[79] 관세를 면제받으려는 자는 해당 기증사실을 증명하는 서류를 신청서에 첨부하여야 한다.

② 정부가 외국으로부터 수입하는 군수품(정부의 위탁을 받아 정부외의 자가 수입하는 경우를 포함한다) 및 국가원수의 경호용으로 사용하는 물품. 다만, 기획재정부령이 정하는 물품을 제외한다.[80] 관세를 면제받고자 하는 때에는 정부의 위탁을 받아 수입한다는 것을 해당 수요기관이 확인한 서류를 신청서에 첨부하여야 한다.

③ 국가원수의 경호용으로 사용하기 위하여 수입하는 물품

④ 외국에 주둔하는 국군이나 재외공관으로부터 반환된 공용품

⑤ 과학기술정보통신부장관이 국가의 안전보장을 위하여 긴요하다고 인정하여 수입하는 비상통신용 물품 및 전파관리용 물품

⑥ 정부가 직접 수입하는 간행물, 음반, 녹음된 테이프, 녹화된 슬라이드, 촬영된 필름, 그 밖에 이와 유사한 물품 및 자료

---

79) 법 제92조 제1호 단서의 규정에 의하여 관세가 부과되는 물품은 법 별표 관세율표 번호 제8703호에 해당하는 승용자동차를 말한다.

80) 법 제92조 제2호 단서의 규정에 의하여 관세가 부과되는 물품은 「군수품관리법」 제3조의 규정에 의한 통상품으로 한다.

⑦ 국가나 지방자치단체(이들이 설립하였거나 출연 또는 출자한 법인을 포함한다)가 환경오염(소음 및 진동을 포함한다)을 측정하거나 분석하기 위하여 수입하는 기계·기구 중 기획재정부령으로 정하는 물품[81]. 관세를 면제받으려는 때에는 환경 또는 상수도 업무를 관장하는 주무부처의 장이 확인한 서류를 첨부하여야 한다.

⑧ 상수도 수질을 측정하거나 이를 보전·향상하기 위하여 국가나 지방자치단체(이들이 설립하였거나 출연 또는 출자한 법인을 포함한다)가 수입하는 물품으로서 기획재정부령으로 정하는 물품. 관세를 면제받으려는 때에는 환경 또는 상수도 업무를 관장하는 주무부처의 장이 확인한 서류를 첨부하여야 한다.

⑨ 국가정보원장 또는 그 위임을 받은 자가 국가의 안전보장 목적의 수행상 긴요하다고 인정하여 수입하는 물품

⑶ 소액물품 면세(법 제94조)

1) 의의: 우리나라의 거주자에게 수여된 훈장·기장(紀章) 또는 이에 준하는 표창장 및 상패, 우리나라 거주자가 수취하는 소액물품으로서 기획재정부령이 정하는 물품등이 수입되는 때에는 그 관세를 면제한다.

2) 면세대상

① 우리나라의 거주자에게 수여된 훈장·기장 또는 이에 준하는 표창장 및 상패

② 기록문서 기타의 서류

③ 상업용견본품 또는 광고용품으로서 기획재정부령이 정하는 물품

㉠ 물품이 천공 또는 절단되었거나 통상적인 조건으로 판매할 수 없는 상태로 처리되어 견본품으로 사용될 것으로 인정되는 물품

㉡ 판매 또는 임대를 위한 물품의 상품목록·가격표 및 교역안내서등

㉢ 과세가격이 미화 250달러 이하인 물품으로서 견본품으로 사용될 것으로 인정되는 물품

㉣ 물품의 형상·성질 및 성능으로 보아 견본품으로 사용될 것으로 인정되는 물품

④ 우리나라 거주자가 받는 소액물품으로서 자가사용 물품으로서 기획재정부령으로 정하는 물품

㉠ 물품가격(1평가 ~ 6평가 방법으로 결정된 과세가격에서 운임, 보험료 기타 운송관련 금액을 뺀 가격. 다만, 운임, 보험료, 기타 운송관련 금액을 명백히 구분할 수 없는 경우에는 이를 포함한 가격으로 한다)이 미화 150달러 이하의 물품으로서 자가사용 물품으로 인정되는 것. 다만, 반복 또는 분할하여 수입되는 물품으로서 관세청장이 정하는 기준에 해당하는 것을 제외한다.

---

81) 법 제92조 제6호 또는 제7호의 규정에 의하여 관세가 면제되는 물품은 다음 각 호의 물품 중 개당 또는 셋트당 과세가격이 100만원 이상인 기기와 그 기기의 부분품 및 부속품(사후에 보수용으로 따로 수입하는 물품을 포함한다) 중 국내에서 제작하기 곤란한 것으로서 해당 물품의 생산에 관한 사무를 관장하는 주무부처의 장 또는 그가 지정하는 자가 추천하는 물품으로 한다.
1. 대기질의 채취 및 측정용 기계·기구
2. 소음·진동의 측정 및 분석용 기계·기구
3. 환경오염의 측정 및 분석용 기계·기구
4. 수질의 채취 및 측정용 기계·기구

㉡ 박람회 기타 이에 준하는 행사에 참가하는 자가 행사장 안에서 관람자에게 무상으로 제공하기 위하여 수입하는 물품(전시할 기계의 성능을 보여주기 위한 원료를 포함한다.). 다만, 관람자 1인당 제공량의 정상도착가격이 미화 5달러 상당액 이하의 것으로서 세관장이 타당하다고 인정하는 것에 한한다.

⑷ 여행자 휴대품 · 이사물품 등의 감면(법 제96조)

1) 의의: 여행자의 휴대품이나 별송품, 우리나라로 거주를 이전하는 자가 입국하는 때에 수입하는 이사물품 및 외국을 오가는 국제무역선 또는 국제무역기의 승무원이 휴대하여 수입하는 물품에 대해서는 관세를 면제한다.

2) 면세대상[82) 83) 84)]

① 여행자의 휴대품 또는 별송품으로서 여행자의 입국사유, 체재기간, 직업, 그 밖의 사정을 고려하여 기획재정부령으로 정하는 기준에 따라 세관장이 타당하다고 인정하는 물품

② 우리나라로 거주를 이전하기 위하여 입국하는 자가 입국할 때 수입하는 이사물품으로서 거주 이전의 사유, 거주기간, 직업, 가족 수, 그 밖의 사정을 고려하여 기획재정부령으로 정하는 기준에 따라 세관장이 타당하다고 인정하는 물품

③ 국제무역선 또는 국제무역기의 승무원이 휴대하여 수입하는 물품으로서 항행일수, 체재기간, 그 밖의 사정을 고려하여 기획재정부령으로 정하는 기준에 따라 세관장이 타당하다고 인정하는 물품

---

82) **관세법 시행규칙 제48조(관세가 면제되는 휴대품 등)**

① 법 제96조 제1호에 따라 관세가 면제되는 물품은 다음 각 호의 어느 하나에 해당하는 것으로 한다.

1. 여행자가 통상적으로 몸에 착용하거나 휴대할 필요성이 있다고 인정되는 물품일 것
2. 비거주자인 여행자가 반입하는 물품으로서 본인의 직업상 필요하다고 인정되는 직업용구일 것
3. 세관장이 반출 확인한 물품으로서 재반입되는 물품일 것
4. 물품의 성질 · 수량 · 가격 · 용도 등으로 보아 통상적으로 여행자의 휴대품 또는 별송품인 것으로 인정되는 물품일 것

② 제1항에 따른 관세의 면제 한도는 여행자 1명의 휴대품 또는 별송품으로서 각 물품(제1항 제3호에 따른 물품은 제외한다)의 과세가격 합계 기준으로 미화 800달러 이하로 하고(기본면세범위), 법 제196조제1항 1호 단서 및 같은 조 제2항에 따라 구매한 내국물품이 포함되어 있을 경우에는 기본면세범위에서 해당 내국물품의 구매가격을 공제한 금액으로 한다. 다만, 농림축산물 등 관세청장이 정하는 물품이 휴대품에 포함되어 있는 경우에는 기본면세 범위에서 해당 농림축산물 등에 대하여 관세청장이 따로 정한 면세한도를 적용할 수 있다.

③ 제2항에도 불구하고 술 · 담배 · 향수에 대해서는 기본면세범위와 관계없이 다음 표(이하 이 항에서 "별도면세범위"라 한다)에 따라 관세를 면제하되, 19세 미만인 사람(19세가 되는 해의 1월 1일을 맞이한 사람은 제외한다)이 반입하는 술 · 담배에 대해서는 관세를 면제하지 않고, 법 제196조제1항제1호 단서 및 같은 조 제2항에 따라 구매한 내국물품인 술 · 담배 · 향수가 포함되어 있을 경우에는 별도면세범위에서 해당 내국물품의 구매수량을 공제한다. 이 경우 해당 물품이 다음 표의 면세한도를 초과하여 관세를 부과하는 경우에는 해당 물품의 가격을 과세가격으로 한다.

구분	면세한도			비고
술	2병			2병합산하여 용량은 2리터 이하이고, 가격은 미화 400달러 이하로 한다.
담배	궐련		200개비	2 이상의 담배 종류를 반입하는 경우에는 한 종류로 한정한다.
	엽궐련		50개비	
	전자담배	궐련형	200개비	
		니코틴용액	20밀리리터	
		기타유형	110그램	
	그 밖의 담배		250그램	
향수	100밀리리터			

3) 경감액 : 면세범위를 초과하는 여행자 휴대품 또는 별송품을 기획재정부령으로 정하는 방법으로 자진신고하는 경우에는 20만원을 넘지 아니하는 범위에서 해당 물품에 부과될 관세(제81조에 따라 간이세율을 적용하는 물품의 경우에는 간이세율을 적용하여 산출된 세액을 말한다)의 100분의 30에 상당하는 금액을 경감할 수 있다.

---

④ (삭제)
⑤ (삭제)
⑥ 법 제96조 1항 제1호의 규정에 의한 별송품은 천재지변 등 부득이한 사유가 있는 때를 제외하고는 여행자 또는 입국자가 입국한 날부터 6월 이내에 도착한 것이어야 한다.
⑦ (삭제)

83) 관세법 시행규칙 제48조의2(관세가 면제되는 이사물품)

① 법 제96조 제1항 제2호에 따라 관세가 면제되는 물품은 우리나라 국민(재외영주권자를 제외한다. 이하 이 항에서 같다)으로서 외국에 주거를 설정하여 1년(가족을 동반한 경우에는 6개월) 이상 거주했거나 외국인 또는 재외영주권자로서 우리나라에 주거를 설정하여 1년(가족을 동반한 경우에는 6개월) 이상 거주하려는 사람이 반입하는 다음 각 호의 어느 하나에 해당하는 것으로 한다. 다만, 자동차(제3호에 해당하는 것은 제외한다), 선박, 항공기와 개당 과세가격이 500만원 이상인 보석·진주·별갑(鼈甲)·산호·호박(琥珀)·상아 및 이를 사용한 제품은 제외한다.
1. 해당 물품의 성질·수량·용도 등으로 보아 통상적으로 가정용으로 인정되는 것으로서 우리나라에 입국하기 전에 3개월 이상 사용했고 입국한 후에도 계속하여 사용할 것으로 인정되는 것
2. 우리나라에 상주하여 취재하기 위하여 입국하는 외국국적의 기자가 최초로 입국할 때에 반입하는 취재용품으로서 문화체육관광부장관이 취재용임을 확인하는 물품일 것
3. 우리나라에서 수출된 물품(조립되지 않은 물품으로서 법 별표 관세율표상의 완성품에 해당하는 번호로 분류되어 수출된 것을 포함한다)이 반입된 경우로서 관세청장이 정하는 사용기준에 적합한 물품일 것
4. 외국에 거주하던 우리나라 국민이 다른 외국으로 주거를 이전하면서 우리나라로 반입(송부를 포함한다)하는 것으로서 통상 가정용으로 3개월 이상 사용하던 것으로 인정되는 물품일 것

② 제1항 각 호 외의 부분 본문에도 불구하고 사망이나 질병 등 관세청장이 정하는 사유가 발생하여 반입하는 이사물품에 대해서는 거주기간과 관계없이 관세를 면제할 수 있다.
③법 제96조 제1항 제2호에 따른 이사물품 중 별도로 수입하는 물품은 천재지변 등 부득이한 사유가 있는 경우를 제외하고는 입국자가 입국한 날부터 6월 이내에 도착한 것이어야 한다.

84) 관세법 시행규칙 제48조의3(관세가 면제되는 승무원 휴대 수입물품)

① 법 제96조 제1항 제3호에 따라 승무원이 휴대하여 수입하는 물품에 대하여 관세를 면제하는 경우 그 면제 한도는 각 물품의 과세가격 합계 기준으로 다음 각 호의 구분에 따른 금액으로 한다. 이 경우 법 제196조 제1항 제1호 단서 및 같은 조 제2항에 따라 구매한 내국물품이 포함되어 있는 경우에는 다음 각 호의 금액에서 해당 내국물품의 구매가격을 공제한 금액으로 한다.
1. 국제무역기의 승무원이 휴대하여 수입하는 물품 : 미화 150달러
2. 국제무역선의 승무원이 휴대하여 수입하는 물품 : 다음 각 목의 구분에 따른 금액
  가. 1회 항행기간이 1개월 미만인 경우 : 미화 90달러
  나. 1회 항행기간이 1개월 이상 3개월 미만인 경우 : 미화 180달러
  다. 1회 항행기간이 3개월 이상인 경우 : 미화 270달러

② 제1항에도 불구하고 국제무역선·국제무역기의 승무원이 휴대하여 수입하는 술 또는 담배에 대해서는 제1항 각 호의 구분에 따른 금액과 관계없이 제48조 제3항 표에 따라 관세를 면제한다. 이 경우 법 제196조 제1항 제1호 단서 및 같은 조 제2항에 따라 구매한 내국물품인 술 또는 담배가 포함되어 있는 경우에는 제48조 제3항 표에 따른 한도에서 해당 내국물품의 구매수량을 공제한다.
③ 제2항에 따라 국제무역선·국제무역기의 승무원이 휴대하여 수입하는 술에 대해 관세를 면제하는 경우 다음 각 호의 어느 하나에 해당하는 자에 대해서는 해당 호에 규정된 범위에서 관세를 면제한다.
1. 국제무역기의 승무원 : 3개월에 1회
2. 국제무역선의 승무원으로서 1회 항행기간이 1개월 미만인 경우 : 1개월에 1회

④ 제1항에도 불구하고 자동차(이륜자동차와 삼륜자동차를 포함한다)·선박·항공기 및 개당 과세가격 50만원 이상의 보석·진주·별갑·산호·호박 및 상아와 이를 사용한 제품에 대해서는 관세를 면세하지 않는다.

(5) 재수입 면세(법 제99조)

1) 의의: 우리나라에서 수출(보세가공수출을 포함한다)된 물품으로서 수출신고수리일부터 2년 내에 다시 수입되거나 해외시험 및 연구목적 으로 수출되었다가 다시 수입되는 물품에 대해서는 관세를 면제한다.

2) 면세대상

① 우리나라에서 수출된 물품으로서 해외에서 제조·가공·수리 또는 사용(장기간에 걸쳐 사용할 수 있는 물품으로서 임대차계약 또는 도급계약 등에 따라 해외에서 일시적으로 사용하기 위하여 수출된 물품 중 기획재정부령[85]으로 정하는 물품이 사용된 경우와 박람회, 전시회, 품평회, 그 밖에 이에 준하는 행사에 출품 또는 사용된 경우는 제외한다)되지 아니하고 수출신고 수리일부터 2년 내에 다시 수입되는 물품. 다만, 다음의 물품은 관세를 면제하지 아니한다.

㉠ 해당 물품 또는 원자재에 대하여 관세의 감면을 받은 경우

㉡ 관세법 또는 「수출용원재료에 대한 관세 등 환급에 관한 특례법」에 따른 환급을 받은 경우

㉢ 관세법 또는 「수출용원재료에 대한 관세 등 환급에 관한 특례법」에 따른 환급을 받을 수 있는 자 외의 자가 해당 물품을 재수입하는 경우. 다만, 재수입하는 물품에 대하여 환급을 받을 수 있는 자가 환급받을 권리를 포기하였음을 증명하는 서류를 재수입하는 자가 세관장에게 제출하는 경우는 제외한다.

㉣ 보세가공 또는 장치기간 경과 물품을 재수출조건으로 매각함에 따라 관세가 부과되지 아니한 경우

② 수출물품의 용기로서 다시 수입하는 물품

③ 해외시험 및 연구목적 으로 수출된 후 다시 수입되는 물품

3) 면세신청: 관세를 감면받으려는 자는 그 물품의 수출신고필증·반송신고필증 또는 이를 갈음할 서류를 세관장에게 제출하여야 한다. 다만, 세관장이 다른 자료에 의하여 그 물품이 감면대상에 해당한다는 사실을 인정할 수 있는 경우에는 그러하지 아니하다.

(6) 손상물품에 대한 감면(법 제100조)

1) 의의: 수입신고한 물품이 수입신고가 수리되기 전에 변질되거나 손상되거나 관세의 감면을 받은 물품을 용도외 사용하거나 용도 외 사용할 자에게 양도하여 감면받은 관세를 추징하는 경우 해당물품의 변질·손상 또는 사용으로 인한 가치 감소분에 대하여 관세를 경감한다.

---

85) 법 제99조 제1호에서 "기획재정부령으로 정하는 물품"이란 다음 각 호의 물품을 말한다.

1. 장기간에 걸쳐 사용할 수 있는 물품으로서 임대차계약 또는 도급계약 등에 따라 해외에서 일시적으로 사용하기 위하여 수출된 물품 중 「법인세법 시행규칙」 제15조에 따른 내용연수가 3년(금형의 경우에는 2년) 이상인 물품
2. 박람회, 전시회, 품평회, 「국제경기대회 지원법」 제2조 제1호에 따른 국제경기대회, 그 밖에 이에 준하는 행사에 출품 또는 사용된 물품
3. 수출물품을 해외에서 설치, 조립 또는 하역하기 위해 사용하는 장비 및 용구
4. 수출물품을 운송하는 과정에서 해당 물품의 품질을 유지하거나 상태를 측정 및 기록하기 위해 해당 물품에 부착하는 기기
5. 결함이 발견된 수출물품
6. 수입물품을 적재하기 위하여 수출하는 용기로서 반복적으로 사용되는 물품

2) 감면대상

① 수입신고한 물품이 수입신고가 수리되기 전에 변질되거나 손상된 때에는 그 관세를 경감할 수 있다.

② 관세법이나 그 밖의 법률 또는 조약·협정 등에 따라 관세를 감면받은 물품에 대하여 관세를 추징하는 경우 그 물품이 변질 또는 손상되거나 사용되어 그 가치가 떨어졌을 때에는 그 관세를 경감할 수 있다.

3) 관세 경감액(영 제118조): 손상물품에 대한 감면 규정에 의하여 경감하는 관세액은 다음 각 호의 관세액 중 많은 금액으로 한다.

① 수입물품의 변질·손상 또는 사용으로 인한 가치의 감소[86]에 따르는 가격의 저하분에 상응하는 관세액

② 수입물품의 관세액에서 그 변질·손상 또는 사용으로 인한 가치의 감소 후의 성질 및 수량에 의하여 산출한 관세액을 공제한 차액

4) 감면신청: 관세를 경감받고자 하는 자는 다음의 사항을 신청서에 기재하여야 한다.

① 당해 물품의 수입신고번호와 멸실 또는 손상의 원인 및 그 정도

② 당해 물품에 대하여 관세를 경감받고자 하는 금액과 그 산출기초

(7) 해외임가공물품 등의 감면(법 제101조)

1) 의의: 원재료 또는 부분품을 수출하여 제조하거나 가공한 후 다시 수입하거나, 가공 또는 수리할 목적으로 수출한 후 다시 수입하는 물품에 대하여 관세를 경감한다.

2) 감면대상

① 원재료 또는 부분품을 수출하여 관세율표 제85류 및 제90류 중 9006호에 해당하는 물품으로 제조·가공한 물품

② 가공 또는 수리할 목적으로 수출한 물품으로서 가공 또는 수리하기 위하여 수출된 물품과 가공 또는 수리 후 수입된 물품의 품목분류표상 10단위의 품목번호가 일치하는 물품을 말한다. 다만, 수율·성능 등이 저하되어 폐기된 물품을 수출하여 용융과정 등을 거쳐 재생한 후 다시 수입하는 경우와 제품의 제작일련번호 또는 제품의 특성으로 보아 수입물품이 우리나라에서 수출된 물품임을 세관장이 확인할 수 있는 물품인 경우에는 품목분류표상 10단위의 품목번호가 일치하지 아니하더라도 법 제101조 제1항 제2호에 따라 관세를 경감할 수 있다.

---

86) 영 제118조 따른 가치감소의 산정기준은 다음 각 호와 같다.(규칙 제55조의2)
1. 변질 또는 손상으로 인한 가치감소의 경우 제7조의2 제2호 각 목에 따른 금액 산정 방법을 준용한다.
2. 사용으로 인한 가치감소의 경우 제7조의5 제1항 제3호에 따른 가치감소분 산정방법을 준용한다.

3) 관세경감액

① **제조 · 가공물품**: 수입물품의 제조 · 가공에 사용된 원재료 또는 부분품의 수출신고가격에 당해 수입물품에 적용되는 관세율을 곱한 금액

② **가공 · 수리물품**: 가공 · 수리물품의 수출신고가격에 해당 수입물품에 적용되는 관세율을 곱한 금액. 다만, 수입물품이 매매계약상의 하자보수보증기간(수입신고수리 후 1년으로 한정) 중에 하자가 발견되거나 고장이 발생하여 외국의매도인 부담으로 가공 또는 수리하기 위하여 수출된 물품에 대하여는 다음의 금액을 합한 금액에 해당 수입물품에 적용되는 관세율을 곱한 금액으로 한다.

㉠ 수출물품의 수출신고가격

㉡ 수출물품의 양륙항까지의 운임 · 보험료

㉢ 가공 또는 수리 후 물품의 선적항에서 국내 수입항까지의 운임 · 보험료

㉣ 가공 또는 수리의 비용에 상당하는 금액

4) 관세경감 제외

① 해당 물품 또는 원자재에 대하여 관세를 감면 받은 경우. 다만, 가공 · 수리할 목적으로 수출한 물품의 경우는 제외한다.

② 관세법 또는 「수출용원재료에 대한 관세 등 환급에 관한 특례법」에 따른 환급을 받은 경우

③ 보세가공 또는 장치기간경과물품을 재수출조건으로 매각함에 따라 관세가 부과되지 아니한 경우

5) 감면신청: 관세를 감면받고자 하는 자는 해당물품의 수출신고필증 또는 이에 갈음할 서류를 첨부하여 세관장에게 제출하여야 한다. 다만, 세관장이 다른 자료에 의하여 그 물품이 감면대상에 해당한다는 사실을 인정할 수 있는 경우에는 수출신고필증 또는 이를 갈음할 서류를 첨부하지 아니할 수 있다.

3. 조건부 감면

(1) 세율불균형물품의 면세(법 제89조)

1) 의의: 원재료 또는 부분품의 세율이 완제품의 세율보다 높은 세율불균형을 시정하기 위하여 「조세특례제한법」 제6조 제1항에 따른 중소기업이 대통령령이 정하는 바에 따라 세관장이 지정하는 공장에서 항공기 또는 반도체 제조용장비(부분품 및 부속기기 포함)를 제조 또는 수리하기 위하여 사용하는 부분품과 원재료(수출한 후 외국에서 수리 · 가공되어 수입되는 부분품과 원재료의 가공수리분을 포함한다)에 대하여 관세를 면제할 수 있다.

2) 대상

① 항공기 제조업자 또는 수리업자가 항공기와 그 부분품의 제조 또는 수리에 사용하기 위하여 수입하는 부분품 및 원재료

② 장비 제조업자 또는 수리업자가 반도체 제조용 장비의 제조 또는 수리에 사용하기 위하여 수입하는 부분품 및 원재료 중 기획재정부장관 또는 산업통상자원부장관 또는 그가 지정하는 자가 추천하는 물품

3) 지정공장제도

① **의의**: 원재료의 면제를 적용 받고 수입통관한 물품을 지정된 용도에 사용하도록 지정공장을 지정하여 그 공장에만 반입하여 제조·수리하도록 하는 제도이다.

② **지정공장의 지정**: 세율분균형물품의 면세 규정에 의한 제조·수리공장의 지정을 받고자 하는 자는 지정신청서를 세관장에게 제출하여야 한다.

③ **지정의 제한**

㉠ 제175조 제1호부터 제5호까지 및 제7호의 어느 하나에 해당하는 자

㉡ 지정이 취소(제175조 제1호부터 제3호까지의 어느 하나에 해당하여 취소된 경우는 제외한다)된 날부터 2년이 지나지 아니한 자

㉢ '㉠' 또는 '㉡'에 해당하는 사람이 임원(해당 공장의 운영업무를 직접 담당하거나 이를 감독하는 자로 한정한다)으로 재직하는 법인

④ **지정의 특례**: 세관장은 항공기의 수리가 일시적으로 행하여지는 공항내의 특정지역이 감시·단속에 지장이 없고, 세율불균형물품의 관세감면 관리 업무의 효율화를 위하여 필요하다고 인정되는 경우에는 해당 특정지역을 제조·수리공장으로 지정할 수 있다.

⑤ **지정기간**: 지정신청을 받은 세관장은 그 감시·단속에 지장이 없다고 인정되는 때에는 3년의 범위 내에서 기간을 정하여 제조공장의 지정을 하여야 한다. 이 경우 지정기간은 관세청장이 정하는 바에 의하여 갱신할 수 있다.

⑥ **지정의 취소**: 세관장은 지정을 받은 자가 다음의 어느 하나에 해당하는 경우에는 그 지정을 취소할 수 있다. 다만, '㉠' 또는 '㉡'에 해당하는 경우에는 지정을 취소하여야 한다. 다만 제175조 제2호 또는 제3호에 해당하는 사람을 임원으로 하는 법인이 3개월 이내에 해당 임원을 변경하는 경우에는 그러하지 아니하다.

㉠ 지정제한 사유의 어느 하나에 해당하는 경우

㉡ 거짓이나 그 밖의 부정한 방법으로 지정을 받은 경우

㉢ 1년 이상 휴업하여 세관장이 지정된 공장의 설치목적을 달성하기 곤란하다고 인정하는 경우

⑦ **지정사항 변경**: 지정을 받은 자가 지정사항을 변경하려는 경우에는 관세청장이 정하는 바에 따라 세관장에게 변경신고 하여야 한다.

4) **중소기업이 아닌 자에 대한 관세 감면**: 중소기업이 아닌 자가 대통령령으로 정하는 바에 따라 세관장이 지정하는 공장에서 항공기를 제조 또는 수리하기 위하여 사용하는 부분품과 원재료(수출한 후 외국에서 수리·가공되어 수입되는 부분품과 원재료의 가공수리분을 포함한다)에 대하여는 다음 각 호에 따라 그 관세를 감면한다.
다만, 국가 및 지방자치단체가 항공기를 제조 또는 수리하기 위하여 사용하는 부분품과 원재료에 관하여는 그 관세를 면제한다.

① 「세계무역기구 설립을 위한 마라케쉬 협정 부속서 4의 민간항공기 무역에 관한 협정」 대상 물품 중 기획재정부령으로 정하는 물품의 관세 감면에 관하여는 다음 표의 기간 동안 수입신고하는 분에 대하여는 각각의 적용기간에 해당하는 감면율을 적용한다.

2022년 1월 1일부터 2024년 12월 31일까지	2025년 1월 1일부터 12월 31일까지	2026년 1월 1일부터 12월 31일까지	2027년 1월 1일부터 12월 31일까지	2028년 1월 1일부터 12월 31일까지
100분의 100	100분의 80	100분의 60	100분의 40	100분의 20

② 제1호 이외의 물품의 관세감면에 관하여는 다음 표의 기간 동안 수입신고하는 분에 대하여는 각각의 적용기간에 해당하는 감면율을 적용한다.

2019년 5월 1일부터 12월 31일까지	2020년 1월 1일부터 12월 31일까지	2021년 1월 1일부터 12월 31일까지	2022년 1월 1일부터 12월 31일까지	2023년 1월 1일부터 12월 31일까지	2024년 1월 1일부터 12월 31일까지	2025년 1월 1일부터 12월 31일까지
100분의 90	100분의 80	100분의 70	100분의 60	100분의 50	100분의 40	100분의 20

(2) 학술연구용품의 감면(법 제90조)

1) 의의: 교육, 학술의 진흥 및 연구개발의 촉진과 문화과학기술의 진흥을 위하여 학술연구용품, 교육용품, 실험실습용품 등에 대하여 관세를 감면한다.

2) 감면대상

① 국가기관, 지방자치단체 및 기획재정부령으로 정하는 기관에서 사용할 학술연구용품·교육용품 및 실험실습용품으로서 기획재정부령으로 정하는 물품[87)]

② 학교, 공공의료기관, 공공직업훈련원, 공공직업훈련원, 박물관, 그 밖에 이에 준하는 기획재정부령으로 정하는 기관에서 학술연구용·교육용·훈련용·실험실습용 및 과학기술연구용으로 사용할 물품 중 기획재정부령으로 정하는 물품

③ '②'의 기관에서 사용할 학술연구용품·교육용품·훈련용품·실험실습용품 및 과학기술연구용품으로서 외국으로부터 기증되는 물품. 다만, 기획재정부령으로 정하는 물품은 제외한다.

④ 기획재정부령으로 정하는 자가 산업기술의 연구개발에 사용하기 위하여 수입하는 물품으로서 기획재정부령으로 정하는 물품[88)]

---

87) '①' 및 '②'에 따라 관세가 감면되는 물품은 다음 각 호와 같다.
1. 표본, 참고품, 도서, 음반, 녹음된 테이프, 녹화된 슬라이드, 촬영된 필름, 시험지, 시약류, 그 밖에 이와 유사한 물품 및 자료
2. 다음 각목의 1에 해당하는 것으로서 국내에서 제작하기 곤란한 것 중 해당물품의 생산에 관한 업무를 담당하는 중앙행정기관의 장 또는 그가 지정하는 자가 추천하는 물품
   가. 개당 또는 셋트당 과세가격이 100만원 이상인 기기
   나. 가목에 해당하는 기기의 부분품 및 부속품
3. 부분품(제2호의 규정에 의한 기기의 부분품을 제외하며, 법 제90조 제1항 제1호 및 제2호에 따라 학술연구용 등에 직접 사용되는 것에 한한다)·원재료 및 견본품

88) '④'에 따라 관세를 감면하는 물품은 다음 각 호와 같다.
1. 산업기술의 연구·개발에 사용하기 위하여 수입하는 별표 1의2 물품
2. 시약 및 견본품
3. 연구·개발 대상물품을 제조 또는 수리하기 위하여 사용하는 부분품 및 원재료
4. 제1호의 물품을 수리하기 위한 목적으로 수입하는 부분품

3) **감면율**: 학술연구용품의 감면세 규정에 의한 관세의 감면율은 100분의 80으로 한다. 다만, 공공의료기관(국립암센터 및 국립중앙의료원은 제외) 및 학교부설의료기관에서 사용할 물품에 대한 관세의 감면율은 100분의 50으로 한다.

학술연구용품	80%
공공의료기관, 학교부설의료기관	50%(국립암센터 및 국립중앙의료원 제외)

(3) 종교용품 · 자선박용품 · 장애인용품 등의 면세(법 제91조)

1) 의의: 종교단체, 자선시설 · 구호시설, 평화 봉사단체에 기증되는 물품 및 시각 · 청각 · 언어장애인 등을 위해 특수제작된 물품 등 사회복지 향상을 위한 해당사업을 지원하기 위하여 관세는 면제한다.

2) 면제대상

① 교회, 사원 등 종교단체의 의식에 사용되는 물품으로서 외국으로부터 기증되는 물품. 다만, 기획재정부령으로 정하는 물품[89]은 제외한다.

② 자선 또는 구호의 목적으로 기증되는 물품 및 기획재정부령으로 정하는 자선시설 · 구호시설 또는 사회복지시설에 기증되는 물품으로서 해당 용도로 직접 사용하는 물품.[90] 다만, 기획재정부령으로 정하는 물품[91]은 제외한다.

③ 국제적십자사 · 외국적십자사 및 기획재정부령으로 정하는 국제기구가 국제평화봉사활동 또는 국제친선활동을 위하여 기증하는 물품

④ 시각장애인, 청각장애인, 언어장애인, 지체장애인, 만성신부전증환자, 희귀난치성질환자 등을 위한 용도로 특수하게 제작되거나 제조된 물품 중 기획재정부령으로 정하는 물품

⑤ 「장애인복지법」제58조에 따른 장애인복지시설 및 장애인의 재활의료를 목적으로 국가 · 지방자치단체 또는 사회복지법인이 운영하는 재활병원 · 의원에서 장애인을 진단하고 치료하기 위하여 사용하는 의료용구

3) 면세신청

① 위의 '① ~ ③'의 규정에 의하여 관세를 면제 받으려는 자는 해당 기증사실을 증명하는 서류를 신청서에 첨부하여야 한다.

② 위의 '①'에 따라 관세를 면제받으려는 자는 해당 기증목적에 관하여 문화체육관광부장관의 확인을 받아야 한다.

---

89) 시행규칙 제39조(관세가 부과되는 종교용품)
1. 관세율표 번호 제8518호에 해당하는 물품
2. 관세율표 번호 제8531호에 해당하는 물품
3. 파이프오르간외의 관세율표 번호 제8519호 · 8521호 · 8522호 · 8523호 및 제92류에 해당하는 물품

90) '②'에 따라 관세를 면제받을 수 있는 자선 · 구호시설 또는 사회복지시설은 다음 각 호와 같다.
1. 삭제
2. 「국민기초생활 보장법」 제32조의 규정에 의한 시설
3. 「아동복지법」제3조 제10호의 규정에 의한 아동복지시설

91) '②'의 단서의 규정에 의하여 관세가 부과되는 물품은 법 별표 관세율표 번호 제8702호 및 제8703호에 해당하는 자동차와 제8711호에 해당하는 이륜자동차로 한다.

③ 위의 '②'에 따라 관세를 면제받으려는 자가 국가 또는 지방자치단체외의 자인 때에는 해당 시설 및 사업에 관하여 보건복지가족부장관이나 시장 또는 군수가 발급한 증명서 또는 그 사본을 신청서에 첨부하여야 한다.

④ 위의 '③'의 규정에 의하여 관세를 면제받으려는 자가 국가 · 지방자치단체 또는 대한적십자사외의 자인 때에는 해당기증목적에 관하여 외교부장관의 확인을 받아야 한다.

⑤ 세관장은 해당물품의 수량 또는 가격을 참작하는 경우 '① 내지 ④'의 규정에 의한 확인 및 증명이 필요없다고 인정되는 때에는 이를 생략하게 할 수 있다.

(4) 특정물품의 면세 등(법 제93조)

1) 의의: 관세법상 다른 감면 조항에 분류되지 않는 물품들에 대하여 특정용도에 사용되는 것을 조건으로 관세를 면제한다.

2) 면세대상

① 동식물의 번식 · 양식 및 종자개량을 위한 물품 중 기획재정부령[92]이 정하는 물품

② 박람회 · 국제경기대회 그 밖에 이에 준하는 행사 중 기획재정부령이 정하는 행사에 사용하기 위하여 그 행사에 참가하는 자가 수입하는 물품 중 기획재정부령이 정하는 물품

③ 핵사고 또는 방사능긴급사태시 그 복구지원 및 구호의 목적으로 외국으로부터 기증되는 물품으로서 기획재정부령이 정하는 물품

④ 우리나라 선박이 외국정부의 허가를 받아 외국의 영해에서 채집하거나 포획한 수산물(이를 원료로 하여 우리나라 선박에서 제조 · 가공한 것을 포함한다)

⑤ 우리나라 선박이 외국의 선박과 협력하여 기획재정부령이 정하는 방법으로 채집하거나 포획한 수산물로서 해양수산부장관이 추천하는 것

⑥ 해양수산부장관의 허가를 받은 자가 기획재정부령이 정하는 요건[93]에 적합하게 외국인과 합작하여 채집하거나 포획한 수산물 중 해양수산부장관이 기획재정부장관과 협의하여 추천하는 것

⑦ 우리나라 선박 등이 채집 하거나 포획한 수산물과 제5호 및 제6호에 따른 수산물의 포장에 사용된 물품으로서 재사용이 불가능한 것 중 기획재정부령이 정하는 물품

⑧ 「중소기업기본법」 제2조에 따른 중소기업이 해외구매자의 주문에 따라 제작한 기계 · 기구가 해당 구매자가 요구한 규격 및 성능에 일치하는지를 확인하기 위하여 하는 시험생산에 필요한 원재료로서 기획재정부령으로 정하는 요건에 적합한 물품

---

92) 관세를 면제하는 물품은 사료작물 재배용 종자(호밀 · 귀리 및 수수에 한한다)로 한다.

93) "기획재정부령으로 정하는 요건"이란 다음 각 호의 요건을 모두 갖춘 경우를 말한다.

1. 「원양산업발전법」 제6조 제7항에 따라 해외현지법인으로 원양어업을 하기 위하여 신고한 경우로서 해외 현지법인이 다음 각 목의 어느 하나에 해당할 것
   가. 대한민국 국민이 납입한 자본금이나 보유한 의결권이 49퍼센트 이상일 것
   나. 해외현지법인이 설립된 국가의 법령에 따라 대한민국 국민이 보유할 수 있는 지분이 25퍼센트 미만으로 제한되는 경우에는 대한민국 국민이 납입한 자본금이나 보유한 의결권이 24퍼센트 이상일 것
2. 「원양산업발전법」 제2조 제10호에 따른 해외수역에서 해양수산부장관이 기획재정부장관과 협의하여 고시한 선박 · 어구 등의 생산수단을 투입하여 수산동식물을 채집 또는 포획(어획할당량 제한으로 불가피하게 해외현지법인이 직접 수산동식물을 채집 또는 포획하지 못하게 되었을 때에는 생산수단을 실질적으로 운영하고 소요경비를 전액 부담하는 등 해외현지법인의 계산과 책임으로 합작상대국 어업자를 통하여 수산동식물을 채집 또는 포획하는 경우를 포함한다)하고 직접 수출할 것

⑨ 우리나라를 방문하는 외국의 원수와 그 가족 및 수행원의 물품

⑩ 우리나라의 선박이나 그 밖의 운송수단이 조난으로 인하여 해체된 경우 그 해체재(解體材) 및 장비

⑪ 우리나라와 외국 간에 건설된 교량, 통신시설, 해저통로, 그 밖에 이에 준하는 시설의 건설 또는 수리에 필요한 물품

⑫ 우리나라 수출물품의 품질, 규격, 안전도 등이 수입국의 권한 있는 기관이 정하는 조건에 적합한 것임을 표시하는 수출물품에 부착하는 증표[94]로서 기획재정부령으로 정하는 물품

⑬ 우리나라의 선박이나 항공기가 해외에서 사고로 발생한 피해를 복구하기 위하여 외국의 보험회사 또는 외국의 가해자의 부담으로 하는 수리 부분에 해당하는 물품

⑭ 우리나라의 선박이나 항공기가 매매계약상의 하자보수 보증기간 중에 외국에서 발생한 고장에 대하여 외국의 매도인의 부담으로 하는 수리 부분에 해당하는 물품

⑮ 국제올림픽・장애인올림픽・농아인올림픽 및 아시아운동경기・장애인아시아운동경기 종목에 해당하는 운동용구(부분품을 포함)로서 기획재정부령으로 정하는 물품

⑯ 국립묘지의 건설・유지 또는 장식을 위한 자재와 국립묘지에 안장되는 자의 관・유골함 및 장례용 물품

⑰ 피상속인이 사망하여 국내에 주소를 둔 자에게 상속되는 피상속인의 신변용품

⑱ 보석의 원석(原石) 및 나석(裸石)으로서 기획재정부령으로 정하는 것

(5) 환경오염방지물품 등에 대한 감면(법 제95조)

1) 의의: 오염물질의 배출방지 또는 처리, 폐기물처리를 위해 사용되는 기계・기구・설비, 공장자동화기계・기구 및 설비 및 방위산업에 소요되는 물품에 대하여 관세를 감면한다.

2) 감면대상[95]

① 오염물질(소음 및 진동을 포함한다)의 배출방지 또는 처리를 위하여 사용하는 기계・기구・시설・장비로서 기획재정부령이 정하는 것

---

94) 시행규칙 제43조9항(관세가 면제되는 특정물품)

1. 캐나다 공인검사기관에서 발행하는 시・에스・에이(C.S.A)증표
2. 호주 공인검사기관에서 발행하는 에스・에이・에이(S.A.A)증표
3. 독일 공인검사기관에서 발행하는 브이・디・이(V.D.E)증표
4. 영국 공인검사기관에서 발행하는 비・에스・아이(B.S.I)증표
5. 불란서 공인검사기관에서 발행하는 엘・시・아이・이(L.C.I.E)증표
6. 미국 공인검사기관에서 발행하는 유・엘(U.L)증표
7. 유럽경제위원회 공인검사기관에서 발행하는 이・시・이(E.C.E)증표
8. 유럽공동시장 공인검사기관에서 발행하는 이・이・시(E.E.C)증표
9. 유럽공동체 공인검사기관에서 발행하는 이・시(E.C)증표

95) 시행규칙 제47조(환경오염장지물품 등에 대한 관세의 감면신청)

① 법 제95조제1항제1호부터 제3호까지의 규정에 따른 물품을 관세감면 대상물품으로 지정받으려는 자는 다음 각 호의 사항을 적은 신청서에 해당 물품의 상품목록 등 참고자료를 첨부하여 주무부장관을 거쳐 기획재정부장관에게 제출하여야 한다.
1. 신청인의 주소, 성명 및 상호
2. 사업의 종류
3. 관세율표 번호, 품명, 규격, 수량, 가격, 용도 및 구조

② 제1항에 따른 신청서의 제출기한(기획재정부장관에게 신청서를 제출하는 기한을 말한다)은 다음 각 호의 구분에 따른다.
1. 법 제95조제1항제1호 및 제2호의 물품에 대한 것인 경우: 매년 4월말까지
2. 법 제95조제1항제3호의 물품에 대한 것인 경우: 매년 7월 31일까지

② 폐기물처리(재활용의 경우를 포함)를 위하여 사용하는 기계·기구로서 기획재정부령이 정하는 것

③ 기계·전자기술 또는 정보처리기술을 응용한 공장자동화기계·기구·설비(그 구성기기를 포함한다) 및 그 핵심부분품으로서 기획재정부령이 정하는 것

3) 감면율

감면대상		감면율
환경오염 방지물품	오염물질 배출방지·처리 기계·기구	-
	폐기물처리 및 재활용 기계·기구	-
공장자동화기계·기구·설비		중소제조업체가 수입신고하는 경우 100분의 30(2024년 12월 31일까지 수입신고하는 경우에는 100분의 70)
		중견기업으로서 통계청장이 고시하는 산업에 관한 표준분류상 제조업으로 분류되는 업체가 2024년 12월 31일까지 수입신고하는 경우 100분의 50

⑹ **재수출 면세(법 제97조)**

1) 의의: 수출입물품의 포장용품, 일시입국자의 신변용품, 직업용품 등 수입된 물품이 단기간 내에 재수출 될 것으로 예정되어 있는 경우, 재수출이행을 조건으로 관세를 면제할 수 있다.

2) 면세대상

① 기획재정부령이 정하는 물품: 1년의 범위 내에서 대통령령이 정하는 기준에 따라 세관장이 정하는 기간. 다만, 세관장은 부득이한 사유가 있다고 인정될 때에는 1년의 범위에서 그 기간을 연장할 수 있다.[96)]

> 1. 수입물품의 포장용품. 다만, 관세청장이 지정하는 물품을 제외한다.
> 2. 수출물품의 포장용품. 다만, 관세청장이 지정하는 물품을 제외한다.
> 3. 우리나라에 일시입국하는 자가 본인이 사용하고 재수출할 목적으로 몸에 직접 착용 또는 휴대하여 반입하거나 별도로 반입하는 물품. 다만, 관세청장이 지정하는 물품을 제외한다.
> 4. 우리나라에 일시입국하는 자가 본인이 사용하고 재수출할 목적으로 직접 휴대하여 반입하거나 별도로 반입하는 직업용품 및 「신문 등의 진흥에 관한 법률」 제28조에 따라 지사 또는 지국의 설치등록을 한 자가 취재용으로 반입하는 방송용의 녹화되지 아니한 비디오테이프
> 5. 관세청장이 정하는 시설에서 국제해운에 종사하는 외국선박의 승무원의 후생을 위하여 반입하는 물품과 그 승무원이 숙박기간 중 당해 시설에서 사용하기 위하여 선박에서 하역된 물품

---

96) **시행령 제114조(재수출기간의 연장신청)**
수출기간을 연장받고자 하는 자는 당해 물품의 수입신고수리 연월일, 신고번호, 품명, 규격 및 수량, 연장기간과 연장사유를 기재한 신청서를 당해 물품의 수입지세관장에게 제출하여야 한다. 다만, 관세청장이 정한 물품에 대하여는 수입지세관 외의 세관에서도 재수출기간의 연장승인을 할 수 있다.

6. 박람회 · 전시회 · 공진회 · 품평회 그 밖에 이에 준하는 행사에 출품 또는 사용하기 위하여 그 주최자 또는 행사에 참가하는 자가 수입하는 물품중 해당 행사의 성격 · 규모 등을 감안하여 세관장이 타당하다고 인정하는 물품
7. 국제적인 회의 · 회합 등에서 사용하기 위한 물품
8. 법 제90조제1항제2호에 따른 기관 및 「국방과학연구소법」에 따른 국방과학연구소에서 학술연구 및 교육훈련을 목적으로 사용하기 위한 학술연구용품
9. 법 제90조제1항제2호에 따른 기관 및 「국방과학연구소법」에 따른 국방과학연구소에서 과학기술연구 및 교육훈련을 위한 과학장비용품
10. 주문수집을 위한 물품, 시험용 물품 및 제작용 견품
11. 수리를 위한 물품[수리를 위하여 수입되는 물품과 수리 후 수출하는 물품이 영 제98조제1항에 따른 관세 · 통계통합품목분류표(이하 "품목분류표"라 한다)상 10단위의 품목번호가 일치할 것으로 인정되는 물품만 해당한다]
12. 수출물품 및 수입물품의 검사 또는 시험을 위한 기계 · 기구
13. 일시입국자가 입국할 때에 수송하여 온 본인이 사용할 승용자동차 · 이륜자동차 · 캠핑카 · 캬라반 · 트레일러 · 선박 및 항공기와 관세청장이 정하는 그 부분품 및 예비품
14. 관세청장이 정하는 수출입물품 · 반송물품 및 환적물품을 운송하기 위한 차량
15. 이미 수입된 국제운송을 위한 컨테이너의 수리를 위한 부분품
16. 수출인쇄물 제작원고용 필름(빛에 노출되어 현상된 것에 한한다)
17. 광메모리매체 제조용으로 정보가 수록된 마스터테이프 및 니켈판(생산제품을 수출할 목적으로 수입되는 것임을 당해 업무를 관장하는 중앙행정기관의 장이 확인한 것에 한한다)
18. 항공기 및 그 부분품의 수리 · 검사 또는 시험을 위한 기계 · 기구
19. 항공 및 해상화물운송용 파렛트
20. 수출물품 규격확인용 물품
21. 항공기의 수리를 위하여 일시 사용되는 엔진 및 부분품
22. 산업기계의 수리용 또는 정비용의 것으로서 무상으로 수입되는 기계 또는 장비
23. 외국인투자기업이 자체상표제품을 생산하기 위하여 일시적으로 수입하는 금형 및 그 부분품
24. 반도체 제조설비와 함께 수입되는 물품으로서 다음 각 목의 어느 하나에 해당하는 물품
    가. 반도체 제조설비 운반용 카트
    나. 반도체 제조설비의 운송과정에서 해당 설비의 품질을 유지하거나 상태를 측정 · 기록하기 위해 해당 설비에 부착하는 기기

② 1년을 초과하여 수출해야 할 부득이한 사유가 있는 물품으로서 기획재정부령이 정하는 물품: 세관장이 정하는 기간

1. 수송기기의 하자를 보수하거나 이를 유지하기 위한 부분품
2. 외국인 여행자가 연 1회 이상 항해조건으로 반입한 후 지방자치단체에서 보관 · 관리하는 요트(모터보트를 포함한다)

3) **재수출면세 기간(영 제115조)**: 세관장은 재수출면세 규정에 의하여 재수출면세기간을 정하고자 하는 때에는 다음의 기간을 재수출면세기간으로 한다. 이 경우 재수출면세물품이 행정당국에 의하여 압류된 경우에는 해당 압류기간은 재수출면세 기간에 산입하지 아니한다.

구분	재수출기간
일시입국자의 신변용품 · 취재용품	입국 후 처음 출국하는 날까지의 기간
박람회, 전시회 사용물품	행사기간 종료일에 재수출하는데 필요한 기간을 더한 기간
수리를 위한 물품	수리에 소요되는 기간
기타 물품	당해 물품의 반입계약에 관한 증빙서류에 의하여 확인할 수 있는 기간. 증빙서류에 의하여 확인할 수 없는 경우에는 당해 물품의 성질 · 용도 · 수입자 · 내용연수 등을 고려하여 세관장이 정하는 기간

4) **사후관리**: 관세의 면제를 받은 물품은 재수출면세 기간 내에 지정된 용도외의 다른 용도에 사용하거나 양도할 수 없다. 다만, 대통령령이 정하는 바에 의하여 미리 세관장의 승인을 받았을 때에는 그러하지 아니하다.

5) **추징**: 다음에 해당하는 경우에는 수출을 하지 아니한 자, 용도 외로 사용한 자 또는 양도를 한자로부터 면제된 관세를 즉시 징수하며, 양도인으로부터 해당 관세를 징수할 수 없을 때에는 양수인으로부터 면제된 관세를 즉시 징수한다. 재해나 그 밖의 부득이한 사유로 멸실되었거나 미리 세관장의 승인을 받아 폐기하였을 때에는 그러하지 아니하다.

① 재수출면세 규정에 따라 관세를 면제받은 물품을 규정된 기간 내에 수출하지 아니한 경우

② 지정한 용도 외의 다른 용도로 사용하거나 해당 용도 외의 다른 용도로 사용하려는 자에게 양도한 경우

6) **가산세의 징수**: 세관장은 관세를 면제받은 물품 중 기획재정부령으로 정하는 물품이 재수출 기간 내에 수출되지 아니한 경우에는 500만원을 넘지 아니하는 범위에서 해당 물품에 부과될 관세의 100분의 20에 상당하는 금액을 가산세로 징수한다.

(7) 재수출감면(법 제98조)

1) **의의**: 장기간에 걸쳐 사용할 수 있는 물품으로서 그 수입이 임대차계약에 의하거나 도급계약 또는 수출계약 이행과 관련하여 국내에서 일시적으로 사용하기 위하여 수입하는 물품에 대하여 재수출이행을 조건으로 관세를 경감할 수 있다. 다만, 외국과의 조약 · 협정 등에 따라 수입되는 것에 대하여는 상호조건에 따라 그 관세를 면제한다.

2) **감면대상**: 재수출 감면세 규정에 의하여 관세가 감면되는 물품은 다음의 요건을 갖춘 물품으로서 국내제작이 곤란함을 해당물품의 생산에 관한 업무를 관장하는 중앙행정기관의 장 또는 그 위임을 받은 자가 확인하고 추천하는 기관 또는 기업이 수입하는 물품에 한한다.

① 「법인세법 시행규칙」 제15조의 규정에 의한 내용연수가 5년(금형의 경우에는 2년) 이상인 물품

② 개당 또는 셋트당 관세액이 500만원 이상인 물품

3) 재수출 기간

① 일반적인 물품: 수입신고수리일부터 2년

② 장기간의 사용이 부득이한 물품으로서 기획재정부령이 정하는 것 중 수입 전에 세관장의 승인을 받은 것: 4년의 범위에서 대통령령이 정하는 기준에 따라 세관장이 정하는 기간

4) 감면율

재수출기간	감면율
6월 이내	85%
6월 초과 1년 이내	70%
1년 초과 2년 이내	55%
2년 초과 3년 이내	40%
3년 초과 4년 이내	30%

5) **사후관리**: 관세의 면제를 받은 물품은 재수출면세 기간 내에 지정된 용도외의 다른 용도에 사용하거나 양도할 수 없다. 다만, 대통령령이 정하는 바에 의하여 미리 세관장의 승인을 받았을 때에는 그러하지 아니하다.

PART 03

6) **추징**: 다음에 해당하는 경우에는 수출을 하지 아니한 자, 용도 외로 사용한 자 또는 양도를 한자로부터 면제된 관세를 즉시 징수하며, 양도인으로부터 해당 관세를 징수할 수 없을 때에는 양수인으로부터 면제된 관세를 즉시 징수한다. 재해나 그 밖의 부득이한 사유로 멸실되었거나 미리 세관장의 승인을 받아 폐기하였을 때에는 그러하지 아니하다.

① 재수출감면세 규정에 따라 관세를 감면받은 물품을 규정된 기간 내에 수출하지 아니한 경우

② 지정한 용도 외의 다른 용도로 사용하거나 해당 용도 외의 다른 용도로 사용하려는 자에게 양도한 경우

7) **가산세의 징수**: 세관장은 관세를 면제받은 물품 중 기획재정부령으로 정하는 물품이 재수출 기간 내에 수출되지 아니한 경우에는 500만원을 넘지 아니하는 범위에서 해당 물품에 부과될 관세의 100분의 20에 상당하는 금액을 가산세로 징수한다.

4. 다른 법령 등에 따른 관세감면(법 제109조)

(1) **의의**: 관세법 외에 조세특례제한법, 조약·협정으로는 SOFA협정, 항공협정, 차관협정 등에 관세의 감면규정이 있다.

(2) **사후관리**

1) **세관장 확인**: 관세법 외의 법령이나 조약·협정 등에 따라 관세가 감면된 물품을 그 수입신고수리일부터 3년 내에 해당 법령이나 조약·협정 등에 규정된 용도 외의 다른 용도에 사용하거나 해당 용도 외의 다른 용도에 사용하고자 하는 자에게 양도하고자 하는 경우에는 세관장의 확인을 받아야 한다. 다만, 해당 법령이나 조약·협정 등에 다른 용도에 사용하거나 다른 용도에 사용하고자 하는 자에게 양도한 때에 해당 관세의 징수를 면제하는 규정이 있는 경우에는 그러하지 아니하다.

2) **추징**: 세관장의 확인을 받아야 하는 물품에 대하여는 해당 용도 외의 다른 용도로 사용한 자 또는 그 양도를 한 자로부터 감면된 관세를 즉시 징수하여야 하며, 양도인으로부터 해당 관세를 징수할 수 없을 때에는 그 양수인으로부터 감면된 관세를 즉시 징수한다. 다만, 그 물품이 재해나 그 밖의 부득이한 사유로 멸실되었거나 미리 세관장의 승인을 받아 그 물품을 폐기하였을 때에는 예외로 한다.

3) **사후관리의 위탁**: 관세청장은 해당 조건의 이행을 확인하기 위하여 필요한 경우에는 대통령령이 정하는 바에 따라 해당물품의 사후관리에 관한 사항을 해당 법률·조약 등의 집행을 주관하는 부처의 장에게 위탁한다.

5. 관세감면 사후관리(법 제102조)

1) **의의**: 조건부 감면 등의 경우 조건의 이행 여부를 확인하고 일정기간 감시하게 된다. 사후관리란 감면세의 전제가 된 조건을 이행하고 있는 지의 여부 등을 확인하고 관리하는 것이다. 이는 관세의 감면을 받은 물품에 대하여 효율적으로 관리함으로써 관세 등의 추징사유 발생 시 적기에 관세수입의 확보를 목적으로 한다.

2) 사후관리 대상

① **조건부 감면**: 세율불균형물품의 면세, 학술연구용품의 감면, 종교용품 등의 면세, 특정물품의 면세, 환경오염방지물품 등에 대한 감면 규정에 따라 관세를 감면받은 물품은 수입신고수리일부터 3년의 범위에서 대통령령이 정하는 기준에 따라 관세청장이 정하는 기간 내에는 용도외의 다른 용도로 사용하거나 양도(임대)할 수 없다. 사후관리 기간 내 조건이행을 위반한 경우 다른 용도로 사용한자, 양도인(임대인) 또는 양수인(임차인)으로부터 감면된 관세를 즉시 징수한다.

② **재수출 면세·재수출 감면**: 관세가 면제되거나 경감된 물품을 재수출 기간 내에 수출을 하지 아니하거나, 다른 용도에 사용하거나 다른 용도에 사용하고자 하는 자에게 양도하였을 때에는 수출을 하지 아니한 자, 용도 외에 사용한 자 또는 그 양도를 한 자로부터 면제된 관세를 즉시 징수하며, 양도인으로부터 해당 관세를 징수할 수 없는 경우에는 그 양수인으로부터 면제된 관세를 즉시 징수한다.

③ **양수제한 물품(외교관용물품 등의 면세)**: 양수제한 물품을 수입신고수리일부터 3년의 범위에서 대통령령이 정하는 기준에 따라 관세청장이 정하는 기간 내에 용도 외의 다른 용도에 사용하기 위하여 이를 양수할 수 없다. 다만, 대통령령이 정하는 바에 따라 미리 세관장의 승인을 받았을 때에는 그러하지 아니하다.

3) 승인신청 등

① **용도외 사용 및 양도시**: 사후관리 대상인 관세감면물품을 감면받은 용도 외의 다른 용도에 사용하거나 감면받은 용도 외의 다른 용도에 사용할 자에게 양도하기 위해서는 세관장의 승인을 받아야 한다.

② **사후관리 물품의 멸실신고**: 사후관리 물품이 재해 기타 부득이한 사유로 멸실된 경우에는 지체없이 세관장에게 신고하여야 한다. 이 경우 용도 외 사용, 용도 외 다른 용도에 사용할 자에게 양도한 것으로 보지 않는다.

③ **사후관리 물품의 폐기 또는 수출시**: 사훈관리 물품을 폐기하고자 하는 경우에는 세관장의 승인을 받아야 한다. 세관장의 승인을 받아 폐기 또는 수출한 경우 용도 외 사용하거나 용도 외에 다른 용도에 사용할 자에게 양도한 것으로 보지 않는다.

4) 사후관리기간

① 사후관리기간

구분	사후관리기간
조건부감면, 양수제한 물품	수입신고수리일부터 3년
재수출 면세	• 수입신고수리일부터 1년의 범위 내에서 세관장이 정하는 기간(1년 연장 가능) • 1년 초과 물품: 세관장이 정하는 기간
재수출 감면	수입신고수리일부터 2년의 범위 내 세관장이 인정하는 기간 (세관장 승인시 4년의 범위 내 세관장이 정하는 기간)
다른 법령 등에 의한 감면	수입신고수리일부터 3년 내
감면 승계	당초의 수입신고수리시부터

② **사후관리기간 지정의 구체적 기준(영 제110조)**: 관세청장은 관세감면물품의 사후관리기간을 정하고자 하는 때에는 다음의 기준에 의하되, 다음의 기준을 적용한 결과 동일물품에 대한 사후관리기간이 다르게 되는 때에는 그 중 짧은 기간으로 할 수 있다.

㉠ 물품의 내용연수(법인세법 시행령에 따른 기준내용연수를 말함)를 기준으로 하는 사후관리기간

구분	사후관리기간
내용연수가 5년 이상인 물품	3년 (단, 학술연구용품의 감면 규정에 의하여 관세의 감면을 받은 물품은 2년)
내용연수가 4년인 물품	2년
내용연수가 3년 이하인 물품	1년

㉡ 관세감면물품이 다른 용도로 사용될 가능성이 적은 경우의 사후관리기간

구분	사후관리기간
일반적인 물품	1년 이내의 기간에서 관세청장이 정하여 고시하는 기간
장애인등 특정인만이 사용하거나 금형과 같이 성격상 다른 용도로 사용할 수 없는 물품의 경우	수입신고수리일까지
박람회 등 특정행사에 사용되는 물품의 경우	당해 용도 또는 행사의 소멸 또는 종료되는 때까지

㉢ 관세감면물품이 원재료 · 부분품 또는 견본품의 경우의 사후관리기간

구분	사후관리기간
일반적인 물품	1년 이내의 기간에서 관세청장이 정하여 고시하는 기간
특정용도에 사용된 후 사실상 소모되는 물품	감면용도에 사용하기 위하여 사용장소에 반입된 사실일 확인된 날까지
감면받은 용도에 사용하지 않고 보관하는 경우	해당 물품이 모두 사용된 날까지

㉣ 관세감면물품에 실제로 적용되는 세율에 감면율을 곱한 율을 기준으로 하는 사후관리기간

구분	사후관리기간
3% 이하의 경우	1년 이내의 기간에서 관세청장이 정하여 고시하는 기간
3% 초과 7% 이하의 경우	2년 이내의 기간에서 관세청장이 정하여 고시하는 기간

5) 사후관리의 면제(규칙 제58조)

① 무조건 감면(양수제한 물품 제외)

② 항공기의 부분품 및 원재료(세율불균형 물품의 면세)

③ 자동차의 부분품(환경오염방지물품 등에 대한 감면)

6) 사후관리의 종결

① **사후관리 기간의 만료**: 사후관리 기간이 만료되면 사후관리를 종결한다.

② **감면물품의 수출(법 제108조)**: 관세의 감면을 받은 물품을 세관장의 승인을 받아 수출한 때에는 용도 외 사용으로 보지 아니하고 사후관리를 종결한다. 다만, 관세의 감면을 받은 물품을 가공 또는 수리를 목적으로 수출한 후 다시 수입하거나 해외시험 및 연구목적으로 수출한 후 사시 수입하여 재수입 면세 또는 해외임가공물품 등의 감면 규정에 의한 감면을 받은 때에는 사후관리를 계속한다.

7) 감면승계(법 제103조)

① **의의**: 감면승계란 관세감면물품을 용도 외 사용하거나 용도 외 사용할 자에게 양도하는 경우에도 추징하지 않고, 관세 감면의 효과를 유지시키는 제도이다.

② **감면승계대상**

㉠ **다른 용도 사용 또는 양수자**: 법령, 조약, 협정 등에 따라 관세를 감면받은 물품을 감면받은 용도 외의 다른 용도로 사용하거나 감면받은 용도 외의 다른 용도로 사용하려는 자에게 양도하는 경우(해당 물품을 다른 용도로 사용하는 자나 해당 물품을 다른 용도로 사용하기 위하여 양수하는 자가 그 물품을 다른 용도로 사용하기 위하여 수입하는 경우에는 그 물품에 대하여 법령 또는 조약, 협정 등에 따라 관세를 감면받을 수 있는 경우로 한정한다)에는 대통령령으로 정하는 바에 따라 징수하여야 하는 관세를 감면할 수 있다.

ⓛ **수·위탁 거래기업에 대한 감면 승계**: 학술연구용품의 감면(법 제90조), 특정물품의 면세(법 제93조), 환경오염방지물품 등에 대한 감면(법 제95조), 재수출감면(법 제98조)의 규정에 따라 관세를 감면받은 물품은 「대·중소기업 상생협력 촉진에 관한 법률」 제2조 제4호에 따른 수·위탁거래의 관계에 있는 기업에 양도할 수 있으며, 이 경우 징수할 관세를 감면할 수 있다.

ⓒ **감면승계시 사후관리기간**: 감면승계제도에 따라 관세의 감면을 받은 경우 그 사후관리기간은 당초의 수입신고수리일부터 계산한다.

ⓔ **감면세액의 차액징수**: 감면승계제도에 의하여 관세를 감면하는 경우에 새로운 용도에 따라 감면되는 관세의 금액이 당초에 감면된 관세의 금액보다 적은 경우에는 그 차액에 해당하는 관세를 징수한다.

ⓜ **감면승계 적용배제**: 관세법 외의 법령, 조약, 협정 등에 따라 그 감면된 관세를 징수할 때에는 감면승계가 적용되지 않는다.

8) **시설대영업자에 대한 감면 등(법 제105조)**: 「여신전문금융업법」에 따른 시설대여업을 하는 자가 관세법에 따라 관세가 감면되거나 분할납부되는 물품을 수입할 때에는 관세법 제 19조 납세의무자 규정에도 불구하고 대여시설 이용자를 납세의무자로 하여 수입신고를 할 수 있다. 이 경우 납세의무자는 대여시설이용자가 된다. 관세를 감면받거나 분할납부를 승인받은 물품에 대하여 관세를 징수하는 경우 납세의무자인 대여시설 이용자로부터 관세를 징수할 수 없을 때에는 시설대여업자로부터 징수한다.

PART 03

2 관세의 분할납부(법 제107조부터 제108조)

1. 의의

분할납부제도란 특정물품에 대하여 부과된 관세를 일정한 기간으로 분할하여 납부하는 것을 말한다. 천재·지변으로 인한 납세의무자의 지원 또는 특정산업의 육성지원을 위한 하나의 방안으로서 부과된 납세자에게 부과된 관세를 일정기간 분할하여 납부하도록 하여 일시적이나마 납세의무자의 자금부담을 완화하기 위하여 마련된 제도이다.

2. 분할납부 대상

(1) 천재지변등의 사유발생시 분할납부

세관장은 천재지변이나 그 밖에 대통령령으로 정하는 사유로 관세법에 따른 신고, 신청, 청구 기타 서류의 제출, 통지, 납부 또는 징수를 정하여진 기한까지 할 수 없다고 인정될 때에는 1년을 넘지 아니하는 기간을 정하여 대통령령으로 정하는 바에 따라 관세를 분할하여 납부하게 할 수 있다.

⑵ 천재지변등의 사유

① 천재・지변
② 전쟁・화재 등 재해나 도난으로 인하여 재산에 심한 손실을 입은 경우
③ 사업에 현저한 손실을 입은 경우
④ 사업이 중대한 위기에 처한 경우
⑤ 기타 세관장이 이에 준하는 사유가 있다고 인정하는 경우

⑶ 특정물품에 대한 분할납부

특정물품이 수입될 때에는 세관장은 기획재정부령으로 정하는 바에 따라 5년을 넘지 아니하는 기간을 정하여 관세의 분할납부를 승인할 수 있다.

1) 시설기계류 등(규칙 제59조): 시설기계류, 기초설비품, 건설용 재료 및 그 구조물과 공사용 장비로서 기획재정부장관이 고시하는 물품. 다만, 기획재정부령으로 정하는 업종에 소요되는 물품은 제외한다.

① 관세법 별표 관세율표에서 부분품으로 분류되지 아니할 것
② 관세법 기타 관세에 관한 법률 또는 조약에 의하여 관세를 감면받지 아니할 것
③ 해당 관세액이 500만원 이상일 것. 다만, 「중소기업기본법」 제2조 제1항의 규정에 의한 중소기업이 수입하는 경우에는 100만원 이상일 것
④ 관세법 제51조부터 제72조(탄력관세)의 규정을 적용받는 물품이 아닐 것

2) 중소제조업체가 직접 사용하기 위하여 수입하는 물품: 기획재정부령으로 정하는 중소제조업체가 직접 사용하려고 수입하는 물품. 다만, 기획재정부령으로 정하는 기준에 적합한 물품이어야 한다.

① 「중소기업기본법」 제2조의 규정에 의한 중소기업자로서 한국표준산업분류표상 제조업을 영위하는 업체에 한한다.
② 관세법 별표 관세율표 제84류・제85류 및 제90류에 해당하는 물품
③ 관세법 기타 관세에 관한 법률 또는 조약에 의하여 관세의 감면을 받지 아니할 것
④ 해당 관세액이 100만원 이상일 것
⑤ 관세법 제51조부터 제72조의 규정을 적용받는 물품이 아닐 것
⑥ 국내에서 제작이 곤란한 물품으로서 해당물품의 생산에 관한 사무를 관장하는 주무부처의 장 또는 그 위임을 받은 기관의 장이 확인한 것일 것

3) 기타: 다음에 해당하는 물품. 다만, 관세법 기타 관세에 관한 법률 또는 조약에 의하여 관세를 감면받지 아니할 것

① 정부나 지방자치단체가 수입하는 물품으로서 기획재정부령으로 정하는 물품
② 학교나 직업훈련원에서 수입하는 물품과 비영리법인이 공익사업을 위하여 수입하는 물품으로서 기획재정부령으로 정하는 물품
③ 의료기관 등 기획재정부령으로 정하는 사회복지기관 및 사회복지시설에서 수입하는 물품으로서 기획재정부장관이 고시하는 물품
④ 기획재정부령으로 정하는 기업부설연구소, 산업기술연구조합 및 비영리법인인 연구기관, 그 밖에 이와 유사한 연구기관에서 수입하는 기술개발연구용품 및 실험실습용품으로서 기획재정부장관이 고시하는 물품

⑤ 기획재정부령으로 정하는 기업부설 직업훈련원에서 직업훈련에 직접 사용하려고 수입하는 교육용품 및 실험실습용품 중 국내에서 제작하기가 곤란한 물품으로서 기획재정부장관이 고시하는 물품

3. 분할납부 승인신청 등

(1) 분할납부 승인신청

관세의 분할납부 승인을 얻고자 하는 자는 천재 · 지변 등인 경우에는 납부기한 내에, 특정물품 분할납부인 경우에는 해당물품의 수입신고시부터 수입신고수리 전까지 신청서를 세관장에게 제출하여야 한다.

(2) 담보제공(법 제108조)

세관장은 분할납부 승인시 분할납부하는 관세액에 상당하는 담보를 제공하게 할 수 있다.

(3) 신고 의무

관세의 분할납부를 승인받은 법인이 합병 · 분할 · 분할합병 또는 해산을 하거나 파산선고를 받은 경우 또는 관세의 분할납부를 승인받은 자가 파산선고를 받은 경우에는 그 관세를 납부하여야 하는 자는 지체 없이 그 사유를 세관장에게 신고하여야 한다.

(4) 분할납부 최저 관세액(규칙 제60조)

특정물품 수입에 대한 분할납부를 승인하는 경우 수입신고 건당 관세액이 30만원 미만인 물품은 제외한다.

4. 분할납부승인물품의 납세의무자

분할납부승인물품에 대하여도 일반적인 수입물품의 원칙적인 납세의무자인 화주가 납세의무자가 된다. 다만, 다음의 경우 화주 이외의 자가 납세의무자가 될 수 있다.

(1) 양도한 경우

관세의 분할납부를 승인받은 물품을 동일한 용도로 사용하려는 자에게 양도한 경우에는 그 양수인이 관세를 납부하여야 하며, 해당 용도 외의 다른 용도로 사용하려는 자에게 양도한 경우에는 그 양도인이 관세를 납부하여야 한다. 이 경우 양도인으로부터 해당 관세를 징수할 수 없을 때에는 그 양수인으로부터 징수한다.

(2) 법인이 합병 · 분할 · 분할합병한 경우

관세의 분할납부를 승인받은 법인이 합병 · 분할 또는 분할합병된 경우에는 합병 · 분할 또는 분할합병 후에 존속하거나 합병 · 분할 또는 분할합병으로 설립된 법인이 연대하여 관세를 납부하여야 한다.

(3) 파산선고를 받은 경우

관세의 분할납부를 승인받은 자가 파산선고를 받은 경우에는 그 파산관재인이 관세를 납부하여야 한다.

(4) 해산한 때

관세의 분할납부를 승인받은 법인이 해산한 경우에는 그 청산이 관세를 납부하여야 한다.

5. 사후관리

(1) 용도 변경/양도 승인

관세의 분할납부 승인을 얻은 자가 해당물품의 용도를 변경하거나 그 물품을 양도하고자 하는 때에는 미리 세관장의 승인을 받아야 한다.

(2) 분할납부 고지(영 제127조)

1) 납부고지

① 분할납부를 승인한 때에는 납부기한별로 납부고지를 하여야 한다.

② 분할납부 기간 중 즉시 징수하는 때에는 15일 내의 납기를 정하여 납부고지를 하여야 한다.

③ 이 경우 납부기한 이후의 당초 납부고지는 이를 취소하여야 한다.

2) 즉시징수 사유

① 관세의 분할납부를 승인받은 물품을 분할납부 승인기간 내에 해당 용도 외의 다른 용도로 사용하거나 해당 용도 외의 다른 용도로 사용하려는 자에게 양도한 경우

② 관세를 지정된 기한까지 납부하지 아니한 경우. 다만, 관세청장이 부득이한 사유가 있다고 인정하는 경우는 제외한다.

③ 파산선고를 받은 경우

④ 법인이 해산한 경우

(3) 조건 이행의 확인

분할납부의 승인을 받은 자는 해당 조건의 이행을 확인하는데 필요한 서류를 관세청장이 정하는 바에 따라 통관세관장 또는 관할지세관장에게 제출하여야 한다. 세관장은 각 승인을 받은 물품에 대하여 해당조건의 이행을 확인하기 위하여 필요한 조치를 할 수 있다.

(4) 사후관리의 위탁

관세청장은 사후관리를 위하여 필요한 때에는 대통령령으로 정하는 바에 따라 해당 물품의 사후관리에 관한 사항을 주무부장관에게 위탁할 수 있으며, 주무부장관은 물품의 사후관리를 위하여 필요한 경우에는 미리 관세청장과 협의한 후 위탁받은 사후관리에 관한업무를 관계 기관이나 법인・단체 등에 재위임하거나 재위탁할 수 있다. 사후관리를 위탁받은 부처의 장은 관세의 징수사유가 발생한 것을 확인한 때에는 지체없이 당해 물품의 관할지세관장에게 통보하여야 한다.

(5) 물품의 반입 및 변경 신고(영 제129조)

1) 물품의 반입: 분할납부의 승인을 얻은 자는 설치 또는 사용할 장소에 해당물품을 수입신고수리일부터 1월내에 반입하여야 한다. 물품을 반입한 자는 해당 장소에 물품 관련 사항을 기재한 장부를 비치하여야 한다. 설치장소 부족 등 부득이한 반입 지연사유가 있는 경우에는 관세청장이 정하는 바에 따라 세관장에게 반입 기한의 연장을 신청할 수 있다. 세관장은 수입신고 수리일부터 3개월의 범위에서 해당 기한을 연장할 수 있다.

2) **변경신고**: 관세의 분할납부승인을 얻은 물품을 분할납부기간 만료 전에 그 설치 또는 사용장소를 변경하고자 하는 때에는 변경 전의 관할지 세관장에게 변경신고서를 제출하고, 제출일로부터 1월 내에 변경된 설치 또는 사용장소에 이를 반입하여야 한다. 다만, 재해·노사분규 등의 긴급한 사유로 국내에 소재한 자기 소유의 다른 장소로 해당 물품의 설치 또는 사용 장소를 변경하려는 경우에는 관할지 세관장에게 신고하고, 변경된 설치 또는 사용 장소에 반입한 후 1개월 이내에 설치 또는 사용장소변경신고서를 제출해야 한다.

⑹ **사후관리 대상물품의 이관 및 관세의 징수(영 제130조)**

분할납부승인을 받은 물품의 통관세관과 관할지 세관이 서로 다른 경우에는 통관세관장은 관세청장이 정하는 바에 따라 관할지 세관장에게 해당 물품에 대한 관계 서류를 인계하여야 한다. 통관세관장이 관할지 세관장에게 관계 서류를 인계한 물품에 대하여 사후관리 위반으로 징수하는 관세는 관할지 세관장이 이를 징수한다.

관세법상 환급제도

1 개요

관세환급이란 화주 등 납세자가 세관에 납부한 관세를 일정한 사유로 다시 되돌려 받는 것을 말한다. 현행 관세환급제도는 다음과 같이 관세법상 환급과 수출용원재료에 대한 관세 등 환급에 관한 특례법상의 환급으로 분류할 수 있다.

관세환급	관세법상 환급	관세환급금의 환급
		계약내용과 다른 물품 등에 대한 관세환급
		수입한 상태 그대로 수출되는 자가사용물품에 대한 관세환급
		지정보세구역 장치물품의 멸실 · 손상으로 인한 관세환급
		종합보세구역의 판매물품에 대한 관세환급
	환급특례법상 환급	개별환급
		간이정액환급

2 관세환급금의 환급(법 제46조)

1. 의의

세관장은 납세의무자가 관세 · 가산세 또는 강제징수비로 납부한 금액 중 잘못 납부하거나 초과하여 납부한 금액 또는 관세법에 따라 환급하여야 할 환급세액을 청구할 때에는 대통령령으로 정하는 바에 따라 지체 없이 이를 관세환급금으로 결정하고 30일 이내에 환급하여야 하며, 세관장이 확인한 관세환급금은 납세의무자가 환급을 청구하지 아니하더라도 환급하여야 한다.

2. 관세환급가산금(법 제48조)

(1) 의의

세관장은 관세환급금을 환급하거나 충당할 때에는 대통령령으로 정하는 관세환급가산금 기산일부터 환급결정 또는 충당결정을 하는 날까지의 기간과 대통령령으로 정하는 이율에 따라 계산한 금액을 관세환급금에 더하여야 한다.

⑵ 환급가산금 적용 제외

① 국가 · 지방자치단체 · 지방자치단체조합이 직접수입하는 물품
② 국가 · 지방자치단체 · 지방자치단체조합에 기증되는 물품
③ 우편물(수입신고대상 제외)
④ 잠정가격 신고를 한 경우

⑶ 환급가산금의 기산일(영 제56조)

환급가산금의 기산일은 다음의 구분에 따른 날의 다음 날로 한다.

사유	관세환급 가산금 기산일
착오납부, 이중납부 또는 납부 후 그 납부의 기초가 된 신고 또는 부과를 경정하거나 취소함에 따라 발생한 관세환급금	납부일의 다음날 단, 2회 이상 분할납부된 것인 경에는 그 최종 납부일로 하되, 관세환급금액이 최종 납부된 금액을 초과하는 경우에는 관세환급금액이 될 때까지 납부일의 순서로 소급하여 계산한 관세환급금의 각 납부일로 한다.
적법하게 납부된 관세의 감면으로 발생한 관세환급금	감면 결정일 다음날
적법하게 납부된 후 법률이 개정되어 발생한 관세환급금	개정된 법률의 시행일 다음날
관세법에 따라 신청한 환급세액(잘못 신청한 경우 이를 경정한 금액을 말한다)을 환급하는 경우	신청을 한 날부터 30일이 지난 날의 다음날. 다만, 환급세액을 신청하지 아니하였으나 세관장이 직권으로 결정한 환급세액을 환급하는 경우에는 해당 결정일로부터 30일이 지난 날로 한다.
자유무역협정의 이행을 위한 관세법의 특례에 관한 법률」 제10조 제5항	협정관세 적용 등의 통지일 다음날

⑷ 가산금 이율

은행법에 의한 은행업의 인가를 받은 은행으로서 서울특별시에 본점을 둔 은행의 1년 만기 정기예금 이자율의 평균을 감안하여 기획재정부령으로 정하는 이자율(연 1천분의 35)로 한다.

3. 과다환급관세의 징수(법 제47조)

⑴ 과다환급금 징수

세관장은 환급액이 과다한 것을 알게 되었을 때에는 해당 관세 · 가산금 · 가산세 또는 강제징수비를 환급받은 자로부터 과다지급된 금액 징수하여야 한다.

⑵ 과다환급 가산금

관세 · 가산세 또는 강제징수비의 과다환급액을 징수할 때에는 과다환급을 한 날의 다음날부터 징수결정을 하는 날까지의 기간에 대하여 대통령령으로 정하는 이율에 따라 계산한 금액을 과다환급액에 더하여야 한다.

(3) 가산금 이율

은행법에 의한 은행업의 인가를 받은 은행으로서 서울특별시에 본점을 둔 은행의 1년 만기 정기예금 이자율의 평균을 감안하여 기획재정부령으로 정하는 이자율(연 1천분의 35)로 한다.

(4) 환급가산금 적용 제외

① 국가・지방자치단체・지방자치단체조합이 직접수입하는 물품
② 국가・지방자치단체・지방자치단체조합에 기증되는 물품
③ 우편물(수입신고대상 제외)

4. 환급금의 충당

(1) 충당

세관장은 관세환급금을 환급하는 경우에 환급받을 자가 세관에 납부하여야 하는 관세와 그 밖의 세금, 가산세 또는 강제징수비가 있을 때에는 환급하여야 하는 금액에서 이를 충당할 수 있다.

(2) 충당통지

세관장은 관세환급금을 충당한 때에는 그 사실을 권리자에게 통보하여야 한다. 다만, 권리자의 신청에 의하여 충당한 경우에는 그 통지를 생략한다.

5. 권리의 양도

납세의무자의 관세환급금에 관한 권리는 대통령령으로 정하는 바에 따라 제3자에게 양도할 수 있다. 이 경우 양도하고자 하는 자는 양도인 및 양수인의 주소와 성명, 환급사유 및 환급 금액을 기재한 문서를 세관장에게 제출하여야 한다.

6. 환급 신청 등

(1) 환급의 신청

관세・가산세 또는 강제징수비의 환급을 받고자 하는 자는 해당물품의 품명・규격・수량・수입신고수리연월일・신고번호 및 환급사유와 환급받고자 하는 금액을 기재한 신청서를 세관장에게 제출하여야 한다.

(2) 환급금의 통지

① 세관장은 관세환급 사유를 확인한 때에는 권리자에게 그 금액과 이유 등을 통지하여야 한다.
② 세관장은 관세환급금결정부와 그 보조부를 비치하고, 이에 필요한 사항을 기록하여야 한다.
③ 세관장은 매월 관세환급금결정액보고서를 작성하여 기획재정부장관에게 제출하여야 한다.
④ 세관장은 관세환급금결정액계산서와 그 증빙서류를 감사원장이 정하는 바에 따라 감사원에 제출하여야 한다.

(3) 환급금의 지급

1) **지급지시서 및 환급통지서의 송부**: 세관장은 환급을 결정한 때에는 즉시 환급금 해당액을 환급받을 자에게 지급할 것을 내용으로 하는 지급지시서를 한국은행(국고대리점을 포함 한다)에 송부하고, 그 환급받을 자에게 환급내용 및 방법 등을 기재한 환급통지서를 송부하여야 한다.

2) **환급금 이체**: 한국은행은 세관장으로부터 지급지시서를 송부받은 때에는 즉시 세관장의 당해연도 소관세입금중에서 환급에 필요한 금액을 세관장의 환급금지급계정에 이체하고 그 내용을 세관장에게 통지하여야 한다.

3) **환급금 지급**: 관세환급금의 환급은 「국가재정법」 제17조에도 불구하고 대통령령으로 정하는 바에 따라 「한국은행법」에 따른 한국은행의 해당 세관장의 소관 세입금에서 지급한다.

4) **권리자의 확인**: 한국은행은 환급통지서를 제시받은 때에는 이를 세관장으로부터 송부받은 지급지시서와 대조·확인한 후 환급금을 지급하고 지급내용을 세관장에게 통지하여야 한다. 한국은행은 환급금을 지급하는 때에는 환급받을 자로 하여금 주민등록증 기타 신분증을 제시하도록 하여 그가 정당한 권리자인지를 확인하여야 한다.

PART 03

7. 내국세의 환급

수입물품에 대하여 세관장이 부과·징수하는 내국세 등의 환급에 관하여는 각 내국세법 및 「국세기본법」, 「국세징수법」의 규정과 관세법의 규정이 상충하는 경우 관세법에서 규정한 것을 우선 적용한다.

8. 미지급금의 정리(영 제55조)

① 한국은행은 세관장이 환급금지급계정에 이체된 금액으로부터 당해 회계연도의 환급통지서 발행금액 중 다음 회계연도 1월 15일까지 지급하지 못한 환급금을 세관환급금지급미필이월계정에 이월하여 정리하여야 한다.
② 세관환급금지급미필이월계정에 이월한 금액중 환급통지서발행일부터 1년 내에 지급하지 못한 금액은 그 기간이 만료한 날이 속하는 회계연도의 세입에 편입하여야 한다. 관세환급금을 환급받을 자가 환급통지서발행일부터 1년 내에 환급금을 지급받지 못한 때에는 세관장에게 다시 환급절차를 밟을 것을 요구할 수 있으며, 세관장은 이를 조사, 확인하여 그 지급에 필요한 조치를 하여야 한다.

3 계약 내용과 다른 물품 등에 대한 관세환급(법 제106조)

1. 의의

수입신고가 수리된 물품이 계약 내용과 다르고 수입신고 당시의 성질이나 형태가 변경되지 아니한 경우 해당 물품이 수입신고 수리일부터 1년 이내에 다음 각 호의 어느 하나에 해당하면 그 관세를 환급한다.

(1) 외국으로부터 수입된 물품

보세구역(세관장의 허가를 받았을 때에는 그 허가받은 장소를 포함한다) 또는 자유무역지역 중 관세청장이 수출물품을 일정기간 보관하기 위하여 필요하다고 인정하여 고시하는 장소에 해당 물품을 반입하였다가 다시 수출하였을 것. 이 경우 수출은 수입신고 수리일부터 1년이 지난 후에도 할 수 있다.

(2) 보세공장에서 생산된 물품

보세공장에 이를 다시 반입하였을 것

2. 일부수출 또는 폐기시

(1) 일부수출

수입물품으로서 세관장이 환급세액을 산출하는 데에 지장이 없다고 인정하여 승인한 경우에는 그 수입물품의 일부를 수출하였을 때에도 그 관세를 환급할 수 있다.

(2) 폐기시

수입물품의 수출을 갈음하여 이를 폐기하는 것이 부득이하다고 인정하여 그 물품을 수입신고수리일부터 1년 내에 보세구역 또는 세관장의 허가를 받은 보세구역 외의 장소에 반입하여 미리 세관장의 승인을 받아 폐기하였을 때에는 그 관세를 환급할 수 있다.

3. 부과의 취소

해당 수입물품에 대한 관세의 납부기한이 종료되기 전이거나 징수유예 중 또는 분할납부 기간이 끝나지 아니하여 해당 물품에 대한 관세가 징수되지 아니한 경우에는 세관장은 해당 관세의 부과를 취소할 수 있다.

4. 환급액

(1) 수출 또는 보세공장 반입시

이미 납부한 관세액으로 하며, 일부를 수출하였거나 보세공장에 반입한 경우에는 일부물품에 해당하는 관세액으로 한다.

(2) 폐기물품

이미 납부한 관세액의 전액으로 한다. 다만, 폐기 후에 생긴 잔존물에 대하여는 그 폐기한 때의 해당 잔존물의 성질·수량 및 가격에 의하여 부과될 관세액을 공제한 금액으로 한다.

4 수입한 상태 그대로 수출되는 자가사용물품에 대한 관세 환급[97](법 제106조의2)

1. 대상

(1) 수입신고가 수리된 개인의 자가사용 물품

수입신고가 수리된 개인의 자가사용 물품이 수입한 상태 그대로 수출되는 경우로서 다음에 해당하는 경우에는 수입할 때 납부한 관세를 환급한다. 이 경우 수입한 상태 그대로 수출되는 경우의 기준은 대통령령으로 정한다.

① 수입신고 수리일부터 6개월 이내에 보세구역 또는 자유무역지역 중 관세청장이 수출물품을 일정기간 보관하기 위하여 필요하다고 인정하여 고시하는 장소에 해당 물품을 반입하였다가 다시 수출하는 경우

② 수입신고 수리일부터 6개월 이내에 관세청장이 정하는 바에 따라 세관장의 확인을 받고 다시 수출하는 경우

③ 수출신고가 생략되는 탁송품 또는 우편물로서 기획재정부령으로 정하는 금액(수출신고가격이 200만원) 이하인 물품을 수입신고 수리일부터 6개월 이내에 수출한 후 관세청장이 정하는 바에 따라 세관장의 확인을 받은 경우

(2) 자진신고한 여행자 휴대품

여행자 휴대품에 대한 자진신고한 물품이 다음에 해당하는 경우에는 자진신고할 때 납부한 관세를 환급한다.

① 국제무역선 또는 국제무역기 안에서 구입한 물품이 환불된 경우

② 보세판매장에서 구입한 물품이 환불된 경우

2. 수입한 상태 그대로의 기준(영 제124조의2)

수입한 상태 그대로 수출되는 자가사용물품은 다음의 요건을 모두 갖춘 물품으로 한다.

> ① 해당 물품이 수입신고 당시의 성질 또는 형태가 변경되지 아니한 상태로 수출될 것
> ② 해당 물품이 국내에서 사용된 사실이 없다고 세관장이 인정할 것

3. 환급액

(1) **전부 수출하거나 환불하는 경우** → 이미 납부한 관세의 전액

(2) **일부를 수출하거나 환불하는 경우** → 일부 물품에 해당하는 관세액

---

97) 관세의 환급을 받으려는 자는 해당 물품의 품명·규격·수량·수입신고연월일·수입신고번호와 환급받으려는 관세액을 적은 신청서에 다음 각 호의 서류를 첨부하여 세관장에게 제출해야 한다.
1. 해당 물품의 수입신고필증이나 이를 갈음하는 세관의 증명서
2. 해당 물품의 수출 또는 환불을 증명하는 서류로서 다음 각 목의 구분에 따른 서류
가. 법 제106조의2 제1항 제1호및제2호의 경우: 수출신고필증이나 이를 갈음하는 세관의 증명서
나. 법 제106조의2 제1항 제3호의 경우: 선하증권 또는 항공화물운송장, 판매자가 발행한 환불 및 반품을 증명하는 자료
다. 법 제106조의2 제2항의 경우: 판매자가 발행한 환불 및 반품을 증명하는 자료

5 지정보세구역 장치물품의 멸실·손상으로 인한 관세의 환급(법 제106조)

1. 의의

수입신고가 수리된 물품이 수입신고 수리 후에도 지정보세구역에 계속 장치되어 있는 중에 재해로 멸실되거나 변질 또는 손상되어 그 가치가 떨어졌을 때에는 대통령령으로 정하는 바에 따라 그 관세의 전부 또는 일부를 환급할 수 있다.

2. 입항전 수입신고 수리물품의 경우

입항전 수입신고가 수리되고, 보세구역 등으로부터 반출되지 아니한 물품에 대하여는 해당 물품이 지정보세구역에 장치되었는지 여부에 관계없이 관세의 전부 또는 일부를 환급할 수 있다.

3. 부과의 취소

해당 수입물품에 대한 관세의 납부기한이 종료되기 전이거나 징수유예 중 또는 분할납부기간이 끝나지 아니하여 해당 물품에 대한 관세가 징수되지 아니한 경우에는 세관장은 해당 관세의 부과를 취소할 수 있다.

4. 환급금

(1) 멸실된 물품

이미 납부한 관세의 전액으로 한다.

(2) 변질 또는 손상된 물품

환급하는 금액은 다음의 두 금액 중 많은 것으로 한다.

① 수입물품의 변질·손상으로 인한 가치의 감소에 따른 가격의 저하분에 상응하는 관세액

② 수입물품의 관세액에서 그 변질·손상으로 인한 가치의 감소 후의 성질 및 수량에 의하여 산출한 관세액을 공제한 차액

6 종합보세구역의 판매물품에 대한 관세 등의 환급(법 제199조의2)

1. 의의

외국인 관광객 등 대통령령으로 정하는 자가 종합보세구역에서 구입한 물품을 국외로 반출하는 경우에는 해당 물품을 구입할 때 납부한 관세 및 내국세등을 환급받을 수 있다.

2. 대상

종합보세구역의 판매물품에 대한 관세 등의 환급 규정이 적용되는 대상은 외국환거래법 제3조의 규정에 의한 비거주자를 말한다. 다만 다음의 자를 제외한다.

① 법인
② 국내에 주재하는 외교관
③ 국내에 주재하는 국제엽합군과 미국군의 장병 및 군무원

3. 종합보세구역의 물품 판매 등(영 제216조의3)

(1) 수입신고 및 납부

종합보세구역에서 외국인관광객 등에게 물품을 판매하는 자는 관세청장이 정하는 바에 따라 관세 물품에 대한 수입신고 및 신고납부를 하여야 한다.

(2) 판매확인서 교부

판매인은 수입신고가 수리된 경우에는 구매자에게 해당 물품을 인도하되, 국외반출할 목적으로 구매한 외국인관광객 등에게 판매한 경우에는 물품판매확인서를 교부하여야 한다.

(3) 판매물품의 제한

관세청장은 종합보세구역의 위치 및 규모등을 고려하여 판매하는 물품의 종류 및 수량 등을 제한할 수 있다.

PART 03

4. 관세등의 환급

(1) 외국인관광객등에 대한 관세등의 환급

① 외국인관광객등이 종합보세구역에서 물품을 구매할 때에 부담한 관세등을 환급 또는 송금받고자 하는 경우에는 출국하는 때에 출국항을 관할하는 세관장에게 판매확인서와 구매물품을 함께 제시하여 확인을 받아야 한다.

② 출국항 관할세관장은 외국인관광객등이 제시한 판매확인서의 기재사항과 물품의 일치여부를 확인한 후 판매확인서에 확인인을 날인하고, 외국인관광객등에게 이를 교부하거나 판매인에게 송부하여야 한다.

③ 외국인관광객등이 판매확인서를 교부받은 때에는 환급창구운영사업자에게 이를 제시하고 환급 또는 송급받을 수 있다. 다만, 판매인이 판매확인서를 송부받은 경우에는 그 송부받은 날부터 20일 이내에 외국인관광객등이 종합보세구역에서 물품을 구매한때 부담한 관세등을 해당 외국인관광객 등에게 송금하여야 한다.

(2) 판매인에 대한 관세등의 환급 등

판매인은 종합보세구역에서 관세 및 내국세 등이 포함된 가격으로 물품을 판매한 후 다음에 해당하는 경우에는 관세등을 환급받을 수 있다. 환급금을 지급 받은 판매인은 외국인관광객 등에 대하여 환급 또는 송금한 사실과 관련된 증거서류를 5년간 보관하여야 한다.

① 외국인관광객등이 구매한 날부터 3월 이내에 물품을 국외로 반출한 사실이 확인되는 경우
② 판매인이 환급창구운영사업자를 통하여 해당 관세등을 환급 또는 송금하거나 외국인관광객등에게 송금한 것이 확인되는 경우

(3) 환급창구운영사업자

관세청장은 외국인관광객 등이 종합보세구역에서 물품을 구입한 때에 납부한 관세등을 판매인을 대리하여 환급 또는 송급하는 사업을 영위하는 자를 지정하여 운영할 수 있다.

7 환급청구권(법 제22조부터 제23조)

1. 의의

납세자가 납부한 금액 중 잘못 납부하거나 초과하여 납부한 금액 또는 그 밖의 관세의 환급청구권은 그 권리를 행사할 수 있는 날부터 5년간 행사하지 아니하면 소멸시효가 완성된다.

2. 환급청구권 소멸시효의 기산일(영 제7조)

사유	환급청구 소멸시효 기산일
경정으로 인한 환급의 경우	경정결정일
착오납부 또는 이중납부로 인한 환급의 경우	그 납부일
관세법 제106조 1항에 따른 계약내용과 상이한 물품등에 대한 환급의 경우	해당 물품의 수출신고수리일 또는 보세공장 반입신고일
관세법 제106조 제3항 및 제4항에 따른 폐기, 멸실, 변질 또는 손상된 물품에 대한 환급의 경우	폐기, 멸실, 변질 또는 손상된 날
관세법 제106조의2 제1항에 따른 수입한 상태 그대로 수출되는 자가사용물품에 대한 환급의 경우	수출신고가 수리된 날. 다만, 수출신고가 생략되는 물품의 경우에는 운송수단에 적재된 날로 한다.
법 제106조의2 제2항에 따라 국제무역선, 국제무역기 또는 보세판매장에서 구입한 후 환불한 물품에 대한 환급의 경우	해당 물품이 환불되는 날
종합보세구역에서 물품을 판매하는 자가 법 제199조의2및 이영 제216조의5 제2항의 규정에 의하여 환급받고자 하는 경우	환급에 필요한 서류의 제출일
수입신고 또는 입항전 수입신고를 하고 관세를 납부한 후 신고가 취하 또는 각하된 경우	신고의 취하일 또는 각하일
적법하게 납부한 후 법률의 개정으로 인하여 환급하는 경우	그 법률의 시행일

3. 환급청구권 시효의 중단

환급청구권의 소멸시효는 환급청구권의 행사로 중단된다.

4. 민법의 준용

환급청구권의 소멸시효에 관하여 관세법에서 규정한 것을 제외하고는 「민법」을 준용한다.

납세의무의 소멸

1 의의

과세요건의 충족에 의하여 성립한 납세의무는 여러 가지 원인에 의하여 소멸된다. 이러한 납세의무의 소멸사유에는 납부 · 충당 · 부과의 취소 · 관세부과 제척기간의 만료 · 관세징수권의 소멸시효의 완성 등이 있는 바, 납부와 충당은 국가가 조세채권의 만족을 얻으면서 소멸하는 것이며, 기타의 사유는 국가가 조세채권의 만족을 얻지 못하고 소멸하는 사유들이다.

2 납세의무의 소멸사유

1. 납부

납부란 납세자가 관세채무를 이행하는 것을 말하며, 이는 본래의 납세의무자는 물론 납세의무자의 승계자 · 연대납세의무자 · 제2차납세의무자 · 물적납세의무자 · 납세보증인 및 기타 이해관계가 있는 제3자 등에 의한 납부를 포함한다.

2. 충당

충당이란 납세자에게 환급할 세액을 해당 납세자가 납부 하여야 할 세액과 상계하는 행정 처분이다. 관세법상 충당의 종류로는 "담보물의 충당", "환급금의 충당", "보세구역 장치기간 경과 외국물품 매각대금의 충당", "강제징수금의 충당"이 있다.

3. 부과의 취소

부과의 취소란 일단 유효하게 성립한 부과처분에 대하여 그 성립에 흠이 있음을 이유로 그 부과처분의 효력을 소멸시키는 것을 말한다.

4. 관세부과 제척기간의 만료(법 제21조)

(1) 의의

관세부과의 제척기간이란 국가가 국세를 부과할 수 있는 일정한 법정기간을 말하며, 부과제척기간이 만료되면 원칙적으로 부과권이 소멸되어 납세의무도 소멸하게 된다. 관세부과권이란 이미 성립된 관세채권을 확인하는 권리이며, 형성권의 일종이다.

(2) 제척기간

관세는 해당 관세를 부과할 수 있는 날부터 5년이 지나면 부과할 수 없다. 다만, 부정한 방법으로 관세를 포탈하였거나 환급 또는 감면 받은 경우에는 관세를 부과할 수 있는 날부터 10년이 지나면 부과할 수 없다.

구분	제척기간
원칙	5년
예외	10년(부정한 방법으로 관세를 포탈하였거나 환급 또는 감면받은 경우)

(3) 제척기간의 기산일(영 제6조)

1) 원칙 : 관세부과의 제척기간을 산정할 때 수입신고한 날의 다음날을 관세를 부과할 수 있는 날로 한다.

2) 예외 : 다음의 경우에는 아래에 규정된 날을 관세를 부과할 수 있는 날로 한다.

① 법 제16조 제1호부터 제11호에 해당하는 경우에는 그 사실이 발생한 날의 다음날
② 의무불이행 등의 사유로 감면된 관세를 징수하는 경우에는 그 사유가 발생한 날의 다음날
③ 보세건설장에 반입 물품은 건설공사완료보고를 한 날과 특허기간이 만료되는 날 중 먼저 도래한 날의 다음날
④ 과다환급 또는 부정환급 등의 사유로 관세를 징수하는 경우에는 환급한 날의 다음날
⑤ 잠정가격을 신고한 후 확정된 가격을 신고한 경우에는 확정된 가격을 신고한 날의 다음날(다만, 기간 내에 확정된 가격을 신고하지 아니하는 경우에는 해당 기간의 만료일의 다음날)

구분	제척기간 기산일
원칙	수입신고한 날의 다음날
예외적인 과세물건 확정시기	그 사실이 발생한 날의 다음날
의무불이행 등의 사유로 감면된 관세를 징수하는 경우	그 사유가 발생한 날의 다음날
보세건설장에 반입된 물품	건설공사완료보고를 한 날과 특허기간이 만료되는 날 중 먼저 도래한 날의 다음날
과다환급 또는 부정환급 등의 사유로 관세를 징수하는 경우	환급한 날의 다음날
잠정가격을 신고한 후 확정된 가격을 신고한 경우	확정된 가격을 신고한 날의 다음날 (다만, 기간 내에 확정된 가격을 신고하지 아니하는 경우에는 해당 기간의 만료일의 다음날

(4) 제척기간 만료의 효과

관세부과의 제척기간이 만료하면 국가의 부과권이 소멸한다. 따라서 제척기간이 만료한 후에는 과세표준이나 세액을 변경하는 어떠한 결정 또는 경정도 할 수 없다.

(5) 제척기간 만료의 특례

1) 일반적인 경우: 다음 어느 하나에 해당하는 경우에는 '①'부터 '⑤'까지의 결정·판결이 확정되거나 회신을 받은 날부터 1년, '⑥'에 따른 경정청구일 및 '⑦'에 따른 결정통지일로부터 2개월이 지나기 전까지는 해당 결정·판결·회신 또는 경정청구에 따라 경정이나 그 밖에 필요한 처분을 할 수 있다.

① 이의신청, 심사청구 또는 심판청구에 대한 결정이 있는 경우
② 「감사원법」에 따른 심사청구에 대한 결정이 있는 경우
③ 「행정소송법」에 따른 소송에 대한 판결이 있는 경우
④ 압수물품의 반환결정이 있는 경우
⑤ 관세법과 「자유무역협정의 이행을 위한 관세법의 특례에 관한 법률」 및 조약·협정 등이 정하는 바에 따라 양허세율의 적용여부 및 세액 등을 확정하기 위하여 원산지증명서를 발급한 국가의 세관이나 그 밖에 발급권한이 있는 기관에게 원산지증명서 및 원산지증명서확인자료의 진위 여부, 정확성 등의 확인을 요청하여 회신을 받거나 회신기간이 종료되는 경우
⑥ 제38조의3 제2항, 제3항 또는 제38조의4 제1항에 따른 경정청구가 있는 경우
⑦ 제38조의4 제4항에 따른 조정 신청에 대한 결정통지가 있는 경우

경우	기간
이의신청, 심사청구 또는 심판청구에 대한 결정이 있는 경우	해당 결정 또는 판결이 확정되거나 회신을 받거나 회신기간이 종료된 날 중 먼저 도래하는 날부터 1년
「감사원법」에 따른 심사청구에 대한 결정이 있는 경우	
「행정소송법」에 따른 소송에 대한 판결이 있는 경우	
압수물품의 반환결정이 있는 경우	
관세법과 「자유무역협정의 이행을 위한 관세법의 특례에 관한 법률」 및 조약·협정 등이 정하는 바에 따라 양허세율의 적용여부 및 세액 등을 확정하기 위하여 원산지증명서를 발급한 국가의 세관이나 그 밖에 발급권한이 있는 기관에게 원산지증명서 및 원산지증명서확인자료의 진위 여부, 정확성 등의 확인을 요청하여 회신을 받거나, 회신기간이 종료되는 경우	
경정청구가 있는 경우	경정청구 또는 결정통지일부터 2개월
조정신청에 대한 결정통지가 있는 경우	

2) 명의대여 사실이 확인 경우: 이의신청, 심사청구 또는 심판청구 및 행정소송의 결정 또는 판결에 따라 명의대여 사실이 확인된 경우에는 당초의 부과처분을 취소하고 그 결정 또는 판결이 확정된 날부터 1년 이내에 실제로 사업을 경영한 자에게 경정이나 그 밖에 필요한 처분을 할 수 있다.

5. 관세징수권 소멸시효(법 제22조)

(1) 의의

① 관세징수권이란 부과권에 의해 확인된 관세채권에 대해 납부고지·독촉·강제징수 등에 의해 그 이행을 청구·강제할 수 있는 권리로서 청구권의 일종이다.
② 시효제도는 계속된 사실상태를 존중하여 이를 법률상으로 보호함으로서 법적생활의 안정을 도모하는데 그 취지가 있으며, 일정기간 동안 관세징수권을 행사하지 않은 경우 시효가 완성되어 납세의무가 소멸한다.

PART 03

⑵ 소멸시효기간

관세의 징수권은 이를 행사할 수 있는 날부터 다음의 구분에 따른 기간 동안 행사하지 아니하면 소멸시효가 완성된다.

① 5억원 이상의 관세(내국세를 포함): 10년

② 그 외: 5년

⑶ 소멸시효의 기산일(영 제7조)

관세징수권의 소멸시효 기간은 다음의 날과 같다.

① 신고납부 물품은 수입신고가 수리된 날부터 15일이 경과한 날의 다음날. 다만, 월별납부의 경우에는 그 납부기한이 경과한 날의 다음날

② 보정신청 또는 수정신고에 의하여 납부하는 관세에 있어서는 보정신청일 또는 수정신고일의 다음날의 다음날

③ 부과고지 물품은 납부고지를 받은 날부터 15일이 경과한 날의 다음날

④ 수입신고전 즉시반출 물품은 수입신고한 날부터 15일이 경과한 날의 다음날

⑤ 그 밖에 법령에 따라 납부고지하여 부과하는 관세에 있어서는 납부기한을 따로 정한 때에는 그 납부기한이 만료된 날의 다음날

⑷ 소멸시효 완성의 효과

납세의무자에 대하여 관세징수권의 소멸시효가 완성된 때에는 기산일에 소급하여 관세 · 가산금 · 강제징수비에 대한 징수권이 함께 소멸한다.

⑸ 시효의 중단과 정지(법 제23조)

1) 시효의 중단[98]

① 의의: 권리의 행사로 볼 수 있는 사유가 발생하면 이미 경과한 시효기간의 효력이 상실되는 것을 말하며, 중단사유가 종료하는 때로부터 새로 시효가 진행한다.

② 시효의 중단 사유

㉠ 납부고지

㉡ 경정처분

㉢ 납세독촉

㉣ 통고처분

㉤ 고발

㉥ 「특정범죄 가중처벌 등에 관한 법률」 제16조에 따른 공소제기

㉦ 교부청구

㉧ 압류

---

98) **소멸시효의 중단(통칙 23−0−1)**

"시효의 중단"이라 함은 납부고지 등 중단사유로 인하여 이미 경과한 시효기간의 효력이 상실되는 것을 말하며, 관세징수권의 소멸시효는 중단사유가 종료된 때부터 새로이 진행된다.

2) 시효의 정지

① **의의**: 시효의 정지란 징수권을 행사할 수 없는 일정한 사유로 인하여 시효의 진행이 일시적으로 멈추는 것을 말한다. 이 경우 이미 경과한 시효기간은 그대로 효력을 가지며, 정지 사유가 종료하는 때 다시 시효기간이 진행된다.

② **시효의 정지사유**: 관세징수권의 소멸시효는 관세의 분할납부기간, 징수유예기간, 압류·매각의 유예기간 또는 사해행위(詐害行爲) 취소소송기간 중에는 진행하지 아니한다. 사해행위 취소소송으로 인한 시효정지의 효력은 소송이 각하, 기각 또는 취하된 경우에는 효력이 없다.

⑹ 민법규정의 준용

관세징수권과 소멸시효에 관하여 관세법에서 규정한 것을 제외하고는 「민법」을 준용한다.

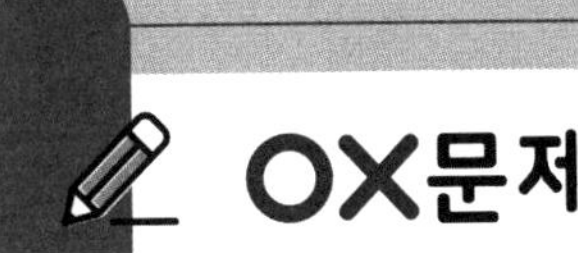

OX문제

01 세관장은 납세신고를 받으면 수입신고서에 기재된 사항과 관세법에 따른 확인사항 등을 심사하되, 신고한 세액에 대하여는 수입신고를 수리한 후에 심사한다. (   )

02 납세의무자는 납세신고한 세액을 납부하기 전에 그 세액이 과부족하다는 것을 알게 되었을 때에는 납세신고한 세액을 정정할 수 있다. 이 경우 납세신고한 날의 다음날까지 해당 관세를 납부하여야 한다. (   )

03 납세의무자는 신고납부한 세액이 과다하다는 것을 알게 되었을 때에는 신고납부한 날부터 6개월 이내에 대통령령으로 정하는 바에 따라 해당 세액을 보정하여 줄 것을 세관장에게 신청할 수 있다. (   )

04 세관장은 경정청구를 받은 날부터 2개월 이내에 세액을 경정하거나 경정하여야 할 이유가 없다는 뜻을 청구를 한 자에게 통지하여야 한다. 경정을 청구한 자가 통지를 받지 못한 경우에는 90일 이내에 이의신청, 심사청구, 심판청구를 할 수 있다. (   )

05 수입물품의 과세가격 조정에 따른 경정 청구에 대한 세관장의 통지에 이의가 있는 청구인은 그 통지를 받은 날부터 30일 내에 기획재정부장관에게 국세의 정상가격과 관세의 과세가격간의 조정을 신청할 수 있다. (   )

06 보세건설장에서 건설된 시설로서 수입신고가 수리되기 전에 가동된 경우 관세법상 부과고지 대상이다. (   )

07 세관장이 압류 또는 매각을 유예하는 경우 그 유예기간은 유예한 날부터 2년 이내로 한다. (   )

08 납세의무자가 특수관계가 있는 자들 간에 거래되는 물품의 과세가격 결정방법에 관한 사전심사 결과를 통보받고 그 통보일부터 2개월 이내에 통보된 과세가격 결정방법에 따라 해당 사전심사의 결과를 통보받은 날 전에 신고납부한 세액을 수정신고하는 경우 가산세 일부를 징수하지 아니한다. (   )

09 세관장은 덤핑방지관세 및 상계관세를 부과하기 전에 잠정조치를 할 경우 담보를 제공하도록 명하는 조치를 할 수 있다. (   )

10 수입신고수리 전까지 감면신청서를 제출하지 못한 경우 해당 물품이 보세구역에서 반출된 지 여부를 불문하고 수입신고수리일부터 15일 이내에 감면신청서를 제출할 수 있다. (   )

11 정부와 체결한 사업계약을 수행하기 위하여 외국계약자가 계약조건에 따라 수입하는 업무용품은 외교관용 물품 등의 면세 대상이다. (   )

12 물품가격이 미화 250달러 이하의 물품으로서 자가사용 물품으로 인정되는 물품이 수입될 때에는 그 관세를 면제할 수 있다. (   )

13 학술연구용품의 감면세 규정에 의한 관세의 감면율은 100분의 80으로 한다. 다만, 공공의료기관(국립암센터 및 국립중앙의료원 포함) 및 학교부설의료기관에서 사용할 물품에 대한 관세의 감면율은 100분의 50으로 한다. ( )

14 우리나라를 방문하는 외국의 원수와 그 가족 및 수행원의 물품이 수입될 때에는 관세법상 특정물품의 면세 규정에 의하여 관세를 면제할 수 있다. ( )

15 여행자가 휴대품 또는 별송품을 기획재정부령으로 정하는 방법으로 자진신고하는 경우에는 20만원을 넘지 아니하는 범위에서 해당 물품에 부과될 관세의 100분의 30에 상당하는 금액을 경감할 수 있다. ( )

16 장기간에 걸쳐 사용할 수 있는 물품으로서 그 수입이 임대차계약에 의하거나 도급계약의 이행과 관련하여 국내에서 일시적으로 사용하기 위하여 수입하는 물품 중 기획재정부령으로 정하는 물품이 그 수입신고 수리일부터 1년(장기간의 사용이 부득이한 물품으로서 기획재정부령으로 정하는 것 중 수입하기 전에 세관장의 승인을 받은 것은 2년) 이내에 재수출되는 것에 대하여는 관세를 경감할 수 있다. ( )

17 천재지변이나 그 밖에 대통령령으로 정하는 사유로 관세법에 따른 신고, 신청, 청구, 그밖의 서류의 제출, 통지, 납부 또는 징수를 정하여진 기한까지 할 수 없다고 인정될 때에는 5년을 넘지 아니하는 기간을 정하여 대통령령으로 정하는 바에 따라 관세를 분할하여 납부하게 할 수 있다. ( )

18 관세법 외의 법령이나 조약, 협정 등에 따라 관세가 감면된 물품을 그 수입신고 수리일부터 3년 내에 해당 법령이나 조약, 협정 등에 규정된 용도 외의 다른 용도로 사용하거나 양도하려는 경우에는 세관장의 확인을 받아야 한다. ( )

19 세관장은 납세의무자가 관세, 가산세 또는 강제징수비로 납부한 금액 중 잘못납부하거나 초과 납부한 금액 또는 관세법에 따라 환급하여야 할 환급세액의 환급을 청구할 때에는 대통령령으로 정하는 바에 따라 지체 없이 이를 관세환급금으로 결정하고 30일 이내에 환급하여야 한다. ( )

20 수입신고가 수리된 개인의 자가사용물품이 수입한 상태 그대로 수출되는 경우로서 수입신고 수리일부터 6개월 이내에 관세청장이 정하는 바에 따라 세관장의 확인을 받고 다시 수출하는 경우에는 수입할 때 납부한 관세를 환급한다. ( )

21 부정한 방법으로 관세를 포탈하였거나 환급 또는 감면받은 경우 관세는 해당 관세를 부과할 수 있는 날부터 5년이 지나면 부과할 수 없다. ( )

22 관세부과의 제척기간은 관세의 분할납부기간, 징수유예기간, 또는 사해행위 취소소송기간 중에는 진행하지 아니한다. ( )

Answer

01 ○ 02 × 03 × 04 × 05 ○ 06 ○ 07 ○ 08 ○ 09 ○ 10 ×
11 ○ 12 × 13 × 14 ○ 15 ○ 16 × 17 × 18 ○ 19 ○ 20 ○
21 × 22 ×

합격까지 함께
관세직 만점 기본서

김준휘 관세법

합격까지 박문각

Part

04

납세자의 권리 및 불복절차

CHAPTER 01 납세자의 권리

1 개요

납세자의 권리는 헌법과 법률이 정하는 바에 의하여 존중받고 보장받을 수 있는 권리를 말한다. 이에 과세관청은 납세자권리헌장을 제정 및 교부함으로써 납세자의 권리를 과세행정기관이 분명하게 알고 이를 납세자에게도 바로 알려서 권리를 향유할 수 있도록 하고 있다.

2 납세자 권리헌장(법 제110조)

1. 의의

관세청장은 제 111조부터 제117조까지 규정한 사항과 그 밖에 납세자의 권리보호에 관한 사항을 포함하는 납세자권리헌장을 제정하여 고시하여야 한다.

2. 납세자권리헌장의 교부

(1) 교부시기

세관공무원은 다음 어느 하나에 해당하는 경우에는 납세자권리헌장의 내용이 수록된 문서를 납세자에게 내주어야 하며, 조사사유, 조사기간, 납세자보호위원회에 대한 심의 요청사항・절차 및 권리구제 절차 등을 설명하여야 한다.

① 관세법(「수출용 원재료에 대한 관세 등 환급에 관한 특례법」 제23조 제1항부터 제4항까지의 규정에 따른 죄를 포함한다)에 관한 조사를 하는 경우

② 관세조사를 하는 경우

③ 그 밖에 대통령령으로 정하는 경우

㉠ 징수권 확보를 위하여 압류를 하는 경우

㉡ 보세판매장에 대한 조사를 하는 경우

(2) 교부생략

세관공무원은 납세자를 긴급히 체포・압수・수색하는 경우 또는 현행범인 납세자가 도주할 우려가 있는 등 조사목적을 달성할 수 없다고 인정되는 경우에는 납세자권리헌장을 내주지 아니할 수 있다.

3 관세통합조사의 원칙(법 제110조의2)

세관공무원은 특정한 분야만을 조사할 필요가 있는 등 다음의 경우를 제외하고는 신고납부세액과 관세법 및 다른 법령에서 정하는 수출입 관련 의무 이행과 관련하여 그 권한에 속하는 사항을 통합하여 조사하는 것을 원칙으로 한다.

① 세금탈루 혐의, 수출입 관련 의무위반 혐의, 수출입업자 등의 업종·규모 등을 고려하여 특정 사안만을 조사할 필요가 있는 경우
② 조세채권의 확보 등을 위하여 긴급히 조사할 필요가 있는 경우
③ 그 밖에 조사의 효율성, 납세자의 편의 등을 고려하여 특정분야만을 조사할 필요가 있는 경우로서 기획재정부령으로 정하는 경우

4 관세조사 대상자 선정(법 제110조의3)

1. 정기선정에 의한 조사

세관장 다음의 어느 하나에 해당하는 경우에 정기적으로 신고의 적정성을 검증하기 위하여 대상을 정기선정하여 조사를 할 수 있다. 이 경우 세관장은 객관적 기준에 따라 공정하게 그 대상을 선정하여야 한다.

① 관세청장이 수출입업자의 신고 내용에 대하여 정기적으로 성실도를 분석한 결과 불성실 혐의가 있다고 인정하는 경우
② 최근 4년 이상 조사를 받지 아니한 납세자에 대하여 업종, 규모 등을 고려하여 대통령령으로 정하는 바에 따라 신고 내용이 적정한지를 검증할 필요가 있는 경우
③ 무작위추출방식으로 표본조사를 하려는 경우

2. 정기선정 외 조사

세관장은 정기선정에 의한 조사 외에 다음의 어느 하나에 해당하는 경우에는 조사를 할 수 있다.

① 납세자가 관세법에서 정하는 신고·신청, 과세가격결정자료의 제출 등의 납세협력의무를 이행하지 아니한 경우
② 수출입업자에 대한 구체적인 탈세제보 등이 있는 경우
③ 신고내용에 탈세나 오류의 혐의를 인정할 만한 자료가 있는 경우
④ 납세자가 세관공무원에게 직무와 관련하여 금품을 제공하거나 금품제공을 알선한 경우

3. 부과고지 대상 조사

세관장은 부과고지를 하는 경우 과세표준과 세액을 결정하기 위한 조사를 할 수 있다.

4. 소규모 성실사업자에 대한 관세조사 면제(영 제135조의4)

세관장은 최근 2년간 수출입신고 실적이 일정금액 이하인 경우 등 다음의 요건을 모두 충족하는 자에 대해서는 정기선정에 따른 조사를 하지 아니할 수 있다. 다만, 객관적인 증거자료에 의하여 과소신고한 것이 명백한 경우에는 그러하지 아니하다.

> 1. 최근 2년간 수출입신고 실적이 30억 이하일 것
> 2. 최근 4년 이내에 다음 각 목의 어느 하나에 해당하는 사실이 없을 것
>   가. 수출입 관련 법령을 위반하여 통고처분을 받거나 벌금형 이상의 형의 선고를 받은 사실
>   나. 관세 및 내국세를 체납한 사실
>   다. 법 제38조의3 제6항에 따라 신고납부한 세액이 부족하여 세관장으로부터 경정을 받은 사실

5 납세자 권리

1. 관세조사권 남용의 금지(법 제111조)

(1) 관세조사권 남용금지

세관공무원은 적정하고 공평한 관세를 실현하고 통관의 적법성을 보장하기 위하여 필요한 최소한의 범위에서 관세조사를 하여야 하며 다른 목적 등을 위하여 조사권을 남용하여서는 아니 된다.

(2) 중복조사의 금지

세관공무원은 다음의 어느 하나에 해당하는 경우를 제외하고는 해당 사안에 대하여 이미 조사받은 자를 다시 조사할 수 없다.

① 관세탈루 등의 혐의를 인정할 만한 명백한 자료가 있는 경우
② 이미 조사받은 자의 거래상대방을 조사할 필요가 있는 경우
③ 관세법에 따른 과세전적부심사·심사청구 또는 심판청구가 이유 있다고 인정되어 내려진 필요한 처분의 재조사 결정에 따라 재조사를 하는 경우(결정서 주문에 기재된 범위의 재조사에 한정한다)
④ 납세자가 세관공무원에게 직무와 관련하여 금품을 제공하거나 금품제공을 알선한 경우
⑤ 밀수출입, 부정·불공정무역 등 경제질서 교란 등을 통한 탈세혐의가 있는 자에 대하여 일제조사를 하는 경우

2. 조력을 받을 권리(법 제112조)

납세자는 세관공무원에게 조사를 받는 경우에 변호사, 관세사로 하여금 조사에 참여하게 하거나 의견을 진술하게 할 수 있다.

3. 납세자의 성실성 추정(법 제113조)

(1) 성실성 추정

세관공무원은 납세자가 관세법에 따른 신고 등의 의무를 이행하지 아니한 경우 또는 납세자에게 구체적인 관세포탈 등의 혐의가 있는 경우 등 다음의 경우를 제외하고는 납세자가 성실하며 납세자가 제출한 신고서 등이 진실한 것으로 추정하여야 한다.

① 납세자가 법에서 정하는 신고 및 신청, 과세자료의 제출 등의 납세협력의무를 이행하지 아니한 경우

② 납세자에 대한 구체적인 탈세정보가 있는 경우

③ 신고내용에 탈루나 오류의 혐의를 인정할 만한 명백한 자료가 있는 경우

④ 납세자의 신고내용이 관세청장이 정한 기준과 비교하여 불성실하다고 인정되는 경우

(2) 성실성 추정 배제

세관공무원이 납세자가 제출한 신고서 등의 내용에 관하여 질문을 하거나 신고한 물품에 대하여 확인을 하는 행위 등 다음의 행위를 하는 것을 제한하지 아니한다.

① 세액심사를 위한 질문이나 자료제출의 요구

② 물품의 검사

③ 장부 또는 자료의 제출

④ 그 밖의 법(수출용원재료에 대한 관세 등 환급에 관한 특례법을 포함)의 규정에 따른 자료조사나 자료제출의 요구

PART 04

4. 관세조사의 사전통지와 연기신청(법 제114조)

(1) 관세조사의 사전통지

1) 의의: 세관공무원은 범칙사건 조사 또는 관세조사등을 위하여 해당 장부·서류·전산처리장치 기타 물품 등을 조사하는 경우에는 조사를 받을 납세자(그 위임을 받은 자를 포함한다)에게 조사 시작 15일 전에 조사대상, 조사사유 그 밖에 대통령령으로 정하는 사항을 통지하여야 한다. 다만, 다음의 어느 하나에 해당하는 경우에는 그러하지 아니하다.

① 범칙사건에 대하여 조사하는 경우

② 사전에 통지하면 증거인멸 등으로 조사 목적을 달성할 수 없는 경우

2) 사전통지의 내용(영 제139조): 납세자 또는 그 위임을 받은 자에게 관세조사에 관한 사전통지를 하는 경우에는 다음의 사항을 적은 문서로 하여야 한다.

① 납세자 또는 그 위임을 받은 자의 성명과 주소 또는 거소

② 조사기간

③ 조사대상 및 조사사유

④ 기타 필요한 사항

3) 관세조사기간(영 제139조의2)

① 조사기간: 관세조사의 기간은 조사대상자의 수출입규모, 조사 인원·방법·범위 및 난이도 등을 종합적으로 고려하여 최소한이 되도록 하되, 방문하여 조사하는 경우에 그 조사기간은 20일 이내로 한다.

② **조사기간의 연장**: 다음의 어느 하나에 해당하는 경우에는 20일 이내의 범위에서 조사기간을 연장할 수 있다. 이 경우 2회 이상 연장하는 경우에는 관세청장의 승인을 받아 각각 20일 이내에서 연장할 수 있다.

㉠ 조사대상자가 장부・서류 등을 은닉하거나 그 제출을 지연 또는 거부하는 등 조사를 기피하는 행위가 명백한 경우

㉡ 조사범위를 다른 품목이나 거래상대방 등으로 확대할 필요가 있는 경우

㉢ 천재지변이나 노동쟁의로 조사가 중단되는 경우

㉣ 위 '㉠부터 ㉢'까지에 준하는 사유로 사실관계의 확인이나 증거 확보 등을 위하여 조사기간을 연장할 필요가 있는 경우

㉤ 납세자보호관 또는 담당관이 세금탈루 혐의와 관련하여 추가적인 사실 확인이 필요하다고 인정하는 경우

㉥ 관세조사 대상자가 세금탈루 혐의에 대한 해명 등을 위하여 관세조사 기간의 연장을 신청한 경우로서 납세자보호관 등이 이를 인정하는 경우

⑵ 관세조사의 중지

1) **조사의 중지**: 세관공무원은 납세자가 자료의 제출을 지연하는 등 다음의 어느 하나에 해당하는 사유로 조사를 진행하기 어려운 경우에는 조사를 중지할 수 있다. 이 경우 그 중지기간은 조사기간 및 조사연장기간에 산입하지 아니한다.

① 납세자가 천재지변이나 관세조사 연기신청 사유에 해당하는 사유가 있어 조사중지를 신청한 경우

② 납세자가 장부・서류 등을 은닉하거나 그 제출을 지연 또는 거부하는 등으로 인하여 조사를 정상적으로 진행하기 어려운 경우

③ 노동쟁의 등의 발생으로 관세조사를 정상적으로 진행하기 어려운 경우

④ 위법・부당한 관세조사 및 관세조사 중 세관공무원의 위법・부당한 행위에 대한 일시중지 및 중지에 따라 납세자보호관등이 관세조사의 일시중지를 요청하는 경우

⑤ 그 밖에 관세조사를 중지하여야 할 특별한 사유가 있는 경우로서 관세청장이 정하는 경우

2) **조사의 재개**: 세관공무원은 관세조사를 중지한 경우에는 그 중지 사유가 소멸하면 즉시 조사를 재개하여야 한다. 다만, 관세채권의 확보 등 긴급히 조사를 재개하여야 할 필요가 있는 경우에는 그 중지사유가 소멸하기 전이라도 관세조사를 재개할 수 있다. 세관공무원은 조사기간을 연장, 중지 또는 재개하는 경우에는 그 사유, 기간 등을 문서로 통지하여야 한다.

⑶ 관세조사의 연기신청

통지를 받은 납세자가 천재지변이나 그 밖에 다음의 사유로 조사를 받기가 곤란한 경우에는 대통령령으로 정하는 바에 따라 해당 세관장에게 조사를 연기하여 줄 것을 신청할 수 있다. 관세조사 연기를 신청 받은 세관장은 연기신청 승인 여부를 결정하고 그 결과를 조사개시 전까지 신청인에게 통지하여야 한다.

① 화재 그 밖의 재해로 사업상 심한 어려움이 있는 경우

② 납세자 또는 그 위임을 받은 자의 질병, 장기출장 등으로 관세조사가 곤란하다고 판단되는 경우

③ 권한 있는 기관에 의하여 장부 및 증빙서류가 압수 또는 영치된 경우

④ 기타 '①'부터 '③'까지의 규정에 준하는 사유가 있는 경우

5. 장부 · 서류 등의 보관 금지(법 제114조의2)

(1) 장부 · 서류 등의 보관 장소

세관공무원은 관세조사의 목적으로 납세자의 장부 · 서류 또는 그 밖의 물건을 세관관서에 임의로 보관할 수 없다. 그럼에도 불구하고 세관공무원은 제110조의3제2항(정기선정 외의 조사) 어느 하나의 사유에 해당하는 경우에는 조사목적에 필요한 최소한의 범위에서 납세자, 소지자 또는 보관자 등 정당한 권한이 있는 자가 임의로 제출한 장부 등을 납세자의 동의를 받아 세관관서에 일시 보관할 수 있다.

(2) 장부등의 일시 보관 방법 및 절차

① 세관공무원은 납세자의 장부 등을 세관관서에 일시 보관하려는 경우 일시 보관 전에 납세자, 소지자 또는 보관자 등 정당한 권한이 있는 자에게 다음의 사항을 고지하여야 하고, 납세자로부터 일시 보관 동의서를 받아야 하며, 일시 보관증을 교부하여야 한다.

㉠ 장부 등을 일시 보관하는 사유

㉡ 납세자 등이 동의하지 아니하는 경우에는 장부등을 일시 보관할 수 없다는 내용

㉢ 납세자 등이 임의로 제출한 장부등에 대해서만 일시 보관할 수 있다는 내용

㉣ 납세자 등이 요청하는 경우 일시 보관 중인 장부등을 반환받을 수 있다는 내용

② 납세자 등은 조사목적이나 조사범위와 관련이 없는 장부 등에 대해서는 세관공무원에게 일시 보관할 장부 등에서 제외할 것을 요청할 수 있다.

③ 세관공무원은 해당 관세조사를 종료하였을 때에는 일시 보관한 장부 등을 모두 반환하여야 한다.

(3) 보관 기간

① 세관공무원은 일시 보관하고 있는 장부등에 대하여 납세자가 반환을 요청한 경우에는 납세자가 그 반환을 요청한 날부터 14일을 초과하여 장부 등을 보관할 수 없다. 다만, 조사목적을 달성하기 위하여 필요한 경우에는 납세자의 동의를 받아 한 차례만 14일 이내의 범위에서 보관 기간을 연장할 수 있다.

② 세관공무원은 납세자가 일시 보관하고 있는 장부등의 반환을 요청한 경우로서 관세조사에 지장이 없다고 판단될 때에는 요청한 장부등을 즉시 반환하여야 한다.

(4) 사본 보관

납세자에게 장부 등을 반환하는 경우 세관공무원은 장부 등의 사본을 보관할 수 있고, 그 사본이 원본과 다름없다는 사실을 확인하는 납세자의 서명 또는 날인을 요구할 수 있다.

6. 관세조사의 결과통지(법 제115조)

세관공무원은 관세조사를 종료하였을 때에는 그 종료 후 20일 이내에 그 조사결과를 서면으로 납세자에게 통지하여야 한다. 다만, 폐업 등 다음의 경우에는 그러하지 아니하다.

(1) 납세자에게 통고처분을 하는 경우

(2) 범칙사건을 고발하는 경우

(3) 폐업한 경우

(4) 납세자의 주소 및 거소가 불명하거나 그 밖의 사유로 통지를 하기 곤란하다고 인정되는 경우

7. 비밀유지(법 제116조)

(1) 비밀유지 의무

1) 의의: 세관공무원은 납세자가 관세법에서 정한 납세의무를 이행하기 위하여 제출한 자료나 관세의 부과·징수 또는 통관을 목적으로 업무상 취득한 자료 등 을 타인에게 제공하거나 누설하여서는 아니 되며, 사용 목적 외의 용도로 사용하여서도 아니 된다.

2) 비밀유지 의무 예외: 세관공무원은 다음에 해당하는 경우에는 그 사용목적에 맞는 범위 안에서 납세자의 과세정보를 제공할 수 있다.
과세정보를 알게 된 자는 타인에게 제공하거나 누설하여서는 아니 되며, 그 목적 외의 용도로 사용하여서도 아니 된다.

① 국가기관이 관세에 관한 쟁송이나 관세범에 대한 소추(訴追)를 목적으로 과세정보를 요구하는 경우
② 법원의 제출명령이나 법관이 발부한 영장에 따라 과세정보를 요구하는 경우
③ 세관공무원 상호간에 관세를 부과·징수, 통관 또는 질문·검사하는 데에 필요하여 과세정보를 요구하는 경우
④ 통계청장이 국가통계작성 목적으로 과세정보를 요구하는 경우
⑤ 다음 각 목에 해당하는 자가 급부·지원 등의 대상자 선정 및 그 자격을 조사·심사하는데 필요한 과세정보를 당사자의 동의를 받아 요구하는 경우
㉠ 국가행정기관 및 지방자치단체
㉡ 「공공기관의 운영에 관한 법률」에 따른 공공기관 중 대통령령으로 정하는 공공기관[99)]
㉢ 「은행법」에 따른 은행
㉣ 그 밖에 급부·지원 등의 업무와 관련된 자로서 대통령령으로 정하는 자[100)]

---

99) 시행령 제141조의2(과세정보의 제공 기관 및 범위)
1. 「기술보증기금법」에 따른 기술보증기금
2. 「농촌진흥법」 제33조에 따른 한국농업기술진흥원
3. 「대한무역투자진흥공사법」에 따른 대한무역투자진흥공사
4. 「무역보험법」 제37조에 따른 한국무역보험공사
5. 「산업기술혁신 촉진법」 제39조에 따른 한국산업기술기획평가원
6. 「신용보증기금법」에 따른 신용보증기금
7. 「정부출연연구기관 등의 설립·운영 및 육성에 관한 법률」에 따른 한국해양수산개발원
8. 「중소기업진흥에 관한 법률」 제68조에 따른 중소벤처기업진흥공단
9. 「한국농수산식품유통공사법」에 따른 한국농수산식품유통공사
10. 「한국해양진흥공사법」에 따른 한국해양진흥공사
11. 그 밖에 「공공기관의 운영에 관한 법률」에 따른 공공기관으로서 공공기관이 수행하는 급부·지원사업 등의 대상자 선정 및 자격의 조사·심사를 위하여 과세정보(납세자가 법에서 정한 납세의무를 이행하기 위하여 제출한 자료나 관세의 부과·징수 또는 통관을 목적으로 업무상 취득한 자료 등을 말한다. 이하 같다)가 필요하다고 관세청장이 정하여 고시하는 공공기관

100) "대통령령으로 정하는 자"란 다음 각 호의 어느 하나에 해당하는 기관 또는 법인·단체를 말한다.
1. 법 제116조 제1항 제5호 가목 및 나목에 해당하는 자의 급부·지원 등의 대상자 선정 및 그 자격의 조사·심사 업무를 위임 또는 위탁받아 수행하는 기관 또는 법인·단체
2. 법 제116조 제1항 제5호 가목 및 나목에 해당하는 자가 급부·지원 등의 업무를 수행하기 위하여 출연·보조하는 기관 또는 법인·단체로서 관세청장이 정하여 고시하는 기관 또는 법인·단체
3. 그 밖에 기업의 경쟁력 강화, 산업발전 및 무역진흥을 위한 급부·지원 등의 업무를 수행하는 비영리법인으로서 급부·지원 등의 대상자 선정 및 자격의 조사·심사를 위하여 과세정보가 필요하다고 관세청장이 정하여 고시하는 법인

⑥ ㉡ 또는 ㉢에 해당하는 자가 「대외무역법」 제2조 제3호에 따른 무역거래자의 거래, 지급, 수령 등을 확인하는데 필요한 과세정보를 당사자의 동의를 받아 요구하는 경우

⑦ 다른 법률에 따라 과세정보를 요구하는 경우

3) 정보제공의 요청

① 및 ④ ~ ⑦사유에 따라 과세정보의 제공을 요구하는 자는 문서로 다음의 사항이 포함된 신청서를 관세청장 또는 해당 세관장에게 요구하여야 한다. 신청서의 서식, 당사자의 동의 여부 확인 방법 등 과세정보의 제공 요구 및 제공에 필요한 세부 사항은 관세청장이 정하여 고시한다. 세관공무원은 과세정보 제공 요건에 위반되게 과세정보의 제공을 요구받으면 이를 거부하여야 한다.

㉠ 과세정보의 사용 목적

㉡ 요구하는 과세정보의 내용

㉢ 과세정보가 필요한 급부·지원 등 사업명

㉣ 당사자의 동의

4) 과제정보 제공을 위한 기초자료 제공: 관세청장은 과세정보의 제공 업무를 관세법 제322조 제5항에 따른 대행기관에 대행하게 할 수 있다. 이 경우 관세청장은 과세정보 제공 업무를 위한 기초자료를 대행기관에 제공하여야 한다.

PART 04

5) 과세정보의 안정성 확보

① 과세정보공유자(과세정보를 알게 된 자 또는 과세정보의 제공 업무를 대행하는 자를 말한다)는 과세정보의 안전성을 확보하기 위하여 다음의 조치를 해야 한다.

㉠ 과세정보의 유출 및 변조 등을 방지하기 위한 정보보호시스템의 구축

㉡ 과세정보 이용이 가능한 업무담당자 지정 및 업무담당자 외의 자에 대한 과세정보 이용 금지

㉢ 과세정보의 보관기간 설정 및 보관기관 경과 시 과세정보의 파기

② 과세정보공유자는 안정성 확보 조치의 이행 여부를 주기적으로 점검해야 한다.

③ 관세청장은 과세정보공유자에게 점검결과의 제출을 요청할 수 있으며, 해당 요청을 받은 자는 그 점검결과를 관세청장에게 제출해야 한다.

6) 공무원 의제: 과세정보를 알게 된 자는 타인에게 제공하거나 누설하여서는 아니 되며, 그 목적 외의 용도로 사용하여서도 아니 되며, 과세정보를 제공받아 알게 된 자 중 공무원이 아닌 자는 「형법」이나 그 밖의 법률에 따른 벌칙을 적용할 때 공무원으로 본다.

(2) 고액·상습체납자 명단공개(법 제116조의2)

1) 의의: 법 제116조(비밀유지)에도 불구하고 관세청장은 다음에 해당하는 사항을 공개할 수 있다.

① 체납발생일부터 1년이 지난 관세 및 내국세등(체납관세등)이 2억원 이상인 체납자: 해당 체납자의 인적사항과 체납액 등. 다만, 체납관세등에 대하여 이의신청·심사청구 등 불복청구가 진행 중이거나 체납액의 일정금액 이상을 납부한 경우 등 대통령령으로 정하는 사유에 해당하는 경우에는 그러하지 아니하다.

② 관세포탈죄 등의 범죄로 유죄판결이 확정된 자로서 포탈, 감면, 면탈 또는 환급받은 관세 및 내국세등의 금액(포탈관세액)이 연간 2억원 이상인 자(관세포탈범): 해당 관세포탈범의 인적사항과 포탈관세액 등. 다만, 관세정보위원회가 공개할 실익이 없거나 공개하는 것이 부적절하다고 인정하는 경우[101] 등 대통령령으로 정하는 사유에 해당하는 경우에는 그러하지 아니하다.

2) 명단공개 제외대상

① 체납관세등에 대하여 이의신청·심사청구 등 불복청구 진행 중에 있는 경우

② 최근 2년간의 체납액 납부비율이 100분의 50 이상인 경우

최근 2년간의 체납액 납부비율 = B / A + B
A: 명단 공개 예정일이 속하는 연도의 직전 연도 12월 31일 당시 명단 공개 대상 예정자의 체납액 B: 명단 공개 예정일이 속하는 연도의 직전 2개 연도 동안 명단 공개 대상 예정자가 납부한 금액

③ 「채무자 회생 및 파산에 관한 법률」 제243조에 따른 회생계획인가의 결정에 따라 체납된 세금의 징수를 유예받고 그 유예기간 중에 있거나 체납된 세금을 회생계획의 납부일정에 따라 납부하고 있는 경우

④ 재산상황, 미성년자 해당여부 및 그 밖의 사정 등을 고려할 때 관세정보공개위원회가 공개할 실익이 없거나 공개하는 것이 부적절하다고 인정하는 경우

3) 관세정보위원회[102]: 체납자의 인적사항과 체납액 또는 관세포탈범의 인적사항과 포탈관세액 등에 대한 공개 여부를 심의 또는 재심의하고 체납자에 대한 감치 필요성 여부를 의결하기 위하여 관세청에 관세정보위원회를 둔다.

---

101) "관세정보위원회가 공개할 실익이 없거나 공개하는 것이 부적절하다고 인정하는 경우 등 대통령령으로 정하는 사유"란 관세정보위원회가 공개할 실익이 없거나 공개하는 것이 부적절하다고 인정하는 경우를 말한다.

102) **시행령 제141조의6(관세정보위원회의 구성 및 운영)**

① 법 제116조의2 제2항에 따른 관세정보공개심의위원회의 위원장은 관세청차장이 되고, 위원은 다음 각 호의 자가 된다.

1. 관세청의 고위공무원단에 속하는 일반직공무원 중에서 관세청장이 임명하는 자 4인
2. 법률 또는 재정·경제에 관한 학식과 경험이 풍부한 자 중에서 관세청장이 위촉하는 자 6인

② 위원의 임기는 2년으로 하되, 한번만 연임할 수 있다. 다만, 보궐위원의 임기는 전임위원 임기의 남은 기간으로 한다.

③ 관세청장은 위원회의 위원이 다음 각 호의 어느 하나에 해당하는 경우에는 해당 위원을 해임 또는 해촉할 수 있다.

1. 심신장애로 인하여 직무를 수행할 수 없게 된 경우
2. 직무와 관련된 비위사실이 있는 경우
3. 직무태만, 품위손상이나 그 밖의 사유로 인하여 위원으로 적합하지 아니하다고 인정되는 경우
4. 위원 스스로 직무를 수행하는 것이 곤란하다고 의사를 밝히는 경우
5. 심의·의결에 제척 사항 어느 하나에 해당함에도 불구하고 회피하지 아니한 경우

④ 위원회의 회의는 위원장을 포함한 재적위원 과반수의 출석으로 개의하고, 출석위원 과반수의 찬성으로 의결한다.

⑤ 위원회의위원은 다음 각 호의 어느 하나에 해당하는 경우에는 심의·의결에서 제척된다.

1. 위원이 해당 안건의 당사자 이거나 해당 안건에 관하여 직접적인 이해관계가 있는 경우
2. 위원의 배우자, 4촌 이내의 혈족 및 2촌 이내의 인척의 관계에 있는 사람이 해당 안건의 당사자이거나 해당 안건에 관하여 직접적인 이해관계가 있는 경우
3. 위원이 해당 안건 당사자의 대리인이거나 최근 5년 이내에 대리인이었던 경우
4. 위원이 해당 안건 당사자의 대리인이거나 최근 5년 이내에 대리인이었던 법인·단체 등에 현재 속하고 있거나 속하였던 경우
5. 위원이 최근 5년 이내에 해당 안건 당사자의 자문·고문에 응하였거나 해당 안건 당사자와 연구·용역 등의 업무 수행에 동업 또는 그 밖의 형태로 직접 해당 안건 당사자의 업무에 관여를 하였던 경우
6. 위원이 최근 5년 이내에 해당 안건 당사자의 자문·고문에 응하였거나 해당 안건 당사자와 연구·용역 등의 업무 수행에 동업 또는 그 밖의 형태로 직접 해당안건 당사자의 업무에 관여를 하였던 법인·단체 등에 현재 속하고 있거나 속하였던 경우

⑥ 위원회의 위원은 제5항 각 호의 어느 하나에 해당하는 경우에는 스스로 해당 안건의 심의·의결에서 회피하여야 한다.

⑦ 제1항부터 제6항까지에서 규정한 사항 외에 위원회의 구성 및 운영에 관하여 필요한 사항은 관세청장이 정한다.

4) 명단공개 절차

① 관세청장은 심의위원회의 심의를 거친 공개대상예정자에게 체납자 또는 관세포탈범 명단 공개대상 예정자임을 통지[103]하여 소명할 기회를 주어야 한다. 관세청장은 통지하는 때에는 그 체납된 세금의 납부촉구와 명단공개 제외사유에 해당되는 경우 이에 관한 소명자료를 제출하도록 각각 안내하여야 한다.

② 관세청장은 통지한 날부터 6개월이 지나면 심의위원회로 하여금 체납액의 또는 포탈관세액의 납부이행 등을 고려하여 체납자의 또는 관세포탈범의 명단 공개 여부를 재심의하게 한다.

③ 명단공개는 관보에 게재하거나 관세청장이 지정하는 정보통신망 또는 관할 세관의 게시판에 게시하는 방법으로 한다.

④ 체납자, 관세포탈범 명단 공개 및 심의위원회의 구성・운영 등에 필요한 사항은 대통령령으로 정한다.

5) 명단공개 사항

① 체납자 명단공개시 공개할 사항은 체납자의 성명・상호(법인의 명칭을 포함한다)・연령・직업・주소, 체납액의 세목・납기 및 체납요지 등으로 하고, 체납자가 법인인 경우에는 법인의 대표자를 함께 공개한다.

② 관세포탈범의 명단을 공개할 때 공개할 사항은 관세포탈범의 성명・상호(법인의 명칭을 포함한다), 나이, 직업, 주소, 포탈관세액 등의 세목・금액, 판결 요지 및 형량 등으로 한다. 이 경우 관세포탈범의 범칙행위가 양벌규정 적용 대상에 해당하는 경우에는 해당 법인의 명칭・주소・대표자 또는 해당 개인의 성명・상호・주소를 함께 공개한다.

PART 04

6) 명단공개 기간

① 관세청장이 명단을 관세청장이 지정하는 정보통신망 또는 관할 세관의 게시판에 게시하는 방법으로 공개하는 경우 그 공개 기간은 게시일부터 다음 각 호의 구분에 따른 기간이 만료하는 날까지로 한다.

㉠ 관세포탈죄 등에 따른 범죄(「특정범죄 가중처벌 등에 관한 법률」 제6조제8항에 따른 상습범은 제외한다)로 유죄판결이 확정된 자의 경우: 5년

㉡ 관세포탈죄 등에 따른 범죄(「특정범죄 가중처벌 등에 관한 법률」 제6조제8항에 따른 상습범만 해당한다)로 유죄판결이 확정된 자의 경우: 10년

② 그럼에도 불구하고 명단공개대상 자가 그 공개 기간의 만료일 현재 다음 각 호의 어느 하나에 해당하는 경우에는 해당 날까지 계속하여 공개한다.

㉠ 법에 따라 납부해야 할 세액, 과태료 또는 벌금을 납부하지 않은 경우: 그 세액 등을 완납하는 날

㉡ 형의 집행이 완료되지 않은 경우: 그 형의 집행이 완료되는 날

---

103) 관세청장은 공개대상예정자에게 명단공개 대상예정자임을 통지하는 때에는 그 체납하거나 포탈한 세금의 납부촉구와 명단공개 제외사유에 해당되는 경우 이에 관한 소명자료를 제출하도록 각각 안내하여야 한다.

(3) 납세증명서의 제출 및 발급(법 제116조의3)

1) 의의: 납세자는 다음 어느 하나에 해당하는 경우에는 납세증명서를 제출하여야 한다. 세관장은 납세자로부터 납세증명서의 발급신청을 받았을 때에는 그 사실을 확인하고 즉시 납세증명서를 발급하여야 한다. 납세증명서를 발급받으려는 자는 기획재정부령으로 정하는 서식에 따른 신청서를 세관장에게 제출하여야 한다.

① 국가, 지방자치단체 또는 대통령령으로 정하는 정부관리기관으로부터 대금을 지급받을 경우

② 「출입국관리법」 제31조에 따른 외국인등록 또는 「재외동포의 출입국과 법적 지위에 관한 법률」 제6조에 따른 국내거소신고를 한 외국인이 체류기간 연장허가 등 대통령령으로 정하는 체류허가를 법무부장관에게 신청하는 경우

③ 내국인이 해외이주 목적으로 「해외이주법」 제6조에 따라 재외동포청장에게 해외이주신고를 하는 경우

2) 납세증명서의 유효기간: 납세증명서의 유효기간은 그 증명서를 발급한 날부터 30일로 한다. 다만, 발급일 현재 납부기한이 진행 중인 관세 및 내국세등이 있는 경우에는 그 납부기한까지로 할 수 있다. 세관장은 유효기간을 정할 경우에는 해당 납세증명서에 그 사유와 유효기간을 분명하게 적어야 한다.

(4) 고액 · 상습체납자 감치(법 제116조의4)

1) 의의: 법원은 검사의 청구에 따라 체납자를 30일의 범위에서 체납된 관세(세관장이 부과 · 징수하는 내국세등을 포함한다)가 납부될 때까지 그 체납자를 감치(監置)에 처할 수 있다.

2) 감치 요건: 다음의 사유에 모두 해당하는 경우 감치에 처할 수 있다.

① 관세를 3회 이상 체납하고 있고, 체납발생일부터 각 1년이 경과하였으며, 체납금액의 합계가 2억원 이상인 경우

② 체납된 관세의 납부능력이 있음에도 불구하고 정당한 사유 없이 체납한 경우

③ 관세정보위원회의 의결에 따라 해당 체납자에 대한 감치 필요성이 인정되는 경우

3) 감치 신청: 관세청장은 체납자가 감치요건 모두에 해당하는 경우에는 체납자의 주소 또는 거소를 관할하는 지방검찰청 또는 지청의 검사에게 체납자의 감치를 신청할 수 있다.

4) 감치 신청에 대한 의견진술: 관세청장은 감치를 신청하기 전에 체납자가 소명자료를 제출하거나 의견을 진술할 수 있도록 다음의 사항이 모두 포함된 서면(체납자가 동의하는 경우에는 전자문서를 포함한다)을 체납자에게 통지해야 한다. 기간 내에 소명자료를 제출하지 않거나 의견진술 신청이 없는 경우에는 의견이 없는 것으로 본다.

① 체납자의 성명과 주소

② 감치(監置) 요건, 감치 신청의 원인이 되는 사실, 감치 기간 및 적용 법령

③ 체납된 관세를 납부하는 경우에는 감치 집행이 종료될 수 있다는 사실

④ 체납자가 소명자료를 제출하거나 의견을 진술할 수 있다는 사실과 소명자료 제출 및 의견진술 신청기간. 이 경우 그 기간은 통지를 받은 날부터 30일 이상으로 해야 한다.

⑤ **그 밖에 소명자료 제출 및 의견진술 신청에 관하여 필요한 사항**: 의견을 진술하려는 사람은 의견진술 신청 기간에 관세청장에게 진술하려는 내용을 간략하게 적은 문서(전자문서를 포함한다)를 제출해야 하며, 의견진술 신청을 받은 관세청장은 관세정보위원회의 회의 개최일 3일 전까지 신청인에게 회의 일시 및 장소를 통지해야 한다.

5) 기타

① 결정에 대하여는 즉시항고를 할 수 있으며, 감치에 처하여진 체납자는 동일한 체납사실로 인하여 재차 감치되지 아니한다.

② 감치에 처하는 재판을 받은 체납자가 그 감치의 집행 중에 체납된 관세를 납부한 경우에는 감치집행을 종료하여야 한다.

③ 감치집행시 세관공무원은 감치대상자에게 감치사유, 감치기간, 감치집행의 종료 등 감치결정에 대한 사항을 설명하고 그 밖의 감치집행에 필요한 절차에 협력하여야 한다.

④ 감치에 처하는 재판 절차 및 그 집행, 그 밖에 필요한 사항은 대법원규칙으로 정한다.

⑸ 출국금지 요청 등(법 제116조의5)

1) **의의**: 관세청장은 정당한 사유 없이 5천만원 이상의 관세(세관장이 부과·징수하는 내국세등을 포함한다.)를 체납한 자 중 다음 어느 하나에 해당하는 사람으로서 관할 세관장이 압류·공매, 담보 제공, 보증인의 납세보증서 등으로 조세채권을 확보할 수 없고, 강제징수를 회피할 우려가 있다고 인정되는 사람에 대하여 법무부장관에게 조세채권을 확보할 수 없고 강제징수를 회피할 우려가 있다고 인정하는 사유를 구체적으로 밝혀 출국금지 또는 출국정지를 즉시 요청하여야 한다.

① 배우자 또는 직계존비속이 국외로 이주(국외에 3년 이상 장기체류 중인 경우를 포함한다)한 사람

② 「출입국관리법」 제4조에 따른 출국금지(같은 법 제29조에 따른 출국정지를 포함한다.)의 요청일 현재 최근 2년간 미화 5만달러 상당액 이상을 국외로 송금한 사람

③ 미화 5만달러 상당액 이상의 국외자산이 발견된 사람

④ 관세법 제116조의2에 따라 명단이 공개된 자

⑤ 출국금지 요청일을 기준으로 최근 1년간 체납된 관세(세관장이 부과·징수하는 내국세등을 포함한다)가 5천만원 이상인 상태에서 사업 목적, 질병 치료, 직계존비속의 사망 등 정당한 사유 없이 국외 출입 횟수가 3회 이상이거나 국외 체류 일수가 6개월 이상인 사람

⑥ 법 제26조에 따라 「국세징수법」 제25조에 따른 사해행위(詐害行爲) 취소소송 중이거나 「국세기본법」 제35조 제6항에 따른 제3자와 짜고 한 거짓계약에 대한 취소소송 중인 사람

2) **결과통보**: 법무부장관은 출국금지 또는 출국정지 요청에 따라 출국금지 또는 출국정지를 한 경우에는 관세청장에게 그 결과를 「정보통신망 이용촉진 및 정보보호 등에 관한 법률」 제2조 제1항 제1호에 따른 정보통신망 등을 통하여 통보하여야 한다.

3) **해제요청**: 관세청장은 다음 어느 하나에 해당하는 경우에는 즉시 법무부장관에게 출국금지 또는 출국정지의 해제를 요청[104]하여야 한다.

① 체납자가 체납액을 전부 또는 일부 납부하여 체납된 관세가 5천만원 미만으로 된 경우

② 체납자 재산의 압류, 담보 제공 등으로 출국금지 사유가 해소된 경우

③ 관세징수권의 소멸시효가 완성된 경우

④ 그 밖에 대통령령으로 정하는 사유가 있는 경우

㉠ 체납액의 부과결정의 취소 등에 따라 체납된 관세(세관장이 부과·징수하는 내국세등을 포함한다)가 5천만원 미만이 된 경우

㉡ 출국금지 요청의 요건을 충족하지 않게 된 경우

(6) 납세자 본인에 관한 과세정보의 전송 요구(법 제116조의6)

1) **의의**: 납세자는 관세청장에 대하여 본인에 관한 정보로서 과세정보를 본인이나 본인이 지정하는 자로서 본인정보를 이용하여 업무를 처리하려는 자에게 전송하여 줄 것을 요구하거나 철회할 수 있다.

2) **과세정보 전송 대상**

① 납세자 본인

② 「관세사법」 제7조에 따라 등록한 관세사, 같은 법 제17조의2에 따라 등록한 관세법인 또는 같은 법 제19조에 따라 등록한 통관취급법인 등

③ 「세무사법」 제6조에 따라 등록한 세무사 또는 같은 법 제16조의4에 따라 등록한 세무법인

④ 「세무사법」에 따라 세무대리를 할 수 있는 공인회계사 또는 변호사

⑤ 「전기통신사업법」 제2조제8호에 따른 전기통신사업자로서 대통령령으로 정하는 자[105]

3) **납세자의 과세정보 전송요구**: 납세자는 과세정보 전송 대상자에게 전송 요구를 할 때에는 다음 사항을 모두 특정하여 전자문서나 그 밖에 안전성과 신뢰성이 확보된 방법으로 과세정보의 보관기간을 특정하여 요구해야 한다. 다만, 납세자는 과세전송 요구로 인하여 타인의 권리나 정당한 이익을 침해하여서는 아니 된다.

① 전송을 요구하는 본인의 과세정보

② 본인의 과세정보를 제공받는 자

③ 정기적인 전송을 요구하는지 여부 및 요구하는 경우 그 주기

④ 그 밖에 제1호부터 제3호까지에서 정한 사항과 유사한 사항으로서 관세청장이 정하는 사항

---

104) 관세청장은 출국금지 중인 사람에게 다음 각 호의 어느 하나에 해당하는 사유가 발생한 경우로서 강제징수를 회피할 목적으로 국외로 도피할 우려가 없다고 인정할 때에는 법무부장관에게 출국금지의 해제를 요청할 수 있다.
1. 국외건설계약 체결, 수출신용장 개설, 외국인과의 합작사업계약 체결 등 구체적인 사업계획을 가지고 출국하려는 경우
2. 국외에 거주하는 직계존비속이 사망하여 출국하려는 경우
3. 제1호 및 제2호의 사유 외에 본인의 신병 치료 등 불가피한 사유로 출국할 필요가 있다고 인정되는 경우

105) 1. 「전기통신사업법」에 따른 전기통신사업자로서 「신용정보의 이용 및 보호에 관한 법률」 제33조의2제1항제2호부터 제5호까지에 해당하는 자
2. 그 밖에 「전기통신사업법」에 따른 전기통신사업자로서 본인정보의 활용 수요, 본인정보를 전송·수신하는 정보시스템의 안전성·신뢰성 및 개인정보 보호 수준 등을 고려하여 관세청장이 정하여 고시하는 자

4) 관세청장의 과세정보 전송

① 관세청장은 과세정보 전송 요구를 받은 경우에는 대통령령으로 정하는 범위[106]에서 해당 정보를 컴퓨터 등 정보처리장치를 이용하여 처리 가능한 형태로 전송하여야 한다. 그럼에도 불구하고 관세청장은 납세자의 본인 여부가 확인되지 아니하는 경우 등 대통령령으로 정하는 경우[107]에는 전송 요구를 거절하거나 전송을 중단할 수 있다. 이 경우 관세청장은 지체 없이 해당 사실을 납세자에게 통지하여야 한다.

② 관세청장은 과세정보의 전송 업무를 대행기관에 대행하게 할 수 있다. 이 경우 관세청장은 과세정보 전송 업무를 위하여 기초자료를 대행기관에 제공하여야 한다.

5) 과세정보 유출 방지를 위한 시스템 구축

① 전송된 과세정보를 알게 된 자(납세자 본인은 제외한다) 또는 과세정보의 전송 업무를 대행하는 자는 과세정보의 유출을 방지하기 위한 시스템 구축 등 과세정보의 안정성 확보를 위한 조치를 하여야 하며, 조치의 이행 여부를 주기적으로 점검해야 한다.

② 관세청장은 전송과세정보 공유자에게 점검결과의 제출을 요청할 수 있으며, 해당 요청을 받은 자는 그 점검결과를 관세청장에게 제출해야 한다.

6) 용도외 사용 금지: 전송된 과세정보를 알게 된 자(납세자 본인은 제외한다)또는 과세정보의 전송 업무를 대행하는 자는 과세정보를 타인에게 제공 또는 누설하거나 그 목적 외의 용도로 사용하여서는 아니 된다.

7) 수수료 납부: 과세정보를 전송 요구하려는 자는 기획재정부령으로 정하는 바에 따라 관세청장에게 수수료를 납부하여야 한다. 다만, 대행기관이 업무를 대행하는 경우에는 대행기관이 정하는 수수료[108]를 해당 대행기관에 납부하여야 한다.

8. 정보의 제공(법 제117조)

세관공무원은 납세자가 납세자의 권리행사에 필요한 정보를 요구하면 신속하게 제공하여야 한다. 이 경우 세관공무원은 납세자가 요구한 정보와 관련되어 있어 관세청장이 정하는 바에 따라 납세자가 반드시 알아야 한다고 판단되는 그 밖의 정보도 함께 제공하여야 한다.

---

106) "대통령령으로 정하는 범위"란 별표 2의2 제1호 각 목에 따른 정보(납세자 본인에 관한 정보만 해당한다)를 말한다. 다만, 해당 정보의 유출로 국가의 안전보장 또는 국민경제의 발전에 지장을 줄 우려가 있는 정보는 제외한다.

107) 법 제116조의6제4항에서 "납세자의 본인 여부가 확인되지 아니하는 경우 등 대통령령으로 정하는 경우"란 다음 각 호의 어느 하나에 해당하는 경우를 말한다.
1. 납세자 본인이 전송 요구를 한 사실이 확인되지 않은 경우
2. 납세자 본인이 전송 요구를 했으나 제3자의 기망이나 협박 때문에 전송 요구를 한 것으로 의심되는 경우
3. 법 제116조의6제1항 각 호의 자가 아닌 자에게 전송해 줄 것을 요구한 경우
4. 법 제116조의6제5항에 따른 전송 요구 방법을 따르지 않은 경우
5. 납세자의 인증정보 탈취 등 부당한 방법으로 인한 전송 요구임을 알게 된 경우
6. 전송 요구에 응하여 과세정보를 제공하면 타인의 권리나 정당한 이익을 부당하게 침해할 우려가 있는 경우

108) 법 제116조의6제11항 본문에 따라 과세정보 전송을 요구하려는 자가 관세청장에게 납부해야 하는 수수료에 관하여는 별표 7 제3호를 준용한다.

과세전적부심사

1 의의

과세전적부심사제도는 납세의무자의 사전적 권리구제 절차로서 과세관청이 과세를 하면 납세의무자는 해당세액을 납부하고, 납부기한이 경과한 경우 가산금 또는 강제징수 대상이 되는 제도적인 문제점을 해소하기 위하여 과세관청이 부족세액 등을 징수하는 경우 납세자에게 통지하여 과세할 내용의 적법성 여부의 심사를 청구할 수 있도록 한 사전적 권리구제 제도이다.

2 과세전 통지

1. 의의

세관장은 경정(법 제38조의3 제6항) 또는 관세추징(법 제39조 제2항)규정에 따라 납부세액이나 납부하여야 하는 세액에 미치지 못한 금액을 징수하려는 경우에는 미리 납세의무자에게 그 내용을 서면으로 통지하여야 한다.

2. 과세전 통지 생략

세관장은 다음의 경우에는 과세전 통지를 생략한다.

① 통지하려는 날부터 3개월 이내에 관세부과의 제척기간이 만료되는 경우
② 잠정가격 신고물품에 대하여 납세의무자가 확정가격의 신고를 한 경우
③ 수입신고 수리 전에 세액을 심사하는 경우로서 그 결과에 따라 부족세액을 징수하는 경우
④ 사후관리 위반에 따라 감면된 관세를 징수하는 경우
⑤ 관세포탈죄로 고발되어 포탈세액을 징수하는 경우
⑥ **그 밖에 관세의 징수가 곤란하게 되는 등 사전통지가 부적당한 경우로서 대통령령이 정하는 경우**
1. 납부세액의 계산착오 등 명백한 오류에 의하여 부족하게 된 세액을 징수하는 경우
2. 감사원의 시정요구에 따라 징수하는 경우
3. 납세의무자가 부도 · 휴업 · 폐업 또는 파산한 경우
4. 관세품목분류위원회의 의결에 따라 결정한 품목분류에 의하여 수출입물품에 적용할 세율이나 품목분류의 세번이 변경되어 부족한 세액을 징수하는 경우
5. 재조사 결과에 따라 해당 처분의 취소 · 경정을 하거나 필요한 처분을 하는 경우

3. 조기경정신청

과세전통지를 받은 자는 과세전적부심사를 청구하지 아니하고 통지를 한 세관장에게 통지받은 내용의 전부 또는 일부에 대하여 조기에 경정해 줄 것을 신청할 수 있다. 이 경우 해당 세관장은 즉시 신청받은 대로 세액을 경정하여야 한다.

4. 절차

(1) 과세전적부심사 청구

납세의무자는 과세전통지를 받은 때에는 그 통지를 받은 날부터 30일 이내에 기획재정부령이 정하는 세관장[109]에게 통지내용에 대한 적법성 여부에 관한 심사를 청구할 수 있다. 다만, 법령에 대한 관세청장의 유권해석을 변경하여야 하거나 새로운 해석이 필요한 경우 등 다음의 경우에는 관세청장에게 이를 청구할 수 있다.

① 관세청장의 훈령・예규・고시 등과 관련하여 새로운 해석이 필요한 경우
② 관세청장의 업무감사결과 또는 업무지시에 따라 세액을 경정하거나 부족한 세액을 징수하는 경우
③ 관세평가분류원장의 품목분류 및 유권해석에 따라 수출입물품에 적용할 세율이나 물품 분류의 관세율표 번호가 변경되어 세액을 경정하거나 부족한 세액을 징수하는 경우
④ 동일 납세의무자가 동일한 사안에 대하여 둘 이상의 세관장에게 과세전적부심사를 청구하여야 하는 경우
⑤ '①부터 ④'까지의 규정에 해당하지 아니하는 경우로서 과세전적부심사 청구금액이 5억원 이상인 것

(2) 경정의 유보

납세의무자가 과세전적부심사를 청구한 경우 세관장은 그 청구 부분에 대하여 결정이 있을 때까지 경정을 유보(留保)해야 한다. 다만, 다음 어느 하나에 해당하는 경우에는 그렇지 않다.

① 과세전적부심사를 청구한 날부터 관세부과의 제척기간 만료일까지 남은 기간이 3개월 이하인 경우
② 과세전통지 생략 대상 어느 하나에 해당하는 경우
③ 납세의무자가 과세전적부심사를 청구한 이후 세관장에게 조기에 경정해 줄 것을 신청한 경우

---

109) **규칙 제61조(과세전적부심사의 청구)**
법 제118조 제2항 본문에 따라 과세전적부심사를 청구하는 세관장은 다음 각 호의 구분에 의한다.
1. 인천공항세관장 및 김포공항세관장의 통지에 대한 과세전적부심사인 경우: 인천공항세관장
2. 서울세관장・안양세관장・천안세관장・청주세관장・성남세관장・파주세관장・속초세관장・동해세관장 및 대전세관장의 통지에 대한 과세전적부심사인 경우: 서울세관장
3. 부산세관장・김해공항세관장・용당세관장・양산세관장・창원세관장・마산세관장・경남남부세관장 및 경남서부세관장의 통지에 대한 과세전적부심사인 경우: 부산세관장
4. 인천세관장・평택세관장・수원세관장 및 안산세관장의 통지에 대한 과세전적부심사인 경우: 인천세관장
5. 대구세관장・울산세관장・구미세관장 및 포항세관장의 통지에 대한 과세전적부심사인 경우: 대구세관장
6. 광주세관장・광양세관장・목포세관장・여수세관장・군산세관장・제주세관장 및 전주세관장의 통지에 대한 과세전적부심사인 경우: 광주세관장

(3) 관세심사위원회 심사 및 결정 통지

과세전적부심사의 청구를 받은 세관장이나 관세청장은 청구를 받은 날부터 30일 이내에 관세심사위원회의 심사를 거쳐 결정을 하고 그 결과를 청구인에게 통지하여야 한다.

(4) 관세심사위원회의 심사 생략

과세전적부심사 청구기간이 지난 후 과세전적부심사청구가 제기된 경우 등 대통령령으로 정하는 다음의 사유에 해당하는 경우에는 관세심사위원회의 심사를 거치지 아니하고 결정할 수 있다.

① 과세전적부심사 청구기간이 지난 후 과세전적부심사청구가 제기된 경우
② 납부세액이나 납부하여야 하는 세액에 미치지 못한 금액을 징수한다는 통지가 없는 경우
③ 납부세액이나 납부하여야 하는 세액에 미치지 못한 금액을 징수한다는 통지가 청구인에게 한 것이 아닌 경우
④ 보정기간 내에 보정을 하지 아니한 경우
⑤ 과세전적부심사청구의 대상이 되는 통지의 내용이나 쟁점 등이 이미 관세심사위원회의 심의를 거쳐 결정된 사항과 동일한 경우

(5) 결정내용

① **청구가 이유 없다고 인정되는 경우**: 채택하지 아니한다는 결정
② **청구가 이유 있다고 인정되는 경우**: 청구의 전부 또는 일부를 채택하는 결정. 이 경우 구체적인 채택의 범위를 정하기 위하여 사실관계 확인 등 추가적으로 조사가 필요한 경우에는 과세전통지를 한 세관장으로 하여금 이를 재조사하여 그 결과에 따라 당초 통지 내용을 수정하여 통지하도록 하는 재조사 결정[110)]을 할 수 있다.
관세청장 또는 세관장은 재조사 결과에 따라 대상이 된 처분의 취소·경정을 하거나 필요한 처분을 하였을 때에는 그 처분결과를 지체 없이 서면으로 과세전적부심사 청구인 또는 심사청구인에게 통지하여야 한다.
③ **청구기간이 지났거나 보정기간 내에 보정하지 아니하는 경우**: 심사하지 아니한다는 결정

(6) 준용규정

과세전적부심사에 관하여는 제121조제3항(심사청구기간) 제122조제2항(심사청구절차), 제123조(청구서의 보정), 제126조(대리인), 제127조제3항(심사청구 결정절차), 제128조제4항부터 제6항(심사청구 결정), 제129조의2(정보통신망을 이용한 불복청구) 및 제130조를 준용한다.

---

110) **제142조의2(재조사 결과에 따른 처분의 통지)**
관세청장 또는 세관장은 법 제118조 제4항 제2호 후단 및 제128조 제1항 제3호 후단(법 제132조 제4항에서 준용하는 경우를 포함한다)에 따른 재조사 결과에 따라 대상이 된 처분의 취소·경정을 하거나 필요한 처분을 하였을 때에는 그 처분결과를 지체 없이 서면으로 과세전적부심사 청구인 또는 심사청구인(법 제132조 제4항에서 준용하는 경우에는 이의신청인을 말한다)에게 통지하여야 한다.

CHAPTER 03 행정심판제도

1 행정심판

1. 개요

행정구제 제도라 함은 행정청의 위법, 부당한 공권력의 행사 또는 불행사로 인한 국민의 권리 또는 이익의 침해를 구제하기 위한 제도를 말한다. 행정청의 직권에 의한 구제와 납세자의 불복청구에 의한 구제로 대별되며, 불복청구에 의한 구제는 다시 심판기준에 따라 행정적 구제(행정심판법, 국세기본법, 관세법등에 의한 구제, 감사원법에 의한 구제)와 사법적 구제(행정소송, 민사소송)로 나눌 수 있다.

행정소송법에서는 행정심판 전치주의가 폐지되고 임의적 절차로 개정되어 심급도 2심제에서 3심제로 개편되었으나, 특별히 개별법에서 심사청구 또는 행정심판을 거치도록 되었을 때에는 개정 전과 같이 심사청구 또는 행정심판을 거치도록 단서규정을 두고 있다.

2. 행정심판제도의 의의

행정심판제도라 함은 행정청의 위법, 부당한 공권력의 행사 또는 불행사로 인한 국민의 권리 또는 이익의 침해를 구제하기 위한 제도를 말한다.

3. 행정심판제도의 효용

(1) 자율적 행정통제 기능

관세법의 위법·부당한 부과·징수 기타 처분에 의하여 권리 또는 이익의 침해를 받은 자가 불복청구를 하는 경우에 국민의 권리·이익의 침해 상태를 스스로의 손으로 구제함으로써 자기의 처분에 대한 반성의 기회를 갖게 하고, 특히 그 시정기관이 처분청의 상급 감독기관인 경우에는 그 구제절차를 통하여 하급관서의 조세법 집행을 감독하는 것이 된다.

(2) 사법심에 대한 보완적 기능

관세에 관한 구제를 1차적으로 행정청에 맡겨서 스스로가 전문성과 기술성을 가지고 신속하게 분쟁을 해결하도록 하는 것은 사법심의 비전문성 또는 분쟁해결의 지연을 보완하는 기능을 가진다.

(3) 신속한 권리구제와 행정능률의 보장기능

행정소송에 의한 판결은 과세관청에 의한 권리·이익의 침해에 대하여 공정하고도 신중한 구제기능을 다한다는 점에서는 행정심판에 비할 바는 아니지만, 행정소송의 3심급의 판결을 받는데는 긴 시간이 소요된다. 반면, 관세행정심판절차는 사법절차에 앞서 신속·간편한 행정심판을 가능하게 함으로써 행정법관계에 관한 분쟁을 신속하게 마무리하여 권리를 구제하도록 하고 있다.

(4) 권익구제 범위의 확대

행정심판은 관세행정의 적법성 유무에 대한 판단뿐 아니라 목적성의 판단도 대상으로 한다. 그러나 행정소송은 행정의 적법성 유무 즉, 법률문제의 판단만을 대상으로 한다.

4. 행정소송법 등과의 관계(법 제120조)

(1) 행정소송법 적용 배제

위법한 처분에 대한 행정소송은 「행정소송법」규정[111]에도 불구하고 관세법에 따른 심사청구 또는 심판청구와 그에 대한 결정을 거치지 아니하면 제기할 수 없다. 다만, 심사청구 또는 심판청구에 대한 재조사 결정에 따른 처분청의 처분에 대한 행정소송은 그러하지 아니하다.

(2) 행정소송 제기기간

행정소송은 다음의 기간 내에 제기하여야 한다. 단, 결정기간 내에 결정을 통지 받지 못한 경우에는 결정을 통지 받기 전이라도 그 결정기간이 경과한 날부터 행정소송을 제기할 수 있다. 이 기간은 불변기간으로 한다.

① 심사청구 또는 심판청구의 결정을 통지 받은 날부터 90일 이내
② 감사원법에 의한 심사청구의 결정을 통지 받은 날부터 90일 이내
③ 재조사 후 행한 처분청의 처분의 결과 통지를 받은 날부터 90일 이내
④ 재조사 후 행한 처분청의 처분에 대하여 제기한 심사청구 또는 심판청구에 대한 결정의 통지를 받은 날부터 90일 이내

5. 심사청구 등이 집행에 미치는 효력(법 제125조)

이의신청·심사청구 또는 심판청구는 법령에 특별한 규정이 있는 경우를 제외하고는 해당 처분의 집행에 효력을 미치지 아니한다. 다만, 해당 재결청이 처분의 집행 또는 절차의 속행 때문에 이의신청인, 심사청구인 또는 심판청구인에게 중대한 손해가 생기는 것을 예방할 긴급한 필요성이 있다고 인정할 때에는 처분의 집행 또는 절차 속행의 전부 또는 일부의 정지(집행정지)를 결정할 수 있다. 다만, 해당 재결청이 처분의 집행 또는 절차의 속행 때문에 이의신청인, 심사청구인 또는 심판청구인에게 중대한 손해가 생기는 것을 예방할 긴급한 필요성이 있다고 인정할 때에는 처분의 집행 또는 절차 속행의 전부 또는 일부의 정지를 결정할 수 있다.

---

111) **행정소송법 제18조(행정심판과의 관계)**
취소소송은 법령의 규정에 의하여 해당 처분에 대한 행정심판은 제기할 수 있는 경우에도 이를 거치지 아니하고 제기할 수 있다. 다만, 다른 법률에 해당 처분에 대한 행정심판의 재결을 거치지 아니하면 취소소송을 제기할 수 없다는 규정이 있는 때에는 그러하지 아니하다.

6. 심사청구(법 제119조)

(1) 의의

관세법 그 밖의 관세에 관한 법률 또는 조약에 따른 처분으로서 위법한 처분 또는 부당한 처분을 받거나 필요한 처분을 받지 못함으로써 권리 또는 이익의 침해를 당한 자는 심사청구 또는 심판청구를 하여 그 처분의 취소 또는 변경이나 필요한 처분을 청구할 수 있다. 다만, 그 처분이 관세청장이 조사결정 또는 처리하였거나 처리하였어야 할 것인 경우를 제외하고는 그 처분에 대하여 심사청구 또는 심판청구에 앞서 이의신청을 할 수 있다.

(2) 심사청구기간(법 제121조)

1) 이의신청을 거치지 않은 경우: 심사청구는 해당 처분을 한 것을 안 날(처분하였다는 통지를 받았을 때에는 통지를 받은 날을 말한다)부터 90일 이내에 제기하여야 한다.

2) 이의신청을 거친 경우: 이의신청을 거친 후 심사청구를 하려는 경우에는 이의신청에 대한 결정의 통지를 받은 날부터 90일 이내에 하여야 한다. 다만, 결정 기간 내에 결정을 통지 받지 못한 경우에는 결정을 통지 받기 전이라도 그 결정기간이 지난 날부터 심사청구를 할 수 있다.

3) 우편으로 제출한 심사청구: 기한 내에 우편으로 제출(「국세기본법」 제5조의2에서 정한 날을 기준으로 한다)한 심사청구서가 청구기간이 지나 세관장 또는 관세청장에게 도달한 경우에는 그 기간의 만료일에 청구된 것으로 본다.

4) 천재 · 지변 등으로 인한 사유 발생: 심사청구인이 제10조(천재지변 등으로 인한 기한의 연장)에서 규정하고 있는 사유로 인하여 심사청구 제기기간 내 심사청구를 할 수 없을 때에는 그 사유가 소멸한 날부터 14일 이내에 심사청구를 할 수 있다. 이 경우 심사청구인은 그 기간 내에 심사청구를 할 수 없었던 사유, 그 사유가 발생한 날과 소멸한 날, 그 밖에 필요한 사항을 적은 문서를 함께 제출하여야 한다.

5) 불변기간(법 제119조 제7항): 감사원 심사청구의 청구기간과 행정소송 제기기간은 불변기간으로 한다.

PART 04

7. 이의신청(법 제132조)

(1) 의의

처분이 관세청장이 조사 · 결정 또는 처리하거나 하였어야 할 것인 경우를 제외하고는 그 처분에 대하여 심사청구 또는 심판청구에 앞서 이 절의규정에 따른 이의신청을 할 수 있다. 이의신청은 대통령령으로 정하는 바에 따라 불복의 사유를 갖추어 해당 처분을 하였거나 하였어야 할 세관장에게 하여야 한다. 이 경우 제258조(우편물 통관에 대한 결정)에 따른 결정사항 또는 관세법 제259조 제1항(세관장의 통지)에 따른 세액에 관한 이의신청은 해당 결정사항 또는 세액에 관한 통지를 직접 우송한 우체국의 장에게 이의신청서를 제출함으로써 할 수 있고, 우체국의 장이 이의신청서를 접수한 때에 세관장이 접수한 것으로 본다.

(2) 이의신청의 심사

이의신청을 받은 세관장은 관세심사위원회의 심의를 거쳐 결정하여야 한다.

(3) 준용규정

이의신청에 관하여는 제121조(심사청구기간), 제122조 제2항(심사청구서의 제출), 제123조(심사청구서의 보정), 제127조(결정절차) 및 제128조(결정)를 준용한다. 다만, 제128조 제2항 중 "90일"은 "30일"(증거서류 또는 증거물을 제출한 경우에는 "60일")로 본다.

8. 불복청구의 신청 및 결정 등

(1) 불복청구인

1) 처분의 당사자: 관세법 그 밖의 관세에 관한 법률 또는 조약에 의한 처분으로서 위법・부당한 처분을 받거나 필요한 처분을 받지 못하여 권리・이익의 침해를 받은 자

2) 이해관계인: 관세법 그 밖의 관세에 관한 법률이나 조약에 의한 처분에 따라 권리 또는 이익의 침해를 받게 되는 제2차 납세의무자 등 다음에 해당하는 이해관계인은 그 처분에 대하여 심사청구 또는 심판청구를 하여 그 처분의 취소 또는 변경이나 그 밖에 필요한 처분을 청구할 수 있다.

① 제2차 납세의무자로서 납부통지서를 받은 자
② 양도담보재산의 물적 납세의무자를 지는 자로서 납부통지서를 받은 자
③ 납세보증인
④ 기타 기획재정부령이 정하는 자

3) 대리인(법 제126조)

① 이의신청인・심사청구인 또는 심판청구인은 변호사나 관세사를 대리인으로 선임할 수 있다.
② 이의신청인 심사청구인 또는 심판청구인은 신청 또는 청구의 대상이 대통령령으로 정하는 금액(3천만원) 미만인 경우에는 배우자, 4촌 이내의 혈족 또는 배우자의 4촌 이내의 혈족을 대리인으로 선임할 수 있다.
③ 대리인의 권한은 서면으로 증명하여야 한다.
④ 대리인은 본인을 위하여 모든 행위를 할 수 있다. 다만, 청구의 취하는 특별한 위임을 받은 경우에 한한다.
⑤ 대리인을 해임하였을 때에는 그 뜻을 서면으로 해당 재결청에 신고하여야 한다.

(2) 불복청구의 대상이 아닌 것

다음의 처분은 불복청구의 대상에 포함되지 아니한다.

① 관세법에 따른 통고처분
② 「감사원법」에 따라 심사청구를 한 처분이나 그 심사청구에 대한 처분
③ 관세법이나 그 밖의 관세에 관한 법률에 따른 과태료 부과처분
④ 심사청구 또는 심판청구에 대한 처분에 대해서는 이의신청, 심사청구 또는 심판청구를 제기할 수 없다. 다만, 재조사 결정에 따른 처분청의 처분에 대해서는 해당 재조사 결정을 한 재결청에 심사청구 또는 심판청구를 제기할 수 있다.
⑤ 이의신청에 대한 처분과 재조사 결정에 따른 처분청의 처분에 대해서는 이의신청을 할 수 없다.
⑥ 동일한 처분에 대하여는 심사청구와 심판청구를 중복하여 제기할 수 없다.

(3) 불복청구서의 제출

1) 이의신청

① 처분을 하였거나 하였어야 할 세관장에게 하여야 한다.

② 이의신청을 받은 세관장은 이의신청을 받은 날부터 7일 이내에 이의신청의 대상이 된 처분에 대한 의견서를 이의신청인에게 송부하여야 한다.

③ 의견서에는 처분의 근거 · 이유 및 처분의 이유가 된 사실 등이 구체적으로 기재되어야 한다. 이의신청인은 송부받은 의견서에 대하여 반대되는 증거서류 또는 증거물을 세관장에게 제출할 수 있다.

2) 심사청구(법 제122조)

① 심사청구는 대통령령으로 정하는 바에 따라 불복하는 사유를 심사청구서에 적어 해당 처분을 하였거나 하였어야 하는 세관장을 거쳐 관세청장에게 하여야 한다.

② 심사청구기간을 계산할 때에는 심사청구서가 세관장에게 제출된 때에 심사청구가 된 것으로 본다. 해당 심사청구서가 세관장 외의 세관장이나 관세청장에게 제출된 경우에도 또한 같다.

③ 심사청구서를 제출받은 세관장은 이를 받은 날부터 7일 내에 그 심사청구서에 의견서를 첨부하여 관세청장에게 보내야 한다. 관세청장은 세관장의 의견서를 받은 때에는 지체 없이 해당 의견서의 부본을 심사청구인에게 송부하여야 한다.

④ 심사청구인은 송부받은 의견서에 대하여 반대되는 증거서류 또는 증거물을 관세청장에게 제출할 수 있다.

(4) 불복청구의 심리

1) 심리의 구분

① **요건심리**: 불복청구가 제기요건을 갖추었는지 여부를 심리(처분의 존재, 청구자 적격, 기간요건 등을 심리)

② **본안심리**: 요건심리 결과 불복청구의 제기가 적법한 경우에 그 청구의 본안인 처분, 부작위의 실제적 내용에 관해 위법 또는 부당 여부를 심리

2) **청구서의 보정(법 제123조)**: 관세청장은 심사청구의 내용이나 절차가 이 절(제2절 심사와 심판)에 적합하지 아니하지만 보정할 수 있다고 인정되는 경우에는 20일 이내의 기간을 정하여 해당 사항을 보정할 것을 요구할 수 있다. 요구를 받은 심사청구인은 보정할 사항을 서면으로 작성하여 관세청장에게 제출하거나, 관세청에 출석하여 보정할 사항을 말하고 그 말한 내용을 세관공무원이 기록한 서면에 서명 또는 날인함으로써 보정할 수 있다. 다만, 보정할 사항이 경미한 경우에는 직권으로 보정할 수 있다. 보정 기간은 심사기간에 산입하지 아니한다.

3) **통관경위 자료 제출 요구(영 제145조)**: 세관장 또는 관세청장은 심사청구에 관한 의견서 작성 또는 심의 · 결정을 위하여 필요하다고 인정하는 경우에는 직권으로 또는 심사청구인의 신청에 따라 해당 청구의 대상이 된 처분에 관계되는 통관 절차 등을 대행한 관세사에게 통관경위에 관하여 질문하거나 관련 자료를 제출하도록 요구할 수 있다.

⑸ 불복청구의 결정

1) **결정절차(법 제127조)**: 심사청구가 있으면 관세청장은 관세심사위원회의 심의를 거쳐 이를 결정하여야 한다. 다만, 심사청구기간이 지난 후 심사청구가 제기된 경우 등 대통령령으로 정하는 사유에 해당하는 경우에는 그러하지 아니하다. 관세청장은 관세심사위원회의 의결이 법령에 명백히 위반된다고 판단하는 경우 구체적인 사유를 적어 서면으로 관세심사위원회에 한 차례에 한정하여 다시 심의할 것을 요청할 수 있다. 관세심사위원회의 회의는 공개하지 아니한다. 다만, 관세심사위원회의 위원장이 필요하다고 인정할 때에는 공개할 수 있다.

2) 결정(법 제128조)

① 각하

㉠ 심판청구를 제기한 후 심사청구를 제기(같은 날 제기한 경우도 포함한다)한 경우

㉡ 제121조에 따른 심사청구 기간이 지난 후에 심사청구를 제기한 경우

㉢ 제123조에 따른 보정기간 내에 필요한 보정을 하지 아니한 경우

㉣ 적법하지 아니한 심사청구를 제기한 경우

㉤ 가목부터 라목까지의 규정에 따른 경우와 유사한 경우로서 대통령령으로 정하는 경우

② 기각: 심사청구가 이유 없다고 인정되는 경우

③ **취소·경정 또는 필요한 처분의 결정**: 심사청구가 이유 있다고 인정되는 경우. 이 경우 취소·경정 또는 필요한 처분을 하기 위하여 사실관계 확인 등 추가적으로 조사가 필요한 경우에는 처분청으로 하여금 이를 재조사하여 그 결과에 따라 취소·경정하거나 필요한 처분을 하도록 하는 재조사 결정[112]을 할 수 있다.

3) 결정기간

① **이의신청**: 이의신청을 받은 날부터 30일 이내(증거서류 또는 증거물을 제출하는 경우에는 60일 이내)

② **심사청구**: 심사청구를 받은 날부터 90일 이내

③ **심판청구**: 심판청구를 받은 날부터 90일 이내

④ **감사원법에 의한 심사청구**: 청구를 받은 날부터 3월 이내

⑹ 불복방법의 통지

1) **결정기간 내 통지**: 이의신청, 심사청구 또는 심판청구의 재결청은 결정서에 다음 사항을 함께 기재하여야 한다.

① **이의신청**: 결정서를 받은 날부터 90일 이내에 심사청구 또는 심판청구를 제기할 수 있다는 뜻

② **심사청구 또는 심판청구**: 결정서를 받은 날부터 90일 이내에 행정소송을 제기할 수 있다는 뜻

112) 재조사 결정이 있는 경우 처분청은 재조사 결정일부터 60일 이내에 결정서 주문에 기재된 범위에 한정하여 조사하고, 그 결과에 따라 취소·경정하거나 필요한 처분을 하여야 한다. 이 경우 처분청은 대통령령으로 정하는 바에 따라 조사를 연기 또는 중지하거나 조사기간을 연장할 수 있다.

2) **결정기간 경과시 통지**: 청구에 대한 결정기간이 지날 때까지 결정을 하지 못한 때에는 지체없이 신청인 또는 청구인에게 다음 사항을 통지하여야 한다.

① **이의신청**: 결정의 통지를 받기 전이라도 그 결정기간이 지난 날부터 심사청구 또는 심판청구를 제기할 수 있다는 뜻

② **심사청구 또는 심판청구**: 결정의 통지를 받기 전이라도 그 결정기간이 지난 날부터 행정소송을 제기할 수 있다는 뜻

3) 결정 등의 통지

① 결정 또는 불복방법의 통지를 하는 때에는 인편 또는 등기우편에 의하여야 하며, 인편에 의하는 경우에는 수령증을 받아야 한다.

② 심사청구인의 주소 또는 거소가 불명하거나 기타의 사유로 인하여 인편 또는 등기 우편에 의한 방법으로 결정 등을 통지할 수 없는 때에는 그 요지를 당해 재결관서의 게시판 기타 적절한 장소에 공고하여야 한다.

③ 공고를 한 때에는 그 공고가 있은 날부터 10일을 경과한 날에 결정 등의 통지를 받은 것으로 본다.

9. 내국세 등에 대한 불복청구(법 제119조)

수입물품에 부과하는 내국세등의 부과, 징수, 감면, 환급 등에 관한 세관장의 처분에 불복하는 자는 관세법에 따른 이의신청·심사청구 및 심판청구를 할 수 있다.

10. 서류의 열람 및 의견 진술(법 제130조)

이의신청인·심사청구인 또는 심판청구인은 그 청구와 관계되는 서류를 열람할 수 있으며 대통령령으로 정하는 바에 따라 해당 재결청에 의견을 진술할 수 있다.

11. 불고불리·불이익변경 금지(법 제128조의2)

① 관세청장은 관세법 제128조에 따른 결정을 할 때 심사청구를 한 처분 외의 처분에 대해서는 그 처분의 전부 또는 일부를 취소 또는 변경하거나 새로운 처분의 결정을 하지 못한다.
② 관세청장은 관세법 제128조에 따른 결정을 할 때 심사청구를 한 처분보다 청구인에게 불리한 결정을 하지 못한다.

12. 정보통신망을 이용한 불복청구(법 제129조의2)

이의신청인, 심사청구인 또는 심판청구인은 관세청장 또는 조세심판원장이 운영하는 정보통신망을 이용하여 이의신청서, 심사청구서 또는 심판청구서를 제출할 수 있다. 정보통신망을 이용하여 이의신청서, 심사청구서 또는 심판청구서를 제출하는 경우에는 관세청장 또는 조세심판원장에게 이의신청서, 심사청구서 또는 심판청구서가 전송된 때에 관세법에 따라 제출된 것으로 본다.

납세자 권리보호

1 관세청장의 납세자 권리보호(법 제118조의2)

1. 의의

관세청장은 직무를 수행할 때 납세자의 권리가 보호되고 실현될 수 있도록 성실하게 노력하여야 하며 납세자 권리보호업무의 추진실적 등의 자료를 일반 국민에게 정기적으로 공개하여야 한다. 또한, 납세자는 세관공무원의 적법한 질문·조사, 제출명령에 대하여 성실하게 협력하여야 한다.

2. 납세자보호관 및 담당관

(1) 납세자보호관

납세자의 권리보호를 위하여 관세청에 납세자 권리보호업무를 총괄하는 납세자 보호관을 둔다. 관세청장은 납세자보호관을 개방형직위로 운영하고 납세자보호관 및 담당관이 업무를 수행할 때 독립성이 보장될 수 있도록 하여야 한다. 이 경우 납세자보호관은 관세·법률·재정 분야의 전문지식과 경험을 갖춘 사람으로서 다음 어느 하나에 해당하지 아니하는 사람을 대상으로 공개 모집한다.

① 세관공무원
② 세관공무원으로 퇴직한 지 3년이 지나지 아니한 사람

(2) 납세자권리보호 담당관

인천공항세관, 서울세관, 부산세관, 대구세관 및 광주세관에 납세자 권리보호업무를 수행하는 담당관을 각각 1명을 둔다. 납세자보호담당관은 관세청 소속 공무원 중에서 그 직급·경력 등을 고려하여 관세청장이 정하는 기준에 해당하는 사람으로 한다.

3. 직무 및 권한

(1) 납세자보호관

납세자보호관의 직무 및 권한은 다음과 같으며, 업무를 효율적으로 수행하기 위하여 납세자보호담당관에게 그 직무와 권한의 일부를 위임할 수 있다.

① 위법·부당한 관세조사 및 관세조사 중 세관공무원의 위법·부당한 행위에 대한 일시중지 및 중지
② 위법·부당한 처분(법에 따른 납부고지는 제외한다)에 대한 시정요구
③ 위법·부당한 처분이 있을 수 있다고 인정되는 경우 그 처분 절차의 일시중지 및 중지
④ 납세서비스 관련 제도·절차 개선에 관한 사항
⑤ 납세자의 권리보호업무에 관하여 담당관에 대한 지도·감독

⑥ 세금 관련 고충민원의 해소 등 납세자 권리보호에 관한 사항
⑦ 그 밖에 납세자의 권리보호와 관련하여 관세청장이 정하는 사항

(2) 납세자권리보호 담당관

납세자보호담당관의 직무 및 권한은 다음과 같다.
① 세금 관련 고충민원의 처리 등 납세자 권리보호에 관한 사항
② 납세자보호관으로부터 위임받은 업무
③ 그 밖에 납세자 권리보호에 관하여 관세청장이 정하는 사항

2 납세자보호위원회[113] (법 제118조의4)

1. 의의

세관 및 관세청에 다음과 같은 사항을 심의(심사청구 의결을 포함한다)하기 위하여 납세자보호위원회를 둔다.

① 납세자 권리보호에 관한 사항
② 과세전적부심사
③ 심사청구
④ 이의신청

PART 04

113) 영 제144조의3(납세자보호위원회의 위원)
① 법 제118조의4제1항에 따른 납세자보호위원회(이하 이 조 및 제144조의4에서 "위원회"라 한다)는 같은 조 제5항에 따른 위원장(이하 이 조 및 제144조의4에서 "위원장"이라 한다) 1명을 포함하여 다음 각 호의 구분에 따른 위원으로 구성한다.
1. 본부세관에 두는 위원회 : 160명 이내의 위원
2. 관세청에 두는 위원회 : 45명 이내의 위원
② 위원회의 위원은 다음 각 호의 구분에 따른 사람이 된다.
1. 본부세관에 두는 위원회 : 다음 각 목의 사람
가. 납세자보호담당관 1명
나. 해당 본부세관의 5급 이상의 공무원 중 본부세관장이 임명하는 7명 이내의 사람
다. 관세청장이 정하는 일선세관(본부세관 외의 세관을 말한다. 이하 같다)의 5급 이상의 공무원 중 본부세관장이 임명하는 40명 이내의 사람(일선세관별 임명 위원은 5명 이내로 한다)
라. 관세 · 법률 · 재정 분야에 관한 전문적인 학식과 경험이 풍부한 사람으로서 본부세관장이 성별을 고려하여 위촉하는 32명 이내의 사람
마. 관세 · 법률 · 재정 분야에 관한 전문적인 학식과 경험이 풍부한 사람으로서 일선세관장이 성별을 고려하여 추천한 사람 중에서 본부세관장이 위촉하는 80명 이내의 사람(일선세관별 위촉 위원은 10명 이내로 한다)
2. 관세청에 두는 위원회 : 다음 각 목의 사람
가. 납세자보호관 1명
나. 관세청의 3급 또는 고위공무원단에 속하는 공무원 중에서 관세청장이 임명하는 9명 이내의 사람
다. 관세 · 법률 · 재정 분야의 전문가 중에서 관세청장이 성별을 고려하여 위촉하는 22명 이내의 사람(기획재정부장관이 추천하여 위촉하는 7명 이내의 사람을 포함한다)

라. 「관세사법」 제21조에 따른 관세사회의 장이 추천하는 5년 이상 경력을 가진 관세사 중에서 관세청장이 위촉하는 사람 3명
마. 「세무사법」 제18조에 따른 한국세무사회의 장이 추천하는 5년 이상 경력을 가진 세무사 또는 「공인회계사법」 제41조에 따른 한국공인회계사회의 장이 추천하는 5년 이상의 경력을 가진 공인회계사 중에서 관세청장이 위촉하는 사람 3명
바. 「변호사법」에 따른 대한변호사협회의 장이 추천하는 5년 이상 경력을 가진 변호사 중에서 관세청장이 위촉하는 사람 3명
사. 「비영리민간단체 지원법」 제2조에 따른 비영리민간단체가 추천하는 5년 이상의 경력을 가진 관세·법률·재정 분야의 전문가 중에서 관세청장이 위촉하는 사람 4명

③ 위원장은 위원회를 대표하고 위원회의 업무를 총괄한다.

④ 위원장이 부득이한 사유로 직무를 수행할 수 없을 때에는 관세청장(본부세관에 두는 위원회의 경우에는 해당 세관장을 말한다)이 위촉하는 위원(이하 이 조 및 제144조의4에서 “민간위원”이라 한다) 중 위원장이 미리 지명한 위원이 그 직무를 대행한다.

⑤ 위원장과 민간위원의 임기는 2년으로 하며, 한 차례만 연임할 수 있다.

⑥ 다음 각 호의 어느 하나에 해당하는 사람은 민간위원이 될 수 없다.
1. 최근 3년 이내에 세관 또는 관세청에서 공무원으로 근무한 사람
2. 「공직자윤리법」 제17조에 따른 취업심사대상기관에 소속되어 있거나 취업심사대상기관에서 퇴직한 지 3년이 지나지 않은 사람
3. 「관세사법」 제27조, 「세무사법」 제17조, 「공인회계사법」 제48조 또는 「변호사법」 제90조에 따른 징계처분을 받은 날부터 5년이 지나지 않은 사람
4. 그 밖에 공정한 직무수행에 지장이 있다고 인정되는 사람으로서 관세청장이 정하는 사람

⑦ 관세청장(본부세관에 두는 위원회의 경우에는 해당 세관장을 말한다)은 위원장과 위원(납세자보호담당관 및 납세자보호관인 위원은 제외한다)이 다음 각 호의 어느 하나에 해당하는 경우에는 해당 위원을 해임하거나 해촉할 수 있다.
1. 심신장애로 인하여 직무를 수행할 수 없게 된 경우
2. 직무와 관련된 비위사실이 있는 경우
3. 직무태만, 품위손상이나 그 밖의 사유로 인하여 위원으로 적합하지 않다고 인정되는 경우
4. 위원 스스로 직무를 수행하는 것이 곤란하다고 의사를 밝히는 경우
5. 제144조의4제7항 각 호의 어느 하나에 해당함에도 불구하고 회피하지 않은 경우

영 제144조의4(납세자보호위원회의 운영)

① 위원장은 다음 각 호의 어느 하나에 해당하는 경우 기일을 정하여 위원회의 회의를 소집하고, 그 의장이 된다.
1. 다음 각 목의 구분에 따른 안건에 대한 심의가 필요하다고 인정되는 경우
   가. 본부세관에 두는 위원회: 법 제118조의4제2항 각 호의 안건
   나. 관세청에 두는 위원회: 법 제118조의4제3항 각 호의 안건
2. 다음 각 목의 구분에 따른 안건에 대하여 납세자보호관 또는 납세자보호담당관인 위원의 요구가 있는 경우
   가. 본부세관에 두는 위원회: 법 제118조의4제2항제1호부터 제4호까지 및 제7호의 안건
   나. 관세청에 두는 위원회: 법 제118조의4제3항제1호 및 제4호의 안건

② 위원회의 회의는 위원장과 다음 각 호의 구분에 따른 사람으로 구성한다.
1. 본부세관에 두는 위원회: 다음 각 목의 구분에 따른 사람
   가. 법 제118조의4제2항제1호부터 제4호까지 및 제7호의 안건: 납세자보호담당관과 위원장이 납세자보호담당관인 위원의 의견을 들어 회의마다 성별을 고려하여 지정하는 사람 9명
   나. 법 제118조의4제2항제5호 및 제6호의 안건: 위원장이 본부세관장의 의견을 들어 회의마다 성별을 고려하여 지정하는 사람 9명
2. 관세청에 두는 위원회: 다음 각 목의 구분에 따른 사람
   가. 법 제118조의4제3항제1호 및 제4호의 안건: 납세자보호관과 위원장이 납세자보호관인 위원의 의견을 들어 회의마다 성별을 고려하여 지정하는 사람 9명
   나. 법 제118조의4제3항제2호 및 제3호의 안건: 위원장이 관세청장의 의견을 들어 회의마다 성별을 고려하여 지정하는 사람 9명

③ 제2항에 따른 위원회의 회의는 다음 각 호에서 정하는 기준에 따라 구성해야 한다.
1. 제2항제1호가목 및 같은 항 제2호가목: 민간위원이 아닌 위원이 2명 이하일 것
2. 제2항제1호나목 및 같은 항 제2호나목: 민간위원이 2분의 1 이상일 것

④ 위원회의 회의는 제2항 및 제3항에 따라 구성된 위원 과반수의 출석으로 개의하고, 출석위원 과반수의 찬성으로 의결한다.

⑤ 위원회의 회의는 공개하지 않는다. 다만, 다음 각 호의 어느 하나에 해당하는 경우에는 공개할 수 있다.
1. 법 제118조의4제2항제1호부터 제4호까지, 제7호, 같은 조 제3항제1호 및 제4호의 안건: 위원장이 납세자보호관 또는 납세자보호담당관인 위원의 의견을 들어 공개가 필요하다고 인정하는 경우
2. 법 제118조의4제2항제5호·제6호, 같은 조 제3항제2호·제3호의 안건: 해당 안건과 관련된 제144조의6제3항 각 호에 따른 관세심사위원회의 위원장이 필요하다고 인정하여 위원장에게 요청하는 경우

⑥ 위원회에 그 사무를 처리하는 간사 1명을 두고, 간사는 다음 각 호의 구분에 따른 사람이 된다.
1. 본부세관에 두는 위원회: 해당 본부세관장이 소속 공무원 중에서 지명하는 사람
2. 관세청에 두는 위원회: 관세청장이 소속 공무원 중에서 지명하는 사람

2. 세관 납세자보호위원회 심의사항

① 관세조사 범위의 확대
② 관세조사 기간 연장에 대한 납세자의 관세조사 일시중지 또는 중지 요청
③ 위법·부당한 관세조사 및 관세조사 중 세관공무원의 위법·부당한 행위에 대한 납세자의 관세조사 일시중지 또는 중지 요청
④ 제114조의2제4항 단서에 따른 장부등의 일시 보관 기간 연장
⑤ 제118조제2항 본문에 따른 과세전적부심사
⑥ 제132조제1항에 따른 이의신청
⑦ 그 밖에 고충민원의 처리 등 납세자의 권리보호를 위하여 납세자보호담당관이 심의가 필요하다고 인정하는 안건

PART 04

---

⑦ 위원회의 위원은 다음 각 호의 구분에 따라 위원회의 심의·의결에서 제척된다.
1. 법 제118조의4제2항제1호부터 제4호까지, 제7호, 같은 조 제3항제1호 및 제4호의 안건의 경우: 다음 각 목의 어느 하나에 해당하는 경우
가. 심의의 대상이 되는 관세조사를 받는 사람(이하 이 호에서 "조사대상자"라 한다)인 경우 또는 조사대상자의 관세조사에 대하여 법 제112조에 따라 조력을 제공하거나 제공했던 사람인 경우
나. 가목에 규정된 사람의 친족이거나 친족이었던 경우
다. 가목에 규정된 사람의 사용인이거나 사용인이었던 경우
라. 심의의 대상이 되는 관세조사에 관하여 증언 또는 감정을 한 경우
마. 심의의 대상이 되는 관세조사 착수일 전 최근 5년 이내에 조사대상자의 법에 따른 신고·신청·청구에 관여했던 경우
바. 라목 또는 마목에 해당하는 법인 또는 단체에 속하거나 심의의 대상이 되는 관세조사의 착수일 전 최근 5년 이내에 속했던 경우
사. 그 밖에 조사대상자 또는 조사대상자의 관세조사에 대하여 법 제112조에 따라 조력을 제공하는 자의 업무에 관여하거나 관여했던 경우
2. 법 제118조의4제2항제5호·제6호, 같은 조 제3항제2호·제3호의 안건(관세심사위원회에서 심의·의결하는 안건을 포함한다)의 경우: 다음 각 목의 어느 하나에 해당하는 경우
가. 위원이 해당 안건의 당사자(당사자가 법인·단체 등인 경우에는 그 임원을 포함한다. 이하 이 호에서 같다)이거나 해당 안건에 관하여 직접적인 이해관계가 있는 경우
나. 위원의 배우자, 4촌 이내의 혈족 및 2촌 이내의 인척의 관계에 있는 사람이 해당 안건의 당사자이거나 해당 안건에 관하여 직접적인 이해관계가 있는 경우
다. 위원이 해당 안건 당사자의 대리인이거나 최근 5년 이내에 대리인이었던 경우
라. 위원이 해당 안건 당사자의 대리인이거나 최근 5년 이내에 대리인이었던 법인·단체 등에 현재 속하고 있거나 속하였던 경우
마. 위원이 최근 5년 이내에 해당 안건 당사자의 자문·고문에 응하였거나 해당 안건 당사자와 연구·용역 등의 업무 수행에 동업 또는 그 밖의 형태로 직접 해당 안건 당사자의 업무에 관여를 하였던 경우
바. 위원이 최근 5년 이내에 해당 안건 당사자의 자문·고문에 응하였거나 해당 안건 당사자와 연구·용역 등의 업무 수행에 동업 또는 그 밖의 형태로 직접 해당 안건 당사자의 업무에 관여를 하였던 법인·단체 등에 현재 속하고 있거나 속하였던 경우

⑧ 위원회의 위원은 제7항 각 호의 어느 하나에 해당하는 경우에는 스스로 해당 안건의 심의·의결에서 회피해야 한다.
⑨ 제144조의3 및 이 조 제1항부터 제8항까지에서 규정한 사항 외에 위원회의 구성 및 운영 등에 필요한 사항은 관세청장이 정한다.

3. 관세청 납세자보호위원회 심의사항

① 세관 납세자보호위원회의 심의를 거친 해당 세관장의 결정에 대한 납세자의 취소 또는 변경 요청
② 과세전적부심사
③ 심사청구
④ 그 밖에 고충민원의 처리 또는 납세자 권리보호를 위한 관세행정의 제도 및 절차 개선 등으로서 납세자보호위원회의 위원장 또는 납세자보호관이 심의가 필요하다고 인정하는 사항

4. 납세자보호위원회 위원 및 위원장

(1) 위원

납세자보호위원회의 위원은 관세·법률·재정 분야에 전문적인 학식과 경험이 풍부한 사람과 관계 공무원 중에서 관세청장(세관 납세자보호위원회의 위원은 해당 세관장)이 임명 또는 위촉한다.

(2) 위원장

① **세관 납세자보호위원회**: 공무원이 아닌 사람 중에서 해당 세관장의 추천을 받아 관세청장이 위촉하는 사람
② **관세청 납세자보호위원회**: 공무원이 아닌 사람 중에서 기획재정부장관의 추천을 받아 관세청장이 위촉하는 사람

5. 기타

① 납세자보호위원회의 위원은 업무 중 알게 된 과세정보를 타인에게 제공 또는 누설하거나 목적 외의 용도로 사용해서는 아니 된다.
② 납세자보호위원회의 위원은 공정한 심의를 기대하기 어려운 사정이 있다고 인정될 때에는 대통령령으로 정하는 바에 따라 위원회 회의에서 제척되거나 회피하여야 한다.
③ 과세전적부심사, 이의신청, 심사청구 사항을 심의하거나 심의·의결하기 위하여 세관 납세자보호위원회 및 관세청 납세자보호위원회에 각각 분과위원회로 관세심사위원회를 둔다. 이 경우 관세심사위원회의 심의 또는 심의·의결은 납세자보호위원회의 심의 또는 심의·의결로 본다.
④ 납세자보호관은 납세자보호위원회의 의결사항에 대한 이행여부 등을 감독한다.

3 납세자보호위원회에 대한 납세자의 심의 요청 및 결과 통지 등(법 제118조의5)

1. 심의요청 및 결과통지

① 납세자는 관세조사 기간이 끝나는 날까지 세관장에게 관세조사 기간 연장에 대한 납세자의 관세조사 일시중지 또는 중지 요청, 위법·부당한 관세조사 및 관세조사 중 세관공무원의 위법·부당한 행위에 대한 납세자의 관세조사 일시중지 또는 중지 요청에 대한 심의를 서면으로 요청할 수 있다.
② 세관장은 납세자의 심의요청 사항에 대하여 세관 납세자보호위원회의 심의를 거쳐 결정을 하고, 납세자에게 그 결과를 통지하여야 한다. 이 경우 관세조사 기간 연장에 대한 납세자의 관세조사 일시중지 또는 중지 요청, 위법·부당한 관세조사 및 관세조사 중 세관공무원의 위법·부당한 행위에 대한 납세자의 관세조사 일시중지 또는 중지 요청의 경우 요청을 받은 날부터 20일 이내에 서면으로 통지하여야 한다.
③ 납세자는 세관장의 통지를 받은 날부터 7일 이내에 세관 납세자보호위원회의 심의를 거친 세관장의 결정에 대하여 관세청장에게 취소 또는 변경을 서면으로 요청할 수 있다.
④ 납세자의 요청을 받은 관세청장은 관세청 납세자보호위원회의 심의를 거쳐 세관장의 결정을 취소하거나 변경할 수 있다. 이 경우 관세청장은 요청받은 날부터 20일 이내에 그 결과를 납세자에게 서면으로 통지하여야 한다.

2. 관세조사 중지 요구

① 납세자보호관 또는 담당관은 납세자가 심의요청을 하는 경우에는 납세자보호위원회의 심의 전까지 세관공무원에게 관세조사의 일시중지 등을 요구할 수 있다. 다만, 납세자가 관세조사를 기피하려는 것이 명백한 경우 등 대통령령으로 정하는 경우에는 그러하지 아니하다.
② 납세자보호위원회는 관세조사 기간 연장에 대한 납세자의 관세조사 일시중지 또는 중지 요청, 위법·부당한 관세조사 및 관세조사 중 세관공무원의 위법·부당한 행위에 대한 납세자의 관세조사 일시중지 또는 중지 요청이 있는 경우 그 의결로 관세조사의 일시중지 또는 중지를 세관공무원에게 요구할 수 있다. 이 경우 납세자보호위원회는 정당한 사유 없이 위원회의 요구에 따르지 아니하는 세관공무원에 대하여 관세청장에게 징계를 건의할 수 있다.

3. 납세자의 의견진술

의견 진술을 하려는 납세자는 다음의 사항을 적은 문서를 해당 세관장 또는 관세청장에게 제출하여 신청해야 한다.

① 진술자의 성명(법인인 경우 법인의 대표자 성명)
② 진술자의 주소 또는 거소
③ **진술하려는 내용**: 신청을 받은 해당 세관장 또는 관세청장은 출석 일시 및 장소와 필요하다고 인정하는 진술시간을 정하여 회의 개최일 3일 전까지 납세자에게 통지해야 한다.

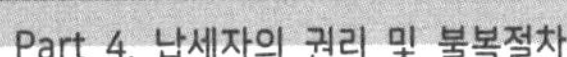

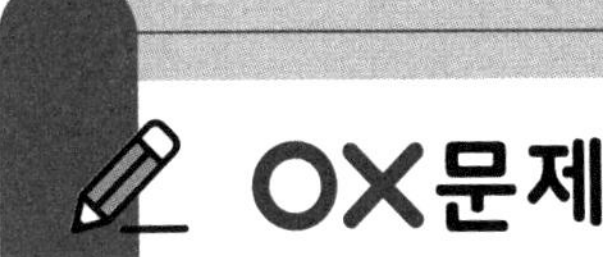

OX문제

01 관세법(수출용원재료에 대한 관세 등 환급에 관한 특례법 규정에 따른 죄를 포함한다)에 관한 조사를 하는 경우 세관공무원은 납세자권리헌장의 내용이 수록된 문서를 납세자에게 내주어야 한다. ( )

02 납세자가 세관공무원에게 직무와 관련하여 금품을 제공하거나 금품제공을 알선한 경우 세관장은 정기선정에 의한 조사 외에 조사를 할 수 있다. ( )

03 세관공무원은 관세탈루 등의 혐의를 인정할 만한 명백한 자료가 있는 경우 이미 조사받은 자를 다시 조사할 수 없다. ( )

04 세관공무원은 조사를 받게 될 납세자에게 조사 시작 10일 전에 조사 대상, 조사 사유, 그 밖에 대통령령으로 정하는 사항을 통지하여야 한다. ( )

05 관세조사 기간은 조사대상자의 수출입 규모 등을 종합적으로 고려하여 최소한의 되도록 하되, 방문하여 조사하는 경우에 그 조사기간은 20일 이내로 하며, 2회 이상 연장하는 경우에는 세관장의 승인을 받아야 한다. ( )

06 세관공무원은 납세자에게 통고처분을 하는 경우 관세조사 종료 후 20일 이내에 그 조사 결과를 서면으로 납세자에게 통지하여야 한다. ( )

07 관세청장은 체납발생일부터 1년이 지난 관세 및 내국세등 이 2억원 이상인 체납자에 대하여는 그 인적사항과 체납액 등을 공개할 수 있다. ( )

08 세관장은 통지하려는 날부터 6개월 이내에 관세부과의 제척기간이 만료되는 경우 과세전통지를 생략할 수 있다. ( )

09 납세자는 세관장에게 이의신청을 청구한 경우 동일한 처분에 대하여 심사청구와 심판청구를 중복하여 제기할 수 있다. ( )

10 이의신청인, 심사청구인 또는 심판청구인은 신청 또는 청구의 대상이 3천만원 미만인 경우에는 배우자, 4촌 이내의 혈족 또는 배우자의 4촌 이내의 혈족을 대리인으로 선임할 수 있다. ( )

Answer 01 ○ 02 ○ 03 × 04 × 05 × 06 ○ 07 ○ 08 × 09 × 10 ○

Self 필기노트

합격까지 함께
관세직 만점 기본서

김준휘 관세법

합격까지 박문각

Part

05

운송수단

01 운송수단

1 국제항(법 제133조부터 제134조)

1. 의의

국제항이란 관세법의 규정에 따라 대통령령으로 지정한 항구 또는 공항으로, 국제무역선 또는 국제무역기는 국제항에 한정하여 운항할 수 있으며, 국제항은 대통령령으로 지정한다.

2. 국제항이 아닌 지역에 대한 출입허가

국제무역선이나 국제무역기는 국제항에 한정하여 운항할 수 있다. 다만, 대통령령으로 정하는 바에 따라 국제항이 아닌 지역에 대한 출입의 허가를 받은 경우에는 그러하지 아니하다. 국제무역선의 선장이나 국제무역기의 기장은 국제항이 아닌 지역에 대한 출입의 허가를 받으려면 기획재정부령으로 정하는 바에 따라 허가수수료[114)]를 납부하여야 한다. 세관장은 국제항이 아닌 지역에 대한 출입허가의 신청을 받은 날부터 10일 이내에 허가 여부를 신청인에게 통지하여야 한다. 세관장이 정한 기간 내에 허가 여부 또는 민원 처리 관련 법령에 따른 처리기간의 연장을 신청인에게 통지하지 아니하면 그 기간(민원 처리 관련 법령에 따라 처리기간이 연장 또는 재연장된 경우에는 해당 처리기간을 말한다)이 끝난 날의 다음 날에 허가를 한 것으로 본다.

3. 국제항의 항계

국제항의 항계는 「항만법 시행령」 별표 1에 따른 항만의 수상구역 또는 「공항시설법」에 의한 범위로 한다.

---

114) **관세법 시행규칙 제62조(불국제항 출입 허가 수수료)**

법 제134조제2항에 따라 국제항이 아닌 지역에 출입하기 위하여 내야 하는 수수료는 다음 표에 따라 계산하되, 산정된 금액이 1만원에 미달하는 경우에는 1만원으로 한다. 이 경우 수수료의 총액은 50만원을 초과하지 못한다.

구분	출입 횟수 기준	적용 무게 기준	수수료
국제무역선	1회	해당 선박의 순톤수 1톤	100원
국제무역기	1회	해당 항공기의 자체무게 1톤	1천2백원

② 세관장은 다음 각 호의 어느 하나에 해당하는 사유가 있는 때에는 제1항의 규정에 의한 출입허가수수료를 징수하지 아니한다.
1. 법령의 규정에 의하여 강제로 입항하는 경우
2. 급병환자, 항해중 발견한 밀항자, 항해중 구조한 조난자 · 조난선박 · 조난화물 등의 하역 또는 인도를 위하여 일시 입항하는 경우
3. 위험물품 · 오염물품 기타 이에 준하는 물품의 취급, 유조선의 청소 또는 가스발생선박의 가스제거작업을 위하여 법령 또는 권한 있는 행정관청이 정하는 일정한 장소에 입항하는 경우
4. 국제항의 협소 등 입항여건을 고려하여 관세청장이 정하는 일정한 장소에 입항하는 경우

③ 세관장은 영 제156조제1항제3호 기간의 개시일까지 해당 출입허가를 취소한 경우에는 제1항에 따라 징수한 수수료를 반환한다.

4. 국제항의 지정요건(영 제155조의2)

(1) 지정요건

① 「선박의 입항 및 출항 등에 관한 법률」 또는 「공항시설법」에 의하여 국제무역선(기)이 항상 입출항할 수 있을 것

② 국내선과 구분되는 국제선 전용통로 및 그 밖에 출입국업무를 처리하는 행정기관의 업무수행에 필요한 인력·시설·장비를 확보할 수 있을 것

③ 공항 및 항구의 여객수 또는 화물량 등에 관한 다음의 구분에 따른 기준을 갖출 것

㉠ 공항의 경우

1. 정기여객기가 주 6회 이상 입항하거나 입항할 것으로 예상될 것
2. 여객기로 입국하는 여객수가 연간 4만명 이상일 것

㉡ 항구의 경우: 국제무역선인 5천톤급 이상의 선박이 연간 50회 이상 입항하거나 입항할 것으로 예상될 것

(2) 보고 및 현장점검

관세청장 또는 관계 행정기관의 장은 국제항이 지정요건을 갖추지 못하여 업무수행 등에 상당한 지장을 준다고 판단하는 경우에는 기획재정부장관에게 그 사실을 보고해야 한다. 이 경우 기획재정부장관은 관세청장 또는 국제항시설의 관리기관의 장과 국제항에 대한 현장점검을 할 수 있다.

(3) 개선명령

국제항의 운영자는 국제항이 시설기준 등에 미치지 못하게 된 경우 그 시설 등을 신속하게 개선하여야 하며, 기획재정부장관은 보고 또는 현장점검 결과를 검토한 결과 시설 등의 개선이 필요한 경우에는 해당 국제항의 운영자에게 개선대책 수립, 시설개선 등을 명할 수 있으며 그 이행결과를 보고하게 할 수 있다.

5. 대통령령으로 지정된 국제항

구분	개항
항구	인천항, 부산항, 마산항, 여수항, 목포항, 군산항, 제주항, 동해·묵호항, 울산항,통영항, 삼천포항, 장승포항, 포항항, 장항항, 옥포항, 광양항, 평택·당진항, 대산항, 삼척항, 진해항, 완도항, 속초항, 고현항, 경인항, 경인항, 보령항
공항	인천공항, 김포공항, 김해공항, 제주공항, 청주공항, 대구공항, 무안공항, 양양공항

2 선박과 항공기

1. 입출항 절차(법 제135조부터 제137조)

(1) 입항절차

1) **입항보고**: 국제무역선이나 국제무역기가 국제항(출입허가를 받은 지역을 포함)에 입항하였을 때에는 선장이나 기장은 입항보고를 하여야 한다.

2) **서류제출**: 국제무역선이나 국제무역기가 국제항에 입항하였을 때에는 선장이나 기장은 대통령령으로 정하는 사항이 적힌 선박용품 또는 항공기용품의 목록, 여객명부, 승무원명부, 승무원휴대품목록과 적재화물목록을 첨부하여 지체 없이 세관장에게 입항보고를 하여야 하며, 국제무역선은 선박국적증서와 최종 출발항의 출항면장이나 이를 갈음할 서류를 제시하여야 한다. 다만, 세관장은 감시·단속에 지장이 없다고 인정될 때에는 선박용품 또는 항공기용품의 목록이나 승무원 휴대품목록의 첨부를 생략하게 할 수 있다.

3) **입항 전 서류 제출**: 세관장은 신속한 입항 및 통관절차의 이행과 효율적인 감시·단속을 위하여 필요할 때에는 관세청장이 정하는 바에 따라 입항하는 해당 선박 또는 항공기가 소속된 선박회사 또는 항공사(그 업무를 대행하는 자를 포함)로 하여금 여객명부·적재화물목록 등을 입항하기 전에 제출하게 할 수 있다. 다만, 화물운송주선업자(제254조의2 제1항에 따른 탁송품 운송업자로 한정)로서 대통령령으로 정하는 다음의 요건을 갖춘 자가 작성한 적재화물목록은 관세청장이 정하는 바에 따라 해당 화물운송주선업자로 하여금 제출하게 할 수 있다.

① 수출입안전관리 우수업체로 공인된 업체
② 안전관리기준의 준수도 측정·평가의 결과가 우수한 자
③ 기획재정부령으로 정하는 화물운송 주선 실적이 있는 자[115)]

(2) 출항절차

1) **출항허가**: 국제무역선이나 국제무역기가 국제항을 출항하려면 선장이나 기장은 출항하기 전에 세관장에게 출항허가를 받아야 한다. 세관장은 출항 허가의 신청을 받은 날부터 10일 이내에 허가 여부를 신청인에게 통지하여야 한다. 세관장이 기간 내에 허가 여부 또는 민원 처리 관련 법령에 따른 처리기간의 연장을 신청인에게 통지하지 아니하면 그 기간(민원 처리 관련 법령에 따라 처리기간이 연장 또는 재연장된 경우에는 해당 처리기간을 말한다)이 끝난 날의 다음 날에 허가를 한 것으로 본다.

2) **서류제출**: 선장이나 기장은 출항허가를 받으려면 그 국제항에서 적재한 물품의 목록을 제출하여야 한다. 다만, 세관장이 출항절차를 신속하게 진행하기 위하여 필요하다고 인정하여 출항허가 후 7일의 범위에서 따로 기간을 정하는 경우에는 그 기간 내에 그 목록을 제출할 수 있다.

---

115) **관세법시행규칙 제62조의2(적재화물목록을 제출할 수 있는 화물운송업자)**
영 제157조의2 제3호에서 "기획재정부령으로 정하는 화물운송 주선 실적이 있는 자"란 화물운송 주선 실적(선하증권 또는 항공화물운송장을 기준으로 한다)이 직전 연도 총 60만 건 이상인 자를 말한다.

3) **출항 전 서류제출**: 세관장은 신속한 출항 및 통관절차의 이행과 효율적인 감시·단속을 위하여 필요한 경우에는 관세청장이 정하는 바에 따라 출항하는 해당 국제무역선 또는 국제무역기가 소속된 선박회사 또는 항공사로 하여금 적재화물목록을 출항허가 신청 전에 제출하게 할 수 있다. 다만, 화물운송주선업자(제254조의2 제1항에 따른 탁송품 운송업자로 한정)로서 대통령령으로 정하는 요건을 갖춘 자가 작성한 적재화물목록은 관세청장이 정하는 바에 따라 해당 화물운송주선업자로 하여금 제출하게 할 수 있다.

(3) 간이입출항절차(법 제137조)

1) **입항 후 24시간 이내 출항하는 경우**: 국제무역선이나 국제무역기가 국제항에 입항하여 물품(선박용품 또는 항공기용품과 승무원의 휴대품은 제외)을 하역하지 아니하고 입항한 때부터 24시간 이내에 출항하는 경우 세관장은 적재화물목록, 선박용품 또는 항공기용품의 목록, 여객명부, 승무원명부, 승무원 휴대품목록 또는 적재물품의 목록의 제출을 생략하게 할 수 있다.

2) **입항절차 완료 후 다른 국제항에 입항하는 경우**: 세관장은 국제무역선이나 국제무역기가 국제항에 입항하여 입항절차에 따른 절차를 마친 후 다시 우리나라의 다른 국제항에 입항할 때에는 서류제출의 생략 등 간소한 절차로 입출항하게 할 수 있다.

(4) 승객예약자료의 제공(법 제137조의2)

1) **의의**: 세관장은 다음의 어느 하나에 해당하는 업무를 수행하기 위하여 필요한 경우 입항하거나 출항하는 선박 또는 항공기가 소속된 선박회사 또는 항공사가 운영하는 예약정보시스템의 승객예약자료를 정보통신망을 통하여 열람하거나 기획재정부령으로 정하는 시한[116] 내에 제출하여 줄 것을 선박회사 또는 항공사에 요청할 수 있다. 이 경우 해당 선박회사 또는 항공사는 이에 따라야 한다.

① 수출입금지물품을 수출입한 자 또는 수출입하려는 자에 대한 검사업무

② 제241조 제1항·제2항을 위반한 자 또는 제241조 제1항·제2항을 위반하여 다음 각 목의 어느 하나의 물품을 수 출입하거나 반송하려는 자에 대한 검사업무

㉠ 「마약류관리에 관한 법률」에 따른 마약류

㉡ 「총포·도검·화약류 등 단속법」에 따른 총포·도검·화약류·전자충격기 및 석궁

2) **열람·제출 요청 가능자료**: 세관장이 위 규정에 따라 열람이나 제출을 요청할 수 있는 승객예약자료는 다음의 자료로 한정한다.

① 국적, 성명, 생년월일, 여권번호 및 예약번호

② 주소 및 전화번호

③ 예약 및 탑승수속 시점

④ 항공권 또는 승선표의 번호·발권일·발권도시 및 대금결제방법

⑤ 여행경로 및 여행사

⑥ 동반탑승자 및 좌석번호

---

116) **관세법시행규칙 제62조의3(승객예약자료 제출시한)**
법 제137조의2 제1항에 따른 승객예약자료의 제출시한은 다음 각 호의 구분에 의한다.
1. 출항하는 선박 또는 항공기의 경우: 출항 후 3시간 이내
2. 입항하는 선박 또는 항공기의 경우: 입항 1시간 전까지. 다만, 운항예정시간이 3시간 이내인 경우에는 입항 30분 전까지 할 수 있다.

⑦ 수하물자료
⑧ 항공사 · 선박회사의 회원으로 가입한 경우 그 회원번호 및 등급과 승객주문정보

3) 승객예약자료의 열람

① 승객예약자료를 열람할 수 있는 사람은 관세청장이 지정하는 세관공무원으로 한정한다.
② 세관장은 승객예약자료를 열람할 수 있는 세관공무원에게 관세청장이 정하는 바에 따라 개인식별 고유번호를 부여하는 등의 조치를 하여 권한 없는 자가 승객예약자료를 열람하는 것을 방지하여야 한다.
③ 세관공무원은 직무상 알게 된 승객예약자료를 누설 또는 권한 없이 처리하거나 타인이 이용하도록 제공하는 등 부당한 목적을 위하여 사용하여서는 아니 된다.

4) 보존승객예약자료의 관리

① **구분관리**: 세관장은 승객이 입항 또는 출항한 날부터 1월이 경과한 때에는 해당 승객의 승객예약자료를 다른 승객의 승객예약자료(입 · 출항일부터 1월이 경과 하지 아니한 승객예약자료)와 구분하여 관리하여야 한다.
② **승객예약자료의 보존기간**: 세관장은 위 규정에 따라 구분하여 관리하는 승객예약자료(보존승객예약자료) 해당 승객의 입 · 출항일부터 기산하여 3년간 보존할 수 있다. 다만, 다음의 각 호의 하나에 해당하는 자에 대한 보존승객예약자료는 5년간 보존할 수 있다.

1. 법 제234조를 위반하여 수출입금지물품을 수출입한 자 또는 수출입하려고 하였던 자로서 관세청장이나 세관장의 통고처분을 받거나 벌금형 이상의 형의 선고를 받은 사실이 있는 자
2. 법 제241조 제1항 · 제2항(수출입 · 반송신고 및 간이수출입 · 반송신고)을 위반하였거나 법 제241조 제1항 · 제2항(수출입 · 반송신고 및 간이수출입 · 반송신고)을 위반하여 다음의 어느 하나의 물품을 수출입 또는 반송하려고 하였던 자로서 관세청장이나 세관장의 통고처분을 받거나 벌금형 이상의 형의 선고를 받은 사실이 있는 자
   가. 「마약류관리에 관한 법률」에 따른 마약류
   나. 「총포 · 도검 · 화약류 등 단속법」에 따른 총포 · 도검 · 화약류 · 전자충격기 및 석궁
3. 수사기관 등으로부터 제공받은 정보나 세관장이 수집한 정보 등에 근거하여 다음의 어느 하나에 해당하는 행위를 할 우려가 있다고 인정되는 자로서 관세청장이 정하는 기준에 해당하는 자
   가. 법 제234조를 위반하여 수출입금지물품을 수출입하는 행위
   나. 법 제241조 제1항 · 제2항(수출입 · 반송신고 및 간이수출입 · 반송신고)을 위반하여 다음의 어느 하나의 물품을 수출입 또는 반송하는 행위
      (1) 「마약류관리에 관한 법률」에 따른 마약류
      (2) 「총포 · 도검 · 화약류 등 단속법」에 따른 총포 · 도검 · 화약류 · 전자충격기 및 석궁

③ **열람 승인**: 세관공무원은 보존승객예약자료를 열람하려는 경우에는 관세청장이 정하는 바에 따라 미리 세관장의 승인을 받아야 한다.

(5) 재해나 그 밖의 부득이한 사유로 인한 면책(법 제138조)

① 제134조부터 제137조까지 및 제140조부터 제143조까지의 규정은 재해나 그 밖의 부득이한 사유에 의한 경우에는 적용하지 아니한다.

② 선장이나 기장은 지체 없이 그 이유를 세관공무원이나 경찰공무원(세관공무원이 없는 경우로 한정한다)에게 신고하여야 한다.

③ 신고를 받은 국가경찰공무원은 지체 없이 그 내용을 세관공무원에게 통보하여야 한다.

④ 선장이나 기장은 재해나 그 밖의 부득이한 사유가 종료되었을 때에는 지체 없이 세관장에게 그 경과를 보고하여야 한다.

(6) 임시 외국 정박 또는 착륙의 보고(법 제139조)

재해 그 밖의 부득이한 사유로 인하여 국내운항선 또는 국내운항기가 외국에 임시 정박 또는 착륙하고 우리나라로 되돌아 온 때에는 선장 또는 기장은 지체없이 그 사실을 세관장에게 보고하여야 하며 외국에서 적재한 물품이 있는 때에는 그 목록을 제출하여야 한다.

2. 물품의 하역(법 제140조부터 제143조)

(1) 입항절차 종료 후 하역 · 환적

국제무역선이나 국제무역기는 입항절차를 마친 후가 아니면 물품을 하역하거나 환적할 수 없다. 다만, 세관장의 허가를 받은 경우에는 그러하지 아니하다. 세관장은 허가의 신청을 받은 날부터 10일 이내에 허가 여부를 신청인에게 통지하여야 한다. 세관장이 기간 내에 허가 여부 또는 민원 처리 관련 법령에 따른 처리기간의 연장을 신청인에게 통지하지 아니하면 그 기간(민원 처리 관련 법령에 따라 처리기간이 연장 또는 재연장된 경우에는 해당 처리기간을 말한다)이 끝난 날의 다음 날에 허가를 한 것으로 본다.

(2) 하역 · 환적에 대한 세관공무원의 확인

국제무역선이나 국제무역기에 물품을 하역하거나 환적하려면 세관장에게 신고[117)]하고 현장에서 세관공무원의 확인을 받아야 한다. 다만, 세관공무원이 확인할 필요가 없다고 인정하는 경우에는 그러하지 아니하다.

(3) 하역 장소 · 통로 · 기간의 제한

세관장은 감시 · 단속을 위하여 필요할 때에는 물품을 하역하는 장소 및 통로와 기간을 제한할 수 있다. 다만, 신고된 물품이 폐기물 · 화학물질 등 관세청장이 관계 중앙행정기관의 장과 협의하여 고시하는 물품으로서 하역 장소 및 통로, 기간을 제한하는 방법으로는 사회안전 또는 국민보건 피해를 방지하기 어렵다고 인정되는 경우에는 하역을 제한하고, 적절한 조치 또는 반송을 명할 수 있다.

---

117) 법 제140조제4항에 따라 물품을 하역 또는 환적하려는 자는 다음 각 호의 사항을 기재한 신고서를 세관장에게 제출하고 그 신고필증을 현장세관공무원에게 제시하여야 한다. 다만, 수출물품의 경우에는 관세청장이 정하는 바에 따라 물품목록의 제출로써 이에 갈음할 수 있으며, 항공기인 경우에는 현장세관공무원에 대한 말로써 신고하여 이에 갈음할 수 있다.
1. 선박 또는 항공기의 명칭
2. 물품의 품명 · 개수 및 중량
3. 승선자수 또는 탑승자수
4. 선박 또는 항공기 대리점
5. 작업의 구분과 작업예정기간

(4) 내국물품 · 외국물품 적재 제한

국제무역선이나 국제무역기에는 내국물품을 적재할 수 없으며, 국내운항선이나 국내운항기에는 외국물품을 적재할 수 없다. 다만, 세관장의 허가를 받았을 때에는 그러하지 아니하다.

(5) 외국물품의 일시양륙 등에 대한 신고 및 확인(법 제141조)

다음의 어느 하나에 해당하는 행위를 하려면 세관장에게 신고를 하고, 현장에서 세관공무원의 확인을 받아야 한다. 다만, 관세청장이 감시 · 단속에 지장이 없다고 인정하여 따로 정하는 경우에는 간소한 방법으로 신고 또는 확인하거나 이를 생략하게 할 수 있다.

① 외국물품을 운송수단으로부터 일시적으로 육지에 내려 놓으려는 경우
② 해당 운송수단의 여객 · 승무원 또는 운전자가 아닌 자가 타려는 경우
③ 외국물품을 적재한 운송수단에서 다른 운송수단으로 물품을 환적 또는 복합환적하거나 사람을 이동시키는 경우

(6) 항외하역(법 제142조)

1) 항외하역 허가

① 국제무역선이 국제항의 바깥에서 물품을 하역하거나 환적하려는 경우에는 선장은 세관장의 허가를 받아야 한다.
② 세관장은 허가의 신청을 받은 날부터 10일 이내에 허가 여부를 신청인에게 통지하여야 한다. 세관장이 기간 내에 허가 여부 또는 민원 처리 관련 법령에 따른 처리기간의 연장을 신청인에게 통지하지 아니하면 그 기간(민원 처리 관련 법령에 따라 처리기간이 연장 또는 재연장된 경우에는 해당 처리기간을 말한다)이 끝난 날의 다음 날에 허가를 한 것으로 본다.

2) 허가수수료 납부 : 선장은 항외하역 허가를 받으려면 기획재정부령으로 정하는 바에 따라 허가수수료[118]를 납부하여야 한다.

(7) 선박용품 및 항공기용품 등의 하역 등(법 제143조)

1) 하역 · 환적 허가 : 다음의 어느 하나에 해당하는 물품을 국제무역선 또는 국제무역기 및 원양어선에 하역하거나 환적하려면 세관장의 허가를 받아야 하며, 하역 또는 환적허가의 내용대로 하역하거나 환적하여야 한다. 세관장은 허가의 신청을 받은 날부터 10일 이내에 허가 여부를 신청인에게 통지하여야 한다. 세관장이 기간 내에 허가 여부 또는 민원 처리 관련 법령에 따른 처리기간의 연장을 신청인에게 통지하지 아니하면 그 기간(민원 처리 관련 법령에 따라 처리기간이 연장 또는 재연장된 경우에는 해당 처리기간을 말한다)이 끝난 날의 다음 날에 허가를 한 것으로 본다.

① 선박용품 또는 항공기용품
② 국제무역선 또는 국제무역기안에서 판매하는 물품
③ 해양수산부장관의 허가 · 승인 또는 지정을 받은 자가 조업하는 원양어선에 무상으로 송부하기 위하여 반출하는 물품으로서 해양수산부장관이 확인한 물품

---

118) **관세법시행규칙 제63조(항외하역에 관한 허가수수료)**
법 제142조 제2항의 규정에 의하여 납부하여야 하는 항외하역에 관한 허가수수료는 하역 1일마다 4만원으로 한다. 다만, 수출물품(보세판매장에서 판매하는 물품과 보세공장, 「자유무역지역의 지정 및 운영에 관한 법률」에 의한 자유무역지역에서 제조 · 가공하여 외국으로 반출하는 물품을 포함한다)에 대한 하역인 경우에는 하역 1일마다 1만원으로 한다.

2) 외국물품인 선박용품 및 국제무역선 판매물품

① "1)"의 물품이 외국으로부터 우리나라에 도착한 외국물품일 때에는 보세구역으로부터 국제무역선 또는 국제무역기 또는 원양어선에 적재하는 경우에만 그 외국물품을 그대로 적재할 수 있다.

② "1)"에 해당하는 물품의 종류와 수량은 선박이나 항공기의 종류, 톤수 또는 무게, 항행일수 또는 운행일수, 여객과 승무원의 수 등을 고려하여 세관장이 타당하다고 인정하는 범위이어야 한다.

③ 허가를 받아야 하는 물품의 종류와 수량, 사용 또는 판매내역관리, 하역 또는 환적절차 등에 관하여 필요한 사항은 관세청장이 정하여 고시한다.

3) 하역허가 위반시 관세징수 : "1)"에 해당하는 물품이 하역 또는 환적 허가의 내용대로 운송수단에 적재되지 아니한 경우에는 해당 허가를 받은 자로부터 즉시 그 관세를 징수한다. 다만, 다음의 어느 하나에 해당하는 경우에는 그러하지 아니하다.

① 세관장이 지정한 기간 내에 그 물품이 다시 보세구역에 반입된 경우

② 재해나 그 밖의 부득이한 사유로 멸실된 경우

③ 미리 세관장의 승인을 받고 폐기한 경우

3. 국제무역선의 국내운항선으로의 전환 등(법 제144조부터 제147조)

(1) 국제무역선(기)의 국내운항선(기) 전환 승인

국제무역선 또는 국제무역기를 국내운항선 또는 국내운항기로 전환하거나, 국내운항선 또는 국내운항기를 국제무역선 또는 국제무역기로 전환하려면 선장이나 기장은 세관장의 승인을 받아야 한다.

(2) 선장의 직무대행자

선장이나 기장에게 적용할 규정은 선장이나 기장을 대리하여 그 직무를 행하는 자에게 적용한다.

(3) 그 밖의 선박 또는 항공기

1) 국제무역선 또는 국제무역기 준용 : 국제무역선 또는 국제무역기 외의 선박이나 항공기로서 외국에 운항하는 선박 또는 항공기 및 외국을 왕래하는 여행자와 법 제241조 제2항 제1호(휴대품 · 탁송품 · 별송품)의 물품을 전용으로 운송하기 위하여 국내에서만 운항하는 항공기(환승전용국내운항기)에 대하여는 국제무역선이나 국제무역기에 관한 규정을 준용한다. 다만, 다음의 선박 및 항공기에 대하여는 그러하지 아니하다.

① 군함 및 군용기

② 국가원수 또는 정부를 대표하는 외교사절이 전용하는 선박 또는 항공기

2) 환승전용 국내운항기의 관리

국제무역선 또는 국제무역기의 준용 규정에도 불구하고, 환승전용국내운항기에 대해서는 제143조 제2항(물품이 외국으로부터 우리나라에 도착한 외국물품일 때에는 보세구역으로부터 운송수단에 적재하는 경우에만 외국물품 그대로 적재할 수 있다.)은 적용하지 아니하며 효율적인 통관 및 감시 · 단속을 위하여 필요한 사항은 대통령령으로 따로 정할 수 있다.[119)]

(4) **국경하천을 운항하는 선박(법 제147조)**

국경하천만을 운항하는 내국선박에 대하여는 국제무역선에 관한 규정을 적용하지 아니한다.

3 국경출입차량(법 제148조부터 제153조)

1. 관세통로

① 국경을 출입하는 차량은 관세통로를 경유하여야 하며, 통관역이나 통관장에 정차하여야 한다.
② 관세통로는 육상국경 으로부터 통관역에 이르는 철도와 육상국경 으로부터 통관장에 이르는 육로 또는 수로 중에서 세관장이 지정한다.
③ 통관역은 국외와 연결되고 국경에 근접한 철도역 중에서 관세청장이 지정한다.
④ 통관장은 관세통로에 접속한 장소 중에서 세관장이 지정한다.

2. 국경출입차량의 도착 · 출발 절차

(1) **도착 절차**

1) 도착보고 : 국경출입차량이 통관역 또는 통관장에 도착하면 통관역장이나 도로차량의 운전자는 지체없이 세관장에게 도착보고를 하여야 한다.

2) 서류제출 : 국경출입차량이 통관역이나 통관장에 도착하면 통관역장이나 도로차량의 운전자는 차량용품목록 · 여객명부 · 승무원명부 및 승무원 휴대품목록과 관세청장이 정하는 적재화물목록을 첨부하여 지체 없이 세관장에게 도착보고를 하여야 하며, 최종 출발지의 출발허가서 또는 이를 갈음하는 서류를 제시하여야 한다. 다만, 세관장은 감시 · 단속에 지장이 없다고 인정될 때에는 차량용품목록이나 승무원 휴대품목록의 첨부를 생략하게 할 수 있다.

---

119) **관세법시행령 제168조의2(환승전용국내운항기의 관리)**
세관장은 법 제146조제2항에 따라 다음 각 호의 어느 하나에 해당하는 사항에 대하여 관세청장이 정하는 바에 따라 그 절차를 간소화하거나 그 밖에 필요한 조치를 할 수 있다.
1. 법 제135조제1항에 따른 입항보고
2. 법 제136조제1항에 따른 출항허가 신청
3. 그 밖에 환승전용국내운항기 및 해당 항공기에 탑승하는 외국을 왕래하는 여행자와 법 제241조제2항제1호에 따른 물품의 통관 및 감시에 필요한 사항

3) **도착 전 서류제출**: 세관장은 신속한 입국 및 통관절차의 이행과 효율적인 감시·단속을 위하여 필요한 경우에는 관세청장이 정하는 바에 따라 도착하는 해당 차량이 소속된 회사(그 업무를 대항하는 자를 포함)로 하여금 여객명부·적재화물목록 등을 도착하기 전에 제출하게 할 수 있다.

4) **반복운송 도로차량**: 모래·자갈 등 골재, 석탄·흑연 등 광물을 일정 기간에 일정량으로 나누어 반복적으로 운송하는 데에 사용되는 도로차량의 운전자는 사증(査證)을 받는 것으로 도착보고를 대신 할 수 있다. 다만, 최종 도착보고의 경우는 제외한다.
이 경우 도로차량의 운전자는 최종도착보고를 할 때 차량용품목록 등의 서류를 한꺼번에 제출해야 한다.

⑵ **출발절차**

1) **출발보고 및 출발허가**: 국경출입차량이 통관역이나 통관장을 출발하려면 통관역장이나 도로차량의 운전자는 출발하기 전에 세관장에게 출발보고를 하고 출발허가를 받아야 한다.

2) **서류제출**: 통관역장이나 도로차량의 운전자는 출발허가를 받으려면 그 통관역 또는 통관장에서 적재한 물품의 목록을 제출하여야 한다.

3) **반복운송 도로차량**: 일정 기간에 일정량으로 나누어 반복적으로 운송하는 데에 사용되는 도로차량의 운전자는 사증을 받는 것으로 출발보고 및 출발허가를 대신할 수 있다. 다만, 최초 출발보고와 최초 출발허가의 경우는 제외한다.
이 경우 도로차량을 운행하려는 자는 기획재정부령이 정하는 바에 따라 미리 세관장에게 신고하여야 한다.

PART 05

⑶ **물품의 하역 등(법 제151조)**

1) **하역 물품 신고 및 확인**: 통관역이나 통관장에서 외국물품을 차량에 하역하려는 자는 세관장에게 신고를 하고, 현장에서 세관공무원의 확인을 받아야 한다. 다만, 세관공무원이 확인할 필요가 없다고 인정할 때에는 그러하지 아니하다.

2) **차량용품 및 국경출입차량 판매물품의 하역·환적**

① **하역·환적 허가**: 차량용품과 국경출입차량 안에서 판매할 물품을 해당 차량에 하역하거나 환적하는 경우에는 세관장의 허가를 받아야 한다.

② **외국물품인 차량용품 및 국경출입차량 판매물품**: 외국물품인 차량용품 및 국경출입차량 판매물품이 외국으로부터 우리나라에 도착한 외국물품인 경우에는 보세구역으로부터 차량에 적재하는 경우에 한하여 그 외국물품 그대로 적재할 수 있다.

③ **하역허가 위반시 관세징수**: 외국물품인 차량용품 또는 항공기용품과 국경출입차량에서 판매할 물품이 하역허가의 내용대로 운송수단에 적재되지 아니한 경우에는 해당 허가를 받은 자로부터 즉시 그 관세를 징수한다. 다만, 세관장이 지정한 기간에 그 물품이 다시 보세구역에 반입된 경우, 재해 기타 부득이한 사유에 의하여 멸실된 경우 및 미리 세관장의 승인을 받고 폐기한 경우에는 그러하지 아니하다.

⑷ 국경출입차량의 국내운행차량의 전환

국경출입차량을 국내에서만 운행하는 차량으로 전환하거나 국내운행차량을 국경출입차량으로 전환하려는 경우에는 통관역장 또는 도로차량의 운전자는 세관장의 승인을 받아야 한다. 다만, 기획재정부령으로 정하는 차량의 경우에는 그러하지 아니하다.

⑸ 통관역장 등의 직무대행자

통관역장 또는 도로차량의 운전자에게 적용할 규정은 통관역장 또는 도로차량의 운전자가 행하여야 할 직무를 대행하는 자에게도 적용한다.

⑹ 도로차량의 국경출입(법 제152조)

국경을 출입하려는 도로차량의 운전자는 해당 도로차량이 국경을 출입할 수 있음을 증명하는 서류를 세관장으로부터 발급받아야 하며, 출입할 때마다 서류를 세관공무원에게 제시하고 사증을 받아야 한다. 이 경우 전자적인 방법으로 서류의 제시 및 사증 발급을 대신할 수 있다. 사증을 받으려는 자는 기획재정부령이 정하는 바에 따라 수수료[120]를 납부하여야 한다. 다만, 기획재정부령이 정하는 차량은 수수료를 면제한다.

---

120) **관세법 시행규칙 제64조(사증수수료)**
법 제152조 제3항에 따라 납부하여야 하는 사증수수료는 400원으로 한다.

OX문제

01 국제무역선이나 국제무역기는 국제항에 한정하여 운항할 수 있다. 다만, 대통령령으로 정하는 바에 따라 국제항이 아닌 지역에 대한 출입의 허가를 받은 경우에는 그러하지 아니하다. (   )

02 "무안공항", "주문진항", "장항항"은 관세법령상 국제항이다. (   )

03 국제무역선이나 국제무역기가 국제항을 출항하려면 선장이나 기장은 출항하기 전에 세관장에게 출항허가를 받아야 한다. (   )

04 세관장은 국제무역선이나 국제무역기가 국제항에 입항하여 입항절차를 종료하기 전 다시 우리나라의 다른 국제항에 입항할 때에는 서류제출의 생략 등 간소한 절차로 입출항하게 할 수 있다. (   )

05 승객예약자료를 열람할 수 있는 사람은 세관장이 지정하는 세관공무원으로 한정한다. (   )

06 국제무역선이나 국제무역기에 물품을 하역하거나 환적하려면 세관장에게 신고하고 현장에서 세관공무원의 확인을 받아야 한다. 다만, 세관공무원이 확인할 필요가 없다고 인정하는 경우에는 그러하지 아니하다. (   )

07 국제무역선이 국제항의 바깥에서 물품을 하역하거나 환적하려는 경우에는 선장은 세관장의 승인을 받아야 한다. (   )

08 선박용품 또는 항공기용품이 외국으로부터 우리나라에 도착한 외국물품일 때에는 보세구역으로부터 국제무역선 또는 국제무역기에 적재하는 경우에만 그 외국물품을 그대로 적재할 수 있다. (   )

09 관세통로는 육상국경 으로부터 통관장에 이르는 육로 또는 수로 중에서 세관장이 지정한다. 통관장은 관세통로에 접속한 장소 중에서 관세청장이 지정한다. (   )

10 대통령령으로 정하는 물품을 일정 기간에 일정량으로 나누어 반복적으로 운송하는 데에 사용되는 도로차량의 운전자는 사증을 받는 것으로 도착보고를 대신할 수 있다. 다만, 최종 도착보고의 경우는 제외한다. (   )

Answer 01 ○ 02 × 03 ○ 04 × 05 × 06 ○ 07 × 08 ○ 09 × 10 ○

PART 05

합격까지 함께
관세직 만점 기본서

김준휘 관세법

합격까지 박문각

Part

06

보세구역

01 보세구역 통칙

1 보세제도 개요

1. 의의

보세란, 수입신고수리가 끝나지 않은 상태를 말하며, 보세화물이란 일반적으로 수입신고 수리가 되지 않은 상태의 외국물품을 의미한다.

2. 보세제도의 기능

(1) 보세구역에 물품을 반입하는 경우에는 관세법에 의거 반입신고를 하도록 하고, 반입된 물품은 세관의 통제하에 수입신고 수리를 받기 전에는 보세구역을 벗어나지 못하도록 함으로써 관세채권을 확보할 수 있다.

(2) 수입물품과 반송물품에 대하여 원칙적으로 보세구역을 경유 하도록 하여 밀수출입을 방지하고 통관절차의 이행을 확보할 수 있다.

(3) 보세구역은 세관의 감시와 단속이 용이한 일정한 장소만을 지정 또는 특허함으로써 모든 수입물품과 반송물품을 이곳에 집중적으로 반입시켜 세관으로 하여금 물품의 반출입 감시, 물품검사 등을 효율적으로 할 수 있다.

3. 보세구역의 종류(법 제154조)

보세구역은 지정보세구역 · 특허보세구역 및 종합보세구역으로 구분하고, 지정보세구역은 지정장치장 및 세관검사장으로 구분하며 특허보세구역은 보세창고 · 보세공장 · 보세전시장 · 보세건설장 및 보세판매장으로 구분한다.

2 물품의 장치(법 제155조부터 제156조)

1. 보세구역 물품 장치

외국물품과 내국운송의 신고를 하려는 내국물품은 보세구역이 아닌 장소에 장치할 수 없다. 다만, 다음 어느 하나에 해당하는 물품은 그러하지 아니하다.

① 수출신고가 수리된 물품
② 크기 또는 무게의 과다나 그 밖의 사유로 보세구역에 장치하기 곤란하거나 부적당한 물품
③ 재해나 그 밖의 부득이한 사유로 임시로 장치한 물품
④ 검역물품
⑤ 압수물품
⑥ 우편물품

2. 보세구역 외 장치허가

① 크기 또는 무게의 과다나 그 밖의 사유로 보세구역에 장치하기 곤란하거나 부적당한 물품을 보세구역이 아닌 장소에 장치하려는 자는 세관장의 허가를 받아야 한다.
② 세관장은 외국물품에 대하여 보세구역 외 장치의 허가를 하려는 때에는 그 물품의 관세에 상당하는 담보의 제공, 필요한 시설의 설치 등을 명할 수 있다.
③ 보세구역 외 장치 허가를 받으려는 자는 기획재정부령으로 정하는 금액과 방법 등에 따라 수수료[121]를 납부하여야 한다.

PART 06

3. 보세구역 외 장치 물품의 보세구역 장치 물품 규정 준용

수출신고가 수리된 물품, 크기 또는 무게의 과다나 그 밖의 사유로 보세구역에 장치하기 곤란하거나 부적당한 물품, 재해나 그 밖의 부득이한 사유로 임시로 장치한 물품, 검역물품에 대해서는 보세구역 장치물품에 대한 규정을 준용한다.

---

121) **관세법 시행규칙 제65조(보세구역 외 장치허가수수료)**
① 법 제156조제3항의 규정에 의하여 납부하여야 하는 보세구역외 장치허가수수료는 1만8천원으로 한다. 이 경우 동일한 선박 또는 항공기로 수입된 동일한 화주의 화물을 동일한 장소에 반입하는 때에는 1건의 보세구역 외 장치허가신청으로 보아 허가수수료를 징수한다.
② 국가 또는 지방자치단체가 수입하거나 협정에 의하여 관세가 면제되는 물품을 수입하는 때에는 제1항의 규정에 의한 보세구역 외 장치허가수수료를 면제한다.
③ 제1항의 규정에 의한 보세구역외 장치허가수수료를 납부하여야 하는 자가 관세청장이 정하는 바에 의하여 이를 따로 납부한 때에는 그 사실을 증명하는 증표를 허가신청서에 첨부하여야 한다.
④ 세관장은 전산처리설비를 이용하여 법 제156조제1항의 규정에 의한 보세구역 외 장치허가를 신청하는 때에는 제1항의 규정에 의한 보세구역외 장치허가수수료를 일괄고지하여 납부하게 할 수 있다.

4. 보세구역 장치물품의 제한(영 제174조)

① 보세구역에는 인화질 또는 폭발성의 물품을 장치하지 못한다.
② 보세창고에는 부패할 염려가 있는 물품 또는 살아있는 동물이나 식물을 장치하지 못한다.
③ 단, 당해 물품을 장치하기 위하여 특수한 설비를 한 보세구역에 관하여는 이를 적용하지 아니한다.

3 물품의 반입 · 반출(법 제157조)

1. 반입 · 반출 신고

보세구역에 물품을 반입하거나 반출하려는 자는 대통령령으로 정하는 바에 따라 세관장에게 신고하여야 한다. 이 경우 세관장은 보세구역에 반입할 수 있는 물품의 종류를 제한할 수 있다.

2. 세관공무원 참여 · 검사

보세구역에 물품을 반입하거나 반출하려는 경우에는 세관장은 세관공무원을 참여시킬 수 있으며, 세관공무원은 해당 물품을 검사할 수 있다.

3. 수입신고 수리물품의 반출(법 제157조의2)

관세청장이 정하는 보세구역에 반입되어 수입신고가 수리된 물품의 화주 또는 반입자는 제177조(장치기간)에도 불구하고 그 수입신고 수리일부터 15일 이내에 해당 물품을 보세구역으로부터 반출하여야 한다. 다만, 외국물품을 장치하는 데에 방해가 되지 아니하는 것으로 인정되어 세관장으로부터 해당 반출기간의 연장승인을 받았을 때에는 그러하지 아니하다.

4 보세구역 작업

1. 보수작업(법 제158조)

(1) 의의

보세구역에 장치된 물품은 그 현상을 유지하기 위하여 필요한 보수작업과 그 성질을 변하지 아니하게 하는 범위에서 포장을 바꾸거나 구분 · 분할 · 합병을 하거나 그 밖의 비슷한 보수작업을 할 수 있다.

(2) 보세구역외 보수작업

보세구역에서의 보수작업이 곤란하다고 세관장이 인정할 때에는 기간과 장소를 지정받아 보세구역 밖에서 보수작업을 할 수 있다.

(3) 보수작업 승인

보수작업을 하려는 자(보세구역외 보수작업 포함)는 세관장의 승인을 받아야 한다. 세관장은 승인의 신청을 받은 날부터 10일 이내에 승인 여부를 신청인에게 통지하여야 한다. 세관장이 기간 내에 승인 여부 또는 민원 처리 관련 법령에 따른 처리기간의 연장을 신청인에게 통지하지 아니하면 그 기간(민원 처리 관련 법령에 따라 처리기간이 연장 또는 재연장된 경우에는 해당 처리기간을 말한다)이 끝난 날의 다음 날에 승인을 한 것으로 본다.

다만, 종합보세구역에 장치된 물품에 대하여 보수작업을 하거나 종합보세구역 밖에서 보수작업을 하려는 자는 세관장에게 신고하여야 한다.

(4) 보수작업의 재료

① 보수작업으로 외국물품에 부가된 내국물품은 외국물품으로 본다.

② 외국물품은 수입될 물품의 보수작업의 재료로 사용할 수 없다.

(5) 물품의 검사 및 관세징수

① 보세구역외 보수작업 승인을 한 경우, 세관공무원은 해당 물품이 보세구역에서 반출되는 때에 이를 검사할 수 있다. 반출검사 등에 관하여는 보세공장외 작업허가 규정을 준용한다.

② 보세구역외 보수작업의 승인기간이 경과한 경우 해당 보세구역 외 작업장에 보수작업 대상 물품이 있는 때에는 보수작업의 승인을 받은 때의 성질과 수량에 따라 해당 보수작업의 승인을 받은 자로부터 즉시 관세를 징수한다.

2. 해체 · 절단 등의 작업(법 제159조)

(1) 의의

보세구역에 장치된 물품에 대하여는 그 원형을 변경하거나 해체 · 절단 등의 작업을 할 수 있다.

(2) 해체 · 절단 등의 작업 허가

해체 · 절단 등의 작업을 하려는 자는 세관장의 허가를 받아야 한다. 세관장은 허가의 신청을 받은 날부터 10일 이내에 허가 여부를 신청인에게 통지하여야 한다. 세관장이 기간 내에 허가 여부 또는 민원 처리 관련 법령에 따른 처리기간의 연장을 신청인에게 통지하지 아니하면 그 기간(민원 처리 관련 법령에 따라 처리기간이 연장 또는 재연장된 경우에는 해당 처리기간을 말한다)이 끝난 날의 다음 날에 허가를 한 것으로 본다.

(3) 작업 대상 물품

해체 · 절단 등의 작업을 할 수 있는 물품의 종류는 관세청장이 정한다.

(4) 작업명령

세관장은 수입신고한 물품에 대하여 필요하다고 인정될 때에는 화주 또는 그 위임을 받은 자에게 해체 · 절단 등의 작업을 명할 수 있다.

3. 장치물품의 폐기(법 제160조)

(1) 의의

부패 · 손상되거나 그 밖의 사유로 보세구역에 장치된 물품을 폐기하려는 자는 세관장의 승인을 받아야 한다.

(2) 관세징수

보세구역에 장치된 외국물품이 멸실되거나 폐기되었을 때에는 그 운영인이나 보관인으로부터 즉시 그 관세를 징수한다. 다만, 재해나 그 밖의 부득이한 사유로 멸실된 때와 미리 세관장의 승인을 받아 폐기한 때에는 예외로 한다.

(3) 잔존물 관세

폐기 승인을 받은 외국물품 중 폐기 후에 남아 있는 부분에 대하여는 폐기 후의 성질과 수량에 따라 관세를 부과한다.

(4) 반송 또는 폐기 명령

1) **반송 또는 폐기 명령**: 세관장은 보세구역에 장치된 물품 중 다음 각 호의 어느 하나에 해당하는 것은 화주, 반입자, 화주 또는 반입자의 위임을 받은 자나 「국세기본법」 제38조부터 제41조까지의 규정에 따른 제2차 납세의무자에게 이를 반송 또는 폐기할 것을 명하거나 화주등에게 통고한 후 폐기할 수 있다. 다만, 급박하여 통고할 여유가 없는 경우에는 폐기한 후 즉시 통고하여야 한다. 통고를 할 때 화주등의 주소나 거소를 알 수 없거나 그 밖의 사유로 통고할 수 없는 경우에는 공고로써 이를 갈음할 수 있다.

   ① 사람의 생명이나 재산에 해를 끼칠 우려가 있는 물품
   ② 부패하거나 변질된 물품
   ③ 유효기간이 지난 물품
   ④ 상품가치가 없어진 물품
   ⑤ ①부터 ④까지에 준하는 물품으로서 관세청장이 정하는 물품

2) **비용 부담**: 세관장이 물품을 폐기하거나 화주등이 물품을 폐기 또는 반송한 경우 그 비용은 화주등이 부담한다.

4. 견본품 반출(법 제161조)

(1) 의의

보세구역에 장치된 외국물품의 전부 또는 일부를 견본품으로 반출하려는 자와 국제무역선에서 물품을 하역하기 전에 외국물품의 일부를 견본품으로 반출하려는 자는 세관장의 허가를 받아야 한다. 세관장은 허가의 신청을 받은 날부터 10일 이내에 허가 여부를 신청인에게 통지하여야 한다. 세관장이 정한 기간 내에 허가 여부 또는 민원 처리 관련 법령에 따른 처리기간의 연장을 신청인에게 통지하지 아니하면 그 기간(민원 처리 관련 법령에 따라 처리기간이 연장 또는 재연장된 경우에는 해당 처리기간을 말한다)이 끝난 날의 다음 날에 허가를 한 것으로 본다.

(2) 세관공무원의 견본품 채취 등

① 세관공무원은 보세구역에 반입된 물품 또는 국제무역선에 적재되어 있는 물품에 대하여 검사상 필요하면 그 물품의 일부를 견본품으로 채취할 수 있다.

② 다음 각 호의 어느 하나에 해당하는 물품이 사용·소비된 경우에는 수입신고를 하여 관세를 납부하고 수리된 것으로 본다.

㉠ 세관공무원이 보세구역에 반입된 물품에 대하여 검사상 필요에 따라 견본품으로 채취한 물품

㉡ 다른 법률에 따라 실시하는 검사·검역 등을 위하여 견본품으로 채취된 물품으로서 세관장의 확인을 받은 물품

5 물품취급자에 대한 단속(법 제162조)

다음 어느 하나에 해당하는 자는 물품 및 보세구역감시에 관한 세관장의 명령을 준수하고 세관공무원의 지휘를 받아야 한다.

① 다음의 물품을 취급하는 자
1. 수출신고가 수리된 물품
2. 크기 또는 무게의 과다나 그 밖의 사유로 보세구역에 장치하기 곤란하거나 부적당한 물품
3. 재해나 그 밖의 부득이한 사유로 임시로 장치한 물품
4. 검역물품
5. 압수물품
6. 우편물품

② 보세구역에 출입하는 자

6 세관공무원의 파견(법 제163조)

세관장은 보세구역에 세관공무원을 파견하여 세관사무의 일부를 처리하게 할 수 있다.

7 보세구역 자율관리(법 제164조)

1. 의의

보세구역 중 물품의 관리 및 세관감시에 지장이 없다고 인정하여 관세청장이 정하는 바에 따라 세관장이 지정하는 보세구역에 장치한 물품은 제157조(물품의 반입·반출)에 따른 세관공무원의 참여와 관세법에 따른 절차 중 관세청장이 정하는 절차를 생략한다.

2. 지정신청

보세구역의 화물관리인이나 운영인은 자율관리보세구역의 지정을 받으려면 세관장에게 지정을 신청하여야 한다.

3. 보세사 채용

자율관리보세구역의 지정을 신청하려는 자는 해당 보세구역에 장치된 물품을 관리하는 보세사를 채용하여야 한다.

4. 자율관리보세구역 지정 및 지정취소

① 세관장은 지정신청을 받은 경우 해당 보세구역의 위치와 시설상태 등을 확인하여 자율관리보세구역으로 적합하다고 인정될 때에는 해당 보세구역을 자율관리보세구역으로 지정할 수 있다.
② 세관장은 자율관리보세구역의 지정을 받은 자가 이 법에 따른 의무를 위반하거나 세관감시에 지장이 있다고 인정되는 경우 등 대통령령으로 정하는 사유[122]가 발생한 경우에는 지정을 취소할 수 있다. 자율관리보세구역의 지정을 취소한 때에는 청문을 실시하여야 한다.

5. 반출입 사항 보고

자율관리보세구역의 지정을 받은 자는 생략하는 절차에 대하여 기록하고 관리하여야 한다.

---

122) "이 법에 따른 의무를 위반하거나 세관감시에 지장이 있다고 인정되는 경우 등 대통령령으로 정하는 사유"란 다음 각 호의 어느 하나에 해당하는 경우를 말한다.(영 제184조의 제2항)
1. 법 제178조제1항 각 호의 어느 하나에 해당하는 경우
2. 자율관리보세구역 운영인이 보세사가 아닌 사람에게 보세사의 직무를 수행하게 한 경우
3. 그 밖에 세관감시에 지장이 있다고 인정되는 경우로서 관세청장이 정하여 고시하는 사유에 해당하는 경우

8 보세사(법 제165조)

1. 보세사 자격

보세사는 제175조 제2호부터 제7호까지(운영인의 결격사유)의 어느 하나에 해당하지 아니하는 사람으로서 보세화물의 관리업무에 관한 시험(보세사 시험)[123]에 합격한 사람은 보세사의 자격이 있다. 단, 관세청장은 다음 어느 하나에 해당하는 사람에 대하여는 해당 시험을 정지시키거나 무효로 하고, 그 처분이 있는 날부터 5년간 시험 응시자격을 정지한다.

① 부정한 방법으로 시험에 응시한 사람
② 시험에서 부정한 행위를 한 사람

관세청장은 보세화물의 관리업무에 관한 시험을 실시할 때에는 그 시험의 일시, 장소, 방법 및 그 밖에 필요한 사항을 시험 시행일 90일 전까지 공고하여야 한다.

2. 보세사 시험 과목 면제

일반직공무원으로 5년 이상 관세행정에 종사한 경력[124]이 있는 사람이 보세사 시험에 응시하는 경우에는 시험 과목 수의 2분의 1을 넘지 아니하는 범위에서 대통령령으로 정하는 과목[125]을 면제한다. 다만, 다음 어느 하나에 해당하는 사람은 면제하지 아니한다.

① 탄핵이나 징계처분에 따라 그 직에서 파면되거나 해임된 자
② 강등 또는 정직처분을 받은 후 2년이 지나지 아니한 자

PART 06

3. 보세사 등록

① 보세사 자격을 갖춘 사람이 보세사로 근무하려면 해당 보세구역을 관할하는 세관장에게 등록하여야 하며, 세관장은 요건을 갖춘 경우에는 보세사 등록증을 교부하여야 한다.
② 다만, 다음 어느 하나에 해당하는 사람은 보세사 등록을 할 수 없다.
1. 보세사 등록이 취소(제175조제1호부터 제3호까지의 어느 하나에 해당하여 등록이 취소된 경우는 제외한다)된 후 2년이 지나지 아니한 사람
2. 등록 신청일을 기준으로 미성년자에 해당하는 사람

---

123) 보세화물의 관리업무에 관한 시험의 과목은 다음 각 호와 같고, 해당 시험의 합격자는 매과목 100점을 만점으로 하여 매과목 40점 이상, 전과목 평균 60점 이상을 득점한 사람으로 결정한다.
1. 수출입통관절차
2. 보세구역관리
3. 화물관리
4. 수출입안전관리
5. 자율관리 및 관세벌칙

124) 경력산정의 기준일은 해당 시험의 응시원서 접수 마감일로 한다.

125) "대통령령으로 정하는 과목"이란 다음 각 호의 과목을 말한다.
1. 수출입통관절차
2. 보세구역관리

4. 보세사 등록의 취소 및 업무 정지 등

세관장은 등록을 한 사람이 다음 각 호의 어느 하나에 해당하는 경우에는 등록의 취소, 6개월 이내의 업무정지, 견책 또는 그 밖에 필요한 조치를 할 수 있다. 다만, ① 및 ②에 해당하면 등록을 취소하여야 한다. 이 경우 청문을 실시하여야 한다.

① 제175조제1호부터 제7호까지의 어느 하나에 해당하게 된 경우
② 사망한 경우
③ 관세법이나 관세법에 따른 명령을 위반한 경우

5. 보세사의 직무(영 제185조)

보세사의 직무는 다음과 같다.

① 보세화물 및 내국물품의 반입 또는 반출에 대한 참관 및 확인
② 보세구역 안에 장치된 물품의 관리 및 취급에 대한 참관 및 확인
③ 보세구역출입문의 개폐 및 열쇠관리의 감독
④ 보세구역의 출입자관리에 대한 감독
⑤ 견본품의 반출 및 회수
⑥ 기타 보세화물의 관리를 위하여 필요한 업무로서 관세청장이 정하는 업무

6. 보세사의 명의대여 등의 금지(법 제165조의2)

① 보세사는 다른 사람에게 자신의 성명·상호를 사용하여 보세사 업무를 하게 하거나 그 자격증 또는 등록증을 빌려주어서는 아니 된다.
② 누구든지 다른 사람의 성명·상호를 사용하여 보세사의 업무를 수행하거나 자격증 또는 등록증을 빌려서는 아니 된다.
③ 누구든지 ①, ② 행위를 알선해서는 아니 된다.

7. 보세사의 의무(법 제165조의3)

① 보세사는 관세법과 관세법에 따른 명령을 준수하여야 하며, 그 직무를 성실하고 공정하게 수행하여야 한다.
② 보세사는 품위를 손상하는 행위를 하여서는 아니 된다.
③ 보세사는 직무를 수행할 때 고의로 진실을 감추거나 거짓 진술을 하여서는 아니 된다.

8. 금품제공 등의 금지(법 제165조의4)

보세사는 공무원에게 금품이나 향응을 제공하는 행위 또는 그 제공을 약속하는 행위와 이와 같은 행위를 알선하는 행위를 하여서는 아니 된다.

9. 보세사 징계위원회[126](법 제165조의5)

세관장은 보세사가 관세법이나 관세법에 따른 명령을 위반한 경우에는 지체없이 보세사 징계위원회의 징계의결을 요구해야 하며, 보세사에게 등록의 취소 등 필요한 조치를 하는 경우 보세사징계위원회의 의결에 따라 징계처분을 한다.

---

126) **시행령 제185조의3(보세사징계위원회의 구성 등)**

① 법 제165조의5에 따라 보세사의 징계에 관한 사항을 심의·의결하기 위하여 세관에 보세사징계위원회를 둔다.
② 보세사징계위원회는 위원장 1명을 포함하여 5명 이상 10명 이하의 위원으로 구성한다.
③ 보세사징계위원회의 위원장은 세관장 또는 해당 세관 소속 4급 이상 공무원으로서 세관장이 지명하는 사람이 되고, 위원은 다음 각 호의 사람 중에서 세관장이 임명 또는 위촉하는 사람으로 구성한다.
1. 소속 세관공무원
2. 제288조제7항에 따라 관세청장이 지정하여 고시하는 법인의 임원
3. 관세 또는 물류 전문가로서 제2호에 따른 법인의 대표자가 추천하는 사람

④ 제3항제2호 및 제3호에 해당하는 위원의 임기는 2년으로 하되, 한 번만 연임할 수 있다. 다만, 보궐위원의 임기는 전임위원 임기의 남은 기간으로 한다.
⑤ 세관장은 보세사징계위원회의 위원이 다음 각 호의 어느 하나에 해당하는 경우에는 해당 위원을 해임 또는 해촉할 수 있다.
1. 심신장애로 인하여 직무를 수행할 수 없게 된 경우
2. 직무와 관련된 비위사실이 있는 경우
3. 직무태만, 품위손상이나 그 밖의 사유로 인하여 위원으로 적합하지 않다고 인정되는 경우
4. 위원 스스로 직무를 수행하는 것이 곤란하다고 의사를 밝히는 경우
5. 제6항 각 호의 어느 하나에 해당함에도 불구하고 회피하지 않은 경우

⑥ 보세사징계위원회의 위원은 다음 각 호의 어느 하나에 해당하는 경우에는 보세사징계위원회의 심의·의결에서 제척된다.
1. 위원 본인이 징계의결 대상 보세사인 경우
2. 위원이 징계의결 대상 보세사와 채권·채무 등 금전관계가 있는 경우
3. 위원이 징계의결 대상 보세사와 친족[배우자(사실상 혼인관계에 있는 사람을 포함한다), 6촌 이내의 혈족 또는 4촌 이내의 인척을 말한다. 이하 이 호에서 같다]이거나 친족이었던 경우
4. 위원이 징계의결 대상 보세사와 직접적으로 업무연관성이 있는 경우

⑦ 보세사징계위원회의 위원은 제6항 각 호의 어느 하나에 해당하는 경우에는 스스로 해당 안건의 심의·의결에서 회피해야 한다.

시행령 제185조의4(보세사징계위원회의 운영)

① 보세사징계위원회의 위원장은 보세사징계위원회를 대표하고 보세사징계위원회의 업무를 총괄한다.
② 보세사징계위원회는 제185조의2에 따른 징계의결의 요구를 받은 날부터 30일 이내에 이를 의결해야 한다.
③ 보세사징계위원회의 위원장은 보세사징계위원회의 회의를 소집하고 그 의장이 된다. 다만, 위원장이 부득이한 사유로 그 직무를 수행하지 못하는 경우에는 위원장이 지명하는 위원이 위원장의 직무를 대행한다.
④ 보세사징계위원회의 위원장이 보세사징계위원회의 회의를 소집하려는 경우에는 회의 개최일 7일 전까지 각 위원과 해당 보세사에게 회의의 소집을 서면으로 통지해야 한다.
⑤ 보세사징계위원회의 회의는 위원장을 포함한 재적위원 3분의 2 이상의 출석으로 개의하고 출석위원 과반수의 찬성으로 의결한다.
⑥ 보세사징계위원회는 징계사건의 심사를 위하여 필요하다고 인정하는 경우에는 징계혐의자 또는 관계인을 출석하게 하여 혐의내용에 대한 심문을 하거나 심사자료의 제출을 요구할 수 있다.
⑦ 보세사징계위원회의 회의에 출석한 공무원이 아닌 위원에 대해서는 예산의 범위에서 수당을 지급할 수 있다.
⑧ 제1항부터 제7항까지에서 규정한 사항 외에 보세사징계위원회의 운영에 필요한 세부사항은 관세청장이 정할 수 있다.

시행령 제185조의5(징계의결의 통보 및 집행)

① 보세사징계위원회는 징계의 의결을 한 경우 의결서에 그 이유를 명시하여 즉시 세관장에게 통보해야 한다.
② 제1항의 통보를 받은 세관장은 해당 보세사에게 징계처분을 하고 징계의결서를 첨부하여 본인 및 제185조의3제3항제2호에 따른 법인에 통보해야 한다.

02 지정보세구역

1 지정보세구역

1. 의의

지정보세구역이란, 통관을 하고자 하는 물품을 일시장치하거나 검사하기 위한 장소로서, 지정장치장과 세관검사장이 있다.

2. 지정보세구역의 지정(법 제166조)

(1) 지정 대상

세관장은 다음의 어느 하나에 해당하는 자가 소유하거나 관리하는 토지 · 건물 또는 그 밖의 시설을 지정보세구역으로 지정할 수 있다.

① 국가
② 지방자치단체
③ 공항시설 또는 항만시설을 관리하는 법인

(2) 소유자 등의 동의

세관장은 해당 세관장이 관리하지 아니하는 토지등을 지정보세구역으로 지정하려면 해당 토지등의 소유자나 관리자의 동의를 받아야 한다. 이 경우 세관장은 임차료 등을 지급할 수 있다.

(3) 지정의 취소(법 제167조)

세관장은 수출입물량이 감소하거나 그 밖의 사유로 지정보세구역의 전부 또는 일부를 보세구역으로 존속시킬 필요가 없어졌다고 인정될 때에는 그 지정을 취소하여야 하며, 청문을 하여야 한다.

3. 지정보세구역의 처분

지정보세구역의 지정을 받은 토지등의 소유자나 관리자는 다음 각 호의 어느 하나에 해당하는 행위를 하려면 미리 세관장과 협의하여야 한다. 다만, 해당 행위가 지정보세구역으로서의 사용에 지장을 주지 아니하거나 지정보세구역으로 지정된 토지등의 소유자가 국가 또는 지방자치단체인 경우에는 그러하지 아니하다. 세관장은 협의에 대하여 정당한 이유 없이 이를 거부해서는 아니 된다.

① 해당 토지등의 양도, 교환, 임대 또는 그 밖의 처분이나 그 용도의 변경
② 해당 토지에 대한 공사나 해당 토지 안에 건물 또는 그 밖의 시설의 신축
③ 해당 건물 또는 그 밖의 시설의 개축 · 이전 · 철거나 그 밖의 공사

4. 지정장치장

(1) 의의

지정장치장은 통관을 하려는 물품을 일시 장치하기 위한 장소로서 세관장이 지정하는 구역으로 한다.

(2) 장치기간(법 제170조)

지정장치장에 물품을 장치하는 기간은 6개월의 범위에서 관세청장이 정한다. 다만, 관세청장이 정하는 기준에 따라 세관장은 3개월의 범위에서 그 기간을 연장할 수 있다.

(3) 물품에 대한 보관 책임(법 제172조)

1) 화주 또는 반입자 : 지정장치장에 반입한 물품은 화주 또는 반입자가 그 보관의 책임을 진다.

2) 화물관리인 : 세관장은 지정장치장의 질서유지와 화물의 안전관리를 위하여 필요하다고 인정할 때에는 화주를 갈음하여 보관의 책임을 지는 화물관리인을 지정할 수 있다. 다만, 세관장이 관리하는 시설이 아닌 경우에는 세관장은 해당 시설의 소유자나 관리자와 협의하여 화물관리인을 지정하여야 한다.

3) 세관장 : 세관장은 불가피한 사유로 화물관리인을 지정할 수 없을 때에는 화주를 대신하여 직접 화물관리를 할 수 있다. 이 경우 화물관리에 필요한 비용을 화주로부터 징수할 수 있다.

(4) 화물관리인의 지정

1) 지정대상 : 화물관리인으로 지정받을 수 있는 자는 다음의 어느 하나에 해당하는 자로 한다.

① 직접 물품관리를 하는 국가기관의 장
② 관세행정 또는 보세화물의 관리와 관련 있는 비영리법인
③ 해당 시설의 소유자 또는 관리자가 요청한 자(법 제172조제2항 단서에 따라 화물관리인을 지정하는 경우로 한정한다)

2) 지정절차 : 세관장은 다음의 구분에 따라 화물관리인을 지정한다.

① 지정대상 1)-① : 세관장이 요청한 후 지정 대상에 해당하는 자가 승낙한 경우에 지정한다.
② 지정대상 1)-②, ③ : 세관장이 지정 대상에 해당하는 자로부터 지정신청서를 제출받아 이를 심사하여 지정한다. 이 경우 1)-③ 해당하는 자는 해당 시설의 소유자 또는 관리자를 거쳐 제출하여야 한다.

3) 심사기준 : 화물관리인을 지정할 때에는 다음의 사항에 대하여 관세청장이 정하는 심사기준에 따라 평가한 결과를 반영하여야 한다.

① 보세화물 취급경력 및 화물관리시스템 구비 사항
② 보세사의 보유에 관한 사항
③ 자본금, 부채비율 및 신용평가등급 등 재무건전성에 관한 사항
④ 그 밖에 기획재정부령으로 정하는 사항

4) 유효기간

① 화물관리인 지정의 유효기간은 5년 이내로 한다.

② 화물관리인으로 재지정을 받으려는 자는 유효기간이 끝나기 1개월 전까지 세관장에게 재지정을 신청하여야 한다.

③ 세관장은 지정을 받은 자에게 재지정을 받으려면 지정의 유효기간이 끝나는 날의 1개월 전까지 재지정을 신청하여야 한다는 사실과 재지정 절차를 지정의 유효기간이 끝나는 날의 2개월 전까지 휴대폰에 의한 문자전송, 전자메일, 팩스, 전화, 문서 등으로 미리 알려야 한다.

5) 지정취소(영 제187조의2): 세관장은 다음의 어느 하나에 해당하는 사유가 발생한 경우에는 화물관리인의 지정을 취소할 수 있다. 이 경우 ③에 해당하는 자에 대한 지정을 취소할 때에는 해당 시설의 소유자 또는 관리자에게 미리 그 사실을 통보하여야 한다. 세관장은 ①, ②, ③에 해당하여 화물관리인의 지정을 취소하려는 경우에는 청문을 하여야 한다.

① 거짓이나 그 밖의 부정한 방법으로 지정을 받은 경우

② 화물관리인이 법 제175조 각 호의 어느 하나에 해당하는 경우

③ 화물관리인이 세관장 또는 해당 시설의 소유자·관리자와 맺은 화물관리업무에 관한 약정을 위반하여 해당 지정장치장의 질서유지 및 화물의 안전관리에 중대한 지장을 초래하는 경우

④ 화물관리인이 그 지정의 취소를 요청하는 경우

6) 화물관리인의 보관책임: 화주를 갈음하여 지는 보관의 책임은 법 제160조제2항에 따른 보관인의 책임과 해당 화물의 보관과 관련한 하역·재포장 및 경비 등을 수행하는 책임으로 한다.

7) 화물관리 비용의 징수

① 지정장치장의 화물관리인은 화물관리에 필요한 비용(제323조에 따른 세관설비 사용료를 포함한다)을 화주로부터 징수할 수 있다. 다만, 그 요율에 대하여는 세관장의 승인을 받아야 한다.

② 지정장치장의 화물관리인은 징수한 비용 중 세관설비 사용료에 해당하는 금액을 세관장에게 납부 하여야 한다.

8) 기타: 화물관리인의 지정기준, 지정절차, 지정의 유효기간, 재지정 및 지정 취소 등에 필요한 사항은 대통령령으로 정한다.

2 세관검사장(법 제173조)

1. 의의

세관검사장은 통관하려는 물품을 검사하기 위한 장소로서 세관장이 지정하는 지역으로 한다.

2. 물품반입 및 검사

세관장은 관세청장이 정하는 바에 따라 검사를 받을 물품의 전부 또는 일부를 세관검사장에 반입하여 검사할 수 있다. 세관검사장에 반입되는 물품의 채취・운반 등에 필요한 비용은 화주가 부담한다. 다만, 국가는 「중소기업기본법」 제2조에 따른 중소기업 또는 「중견기업 성장촉진 및 경쟁력 강화에 관한 특별법」 제2조 제1호에 따른 중견기업의 컨테이너 화물로서 해당 화물에 대한 검사 결과 관세법 또는 「대외무역법」 등 물품의 수출입과 관련된 법령을 위반하지 아니하는 다음의 요건을 모두 충족하는 물품에 대해서는 예산의 범위에서 관세청장이 정하는 바에 따라 해당 검사비용을 지원할 수 있다.

① 「중소기업기본법」 제2조에 따른 중소기업 또는 「중견기업 성장촉진 및 경쟁력 강화에 관한 특별법」 제2조 제1호에 따른 중견기업이 해당 물품의 화주일 것
② 컨테이너로 운송되는 물품으로서 관세청장이 정하는 별도 검사 장소로 이동하여 검사받는 물품일 것
③ 검사 결과 법령을 위반하여 통고처분을 받거나 고발되는 경우가 아닐 것
④ 검사 결과 제출한 신고 자료(적재화물목록은 제외한다)가 실제 물품과 일치할 것
⑤ 예산의 범위에 따라 관세청장이 정하는 기준을 충족할 것

CHAPTER 03

특허보세구역

1 특허보세구역 통칙

1. 의의

특허보세구역은 일반인의 설영 신청에 의하여 세관장이 특허한 보세구역으로서 주로 개인의 토지, 시설들의 일정구역에 대하여 특허한 보세구역을 말한다.

2. 특허보세구역의 설치 · 운영에 관한 특허(법 제174조부터 제182조까지)

(1) 특허의 신청

특허보세구역을 설치 · 운영하려는 자는 세관장의 특허를 받아야 한다. 기존의 특허를 갱신하려는 경우에도 또한 같다.

(2) 특허수수료

특허보세구역의 설치 · 운영에 관한 특허를 받으려는 자, 특허보세구역을 설치 · 운영하는 자, 이미 받은 특허를 갱신하려는 자는 기획재정부령으로 정하는 바에 따라 수수료[127]를 납부하여야 한다.

---

127) **관세법 시행규칙 68조(특허수수료)**

① 법 제174조제2항의 규정에 의하여 납부하여야 하는 특허신청의 수수료는 4만5천원으로 한다.

② 법 제174조제2항의 규정에 의하여 납부하여야 하는 특허보세구역의 설치 · 운영에 관한 수수료(이하 이 조에서 "특허수수료"라 한다)는 다음 각 호의 구분에 의한 금액으로 한다. 다만, 보세공장과 목재만 장치하는 수면의 보세창고에 대하여는 각 호의 구분에 의한 금액의 4분의 1로 한다.

1. 특허보세구역의 연면적이 1천제곱미터 미만인 경우: 매 분기당 7만2천원
2. 특허보세구역의 연면적이 1천제곱미터 이상 2천제곱미터 미만인 경우: 매 분기당 10만8천원
3. 특허보세구역의 연면적이 2천제곱미터 이상 3천5백제곱미터 미만인 경우: 매 분기당 14만4천원
4. 특허보세구역의 연면적이 3천5백제곱미터 이상 7천제곱미터 미만인 경우: 매 분기당 18만원
5. 특허보세구역의 연면적이 7천제곱미터 이상 1만5천제곱미터 미만인 경우: 매 분기당 22만5천원
6. 특허보세구역의 연면적이 1만5천제곱미터 이상 2만5천제곱미터 미만인 경우: 매 분기당 29만1천원
7. 특허보세구역의 연면적이 2만5천제곱미터 이상 5만제곱미터 미만인 경우: 매 분기당 36만원
8. 특허보세구역의 연면적이 5만제곱미터 이상 10만제곱미터 미만인 경우: 매 분기당 43만5천원
9. 특허보세구역의 연면적이 10만제곱미터 이상인 경우: 매 분기당 51만원

③ 특허수수료는 분기단위로 매 분기말까지 다음 분기분을 납부하되, 특허보세구역의 설치 · 운영에 관한 특허가 있은 날이 속하는 분기분의 수수료는 이를 면제한다. 이 경우 운영인이 원하는 때에는 1년 단위로 일괄하여 미리 납부할 수 있다.

④ 특허수수료를 계산함에 있어서 특허보세구역의 연면적은 특허보세구역의 설치 · 운영에 관한 특허가 있은 날의 상태에 의하되, 특허보세구역의 연면적이 변경된 때에는 그 변경된 날이 속하는 분기의 다음 분기 첫째 달 1일의 상태에 의한다.

⑤ 특허보세구역의 연면적이 수수료 납부 후에 변경된 경우 납부하여야 하는 특허수수료의 금액이 증가한 때에는 변경된 날부터 5일내에 그 증가분을 납부하여야 하고, 납부하여야 하는 특허수수료의 금액이 감소한 때에는 그 감소분을 다음 분기 이후에 납부하는 수수료의 금액에서 공제한다.

⑥ 영 제193조의 규정에 의한 특허보세구역의 휴지 또는 폐지의 경우에는 당해 특허보세구역안에 외국물품이 없는 때에 한하여 그 다음 분기의 특허수수료를 면제한다. 다만, 휴지 또는 폐지를 한 날이 속하는 분기분의 특허수수료는 이를 환급하지 아니한다.

⑦ 우리나라에 있는 외국공관이 직접 운영하는 보세전시장에 대하여는 특허수수료를 면제한다.

⑧ 제1항 및 제2항의 규정에 의한 수수료를 납부하여야 하는 자가 관세청장이 정하는 바에 의하여 이를 따로 납부한 때에는 그 사실을 증명하는 증표를 특허신청서 등에 첨부하여야 한다.

(3) 특허갱신 신청

① 특허를 갱신하려는 자는 다음의 사항을 적은 신청서에 기획재정부령으로 정하는 서류를 첨부하여 그 기간만료 1개월 전까지 세관장에게 제출하여야 한다.

② 세관장은 특허를 받은 자에게 특허를 갱신받으려면 특허기간이 끝나는 날의 1개월 전까지 특허 갱신을 신청하여야 한다는 사실과 갱신절차를 특허기간이 끝나는 날의 2개월 전까지 휴대폰에 의한 문자전송, 전자메일, 팩스, 전화, 문서 등으로 미리 알려야 한다.

(4) 특허의 기준(영 제189조)

특허를 받을 수 있는 요건은 보세구역의 종류별로 대통령령으로 정하는 기준에 따라 관세청장이 정한다.

① 체납된 관세 및 내국세가 없을 것

② 법 제175조 운영인의 결격사유가 없을 것

③ 「위험물안전관리법」에 따른 위험물 또는 「화학물질관리법」에 따른 유해화학물질 등 관련 법령에서 위험물품으로 분류되어 취급이나 관리에 관하여 별도로 정한 물품을 장치·제조·전시 또는 판매하는 경우에는 위험물품의 종류에 따라 관계행정기관의 장의 허가 또는 승인 등을 받을 것

④ 관세청장이 정하는 바에 따라 보세화물의 보관·판매 및 관리에 필요한 자본금·수출입규모·구매수요·장치면적 등에 관한 요건을 갖출 것

(5) 운영인의 결격사유(법 제175조)

다음 각 호의 어느 하나에 해당하는 자는 특허보세구역을 설치·운영할 수 없다. 다만, 제6호에 해당하는 자의 경우에는 그 특허가 취소된 해당 특허보세구역을 제외한 기존의 다른 특허를 받은 특허보세구역에 한정하여 설치·운영할 수 있다.

① 미성년자

② 피성년후견인과 피한정후견인

③ 파산선고를 받고 복권되지 아니한 자

④ 관세법을 위반하여 징역형의 실형을 선고받고 그 집행이 끝나거나(집행이 끝난 것으로 보는 경우를 포함한다) 면제된 후 2년이 지나지 아니한 자

⑤ 관세법을 위반하여 징역형의 집행유예를 선고받고 그 유예기간 중에 있는 자

⑥ 다음 어느 하나에 해당하는 경우에는 해당하는 날부터 2년이 지나지 아니한 자. 이 경우 동일한 사유로 모두에 해당하는 경우에는 그 중 빠른 날을 기준으로 한다.

㉠ **특허보세구역의 설치·운영에 관한 특허가 취소(① ~ ③까지의 규정 중 어느 하나에 해당하여 특허가 취소된 경우는 제외한다)된 경우**: 해당 특허가 취소된 날

㉡ **특허보세구역 특허를 받지 아니하고 특허보세구역을 운영하여 허위신고죄 등으로 벌금형 또는 통고처분을 받은 경우**: 벌금형을 선고받은 날 또는 통고처분을 이행한 날

⑦ 제268조의2, 제269조, 제270조, 제270조의2, 제271조, 제274조, 제275조의2, 제275조의3 또는 제275조의4에 따라 벌금형 또는 통고처분을 받은 자로서 그 벌금형을 선고받거나 통고처분을 이행한 후 2년이 지나지 아니한 자. 다만, 제279조에 따라 처벌된 개인 또는 법인은 제외한다.

⑧ 제②부터 제⑦까지에 해당하는 자를 임원(해당 보세구역의 운영업무를 직접 담당하거나 이를 감독하는 자로 한정한다)으로 하는 법인

⑹ 특허기간(법 제176조)

① 특허보세구역(보세전시장과 보세건설장은 제외한다)의 특허기간은 10년의 범위 내에서 신청인이 신청한 기간으로 한다. 다만, 관세청장은 보세구역의 합리적 운영을 위하여 필요한 경우에는 신청인이 신청한 기간과 달리 특허기간을 정할 수 있다.

② 보세전시장과 보세건설장의 특허기간은 다음의 구분에 따른다. 다만, 세관장은 전시목적을 달성하거나 공사를 진척하기 위하여 부득이하다고 인정할 만한 사유가 있을 때에는 그 기간을 연장할 수 있다.

㉠ 보세전시장: 해당 박람회 등의 기간을 고려하여 세관장이 정하는 기간

㉡ 보세건설장: 해당 건설공사의 기간을 고려하여 세관장이 정하는 기간

⑺ 장치기간(법 제177조)

특허보세구역에 물품을 장치하는 기간은 다음의 구분에 따른다. 세관장은 물품 관리상 필요하다고 인정되는 때에는 기간 내에도 운영인에 대하여 그 반출을 명할 수 있다.

① 보세창고: 다음 어느 하나에서 정하는 기간

㉠ 외국물품(다목에 해당하는 물품은 제외한다): 1년의 범위에서 관세청장이 정하는 기간. 다만, 세관장이 필요하다고 인정하는 경우에는 1년의 범위에서 그 기간을 연장할 수 있다.

㉡ 내국물품(다목에 해당하는 물품은 제외한다): 1년의 범위에서 관세청장이 정하는 기간

㉢ 정부비축용물품, 정부와의 계약이행을 위하여 비축하는 방위산업용물품, 장기간 비축이 필요한 수출용원재료와 수출품보수용 물품으로서 세관장이 인정하는 물품, 국제물류의 촉진을 위하여 관세청장이 정하는 물품: 비축에 필요한 기간

② 그 밖의 특허보세구역: 해당 특허보세구역의 특허기간

⑻ 반입정지 등(법 제178조)

① 반입정지: 세관장은 특허보세구역의 운영인이 다음의 어느 하나에 해당하는 경우에는 관세청장이 정하는 바에 따라 6개월의 범위에서 해당 특허보세구역에의 물품반입 또는 보세건설·보세판매·보세전시 등을 정지시킬 수 있다.

㉠ 장치물품에 대한 관세를 납부할 자금능력이 없다고 인정되는 경우

㉡ 본인이나 그 사용인이 이 법 또는 이 법에 따른 명령을 위반한 경우

㉢ 해당 시설의 미비 등으로 특허보세구역의 설치 목적을 달성하기 곤란하다고 인정되는 경우

㉣ 보세공장 재고조사 결과 원자재소요량 관리가 적정하지 않은 경우

㉤ 1년 동안 계속하여 물품의 반입·반출 실적이 없거나, 6개월 이상 보세작업을 하지 않은 경우

㉥ 운영인이 최근 1년 이내에 법에 따른 절차 등을 위반한 경우 등 관세청장이 정하는 사유에 해당하는 경우

② 과징금

㉠ 의의: 세관장은 물품반입등의 정지처분이 그 이용자에게 심한 불편을 주거나 공익을 해칠 우려가 있는 경우에는 특허보세구역의 운영인에게 물품반입등의 정지처분을 갈음하여 해당 특허보세구역 운영에 따른 매출액의 100분의 3 이하의 과징금을 부과할 수 있다. 이 경우 매출액 산정, 과징금의 금액, 과징금의 납부기한 등에 관하여 필요한 사항은 대통령령으로 정한다.

㉡ **과징금 산출**: 과징금의 금액은 제1호의 기간에 제2호의 금액을 곱하여 산정한다.

> 1. 기간: 법 제178조제1항에 따라 산정한 물품반입 등의 정지 일수(1개월은 30일을 기준으로 한다)
> 2. **1일당 과징금 금액**: 해당 특허보세구역 운영에 따른 연간 매출액의 6천분의 1

㉢ **연간매출액 산출**: 연간매출액은 다음의 구분에 따라 산정한다.

> 1. **특허보세구역의 운영인이 해당 사업연도 개시일 이전에 특허보세구역의 운영을 시작한 경우**: 직전 3개 사업연도의 평균 매출액(특허보세구역의 운영을 시작한 날부터 직전 사업연도 종료일까지의 기간이 3년 미만인 경우에는 그 시작일부터 그 종료일까지의 매출액을 연평균 매출액으로 환산한 금액)
> 2. **특허보세구역의 운영인이 해당 사업연도에 특허보세구역 운영을 시작한 경우**: 특허보세구역의 운영을 시작한 날부터 반입정지 등의 처분사유가 발생한 날까지의 매출액을 연매출액으로 환산한 금액

㉣ **가중 또는 경감**: 세관장은 과징금 금액의 4분의 1의 범위에서 사업규모, 위반행위의 정도 및 위반횟수 등을 고려하여 그 금액을 가중하거나 감경할 수 있다. 다만, 과징금을 가중하는 경우에는 과징금 총액이 연간매출액의 100분의 3을 초과할 수 없다.

㉤ 기타

> 1. 세관장은 과징금을 부과하고자 할 때에는 그 위반행위의 종별과 해당 과징금의 금액을 명시하여 이를 납부할 것을 서면 또는 전자문서로 통지하여야 하며, 과징금의 납부를 받은 수납기관은 영수증을 납부자에게 서면으로 교부하거나 전자문서로 송부하여야 한다.
> 2. 통지를 받은 자는 납부통지일부터 20일 이내에 과징금을 세관장이 지정하는 수납기관에 납부하여야 한다. 다만, 천재·지변 그 밖의 부득이한 사유로 인하여 그 기간 내에 과징금을 납부할 수 없는 때에는 그 사유가 소멸한 날부터 7일 이내에 이를 납부하여야 한다.
> 3. 과징금을 납부하여야 할 자가 납부기한까지 납부하지 아니한 경우 과징금의 징수에 관하여는 관세법 제26조(담보 등이 없는 경우의 강제징수)를 준용한다.

(9) 특허취소

세관장은 특허보세구역의 운영인이 다음 어느 하나에 해당하는 경우에는 그 특허를 취소할 수 있다. 다만, 제1호, 제2호 및 제5호에 해당하는 경우에는 특허를 취소하여야 한다.

① 거짓이나 그 밖의 부정한 방법으로 특허를 받은 경우

② 제175조(운영인의 결격사유) 각 호의 어느 하나에 해당하게 된 경우. 다만, 제175조제8호에 해당하는 경우로서 같은 조 제2호 또는 제3호에 해당하는 사람을 임원으로 하는 법인이 3개월 이내에 해당 임원을 변경한 경우에는 그러하지 아니하다.

③ 1년 이내에 3회 이상 물품반입등의 정지처분(제3항에 따른 과징금 부과처분을 포함한다)을 받은 경우

PART 06

④ 2년 이상 물품의 반입실적이 없어서 세관장이 특허보세구역의 설치 목적을 달성하기 곤란하다고 인정하는 경우

⑤ 제177조의2(특허보세구역 운영인의 명의대여 금지)를 위반하여 명의를 대여한 경우

⑽ 특허의 효력상실(법 제179조)

① **효력상실 사유**: 특허보세구역의 설치・운영에 관한 특허는 다음 어느 하나에 해당하면 그 효력을 상실한다.

㉠ 운영인이 특허보세구역을 운영하지 아니하게 된 경우

㉡ 운영인이 해산하거나 사망한 경우

㉢ 특허기간이 만료한 경우

㉣ 특허가 취소된 경우

② **효력상실시 조치(법 제182조)**

㉠ 특허보세구역의 설치・운영에 관한 특허의 효력이 상실되었을 때에는 운영인이나 그 상속인 또는 승계법인은 해당 특허보세구역에 있는 외국물품을 지체 없이 다른 보세구역으로 반출하여야 한다.

㉡ 특허보세구역의 설치・운영에 관한 특허의 효력이 상실되었을 때에는 해당 특허보세구역에 있는 외국물품의 종류와 수량 등을 고려하여 6개월의 범위에서 세관장이 지정하는 기간 동안 그 구역은 특허보세구역으로 보며, 운영인이나 그 상속인 또는 승계법인에 대해서는 해당 구역과 장치물품에 관하여 특허보세구역의 설치・운영에 관한 특허가 있는 것으로 본다.

⑾ 특허의 승계

① 운영인이 특허보세구역을 운영하지 아니하게 된 경우 또는 해산하거나 사망한 경우에는 운영인, 그 상속인, 청산법인 또는 합병・분할・분할합병 후 존속하거나 합병・분할・분할합병으로 설립된 법인(승계법인)은 지체 없이 세관장에게 그 사실을 보고하여야 한다.

② 특허보세구역의 설치・운영에 관한 특허를 받은 자가 사망하거나 해산한 경우 상속인 또는 승계법인이 계속하여 그 특허보세구역을 운영하려면 피상속인 또는 피승계법인이 사망하거나 해산한 날부터 30일 이내에 특허보세구역 특허요건을 갖추어 대통령령으로 정하는 바에 따라 세관장에게 신고[128)]하여야 한다.

③ 상속인 또는 승계법인이 특허승계 신고를 하였을 때에는 피상속인 또는 피승계법인이 사망하거나 해산한 날부터 신고를 한 날까지의 기간 동안 피상속인 또는 피승계법인의 특허보세구역의 설치・운영에 관한 특허는 상속인 또는 승계법인에 대한 특허로 본다.

④ 제175조(운영인의 결격사유) 각 호의 어느 하나에 해당하는 자는 특허승계 신고를 할 수 없다.

---

128) **시행령 제194조(특허의 승계신고)**

① 특허보세구역의 운영을 계속하고자 하는 상속인 또는 승계법인은 당해 특허보세구역의 종류・명칭 및 소재지를 기재한 특허보세구역승계신고서에 다음 각 호의 서류를 첨부하여 세관장에게 제출하여야 한다.

1. 상속인 또는 승계법인을 확인할 수 있는 서류
2. 법 제174조 제3항의 규정에 의한 특허요건의 구비를 확인할 수 있는 서류로서 관세청장이 정하는 서류

② 신고를 받은 세관장은 이를 심사하여 신고일부터 5일 이내에 그 결과를 신고인에게 통보하여야 한다.

⑿ 특허보세구역의 설치 · 운영에 관한 감독 등(법 제180조)

① 세관장은 특허보세구역의 운영인을 감독한다.

② 세관장은 특허보세구역의 운영인에게 그 설치 · 운영에 관한 보고를 명하거나 세관공무원에게 특허보세구역의 운영상황을 검사하게 할 수 있다.

③ 세관장은 특허보세구역의 운영에 필요한 시설 · 기계 및 기구의 설치를 명할 수 있다.

④ 특허보세구역에 반입된 물품이 해당 특허보세구역의 설치 목적에 합당하지 아니한 경우에는 세관장은 해당 물품을 다른 보세구역으로 반출할 것을 명할 수 있다.

⒀ 특허보세구역 운영인의 명의대여 금지(법 제172조의2)

특허보세구역의 운영인은 다른 사람에게 자신의 성명 · 상호를 사용하여 특허보세구역을 운영하게 해서는 아니 된다.

⒁ 특허보세구역의 특례(법 제176조의2)

① **보세판매장에 대한 특허**: 세관장은 보세판매장 특허를 부여하는 경우에 「중소기업기본법」 제2조에 따른 중소기업 및 「중견기업 성장촉진 및 경쟁력 강화에 관한 특별법」 제2조제1호에 따른 중견기업으로서 매출액, 자산총액 및 지분 소유나 출자 관계 등이 대통령령으로 정하는 기준에 맞는 기업 중 특허보세구역 특허를 받을 수 있는 요건을 갖춘 자(이하 "중소기업등"이라 한다)에게 대통령령으로 정하는 일정 비율 이상의 특허를 부여하여야 하고, 「독점규제 및 공정거래에 관한 법률」 제31조제1항에 따른 상호출자제한기업집단에 속한 기업에 대해 대통령령으로 정하는 일정 비율 이상의 특허를 부여할 수 없다. 다만, 세관장은 제196조제2항(입국장 면세점)에 따라 물품을 판매하는 보세판매장의 경우에는 중소기업등에게만 특허를 부여할 수 있다.

② **보세판매장의 특허 비율 등(영 제192조의2)**

㉠ 세관장은 「중소기업기본법」 제2조에 따른 중소기업과 「중견기업 성장촉진 및 경쟁력 강화에 관한 특별법」 제2조제1호에 따른 중견기업으로서 다음의 요건을 모두 충족하는 기업(이하 "중견기업"이라 한다) 중 법 특허보세구역 특허를 받을 수 있는 요건을 갖춘 자에게 보세판매장 총 특허 수의 100분의 30 이상(2017년 12월 31일까지는 보세판매장 총 특허 수의 100분의 20 이상)의 특허를 부여하여야 한다.

> 1. 보세판매장 특허 공고일 직전 3개 사업연도의 매출액(기업회계기준에 따라 작성한 손익계산서상의 매출액으로서, 창업 · 분할 · 합병의 경우 그 등기일의 다음 날 또는 창업일이 속하는 사업연도의 매출액을 연간 매출액으로 환산한 금액을 말하며, 사업연도가 1년 미만인 사업연도의 매출액은 1년으로 환산한 매출액을 말한다)의 평균금액이 5천억원 미만인 기업일 것
> 2. 자산총액(보세판매장 특허 공고일 직전 사업연도 말일 현재 재무상태표상의 자산총액을 말한다.)이 1조원 미만인 기업일 것

PART 06

> 3. 자산총액이 1조원 이상인 법인(외국법인을 포함한다)이 주식 또는 출자지분의 100분의 30 이상을 직접적 또는 간접적으로 소유하고 있는 기업이나 자산총액이 1조원 이상인 법인(외국법인을 포함한다)과 지배 또는 종속의 관계에 있는 기업이 아닐 것. 이 경우 주식 또는 출자지분의 간접소유 비율에 관하여는 「국제조세조정에 관한 법률 시행령」 제2조 제3항을 준용하고, 지배 또는 종속의 관계에 관하여는 「중소기업제품 구매촉진 및 판로지원에 관한 법률 시행령」 제9조의3을 준용한다.

㉡ 세관장은 「독점규제 및 공정거래에 관한 법률」 제31조제1항에 따른 상호출자제한기업집단에 속한 기업에 대하여 보세판매장 총 특허 수의 100분의 60 이상의 특허를 부여할 수 없다.

㉢ 특허 비율에 적합한지를 판단하는 시점은 보세판매장의 설치·운영에 관한 특허를 부여할 때를 기준으로 한다.

㉣ 세관장이 제3항에 따라 특허 비율에 적합한지를 판단할 때에 보세판매장 특허 공고일 이후 기존 특허의 반납 등 예상하지 못한 사유로 특허 비율이 변경된 경우 그 변경된 특허 비율은 적용하지 아니한다.

③ **보세판매장의 특허비율이 적용되지 않는 경우**: 기존 특허가 만료되었으나 신규 특허의 신청이 없는 등 대통령령으로 정하는 경우에는 위 제한 규정을 적용하지 아니한다.

"기존 특허가 만료되었으나 신규 특허의 신청이 없는 등 대통령령으로 정하는 경우"란 기존 특허의 기간 만료, 취소 및 반납 등으로 인하여 보세판매장의 설치·운영에 관한 특허를 부여하는 경우로서 다음 모두에 해당하는 경우를 말한다.

㉠ 「중소기업기본법」 제2조에 따른 중소기업 또는 중견기업 외의 자에게 특허를 부여할 경우 제1항 또는 제2항에 따른 특허 비율 요건을 충족하지 못하게 되는 경우

㉡ 제192조의3제1항에 따른 특허의 신청자격 요건을 갖춘 「중소기업기본법」 제2조에 따른 중소기업 또는 중견기업이 없는 경우

④ **보세판매장 특허심사 평가기준**: 보세판매장의 특허는 대통령령으로 정하는 일정한 자격을 갖춘 자의 신청을 받아 대통령령으로 정하는 평가기준에 따라 심사하여 부여한다. 기존 특허가 만료되는 경우(갱신되는 경우는 제외한다)에도 또한 같다.

대통령령으로 정하는 평가기준"이란 다음의 평가요소를 고려하여 관세청장이 정하는 평가기준을 말한다.

㉠ 제189조에 따른 특허보세구역의 설치·운영에 관한 특허를 받을 수 있는 요건의 충족 여부

㉡ 관세 관계 법령에 따른 의무·명령 등의 위반 여부

㉢ 재무건전성 등 보세판매장 운영인의 경영 능력

㉣ 중소기업제품의 판매 실적 등 경제·사회 발전을 위한 공헌도

㉤ 관광 인프라 등 주변 환경요소

㉥ 기업이익의 사회 환원 정도

㉦ 「독점규제 및 공정거래에 관한 법률」 제31조제1항에 따른 상호출자제한기업집단에 속한 기업과 「중소기업기본법」 제2조에 따른 중소기업 및 중견기업 간의 상생협력을 위한 노력 정도

⑤ **특허수수료**: 보세판매장의 특허수수료는 제174조제2항(특허보세구역 특허수수료)에도 불구하고 운영인의 보세판매장별 매출액을 기준으로 기획재정부령[129]으로 정하는 바에 따라 다른 종류의 보세구역 특허수수료와 달리 정할 수 있다. 다만, 「재난 및 안전관리 기본법」 제3조제1호의 재난으로 인하여 보세판매장의 영업에 현저한 피해를 입은 경우 보세판매장의 특허수수료를 감경할 수 있다.

⑥ **보세판매장 특허의 갱신**: 특허를 받은 자는 두 차례에 한정하여 대통령령으로 정하는 바에 따라 특허를 갱신할 수 있다. 이 경우 갱신기간은 한 차례당 5년 이내로 한다.

㉠ 세관장은 보세판매장의 특허를 받은 자에게 특허를 갱신받으려면 특허기간이 끝나는 날의 6개월 전까지 특허 갱신을 신청해야 한다는 사실과 갱신절차를 특허기간이 끝나는 날의 7개월 전까지 휴대폰에 의한 문자전송, 전자메일, 팩스, 전화, 문서 등으로 미리 알려야 한다.

㉡ 보세판매장의 특허를 갱신하려는 자는 다음의 사항을 적은 신청서에 기획재정부령으로 정하는 서류를 첨부하여 그 기간만료 6개월 전까지 세관장에게 제출해야 한다.

> 1. 갱신사유
> 2. 갱신기간

㉢ 세관장은 ㉡의 신청서를 제출받은 경우 다음의 서류 또는 자료를 관세청장을 거쳐 특허심사위원회에 제출해야 한다.

> 1. 신청서 및 첨부서류
> 2. 갱신을 신청한 자 제189조에 따른 요건을 충족하는지 여부 및 관세 관계 법령에 따른 의무·명령 등의 위반여부에 대한 세관장의 검토 의견

---

129) **규칙 제68조의2(보세판매장 특허수수료)**

① 법 제176조의2제4항에 따라 보세판매장의 설치·운영에 관한 수수료(이하 이 조에서 "보세판매장 특허수수료"라 한다)는 제68조제2항에도 불구하고 영 제192조의7에 따른 보세판매장의 매장별 매출액을 기준으로 다음 표의 특허수수료율을 적용하여 계산한 금액으로 한다.

해당 연도 매출액	특허수수료율
2천억 이하	해당 연도 매출액의 1천분의 1
2천억 초과 1조원 이하	2억원 + (2천억원을 초과하는 금액의 1천분의 5)
1조원 이하	42억원 + (1조원을 초과하는 금액의 100분의 1)

② 제1항에도 불구하고 다음 각 호의 어느 하나에 해당하는 경우에는 보세판매장 특허수수료는 해당 연도 매출액의 1만분의 1에 해당하는 금액으로 한다. 다만, 제3호의 경우에는 해당 제품에 대한 해당 연도 매출액의 1만분의 1에 해당하는 금액으로 하고, 해당 제품에 대한 매출액을 제외한 매출액에 대한 보세판매장 특허수수료는 제1항에 따른다.

1. 「중소기업기본법」 제2조에 따른 중소기업으로서 영 제192조의2제1항 각 호의 요건을 모두 충족하는 기업이 운영인인 경우
2. 「중견기업 성장촉진 및 경쟁력 강화에 관한 특별법」 제2조제1호에 따른 중견기업으로서 영 제192조의2제1항 각 호의 요건을 모두 충족하는 기업이 운영인인 경우
3. 제1호 및 제2호에 해당하지 않는 자가 「중소기업기본법」 제2조에 따른 중소기업 또는 「중견기업 성장촉진 및 경쟁력 강화에 관한 특별법」 제2조제1호에 따른 중견기업의 제품을 판매하는 경우

③ 법 제176조의2 제4항단서에 따라 2020년 1월 1일부터 2023년 12월 31일까지 발생한 매출액에 대한 보세판매장 특허수수료는 제1항 및 제2항에 따른 보세판매장 특허수수료의 100분의 50을 감경한다.

④ 보세판매장 특허수수료는 연단위로 해당 연도분을 다음 연도 4월 30일까지 납부해야 한다. 다만, 해당 연도 중간에 특허의 기간 만료, 취소 및 반납 등으로 인하여 특허의 효력이 상실된 경우에는 그 효력이 상실된 날부터 3개월 이내에 납부해야 한다.

ⓔ 특허심사위원회는 ⓓ에 따라 제출받은 서류 또는 자료의 적정성을 검토한 후 제192조의3 제2항의 평가기준에 따라 갱신신청자를 평가하여 보세판매장 특허 갱신 여부를 심의하고, 심의결과를 관세청장 및 해당 세관장에게 통보해야 한다.

ⓜ 관세청장은 ⓔ에 따른 특허심사위원회의 심의가 완료된 후 다음의 사항을 관세청장이 정하는 바에 따라 관세청의 인터넷 홈페이지 등을 통하여 공개해야 한다. 다만, 보세판매장 특허 갱신을 받지 못한 경우 제1호의 사항은 갱신신청자가 동의한 경우에만 공개할 수 있다.

> 1. 갱신신청자에 대한 평가결과
> 2. 심의에 참여한 특허심사위원회의 위원 명단

ⓑ 세관장은 ⓔ에 따라 통보받은 심의결과에 따라 갱신 특허를 부여하고 갱신신청자에게 평가결과와 보세판매장의 특허 갱신 여부 등을 통보해야 한다.

ⓢ 기타 보세판매장의 특허 갱신에 관한 세부사항은 관세청장이 정하여 고시한다.

⑦ **보세판매장의 매출액 보고**: 기획재정부장관은 매 회계연도 종료 후 4개월 이내에 보세판매장별 매출액을 대통령령으로 정하는 바에 따라 국회 소관 상임위원회에 보고하여야 한다. 관세청장은 기획재정부장관의 국회 소관 상임위원회에 대한 보고를 위하여 매 회계연도 종료 후 3월 말일까지 전국 보세판매장의 매장별 매출액을 기획재정부장관에게 보고하여야 한다.

⑧ **보세판매장의 특허 절차**: 보세판매장 특허절차에 관한 사항은 대통령령으로 정한다.

ⓐ 관세청장은 기존 특허의 기간 만료, 취소 및 반납 등으로 인하여 보세판매장의 설치·운영에 관한 특허를 부여할 필요가 있는 경우에는 다음의 사항을 관세청의 인터넷 홈페이지 등에 공고하여야 한다.

> 1. 특허의 신청 기간과 장소 등 특허의 신청절차에 관한 사항
> 2. 특허의 신청자격
> 3. 특허장소와 특허기간
> 4. 제192조의3제2항에 따라 관세청장이 정하는 평가기준(세부평가항목과 배점을 포함한다)
> 5. 그 밖에 보세판매장의 설치·운영에 관한 특허의 신청에 필요한 사항

ⓛ 보세판매장의 설치·운영에 관한 특허를 받으려는 자는 공고된 신청 기간에 신청서를 세관장에게 제출하여야 한다.

ⓓ 신청서를 제출받은 세관장은 다음의 서류 또는 자료를 관세청장을 거쳐 법 제176조의3에 따른 보세판매장 특허심사위원회에 제출하여야 한다.

> 1. 신청서
> 2. 보세판매장 특허 신청자가 제192조의3제1항에 따른 요건을 갖추었는지에 대한 세관장의 검토의견
> 3. 제192조의3제2항제1호 및 제2호에 관하여 관세청장이 정하는 자료

㉣ 특허심사위원회는 제출받은 서류 또는 자료의 적정성을 검토한 후 평가기준에 따라 보세판매장 특허 신청자를 평가하고 보세판매장 특허 여부를 심의하며, 그 결과를 관세청장 및 해당 세관장에게 통보하여야 한다.

㉤ 결과를 통보받은 세관장은 선정된 보세판매장 특허 신청자에게 특허를 부여하고, 관세청장이 정하여 고시하는 바에 따라 모든 보세판매장 특허 신청자에게 해당 신청자의 평가 결과와 보세판매장 특허를 부여받을 자로 선정되었는지 여부 등을 통보하여야 한다.

㉥ 관세청장은 특허심사위원회의 심의가 완료된 후 다음의 사항을 관세청장이 정하는 바에 따라 관세청의 인터넷 홈페이지 등을 통하여 공개하여야 한다. 다만, 보세판매장 특허를 부여받을 자로 선정되지 아니한 보세판매장 특허 신청자의 평가 결과는 해당 신청자가 동의한 경우에만 공개할 수 있다.

1. 보세판매장 특허 신청자에 대한 평가 결과
2. 심의에 참여한 특허심사위원회 위원의 명단

㉦ 관세청장은 보세판매장 특허 관련 업무를 수행하는 과정의 투명성 및 공정성을 높이기 위하여 특허심사위원회의 회의 및 그 심의에 참여하는 위원 선정 등의 과정을 참관하여 관련 비위사실 등을 적발하고 그에 따른 시정 또는 감사 요구 등을 할 수 있는 청렴 옴부즈만 제도를 운영할 수 있다. 이 경우 관세청장은 특허심사위원회의 심의에 참여한 위원의 명단이 ㉥에 따라 공개되기 전까지 유출되지 아니하도록 적절한 조치를 하여야 한다.

㉧ ㉠부터 ㉦까지에서 규정한 사항 외에 보세판매장의 설치·운영에 관한 특허의 구체적인 절차는 관세청장이 정하여 고시한다.

⑨ **규제의 재검토(영 290조)**: 기획재정부장관은 보세판매장의 설치·운영에 관한 특허와 관련하여 「독점규제 및 공정거래에 관한 법률」 제14조제1항에 따른 상호출자제한기업집단에 속한 기업과 「중소기업기본법」 제2조에 따른 중소기업 및 중견기업에 적용할 특허 비율을 정한 제192조의2제1항 및 제2항에 대하여 2013년 10월 31일을 기준으로 하여 3년마다 그 타당성을 검토하여 강화·완화 또는 유지 등의 조치를 하여야 한다.

⑩ **보세판매장 특허심사위원회[130](법 제176조의3)**: 보세판매장의 특허에 관한 다음의 사항을 심의하기 위하여 관세청에 보세판매장 특허심사위원회를 둔다.

㉠ 보세판매장 특허 신청자의 평가 및 선정

㉡ 보세판매장 특허 갱신의 심사

㉢ 그 밖에 보세판매장 운영에 관한 중요 사항

---

130) **시행령 제192조의8(보세판매장 특허심사위원회의 구성 및 운영)**

① 특허심사위원회는 위원장 1명을 포함하여 100명 이내의 위원으로 성별을 고려하여 구성한다.

② 특허심사위원회의 위원은 다음 각 호의 어느 하나에 해당되는 사람 중에서 관세청장이제192조의3 제2항에 따른 평가기준을 고려하여 관세청장이 정하는분야(이하 "평가분야"라 한다)별로 위촉하고, 위원장은 위원 중에서 호선한다.

1. 변호사·공인회계사·세무사 또는 관세사 자격이 있는 사람
2. 「고등교육법」 제2조 제1호 또는 제3호에 따른 학교에서 법률·회계 등을 가르치는 부교수 이상으로 재직하고 있거나 재직하였던 사람
3. 법률·경영·경제 및 관광 등의 분야에 전문적 지식이나 경험이 풍부한 사람

③ 특허심사위원회 위원의 임기는 1년으로 하되, 한 차례만 연임할 수 있다.

⑪ **보세판매장 제도운영위원회**[131]**(법 제176조의4)**: 보세판매장의 특허 수 등 보세판매장 제도의 중요 사항을 심의하기 위하여 기획재정부에 보세판매장 제도운영위원회를 둔다.

---

④ 관세청장은 특허심사위원회의 위원이 다음 각 호의 어느 하나에 해당하는 경우에는 해당 위원을 해촉할 수 있다.
1. 심신장애로 인하여 직무를 수행할 수 없게 된 경우
2. 직무와 관련된 비위사실이 있는 경우
3. 직무태만, 품위손상이나 그 밖의 사유로 인하여 위원으로 적합하지 아니하다고 인정되는 경우
4. 위원 스스로 직무를 수행하는 것이 곤란하다고 의사를 밝히는 경우
5. 제192조의9 제3항 각 호의 어느 하나에 해당함에도 불구하고 회피하지 아니한 경우

⑤ 관세청장은 제2항에 따라 위촉한 위원 명단을 관세청의 인터넷 홈페이지 등에 공개하여야 한다.
⑥ 제1항부터 제5항까지에서 규정한 사항 외에 특허심사위원회의 구성 및 운영에 필요한 사항은 관세청장이 정한다.

시행령 제192조의9(보세판매장 특허심사위원회의 회의)
① 특허심사위원회의 위원장은 위원회의 회의를 소집하고 그 의장이 된다. 다만, 특허심사위원회의 위원장이 부득이한 사유로 직무를 수행할 수 없는 경우에는 특허심사위원회의 위원장이 미리 지명한 위원이 그 직무를 대행한다.
② 특허심사위원회의 회의는 회의 때마다 평가분야별로 무작위 추출 방식으로 선정하는 25명 이내의 위원으로 구성한다.
③ 다음 각 호의 어느 하나에 해당하는 사람은 해당 회의에 참여할 수 없다.
1. 해당 안건의 당사자(당사자가 법인 · 단체 등인 경우에는 그 임원을 포함한다. 이하 이 항에서 같다)이거나 해당 안건에 관하여 직접적인 이해관계가 있는 사람
2. 배우자, 4촌 이내의 혈족 및 2촌 이내의 인척의 관계에 있는 사람이 해당 안건의 당사자이거나 해당 안건에 관하여 직접적인 이해관계가 있는 사람
3. 해당 안건 당사자의 대리인이거나 대리인이었던 사람
4. 해당 안건 당사자의 대리인이거나 대리인이었던 법인 · 단체 등에 현재 속하고 있거나 최근 3년 이내에 속하였던 사람
5. 해당 안건 당사자의 자문 · 고문에 응하였거나 해당 안건 당사자와 연구 · 용역 등의 업무 수행에 동업 또는 그 밖의 형태로 직접 해당 안건 당사자의 업무에 관여를 하였던 사람
6. 해당 안건 당사자의 자문 · 고문에 응하였거나 해당 안건 당사자와 연구 · 용역 등의 업무 수행에 동업 또는 그 밖의 형태로 직접 해당 안건 당사자의 업무에 관여를 하였던 법인 · 단체 등에 현재 속하고 있거나 최근 3년 이내에 속하였던 사람

④ 특허심사위원회의 회의에 참석하는 위원은 제3항 각 호의 어느 하나에 해당되는 경우에는 스스로 해당 회의의 심의 · 의결에서 회피하여야 한다.
⑤ 특허심사위원회의 회의는 제2항에 따라 선정된 위원 과반수의 참석으로 개의하고, 회의에 참석한 위원 과반수의 찬성으로 의결한다.
⑥ 제5항에도 불구하고 법 제176조의3 제1항 제1호에 따른 보세판매장 특허 신청자의 평가 · 선정 및 같은 항 제1호의2에 따른 특허 갱신에 관한 심의를 하는 경우에는 위원장을 제외하고 각 위원이 자신의 평가분야에 대하여 평가한 후 그 평가분야별 점수를 합산하여 가장 높은 점수를 받은 보세판매장 특허 신청자를 특허를 부여받을 자로 결정한다.
⑦ 특허심사위원회는 심의를 위하여 필요한 경우에는 관계 행정기관의 장에 대하여 자료 또는 의견의 제출 등을 요구할 수 있으며, 관계 공무원 또는 전문가를 참석하게 하여 의견을 들을 수 있다.
⑧ 제1항부터 제7항까지에서 규정한 사항 외에 특허심사위원회의 회의에 관하여 필요한 사항은 관세청장이 정한다.

131) **시행령 제192조의10(보세판매장 제도운영위원회의 구성)**
① 보세판매장 제도운영위원회는 위원장 1명을 포함하여 17명 이상 20명 이하의 위원으로 구성한다.
② 위원장은 기획재정부차관 중 기획재정부장관이 지명하는 사람이 되고, 위원은 다음 각 호의 사람 중에서 기획재정부장관이 임명 또는 위촉하는 사람이 된다.
1. 기획재정부 소속 3급 공무원 또는 고위공무원단에 속하는 일반직 공무원
2. 문화체육관광부 · 산업통상자원부 · 국토교통부 · 중소벤처기업부 · 공정거래위원회 및 관세청 소속 고위공무원단에 속하는 일반직 공무원으로서 업무 관련자 각 1명
3. 관세 · 무역 · 법률 · 경영 · 경제 및 관광 등의 분야에 학식과 경험이 풍부한 사람 중에서 기획재정부장관이 위촉하는 사람

③ 제2항제3호에 해당하는 위원의 임기는 2년으로 하되, 한 차례만 연임할 수 있다. 다만, 보궐위원의 임기는 전임위원 임기의 남은 기간으로 한다.
④ 기획재정부장관은 보세판매장 제도운영위원회의 위원이 다음 각 호의 어느 하나에 해당하는 경우에는 해당 위원을 해임 또는 해촉할 수 있다.
1. 심신장애로 인하여 직무를 수행할 수 없게 된 경우
2. 직무와 관련된 비위사실이 있는 경우
3. 직무태만, 품위손상이나 그 밖의 사유로 인하여 위원으로 적합하지 않다고 인정되는 경우
4. 위원 스스로 직무를 수행하는 것이 곤란하다고 의사를 밝히는 경우
5. 제192조의12제4항 각 호의 어느 하나에 해당함에도 불구하고 회피하지 않은 경우

2 보세창고(법 제183조부터 제184조까지)

1. 의의

보세창고에는 외국물품이나 통관을 하려는 물품을 장치한다.

2. 내국물품 장치

(1) 세관장 신고

운영인은 미리 세관장에게 신고를 하고 외국물품의 장치에 방해되지 아니하는 범위에서 보세창고에 내국물품을 장치할 수 있다. 다만, 동일한 보세창고에 장치되어 있는 동안 수입신고가 수리된 물품은 신고 없이 계속하여 장치할 수 있다.

(2) 세관장 승인

운영인은 보세창고에 1년(동일한 보세창고에 장치되어 있는 동안 수입신고가 수리되어 내국물품이 된 물품은 6개월) 이상 계속하여 내국물품만을 장치하려면 세관장의 승인을 받아야 한다. 이 규정에 따른 승인을 받은 보세창고에 내국물품만을 장치하는 기간에는 제161조(견본품 반출)와 제177조(특허보세구역의 장치기간 규정)를 적용하지 아니한다.

---

⑤ 제1항부터 제4항까지에서 규정한 사항 외에 보세판매장 제도운영위원회의 구성 및 운영에 필요한 세부사항은 기획재정부장관이 정한다.

「관세법 시행령」 제192조의11(보세판매장 제도운영위원회 위원장의 직무)

① 보세판매장 제도운영위원회의 위원장은 해당 위원회를 대표하고 보세판매장 제도운영위원회의 업무를 총괄한다.
② 보세판매장 제도운영위원회의 위원장이 부득이한 사유로 그 직무를 수행하지 못하는 경우에는 위원장이 지명하는 위원이 그 직무를 대행한다.

「관세법 시행령」 제192조의12(보세판매장 제도운영위원회의 회의)

① 보세판매장 제도운영위원회의 위원장은 위원회의 회의를 소집하고 그 의장이 된다.
② 보세판매장 제도운영위원회의 회의는 위원장과 위원장이 매 회의마다 지명하는 재적위원 과반수 이상의 위원으로 구성하되, 지명되는 위원 중 제192조의10제2항제3호의 사람이 2분의 1 이상 포함되어야 한다.
③ 보세판매장 제도운영위원회의 위원 중 공무원인 위원이 회의에 출석하지 못할 부득이한 사정이 있는 경우에는 그가 소속된 기관의 다른 공무원으로 하여금 회의에 출석하여 그 직무를 대행하게 할 수 있다.
④ 보세판매장 제도운영위원회의 위원은 다음 각 호의 어느 하나에 해당하는 경우에는 심의·의결에서 제척된다.
  1. 위원이 해당 안건의 당사자(당사자가 법인·단체 등인 경우에는 그 임원을 포함한다. 이하 이 항에서 같다)이거나 해당 안건에 관하여 직접적인 이해관계가 있는 경우
  2. 위원의 배우자, 4촌 이내의 혈족 및 2촌 이내의 인척의 관계에 있는 사람이 해당 안건의 당사자이거나 해당 안건에 관하여 직접적인 이해관계가 있는 경우
  3. 위원이 해당 안건의 당사자의 대리인이거나 최근 5년 이내에 대리인이었던 경우
  4. 위원이 해당 안건의 당사자의 대리인이거나 최근 5년 이내에 대리인이었던 법인·단체 등에 속하고 있거나 속하고 있었던 경우
  5. 위원이 최근 5년 이내에 해당 안건의 당사자의 자문·고문에 응했거나 해당 안건의 당사자의 연구·용역 등의 업무 수행에 동업하는 등의 형태로 직접 해당 안건의 당사자의 업무에 관여했던 경우
  6. 위원이 최근 5년 이내에 해당 안건의 당사자의 자문·고문에 응했거나 해당 안건의 당사자의 연구·용역 등의 업무 수행에 동업하는 등의 형태로 직접 해당 안건의 당사자의 업무에 관여했던 법인·단체 등에 속하고 있거나 속하고 있었던 경우
⑤ 보세판매장 제도운영위원회의 위원은 제4항 각 호의 어느 하나에 해당하는 경우에는 스스로 해당 회의의 심의·의결에서 회피해야 한다.
⑥ 보세판매장 제도운영위원회의 회의는 회의마다 구성되는 위원 과반수 출석으로 개의하고 출석위원 과반수의 찬성으로 의결한다.
⑦ 보세판매장 제도운영위원회는 효율적인 운영을 위하여 필요한 경우 관계 행정기관의 장에게 자료 또는 의견의 제출 등을 요구할 수 있으며, 관계 공무원 또는 이해관계인 등의 의견을 들을 수 있다.
⑧ 보세판매장 제도운영위원회의 회의에 출석한 공무원이 아닌 위원에 대해서는 예산의 범위에서 수당을 지급할 수 있다.
⑨ 제1항부터 제8항까지에서 규정한 사항 외에 보세판매장 제도운영위원회의 회의에 관하여 필요한 세부사항은 해당 위원회의 의결을 거쳐 위원장이 정한다.

(3) 장치기간이 경과한 내국물품 반출

세관장에게 미리 신고 후 장치된 내국물품으로서 장치기간이 지난 물품은 그 기간이 지난 후 10일 이내에 그 운영인의 책임으로 반출하여야 하며, 내국물품만을 장치하기 위하여 승인을 얻은 경우에도 그 승인기간이 지난 경우에는 이와 같다.

3 보세공장(법 제185조부터 제189조까지)

1. 의의

보세공장에서는 외국물품을 원료 또는 재료로 하거나 외국물품과 내국물품을 원료 또는 재료로 하여 제조·가공하거나 그 밖에 이와 비슷한 작업을 할 수 있다. 보세공장에서는 세관장의 허가를 받지 아니하고는 내국물품만을 원료로 하거나 재료로 하여 제조·가공하거나 그 밖에 이와 비슷한 작업을 할 수 없다. 세관장은 허가의 신청을 받은 날부터 10일 이내에 허가 여부를 신청인에게 통지하여야 한다. 세관장이 정한 기간 내에 허가 여부 또는 민원 처리 관련 법령에 따른 처리기간의 연장을 신청인에게 통지하지 아니하면 그 기간(민원 처리 관련 법령에 따라 처리기간이 연장 또는 재연장된 경우에는 해당 처리기간을 말한다)이 끝난 날의 다음 날에 허가를 한 것으로 본다.

2. 보세공장 업종 제한

(1) 업종제한

보세공장 중 수입하는 물품을 제조·가공하는 것을 목적으로 하는 보세공장의 업종은 기획재정부령[132]으로 정하는 바에 따라 제한할 수 있다.

(2) 내수용 보세공장 외국물품 반입 제한(영 제201조)

관세청장은 국내공급상황을 고려하여 필요하다고 인정되는 때에는 내수용 보세공장에 대해서는 외국물품의 반입을 제한할 수 있다.

3. 보세공장 사용물품의 수입신고

세관장은 수입통관 후 보세공장에서 사용하게 될 물품에 대하여는 보세공장에 직접 반입하여 수입신고를 하게 할 수 있다. 이 경우 제241조제3항(반입일부터 30일 이내에 수입신고)을 준용한다.

---

132) **시행규칙 제69조(보세공장업종의 제한)**

수입물품을 제조·가공하는 것을 목적으로 하는 보세공장의 업종은 다음 각 호에 규정된 업종을 제외한 업종으로 한다.

1. 법 제73조의 규정에 의하여 국내외 가격차에 상당하는 율로 양허한 농·임·축산물을 원재료로 하는 물품을 제조·가공하는 업종
2. 국민보건 또는 환경보전에 지장을 초래하거나 풍속을 해하는 물품을 제조·가공하는 업종으로 세관장이 인정하는 업종

4. 사용신고 등(법 제186조)

(1) 운영인은 보세공장에 반입된 물품을 그 사용 전에 세관장에게 사용신고를 하여야 한다. 이 경우 세관공무원은 그 물품을 검사할 수 있다.

(2) 사용신고를 한 외국물품이 마약, 총기 등 다른 법령에 따라 허가・승인・표시 또는 그 밖의 요건을 갖출 필요가 있는 물품으로서 관세청장이 정하여 고시하는 물품인 경우에는 세관장에게 그 요건을 갖춘 것임을 증명하여야 한다.

5. 보세공장 외 작업허가(법 제187조)

(1) 의의

① 세관장은 가공무역이나 국내산업의 진흥을 위하여 필요한 경우에는 대통령령으로 정하는 바에 따라 기간, 장소, 물품 등을 정하여 해당 보세공장 외에서 작업을 허가할 수 있다. 세관장은 허가의 신청[133]을 받은 날부터 10일 이내에 허가 여부를 신청인에게 통지하여야 한다. 세관장이 정한 기간 내에 허가 여부 또는 민원 처리 관련 법령에 따른 처리기간의 연장을 신청인에게 통지하지 아니하면 그 기간(민원 처리 관련 법령에 따라 처리기간이 연장 또는 재연장된 경우에는 해당 처리기간을 말한다)이 끝난 날의 다음 날에 허가를 한 것으로 본다.

② 보세공장 외 작업 허가를 받아 지정된 장소(공장외작업장)에 반입된 외국물품은 지정된 기간이 만료될 때까지는 보세공장에 있는 것으로 본다.

(2) 물품검사

보세공장외 작업허가를 한 경우 세관공무원은 해당 물품이 보세공장에서 반출될 때에 이를 검사할 수 있다.

(3) 직접반입

세관장은 보세공장 외 작업 허가를 받은 보세작업에 사용될 물품을 관세청장이 정하는 바에 따라 공장 외 작업장에 직접 반입하게 할 수 있다.

PART 06

---

133) **시행령 제203조(보세공장 외 작업허가 신청 등)**

① 법 제187조 제1항에 따른 보세공장 외 작업허가를 받으려는 자는 다음 각 호의 사항을 기재한 신청서를 세관장에게 제출해야 한다.
1. 보세작업의 종류・기간 및 장소
2. 신청사유
3. 해당 작업에 투입되는 원재료의 품명・규격 및 수량
4. 해당 작업으로 생산되는 물품의 품명・규격 및 수량

② 제1항에 따라 보세공장 외 작업허가를 신청하려는 자는 허가절차의 신속한 진행을 위하여 그 신청 전에 작업장소를 세관장에게 알릴 수 있다.

③ 제1항에 따른 신청을 받은 세관장은 6개월의 범위에서 보세공장 외 작업을 허가할 수 있다. 다만, 다음 각 호의 경우에는 해당 호에서 정한 기간의 범위에서 보세공장 외 작업을 허가할 수 있다.
1. 임가공계약서 등으로 전체 작업 내용(작업장소, 작업종류, 예상 작업기간 등)을 미리 알 수 있어 여러 작업을 일괄적으로 허가하는 경우: 1년
2. 물품 1단위 생산에 장기간이 소요된다고 세관장이 인정하는 경우: 2년

④ 제3항에 따라 보세공장 외 작업허가를 받은 자는 재해나 그 밖의 부득이한 사유로 허가받은 작업기간의 연장이나 작업장소의 변경이 필요한 경우에는 세관장에게 1년의 범위에서 작업기간의 연장이나 작업장소의 변경허가를 신청할 수 있다.

⑤ 보세공장 외 작업허가를 받은 자는 제3항 또는 제4항에 따라 허가받은 기간이 끝나는 날부터 5일 이내에 세관장에게 보세공장 외 작업완료 결과를 통보해야 한다.

⑷ **관세징수**

지정된 기간이 지난 경우 해당 공장외작업장에 허가된 외국물품이나 그 제품이 있을 때에는 해당 물품의 허가를 받은 보세공장의 운영인으로부터 그 관세를 즉시 징수한다.

6. 보세공장 물품의 과세

⑴ **제품과세(법 제188조)**

① 외국물품이나 외국물품과 내국물품을 원료로 하거나 재료로 하여 작업을 하는 경우 그로써 생긴 물품은 외국으로부터 우리나라에 도착한 물품으로 본다.

② 세관장의 승인을 받고 외국물품과 내국물품을 혼용하는 경우에는 그로써 생긴 제품 중 해당 외국물품의 수량 또는 가격에 상응하는 것은 외국으로부터 우리나라에 도착한 물품으로 본다.

⑵ **원료과세(법 제189조)**

① 보세공장에서 제조된 물품을 수입하는 경우 사용신고 전에 미리 세관장에게 해당 물품의 원료인 외국물품에 대한 과세의 적용을 신청한 경우에는 제16조(과세물건 확정시기)에도 불구하고 사용신고를 할 때의 그 원료의 성질 및 수량에 따라 관세를 부과한다.

② 세관장은 대통령령으로 정하는 기준에 해당하는 보세공장에 대하여는 1년의 범위에서 원료별, 제품별 또는 보세공장 전체에 대하여 원료과세 신청을 하게 할 수 있다.

㉠ 최근 2년간 생산되어 판매된 물품 중 수출된 물품의 가격 비율이 100분의 50 이상일 것

㉡ 수출입안전관리 우수업체로 공인된 업체가 운영할 것

구분	과세물건 확정시기	과세표준	
		일반적인 경우	혼용승인 받은 경우
제품과세	수입신고시	물품 전체의 가격 또는 수량	물품 전체 가격 중 외국물품의 가격 또는 수량의 비율에 의하여 계산
원료과세	사용신고를 하는 때	수입원재료 가격 또는 수량을	

7. 보세공장원재료(영 제199조)

⑴ **보세공장원재료의 종류**

보세공장에서 보세작업을 하기 위하여 반입되는 원료 또는 재료는 다음 어느 하나에 해당하는 것을 말한다. 다만, 기계·기구 등의 작동 및 유지를 위한 연료, 윤활유 등 제품의 생산·수리·조립·검사·포장 및 이와 유사한 작업에 간접적으로 투입되어 소모되는 물품은 제외한다.

① 당해 보세공장에서 생산하는 제품에 물리적 또는 화학적으로 결합되는 물품

② 해당 보세공장에서 생산하는 제품을 제조·가공하거나 이와 비슷한 공정에 투입되어 소모되는 물품

③ 해당 보세공장에서 수리·조립·검사·포장 및 이와 유사한 작업에 직접적으로 투입되는 물품

(2) 원자재소요량 계산

보세공장원재료는 당해 보세공장에서 생산하는 제품에 소요되는 수량을 객관적으로 계산할 수 있는 물품이어야 한다. 세관장은 물품의 성질, 보세작업의 종류 등을 고려하여 감시상 필요하다고 인정되는 때에는 보세공장의 운영인으로 하여금 보세작업으로 생산된 제품에 소요된 원자재소요량을 계산한 서류를 제출하게 할 수 있다.

(3) 재고조사(영 제207조)

세관장은 원자재소요량을 계산한 서류의 적정여부, 보세공장 운영인의 기장의무의 성실한 이행여부 등을 확인하기 위하여 필요한 경우 보세공장에 대한 재고조사를 실시할 수 있다.

4 보세전시장(법 제190조)

1. 의의

보세전시장에서는 박람회, 전람회, 견본품 전시회 등의 운영을 위하여 외국물품을 장치・전시하거나 사용할 수 있다.

2. 보세전시장안에서의 사용

박람회 등의 운영을 위한 외국물품의 사용에는 다음 행위가 포함되는 것으로 한다.

① 당해 외국물품의 성질 또는 형상에 변경을 가하는 행위
② 당해 박람회의 주최자・출품자 및 관람자가 그 보세전시장 안에서 소비하는 행위

3. 보세전시장의 장치 제한

세관장은 필요하다고 인정될 때에는 보세전시장 안의 장치물품에 대하여 장치할 장소를 제한하거나 그 사용사항을 조사하거나 운영인으로 하여금 필요한 보고를 하게 할 수 있다.

4. 수리 전 사용 및 인도 금지

(1) 보세전시장에 장치된 판매용 외국물품은 수입신고가 수리되기 전에는 이를 사용하지 못한다.
(2) 보세전시장에 장치된 전시용 외국물품은 현장에서 직매하는 경우 수입신고가 수리되기 전에는 이를 인도하여서는 안 된다.

5 보세건설장(법 제191조부터 제195조)

1. 의의

보세건설장에서는 산업시설의 건설에 사용되는 외국물품인 기계류 설비품이나 공사용 장비를 장치·사용하여 해당 건설공사를 할 수 있다.

2. 적용법령

보세건설장에 반입된 외국물품은 사용 전 수입신고가 수리된 날에 시행되는 법령에 따라 관세를 부과한다.

3. 관세부과의 제척기간 기산일

보세건설장에 반입된 외국물품의 관세부과의 제척기간의 기산일은 다음 중 먼저 도래한 날의 다음 날로 한다.

① 건설공사완료보고를 한 날
② 특허기간(특허기간을 연장한 경우에는 연장기간)이 만료되는 날

4. 절차

(1) 사용 전 수입신고(법 제192조)

운영인은 보세건설장에 외국물품을 반입[134]하였을 때에는 사용 전에 해당 물품에 대하여 수입신고를 하고 세관공무원의 검사를 받아야 한다. 다만, 세관공무원이 검사가 필요 없다고 인정하는 경우에는 검사를 하지 아니할 수 있다.

(2) 건설공사 완료보고

보세건설장의 운영인은 사용 전 수입신고를 한 물품을 사용한 건설공사가 완료된 때에는 지체 없이 이를 세관장에게 보고하여야 한다.

(3) 보세건설물품의 가동 제한(법 제194조)

운영인은 보세건설장에서 건설된 시설을 관세법 제248조에 따른 수입신고가 수리되기 전에 가동하여서는 아니 된다.

(4) 반입물품의 장치제한(법 제193조)

세관장은 보세건설장에 반입된 외국물품에 대하여 필요하다고 인정될 때에는 보세건설장 안에서 그 물품을 장치할 장소를 제한하거나 그 사용상황에 관하여 운영인으로 하여금 보고하게 할 수 있다.

---

134) **보세건설장 반입물품의 범위(기본통칙 제191-01-1조)**
1. 산업시설 건설에 사용되는 외국물품인 기계류 설비품
2. 산업시설 건설에 사용되는 외국물품인 공사용 장비
3. 산업시설에 병설되는 사무소, 의료시설, 식당, 공원, 숙사 등 부대시설을 건설하기 위한 물품
4. 해당 산업시설 건설의 형편상 필요하다고 인정되는 기타의 물품

(5) 보세건설장외 작업 허가(법 제195조)

세관장은 보세작업상 필요하다고 인정될 때에는 대통령령으로 정하는 바에 따라 기간, 장소, 물품 등을 정하여 해당 보세건설장 외에서의 보세작업을 허가할 수 있다. 보세공장외 작업허가(법 제187조 제2항부터 제6항)에 관하여는 보세건설장외 작업허가의 경우에 준용한다.

6 보세판매장(법 제196조)

1. 의의

보세판매장에서는 외국으로 반출하거나 제88조제1항제1호부터 제4호까지에 따라 관세의 면제를 받을 수 있는 자가 사용하는 것을 조건으로 물품을 판매할 수 있다. 그럼에도 불구하고 공항 및 항만 등의 입국경로에 설치된 보세판매장에서는 외국에서 국내로 입국하는 자에게 물품을 판매할 수 있다.

2. 보세판매 대상

(1) 출국장 면세점

해당 물품을 외국으로 반출하는 조건으로 물품을 판매 할 수 있다. 다만, 외국으로 반출하지 아니하더라도 대통령령으로 정하는 바에 따라 외국에서 국내로 입국하는 자에게 물품을 인도(입국장 인도장[135])하는 경우에는 해당 물품을 판매할 수 있다.

(2) 외교관용 면세점

관세를 면제받을 수 있는 자가 해당 물품을 사용하는 조건으로 물품을 판매할 수 있다.

① 주한 외국 대사관·공사관 기타 이에 준하는 기관의 업무용품
② 주한 외국 대사·공사 기타 이에 준하는 사절 및 그 가족이 사용하는 물품
③ 주한 외국 영사관 기타 이에 준하는 기관의 업무용품
④ 주한 외국 대사관·공사관·영사관 그 밖에 이에 준하는 기관의 직원 중 대통령령이 정하는 직원과 그 가족이 사용하는 물품

(3) 입국장 면세점

① 공항 및 항만 등의 입국경로에 설치된 보세판매장에서는 외국에서 국내로 입국하는 자에게 물품을 판매할 수 있다.
② 보세판매장의 운영인이 외국에서 국내로 입국하는 사람에게 물품(술·담배·향수는 제외)을 판매하는 때에는 미화 800달러의 한도에서 판매해야 하며, 술·담배·향수는 별도 면세범위에서 판매할 수 있다.

135) 입국장 인도장을 설치·운영하려는 자는 관할 세관장의 승인을 받아야 한다.(영 제213조의2)

PART 06

(4) 시내면세점(법 제196조의2)

① 공항 및 항만 등의 출입국경로의 보세구역 외의 장소에 설치되는 보세판매장에서는 외국인에게 내국물품을 판매하고 이를 판매 현장에서 인도할 수 있다. 운영인은 구매자의 여권과 항공권 등 출국에 관한 예약내용을 확인할 수 있는 자료를 확인해야 한다.

② 세관장은 판매 현장에서 인도된 물품의 외국 반출 여부를 확인하기 위하여 물품 구매자의 출입국관리기록 등의 정보 또는 자료를 관계 중앙행정기관의 장에게 요청할 수 있다. 이 경우 요청을 받은 관계 중앙행정기관의 장은 정당한 사유가 없으면 이에 따라야 한다.

③ 세관장은 물품 구매자의 출입국관리기록 등을 확인하여 대통령령으로 정하는 사람에 대해서는 인도를 제한할 수 있으며, 인도가 제한되는 사람의 명단을 시내보세판매장의 운영인에게 통보하여야 한다.

④ 시내보세판매장의 운영인은 인도제한 통보를 받은 명단의 사람에게 물품을 판매할 때에는 해당 물품을 판매 현장에서 인도하여서는 아니 되고, 관세청장이 정하는 바에 따라 인도하여야 한다.

3. 보세판매장의 관리(영 제213조)

(1) 운영인

보세판매장의 운영인은 보세판매장에서 물품을 판매하는 때에는 판매사항 · 구매자인적사항 기타 필요한 사항을 관세청장이 정하는 바에 따라 기록 · 유지하여야 한다.

(2) 세관장

① 세관장은 보세판매장에서 판매할 수 있는 물품의 수량, 장치장소 등을 제한할 수 있다. 다만, 보세판매장에서 판매할 수 있는 물품의 종류, 판매한도는 기획재정부령으로 정한다.

② 세관장은 연 2회 이상 보세화물의 반출입량 · 판매량 · 외국반출현황 · 재고량 등을 파악하기 위하여 보세판매장에 대한 조사를 실시할 수 있다.

(3) 관세청장

① 관세청장은 보세판매장에서의 판매방법, 구매자에 대한 인도방법 등을 정할 수 있다.

② 관세청장은 보세화물이 보세판매장에서 불법적으로 반출되지 아니하도록 하기 위하여 반입 · 반출의 절차 기타 필요한 사항을 정할 수 있다.

종합보세구역

1 의의

종합보세구역에서는 보세창고 · 보세공장 · 보세전시장 · 보세건설장 또는 보세판매장의 기능 중 둘 이상의 기능을 수행할 수 있다. 관세청장은 직권으로 또는 관계 중앙행정기관의 장이나 지방자치단체의 장, 그 밖에 종합보세구역을 운영하려는 자의 요청에 따라 무역진흥에의 기여 정도, 외국물품의 반입 · 반출 물량 등을 고려하여 일정한 지역을 종합보세구역으로 지정할 수 있다.

2 종합보세구역의 지정 등

1. 종합보세구역 지정 대상 지역(영 제214조)

종합보세구역은 다음 어느 하나에 해당하는 지역으로서 관세청장이 종합보세구역으로 지정할 필요가 있다고 인정하는 지역을 그 지정대상으로 한다.

① 「외국인투자촉진법」에 의한 외국인투자지역
② 「산업입지 및 개발에 관한 법률」에 의한 산업단지
③ 「유통산업발전법」에 의한 공동집배송센터
④ 「물류시설의 개발 및 운영에 관한 법률」에 따른 물류단지
⑤ 기타 종합보세구역으로 지정됨으로써 외국인투자촉진 · 수출증대 또는 물류촉진 등의 효과가 있을 것으로 예상되는 지역

2. 종합보세구역 예정지 지역

① 관세청장은 지정요청자의 요청에 의하여 종합보세기능의 수행이 예정되는 지역을 종합보세구역 예정지역으로 지정할 수 있다.
② 예정지역의 지정기간은 3년 이내로 한다. 다만, 관세청장은 당해 예정지역에 대한 개발계획의 변경 등으로 인하여 지정기간의 연장이 불가피하다고 인정되는 때에는 3년의 범위 내에서 연장할 수 있다.
③ 종합보세구역 지정 규정은 예정지역의 지정에 관하여 이를 준용한다.
④ 관세청장은 예정지역의 개발이 완료된 후 지정요청자의 요청에 의하여 종합보세구역으로 지정할 수 있다.

3 종합보세사업장의 설치 · 운영 신고 등

1. 설치 · 운영 신고

종합보세구역에서 종합보세기능을 수행하려는 자는 그 기능을 정하여 세관장에게 종합보세사업장의 설치 · 운영에 관한 신고를 하여야 한다.

2. 설치 · 운영 신고 제한

관세법 제175조(운영인의 결격사유) 각 호의 어느 하나에 해당하는 자는 종합보세사업장의 설치 · 운영에 관한 신고를 할 수 없다.

3. 종합보세사업장 기능 변경

종합보세사업장의 운영인은 그가 수행하는 종합보세기능을 변경하려면 세관장에게 이를 신고하여야 한다.

4 종합보세구역에의 물품의 반입 · 반출 등

1. 반입 · 반출 절차(법 제199조)

(1) 반입 · 반출 신고

종합보세구역에 물품을 반입하거나 반출하려는 자는 대통령령으로 정하는 바에 따라 세관장에게 신고하여야 한다.

(2) 내국물품 반입 · 반출 신고

종합보세구역에 반입 · 반출되는 물품이 내국물품인 경우에는 기획재정부령[136]으로 정하는 바에 따라 신고를 생략하거나 간소한 방법으로 반입 · 반출하게 할 수 있다.

---

136) **시행규칙 제70조(내국물품 반출입신고의 생략)**
세관장은 다음 각 호의 어느 하나에 해당하지 아니하는 경우에는 반출입신고를 생략하게 할 수 있다.
1. 법 제185조 제2항의 규정에 의하여 세관장의 허가를 받고 내국물품만을 원료로 하여 제조 · 가공 등을 하는 경우 그 원료 또는 재료
2. 법 제188조 단서의 규정에 의한 혼용작업에 소요되는 원재료
3. 법 제196조의 규정에 의한 보세판매장에서 판매하고자 하는 물품
4. 당해 내국물품이 외국에서 생산된 물품으로서 종합보세구역 안의 외국물품과 구별되는 필요가 있는 물품(보세전시장의 기능을 수행하는 경우에 한한다)

2. 반입 · 반출 물품 범위(법 제200조)

① 종합보세구역에서 소비하거나 사용되는 물품으로서 기획재정부령[137]으로 정하는 물품은 수입통관 후 이를 소비하거나 사용하여야 한다.
② 세관장은 종합보세구역에 반입·반출되는 물품으로 인하여 국가안전, 공공질서, 국민보건 또는 환경보전 등에 지장이 초래되거나 종합보세구역의 지정 목적에 부합되지 아니하는 물품이 반입·반출되고 있다고 인정될 때에는 해당 물품의 반입·반출을 제한할 수 있다.

3. 장치기간

종합보세구역에 반입한 물품의 장치기간은 제한하지 아니한다. 다만, 보세창고의 기능을 수행하는 장소 중에서 관세청장이 수출입물품의 원활한 유통을 촉진하기 위하여 필요하다고 인정하여 지정한 장소에 반입되는 물품의 장치기간은 1년의 범위에서 관세청장이 정하는 기간으로 한다.

5 운영인의 물품관리

1. 구분관리

운영인은 종합보세구역에 반입된 물품을 종합보세기능별로 구분하여 관리하여야 한다.

2. 물품매각

세관장은 종합보세구역에 장치된 물품 중 제208조제1항 단서에 해당되는 물품은 같은 조에 따라 매각할 수 있다.

① 살아 있는 동식물
② 부패하거나 부패할 우려가 있는 것
③ 창고나 다른 외국물품에 해를 끼칠 우려가 있는 것
④ 기간이 지나면 사용할 수 없게 되거나 상품가치가 현저히 떨어질 우려가 있는 것
⑤ 관세청장이 정하는 물품 중 화주가 요청하는 것

---

137) **관세법 시행규칙 제71조(수입통관 후 소비 또는 사용하는 물품)**
1. 제조·가공에 사용되는 시설기계류 및 그 수리용 물품
2. 연료·윤활유·사무용품 등 제조·가공에 직접적으로 사용되지 아니하는 물품

3. 물품매각 요청

운영인은 종합보세구역에 장치된 물품 중 반입한 날부터 6개월 이상의 범위에서 관세청장이 정하는 기간이 지난 외국물품이 다음 어느 하나에 해당하는 경우에는 관세청장이 정하여 고시하는 바에 따라 세관장에게 그 외국물품의 매각을 요청할 수 있다.

① 화주가 분명하지 아니한 경우
② 화주가 부도 또는 파산한 경우
③ 화주의 주소·거소 등 그 소재를 알 수 없는 경우
④ 화주가 수취를 거절하는 경우
⑤ 화주가 거절의 의사표시 없이 수취하지 아니한 경우

4. 기록유지 등

운영인은 종합보세구역에 반입된 물품을 종합보세구역 안에서 이동·사용 또는 처분을 할 때에는 장부 또는 전산처리장치를 이용하여 그 기록을 유지하여야 한다. 이 경우 기획재정부령으로 정하는 물품(종합보세구역의 운영인 상호 간에 이동하는 물품)은 미리 세관장에게 신고하여야 한다.

5. 설비 유지 의무 등

운영인은 대통령령으로 정하는 바에 따라 종합보세기능의 수행에 필요한 시설 및 장비 등을 유지하여야 한다.

6 종합보세구역에 대한 세관의 관리 등

1. 물품 검사

세관장은 관세채권의 확보, 감시·단속 등 종합보세구역을 효율적으로 운영하기 위하여 종합보세구역에 출입하는 인원과 차량 등의 출입을 통제하거나 휴대 또는 운송하는 물품을 검사할 수 있다.

2. 업무보고 명령

세관장은 종합보세구역에 반입·반출되는 물품의 반입·반출 상황, 그 사용 또는 처분 내용 등을 확인하기 위하여 제201조제3항에 따른 장부나 전산처리장치를 이용한 기록을 검사 또는 조사할 수 있으며, 운영인으로 하여금 업무실적 등 필요한 사항을 보고하게 할 수 있다.

3. 시설설치 요구

관세청장은 종합보세구역 안에 있는 외국물품의 감시·단속에 필요하다고 인정될 때에는 종합보세구역의 지정요청자에게 보세화물의 불법유출, 분실, 도난방지 등을 위한 시설을 설치할 것을 요구할 수 있다. 이 경우 지정요청자는 특별한 사유가 없으면 이에 따라야 한다.

7 종합보세구역 외 작업 신고

종합보세구역에 장치된 물품에 대하여 보수작업을 하거나 종합보세구역 밖에서 보세작업을 하려는 자는 대통령령으로 정하는 바에 따라 세관장에게 신고하여야 한다.

8 종합보세구역 지정취소 등(법 제204조)

1. 지정취소

관세청장은 종합보세구역에 반입·반출되는 물량이 감소하거나 그 밖에 대통령령으로 정하는 사유로 종합보세구역을 존속시킬 필요가 없다고 인정될 때에는 종합보세구역의 지정을 취소할 수 있다.

① 종합보세구역의 지정요청자가 지정취소를 요청한 경우
② 종합보세구역의 지정요건이 소멸한 경우

2. 기능중지

세관장은 종합보세사업장의 운영인이 다음 어느 하나에 해당하는 경우에는 6개월의 범위에서 운영인의 종합보세기능의 수행을 중지시킬 수 있다.

① 운영인이 관세법 제202조제1항에 따른 설비의 유지의무를 위반한 경우
② 운영인이 수행하는 종합보세기능과 관련하여 반입·반출되는 물량이 감소하는 경우
③ 1년 동안 계속하여 외국물품의 반입·반출 실적이 없는 경우

3. 폐쇄명령

세관장은 종합보세사업장의 운영인이 다음 어느 하나에 해당하는 경우에는 그 종합보세사업장의 폐쇄를 명하여야 한다.

① 거짓이나 그 밖의 부정한 방법으로 종합보세사업장의 설치·운영에 관한 신고를 한 경우
② 관세법 제175조(운영인의 결격사유) 각 호의 어느 하나에 해당하게 된 경우. 다만, 제175조제8호에 해당하는 경우로서 같은 조 제2호 또는 제3호에 해당하는 사람을 임원으로 하는 법인이 3개월 이내에 해당 임원을 변경한 경우에는 그러하지 아니하다.
③ 다른 사람에게 자신의 성명·상호를 사용하여 종합보세사업장을 운영하게 한 경우

CHAPTER 05 유치 및 예치

1 의의

관세법 제226조에 따라 필요한 허가·승인·표시 또는 그 밖의 조건이 갖추어지지 아니한 것은 세관장이 이를 유치할 수 있으며, 수입할 의사가 없는 물품은 세관장에게 신고하여 일시 예치시킬 수 있다.

2 유치·예치 대상 물품

① 여행자의 휴대품
② 우리나라와 외국 간을 왕래하는 운송수단에 종사하는 승무원의 휴대품

3 유치·예치 사유

1. 유치사유

① 관세법 제226조에 따라 필요한 허가·승인·표시 또는 그 밖의 조건이 갖추어지지 아니한 경우
② 여행자, 승무원 휴대품 관세의 면제 기준을 초과하여 반입하는 물품에 대한 관세를 납부하지 아니한 경우
③ 관세법 제235조에 따른 지식재산권을 침해하는 물품을 수출하거나 수입하는 등 관세법에 따른 의무사항을 위반한 경우
④ 불법·불량·유해물품 등 사회안전 또는 국민보건을 해칠 우려가 있는 물품으로서 대통령령으로 정하는 경우
  1. 해당 물품에 대해 식품의약품안전처장 등 관계 기관의 장으로부터 부적합 통보 또는 통관 제한 요청을 받은 경우
  2. 성분 또는 규격 등이 불명확한 물품으로서 식품의약품안전처 등 관계 기관의 확인 또는 법 제265조의2에 따른 물품분석이 필요한 경우
  3. 그 밖에 유해 성분이 포함된 식품·의약품 등 세관장이 사회안전 또는 국민보건을 위해 유치가 필요하다고 인정하는 경우
⑤ 「국세징수법」 제30조 또는 「지방세징수법」 제39조의2에 따라 세관장에게 강제징수 또는 체납처분이 위탁된 해당 체납자가 물품을 수입하는 경우

2. 예치사유

수입할 의사가 없는 물품은 세관장에게 신고하여 일시 예치시킬 수 있다. 다만, 부패·변질 또는 손상의 우려가 있는 물품 등 관세청장이 정하는 물품은 그러하지 아니하다.

4 유치 및 예치 절차

① 세관장이 물품을 유치 또는 예치한 때에는 다음 각 호의 사항을 기재한 유치증 또는 예치증을 교부하여야 한다.
1. 당해 물품의 포장의 종류·개수·품명·규격 및 수량
2. 유치사유 또는 예치사유
3. 보관장소

② 유치한 물품은 해당 사유가 해소되었거나 반송하는 경우에만 유치를 해제한다.

③ 유치를 해제하거나 예치물품을 반환받고자 하는 자는 교부받은 유치증 또는 예치증을 세관장에게 제출하여야 한다.

5 유치·예치 물품의 보관 등

① 유치하거나 예치한 물품은 세관장이 관리하는 장소에 보관한다. 다만, 세관장이 필요하다고 인정할 때에는 그러하지 아니하다.

② 세관장은 유치되거나 예치된 물품의 원활한 통관을 위하여 필요하다고 인정될 때에는 관세청장이 정하는 바에 따라 해당 물품을 유치하거나 예치할 때에 유치기간 또는 예치기간 내에 수출·수입 또는 반송하지 아니하면 매각한다는 뜻을 통고할 수 있다.

6 준용규정

제206조에 따라 유치하거나 예치한 물품에 관하여는 제160조제4항부터 제6항까지(장치물품 폐기), 제170조(지정장치장의 장치기간) 및 제208조부터 제212조까지(장치기간경과물품 매각, 국고귀속)의 규정을 준용한다.

장치기간경과 물품의 매각

1 의의

세관장은 보세구역에 반입한 외국물품의 장치기간이 지나면 그 사실을 공고한 후 해당 물품을 매각할 수 있다.

2 매각절차

1. 수출 · 수입 · 반송 통고

세관장은 장치기간 경과된 외국물품을 매각하려면 그 화주등에게 통고일부터 1개월 내에 해당 물품을 수출 · 수입 또는 반송할 것을 통고하여야 한다. 화주등이 분명하지 아니하거나 그 소재가 분명하지 아니하여 제1항에 따른 통고를 할 수 없을 때에는 공고로 이를 갈음할 수 있다.

2. 매각공고

세관장은 보세구역에 반입한 외국물품의 장치기간이 경과된 때에는 공고한 후 해당 물품을 매각할 수 있다. 세관장은 경쟁입찰 등에 따라 매각할 때에는 매각물건, 매각수량, 매각예정가격 등을 매각 시작 10일 전에 공고하여야 한다.

3. 긴급매각

다음의 어느 하나에 해당하는 물품은 기간이 지나기 전이라도 공고한 후 매각할 수 있다. 다만, 장치기간이 지난 물품으로서 급박하여 공고할 여유가 없을 때에는 매각한 후 공고할 수 있다.

① 살아 있는 동식물
② 부패하거나 부패할 우려가 있는 것
③ 창고나 다른 외국물품에 해를 끼칠 우려가 있는 것
④ 기간이 지나면 사용할 수 없게 되거나 상품가치가 현저히 떨어질 우려가 있는 것
⑤ 관세청장이 정하는 물품 중 화주가 요청하는 것
⑥ 강제징수 및 체납처분을 위하여 세관장이 압류한 수입물품

4. 반출통고

세관장은 매각되지 아니한 물품에 대해서는 그 물품의 화주 등에게 장치장소로부터 지체 없이 반출할 것을 통고하여야 한다.

5. 국고귀속

① 통고일부터 해당 물품이 1개월 내에 해당 물품이 반출되지 아니하는 경우에는 소유권을 포기한 것으로 보고 이를 국고에 귀속시킬 수 있다.(강제징수 및 체납처분을 위하여 세관장이 압류한 수입물품은 제외)
② 세관장은 매각되지 아니한 경우에는 납세의무자에게 1개월 이내에 대통령령으로 정하는 유찰물품의 가격[138]에 상당한 금액을 관세 및 체납액(관세・국세・지방세의 체납액을 말한다.) 충당금으로 납부하도록 통지하여야 한다.
③ 통지를 받은 납세의무자가 그 기한 내에 관세 및 체납액 충당금을 납부하지 아니한 경우에는 유찰물품의 소유권을 포기한 것으로 보고 이를 국고에 귀속시킬 수 있다.

3 매각방법 등(법 제210조)

매각은 일반경쟁입찰・지명경쟁입찰・수의계약・경매 및 위탁판매의 방법으로 하여야 한다.

PART 06

1. 경쟁입찰

① 경쟁입찰의 방법으로 매각하려는 경우 매각되지 아니하였을 때에는 5일 이상의 간격을 두어 다시 입찰에 부칠 수 있으며 그 예정가격은 최초 예정가격의 100분의 10 이내의 금액을 입찰에 부칠 때마다 줄일 수 있다. 이 경우에 줄어들 예정가격 이상의 금액을 제시하는 응찰자가 있을 때에는 대통령령으로 정하는 바에 따라 그 응찰자가 제시하는 금액으로 수의계약을 할 수 있다.
② 예정가격의 체감은 제2회 경쟁입찰 때부터 하되, 그 체감한도액은 최초예정가격의 100분의 50으로 한다. 다만, 관세청장이 정하는 물품을 제외하고는 최초예정가격을 기초로 하여 산출한 세액이하의 금액으로 체감할 수 없다.
③ 응찰가격중 다음 회의 입찰에 체감될 예정가격보다 높은 것이 있는 때에는 응찰가격의 순위에 따라 수의계약을 체결한다. 단독응찰자의 응찰가격이 다음 회의 입찰시에 체감될 예정가격보다 높은 경우 또는 공매절차가 종료한 물품을 최종 예정가격이상의 가격으로 매수하려는 자가 있는 때에도 또한 같다.

---

138) **시행령 제225조의2(압류물품의 유찰 가격)**
① 법 제212조 제3항에서 "대통령령으로 정하는 유찰물품의 가격"은 해당 물품의 최종예정가격을 말한다.
② 제1항에 따른 최종예정가격은 마지막 입찰시 제222조 제7항에 따라 산출한 예정가격으로 한다.

2. 경매 또는 수의계약

① 다음 어느 하나에 해당하는 경우에는 경매나 수의계약으로 매각할 수 있다.
1. 2회 이상 경쟁입찰에 부쳐도 매각되지 아니한 경우
2. 부패·손상·변질 등의 우려가 현저한 물품으로서 즉시 매각하지 아니하면 상품가치가 저하할 우려가 있는 경우
3. 물품의 매각예정가격이 50만원 미만인 경우
4. 경쟁입찰의 방법으로 매각하는 것이 공익에 반하는 경우

② 수의계약을 체결하지 못하고 재입찰에 부친 때에는 직전입찰에서의 최고응찰가격을 다음 회의 예정가격으로 한다.

③ 수의계약을 할 수 있는 자로서 그 체결에 응하지 아니하는 자는 당해 물품에 대한 다음 회 이후의 경쟁입찰에 참가할 수 없다.

3. 위탁판매

① 다음의 경우 위탁판매의 방법에 의하여 매각할 수 있다.
1. 경매 또는 수의계약에 의하여 매각되지 아니한 물품
2. 부패하거나 부패의 우려가 있는 물품
3. 기간경과로 사용할 수 없게 되거나 상품가치가 현저히 감소할 우려가 있는 물품
4. 공매하는 경우 매각의 효율성이 저하되거나 공매에 전문지식이 필요하여 직접 공매하기에 부적합한 물품

② 위탁판매하는 경우 판매가격은 당해 물품의 최종예정가격으로 하고, 위탁판매의 장소·방법·수수료 기타 필요한 사항은 관세청장이 정한다. 다만 제1항 제2호, 제3호, 제4호에 대해서는 관세청장이 정하는 바에 따라 산출한다.

4. 매각물품의 예정가격 산출

매각된 물품에 대한 과세가격은 제30조부터 제35조까지의 규정에도 불구하고 제2항에 따른 최초 예정가격을 기초로 하여 과세가격을 산출한다. 매각할 물품의 예정가격의 산출방법과 위탁판매에 관한 사항은 대통령령으로 정하고, 경매절차에 관하여는 「국세징수법」을 준용한다.

4 잔금처리

① 세관장은 매각대금을 그 매각비용, 관세, 각종 세금의 순으로 충당하고, 잔금이 있을 때에는 이를 화주에게 교부한다.
② 매각된 물품의 질권자나 유치권자는 다른 법령에도 불구하고 그 물품을 매수인에게 인도하여야 한다.
③ 세관장은 매각된 물품의 질권자나 유치권자가 있을 때에는 그 잔금을 화주에게 교부하기 전에 그 질권이나 유치권에 의하여 담보된 채권의 금액을 질권자나 유치권자에게 교부한다.
④ 매각하는 물품의 질권자나 유치권자는 해당 물품을 매각한 날부터 1개월 이내에 그 권리를 증명하는 서류를 세관장에게 제출하여야 한다.
⑤ 질권자나 유치권자에게 공매대금의 잔금을 교부하는 경우 그 잔금액이 질권이나 유치권에 의하여 담보된 채권액보다 적고 교부받을 권리자가 2인 이상인 경우에는 세관장은 「민법」이나 그 밖의 법령에 따라 배분할 순위와 금액을 정하여 배분하여야 한다.
⑥ 잔금의 교부는 관세청장이 정하는 바에 따라 일시 보류할 수 있다.
⑦ 매각대행기관이 매각을 대행하는 경우에는 매각대행기관이 매각대금의 잔금처리를 대행할 수 있다. 매각대행기관이 매각을 대행하는 경우 및 매각대금의 잔금처리를 대행하는 경우에는 매각대행기관의 장을 세관장으로 본다.

5 매각대행기관

1. 의의

세관장은 제1항에 따른 매각을 할 때 다음 어느 하나에 해당하는 경우에는 대통령령으로 정하는 기관에 이를 대행하게 할 수 있다.

① 신속한 매각을 위하여 사이버몰(컴퓨터 등과 정보통신설비를 이용하여 재화 등을 거래할 수 있도록 설정된 가상의 영업장을 말한다) 등에서 전자문서를 통하여 매각하려는 경우
② 매각에 전문지식이 필요한 경우
③ 그 밖에 특수한 사정이 있어 직접 매각하기에 적당하지 아니하다고 인정되는 경우

2. 매각대행기관

세관장이 장치기간경과물품의 매각을 대행하게 할 수 있는 기관은 다음 기관·법인 또는 단체중에서 관세청장이 지정하는 기관·법인 또는 단체로 한다.

① 「한국자산관리공사의 설립에 관한 법률」에 의하여 설립된 한국자산관리공사
② 「한국보훈복지의료공단법」에 의하여 설립된 한국보훈복지의료공단
③ 관세청장이 정하는 기준에 따라 전자문서를 통한 매각을 수행할 수 있는 시설 및 시스템 등을 갖춘 것으로 인정되는 법인 또는 단체

3. 매각대행 수수료

세관장은 매각대행기관이 매각을 대행하는 경우에는 매각대행에 따른 실비 등을 고려하여 기획재정부령[139]으로 정하는 바에 따라 수수료를 지급할 수 있다.

139) **관세법 시행규칙 제73조(매각대행수수료)**

① 법 제208조제6항의 규정에 의한 매각대행수수료는 다음 각 호의 금액으로 한다.

1. 매각대행을 의뢰한 물품이 매각된 경우: 건별 매각금액에 1천분의 20을 곱하여 계산한 금액
2. 매각대행을 의뢰한 물품이 수입 또는 반송되어 매각대행이 중지된 경우: 건별 최초공매예정가격에 1천분의 1을 곱하여 계산한 금액
3. 매각대행을 의뢰한 물품의 국고귀속 · 폐기 · 매각의뢰철회 등의 사유로 매각대행이 종료된 경우: 건별 최초공매예정가격에 1천분의 2를 곱하여 계산한 금액

② 제1항의 규정에 의한 매각대행수수료를 계산함에 있어서 건별 매각금액이나 건별 최초공매예정가격이 10억원을 초과하는 때에는 당해 매각금액 또는 최초공매예정가격은 10억원으로 한다.

③ 제1항의 규정에 의하여 계산한 매각대행수수료의 금액이 5천원 미만인 때에는 당해 매각대행수수료는 5천원으로 한다.

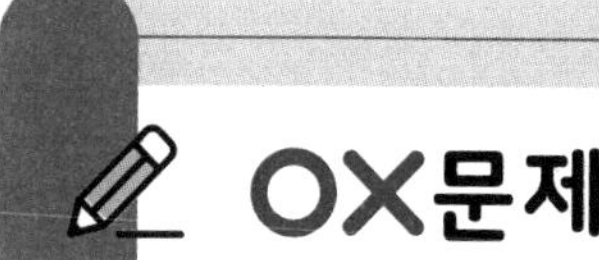

OX문제

01 지정장치장에 물품을 장치하는 기간은 6개월의 범위에서 관세청장이 정한다. 다만, 관세청장이 정하는 기준에 따라 세관장은 3개월의 범위에서 그 기간을 연장할 수 있다. ( )

02 지정장치장의 화물관리인은 화물관리에 필요한 비용(세관설비사용료를 포함 한다)을 화주로부터 징수할 수 있다. 다만, 그 요율에 대하여는 관세청장의 승인을 받아야 한다. ( )

03 보세전시장과 보세건설장의 특허기간은 10년의 범위 내에서 신청인이 신청한 기간으로 한다. ( )

04 보세판매장에 대한 특허를 받은 중소기업 및 중견기업에 대해서는 대통령령으로 정하는 바에 따라 2회에 한하여 특허를 갱신할 수 있다. ( )

05 기획재정부장관은 매 회계연도 종료 후 5개월 이내에 보세판매장 별 매출액을 대통령령으로 정하는 바에 따라 국회 소관 상임위원회에 보고하여야 한다. ( )

06 보세창고의 외국물품 장치기간은 1년의 범위에서 관세청장이 정하는 기간으로 한다. 다만, 세관장이 필요하다고 인정하는 경우에는 1년의 범위에서 그 기간을 연장할 수 있다. ( )

07 세관장은 2년 이상 물품의 반입실적이 없어서 특허보세구역의 설치목적을 달성하기 곤란하다고 인정하는 경우 그 특허를 취소할 수 있다. ( )

08 세관장은 물품반입등의 정지처분이 그 이용자에게 심한 불편을 주거나 공익을 해칠 우려가 있는 경우에는 특허 보세구역의 운영인에게 물품반입등의 정지처분을 갈음하여 해당 특허보세구역 운영에 따른 매출액의 100분의 5 이하의 과징금을 부과할 수 있다. ( )

09 운영인은 보세창고에 1년 이상 계속하여 내국물품만을 장치하려면 세관장의 특허를 받아야 한다. ( )

10 보세공장에서 제조된 물품을 수입하는 경우 사용신고 전에 미리 세관장에게 해당 물품의 원료인 외국물품에 대한 과세의 적용을 신청한 경우에는 사용신고를 할 때의 그 원료의 성질 및 수량에 따라 관세를 부과한다. ( )

11 종합보세구역에서 종합보세기능을 수행하려는 자는 그 기능을 정하여 세관장에게 종합보세사업장의 설치, 운영에 관한 신고를 하여야 한다. ( )

12 관세청장은 지정요청자의 요청에 의하여 종합보세기능의 수행이 예정되는 지역을 종합보세구역예정 지역으로 지정할 수 있다. 예정지역의 지정기간은 1년 이내로 한다. 다만 관세청장은 지정기간의 연장이 불가피하다고 인정되는 때에는 1년의 범위 내에서 연장할 수 있다. (   )

13 국내에 주재하는 외교관 및 국내에 주재하는 국제연합군이 종합보세구역에서 구입한 물품을 국외로 반출하는 경우에는 해당 물품을 구입할 때 납부한 관세 및 내국세 등을 환급받을 수 있다. (   )

14 종합보세구역에 반입한 물품의 장치기간은 제한하지 아니한다. 다만, 보세창고의 기능을 수행하는 장소 중에서 관세청장이 수출입물품의 원활한 유통을 촉진하기 위하여 필요하다고 인정하여 지정한 장소에 반입되는 물품의 장치기간은 1년의 범위에서 관세청장이 정하는 기간으로 한다. (   )

15 창고나 다른 물품에 해를 끼칠 우려가 있는 물품 등은 장치기간이 지나기 전이라도 공고한 후 매각할 수 있다. (   )

Answer

01 ○ 02 × 03 × 04 ○ 05 × 06 ○ 07 ○ 08 × 09 × 10 ○
11 ○ 12 × 13 ○ 14 ○ 15 ○

Self 필기노트

합격까지 함께
관세직 만점 기본서

김준휘 관세법

합격까지 박문각

Part

07

보세운송

보세운송

1 보세운송(법 제213조부터 제221조)

1. 보세운송 신고인

보세운송 신고 또는 승인신청은 다음 어느 하나에 해당하는 자의 명의로 하여야 한다.

① 화주
② 관세사등
③ 보세운송을 업(業)으로 하는 자(이하 "보세운송업자"라 한다)

2. 보세운송 신고 및 승인

(1) 보세운송 신고

보세운송을 하려는 자는 관세청장이 정하는 바에 따라 세관장에게 보세운송의 신고를 하여야 한다.

(2) 보세운송 승인

물품의 감시 등을 위하여 필요하다고 인정하여 대통령령으로 정하는 경우에는 세관장의 승인을 받아야 한다. 다만, 관세청장이 보세운송승인대상으로 하지 아니하여도 화물관리 및 불법 수출입의 방지에 지장이 없다고 판단하여 정하는 물품에 대하여는 신고만으로 보세운송할 수 있다.

① 보세운송된 물품중 다른 보세구역 등으로 재보세운송하고자 하는 물품
② 「검역법」·「식물방역법」·「가축전염병예방법」 등에 따라 검역을 요하는 물품
③ 「위험물안전관리법」에 따른 위험물
④ 「화학물질관리법」에 따른 유해화학물질
⑤ 비금속설
⑥ 화물이 국내에 도착된 후 최초로 보세구역에 반입된 날부터 30일이 경과한 물품
⑦ 통관이 보류되거나 수입신고수리가 불가능한 물품
⑧ 법 제156조의 규정에 의한 보세구역외 장치허가를 받은 장소로 운송하는 물품
⑨ 귀석·반귀석·귀금속·한약재·의약품·향료 등과 같이 부피가 작고 고가인 물품
⑩ 화주 또는 화물에 대한 권리를 가진 자가 직접 보세운송하는 물품
⑪ 법 제236조의 규정에 의하여 통관지가 제한되는 물품
⑫ 적재화물목록상 동일한 화주의 선하증권 단위의 물품을 분할하여 보세운송하는 경우 그 물품
⑬ 불법 수출입의 방지 등을 위하여 세관장이 지정한 물품
⑭ 법 및 법에 의한 세관장의 명령을 위반하여 관세범으로 조사를 받고 있거나 기소되어 확정판결을 기다리고 있는 보세운송업자등이 운송하는 물품

3. 보세운송 구간

외국물품은 다음 장소 간에 한정하여 외국물품 그대로 운송할 수 있다. 다만, 수출신고가 수리된 물품은 해당 물품이 장치된 장소에서 다음 장소로 운송할 수 있다.

(1) 국제항

(2) 보세구역

(3) 제156조에(보세구역 외 장치허가) 따라 허가된 장소

(4) 세관관서

(5) 통관역

(6) 통관장

(7) 통관우체국

4. 물품검사 등

(1) 물품검사

세관공무원은 감시 · 단속을 위하여 필요하다고 인정될 때에는 관세청장이 정하는 바에 따라 보세운송을 하려는 물품을 검사할 수 있다.

(2) 수출신고 수리물품의 보세운송절차 생략

수출신고가 수리된 물품은 관세청장이 따로 정하는 것을 제외하고는 보세운송절차를 생략한다.

(3) 보세운송 보고

보세운송의 신고를 하거나 승인을 받은 자는 해당 물품이 운송 목적지에 도착하였을 때에는 관세청장이 정하는 바에 따라 도착지의 세관장에게 보고하여야 한다.

(4) 보세운송 통로

세관장은 보세운송물품의 감시 · 단속을 위하여 필요하다고 인정될 때에는 관세청장이 정하는 바에 따라 운송통로를 제한할 수 있다.

(5) 보세운송 기간

① 보세운송은 관세청장이 정하는 기간 내에 끝내야 한다. 다만, 세관장은 재해나 그 밖의 부득이한 사유로 필요하다고 인정될 때에는 그 기간을 연장할 수 있다.

② 보세운송 신고를 하거나 승인을 받아 보세운송하는 외국물품이 지정된 기간 내에 목적지에 도착하지 아니한 경우에는 즉시 그 관세를 징수한다. 다만, 해당 물품이 재해나 그 밖의 부득이한 사유로 망실되었거나 미리 세관장의 승인을 받아 그 물품을 폐기하였을 때에는 그러하지 아니하다.

(6) 담보제공

세관장은 보세운송의 신고를 하거나 승인을 받으려는 물품에 대하여 관세의 담보를 제공하게 할 수 있다.

PART 07

5. 조난물품의 운송

(1) 의의

재해나 그 밖의 부득이한 사유로 선박 또는 항공기로부터 내려진 외국물품은 그 물품이 있는 장소로부터 보세운송구역으로 운송될 수 있다.

(2) 조난물품의 운송 승인

외국물품을 운송하려는 자는 세관장의 승인을 받아야 한다. 다만, 긴급한 경우에는 세관공무원이나 경찰공무원(세관공무원이 없는 경우로 한정한다)에게 신고하여야 한다. 신고를 받은 경찰공무원은 지체 없이 그 내용을 세관공무원에게 통보하여야 한다.

(3) 준용규정

조난물품의 운송에 관하여는 제215조(보세운송보고), 제216조(보세운송통로), 제217조(보세운송기간 경과시의 징수), 제218조(보세운송의 담보)의 규정을 준용한다.

6. 간이보세운송(법 제220조)

세관장은 보세운송을 하려는 물품의 성질과 형태, 보세운송업자의 신용도 등을 고려하여 관세청장이 정하는 바에 따라 보세운송업자나 물품을 지정하여 다음의 조치를 할 수 있다.

① 제213조제2항에 따른 신고절차의 간소화
② 제213조제3항에 따른 검사의 생략
③ 제218조에 따른 담보 제공의 면제

7. 국제항 안에서 국제무역선을 이용한 보세운송의 특례(법 제220조의2)

국제무역선이 소속된 선박회사(그 업무를 대행하는 자를 포함한다)로서 기획재정부령으로 정하는 선박회사[140]는 국제항 안에서 환적물품 등 기획재정부령으로 정하는 물품[141]을 국제무역선으로 보세운송할 수 있다.

8. 내국운송의 신고(법 제221조)

내국물품을 국제무역선이나 국제무역기로 운송하려는 자는 대통령령으로 정하는 바에 따라 세관장에게 내국운송의 신고를 하여야 한다. 내국운송에 관하여는 제215조(보세운송보고), 제216조(보세운송통로), 제246조(물품의 검사), 제247조(검사장소) 및 제250조(신고의 취하 및 각하)를 준용한다.

---

140) 법 제220조의2에서 "기획재정부령으로 정하는 선박회사"란 다음 각 호의 구분에 따른 선박회사를 말한다.
1. 제2항제1호에 따른 물품의 경우 : 「해운법」 제24조제2항에 따라 외항 정기 화물운송사업의 등록을 한 선박회사
2. 제2항제2호에 따른 물품의 경우 : 다음 각 목의 어느 하나에 해당하는 선박회사
가. 「해운법」 제24조제2항에 따라 외항 부정기 화물운송사업의 등록을 한 선박회사
나. 「선박법」 제6조 단서에 따라 해양수산부장관이 허가한 외국국적 선박이 소속된 선박회사

141) 법 제220조의2에서 "환적물품 등 기획재정부령으로 정하는 물품"이란 다음 각 호의 물품을 말한다.
1. 환적컨테이너
2. 법 제2조제4호나목에 따른 외국물품으로서 관세청장이 정하여 고시하는 물품

2 보세운송업자 등(법 제222조부터 제225조)

1. 보세운송업자등의 등록 및 보고

(1) 보세운송업자등의 등록

다음 어느 하나에 해당하는 자(보세운송업자 등)는 대통령령으로 정하는 바에 따라 관세청장이나 세관장에게 등록하여야 한다.

① 보세운송업자

② 보세화물을 취급하려는 자로서 다른 법령에 따라 화물운송의 주선을 업으로 하는 자(화물운송주선업자)

③ 국제무역선·국제무역기 또는 국경출입차량에 물품을 하역하는 것을 업으로 하는 자

④ 국제무역선·국제무역기 또는 국경출입차량에 다음 어느 하나에 해당하는 물품 등을 공급하는 것을 업으로 하는 자

㉠ 선박용품

㉡ 항공기용품

㉢ 차량용품

㉣ 선박·항공기 또는 철도차량 안에서 판매할 물품

㉤ 용역

⑤ 국제항 안에 있는 보세구역에서 물품이나 용역을 제공하는 것을 업으로 하는 자

⑥ 국제무역선·국제무역기 또는 국경출입차량을 이용하여 상업서류나 그 밖의 견본품 등을 송달하는 것을 업으로 하는 자

⑦ 구매대행업자 중 「전자상거래 등에서의 소비자보호에 관한 법률」 제12조 제1항에 따라 통신판매업자로 신고한 자로서 직전 연도 구매대행한 수입물품의 총 물품가격이 10억원 이상인 자를 말한다.

(2) 보세운송업자 등의 등록요건(법 제223조)

보세운송업자등은 다음 요건을 갖춘 자이어야 한다.

① 제175조(운영인의 결격사유) 각 호의 어느 하나에 해당하지 아니할 것

② 「항만운송사업법」 등 관련 법령에 따른 면허·허가·지정 등을 받거나 등록을 하였을 것

③ 관세 및 국세의 체납이 없을 것

④ 보세운송업자등의 등록이 취소(제175조제1호부터 제3호까지의 어느 하나에 해당하여 등록이 취소된 경우는 제외한다)된 후 2년이 지났을 것

(3) 등록의 유효기간

① 보세운송업자등의 등록의 유효기간은 3년으로 하되, 대통령령으로 정하는 바에 따라 갱신할 수 있다. 다만, 관세청장이나 세관장은 제255조의2제7항에 따른 안전관리 기준의 준수 정도 측정·평가 결과가 우수한 자가 등록을 갱신하는 경우에는 유효기간을 2년의 범위에서 연장하여 정할 수 있다.

② 등록을 한 자에게 등록의 유효기간을 갱신하려면 등록의 유효기간이 끝나는 날의 1개월 전까지 등록 갱신을 신청하여야 한다는 사실과 갱신절차를 등록의 유효기간이 끝나는 날의 2개월 전까지 휴대폰에 의한 문자전송, 전자메일, 팩스, 전화, 문서 등으로 미리 알려야 한다.

③ 등록을 한 자는 등록사항에 변동이 생긴 때에는 지체 없이 등록지를 관할하는 세관장에게 신고하여야 한다.

(4) 보세운송업자등의 보고

① 관세청장이나 세관장은 관세법의 준수 여부를 확인하기 위하여 필요하다고 인정할 때에는 보세운송업자등에게 업무실적, 등록사항 변경 등 그 영업에 관하여 보고를 하게 하거나 장부 또는 그 밖의 서류를 제출하도록 명할 수 있다. 이 경우 영업에 관한 보고 또는 서류제출에 필요한 사항은 관세청장이 정한다.

② 관세청장이나 세관장은 화물운송주선업자에게 제225조(보세화물 주선 등) 제2항에 따라 해당 업무에 관하여 보고하게 할 수 있다.

(5) 보세운송 업자 등의 행정제재

① **등록의 취소 및 업무정지**: 세관장은 관세청장이 정하는 바에 따라 보세운송업자등이 다음 어느 하나에 해당하는 경우에는 등록의 취소, 6개월의 범위에서의 업무정지 또는 그 밖에 필요한 조치를 할 수 있다. 다만, ㉠ 및 ㉡에 해당하는 경우에는 등록을 취소하여야 한다.

㉠ 거짓이나 그 밖의 부정한 방법으로 등록을 한 경우

㉡ 제175조(운영인의 결격사유) 각 호의 어느 하나에 해당하는 경우. 다만, 제175조제8호에 해당하는 경우로서 같은 조 제2호 또는 제3호에 해당하는 사람을 임원으로 하는 법인이 3개월 이내에 해당 임원을 변경한 경우에는 그러하지 아니하다.

㉢ 「항만운송사업법」 등 관련 법령에 따라 면허·허가·지정·등록 등이 취소되거나 사업정지처분을 받은 경우

㉣ 보세운송업자등(그 임직원 및 사용인을 포함한다)이 보세운송업자등의 업무와 관련하여 이 법이나 이 법에 따른 명령을 위반한 경우

㉤ 제223조의2(보세운송업자 등의 명의대여 등의 금지)를 위반한 경우

㉥ 보세운송업자등(그 임직원 및 사용인을 포함한다)이 보세운송업자등의 업무와 관련하여 「개별소비세법」 제29조제1항 또는 「교통·에너지·환경세법」 제25조제1항에 따른 과태료를 부과받은 경우

② **과징금**: 세관장은 업무정지가 그 이용자에게 심한 불편을 주거나 공익을 해칠 우려가 있을 경우에는 보세운송업자등에게 업무정지처분을 갈음하여 해당 업무 유지에 따른 매출액의 100분의 3 이하의 과징금을 부과할 수 있다. 이 경우 매출액 산정, 과징금의 금액 및 과징금의 납부기한 등에 관하여 필요한 사항은 대통령령으로 정한다.

(6) 보세운송업자등의 등록의 효력상실

다음 어느 하나에 해당하면 보세운송업자등의 등록은 그 효력을 상실한다.

① 보세운송업자등이 폐업한 경우
② 보세운송업자등이 사망한 경우(법인인 경우에는 해산된 경우)
③ 제222조제5항에 따른 등록의 유효기간이 만료된 경우
④ 제224조제1항에 따라 등록이 취소된 경우

(7) 보세운송업자등의 명의대여 등의 금지

보세운송업자등은 다른 사람에게 자신의 성명・상호를 사용하여 보세운송업자등의 업무를 하게 하거나 그 등록증을 빌려주어서는 아니 된다.

2. 보세화물 취급 선박회사 등의 신고 및 보고(법 제225조)

(1) 의의

보세화물을 취급하는 선박회사 또는 항공사(그 업무를 대행하는 자를 포함한다)는 대통령령으로 정하는 바에 따라 세관장에게 신고하여야 한다. 신고인의 주소 등 대통령령으로 정하는 중요한 사항을 변경한 때에도 또한 같다.

(2) 보세화물 취급 선박회사 등의 요건

보세화물을 취급하는 선박회사 또는 항공사(그 업무를 대행하는 자를 포함한다)는 다음 요건을 모두 갖추어 주소・성명・상호 및 영업장소 등을 적은 신고서를 세관장에게 제출하여야 한다.

① 법 제175조 각 호의 어느 하나에 해당하지 아니할 것
② 「해운법」, 「항공사업법」 등 관련 법령에 따른 등록을 할 것

(3) 업무보고

세관장은 통관의 신속을 기하고 보세화물의 관리절차를 간소화하기 위하여 필요하다고 인정할 때에는 대통령령으로 정하는 바에 따라 선박회사 또는 항공사로 하여금 해당 업무에 관하여 보고하게 할 수 있다.

① 선박회사 또는 항공사가 화주 또는 법 제222조제1항제2호에 따른 화물운송주선업자에게 발행한 선하증권 또는 항공화물운송장의 내역
② 화물 취급과정에서 발견된 보세화물의 이상 유무 등 통관의 신속 또는 관세범의 조사상 필요한 사항

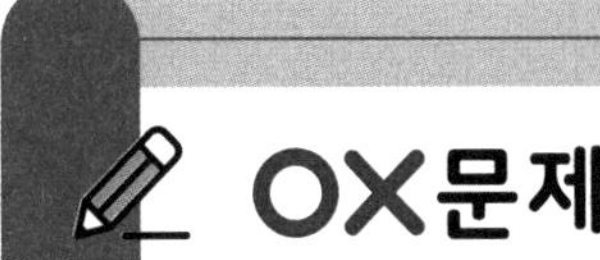

OX문제

01 수출신고가 수리된 물품은 관세청장이 따로 정하는 것을 제외하고는 보세운송절차를 생략한다. ( )

02 보세운송의 신고를 하거나 승인을 받은 자는 해당 물품이 운송 목적지에 도착하였을 때에는 관세청장이 정하는 바에 따라 출발지의 세관장에게 보고하여야 한다. ( )

03 화물에 대한 권리를 가진 자가 직접 보세운송하는 물품은 세관장의 승인을 받아야 한다. ( )

04 보세운송업자의 등록의 유효기간은 5년으로 한다. ( )

05 보세화물을 취급하는 선박회사 또는 항공사는 세관장에게 신고하여야 한다. ( )

Answer 01 ○ 02 × 03 ○ 04 × 05 ○

Self 필기노트

합격까지 함께
관세직 만점 기본서

김준휘 관세법

합격까지 박문각

Part

08

통관

Chapter 01 통관

▶ OX문제

CHAPTER

01 통관

1 통관

1. 개요

(1) 「관세법」 상 통관이란 관세법에 따른 절차를 이행하여 물품을 수출·수입 또는 반송하는 것을 말한다.

(2) 통관제도란, 물품의 관세영역간 이동과 관련하여 각종 법령상의 규제사항을 확인·집행하는 제도를 말한다.

2. 통관의 요건

(1) 허가·승인 등의 증명 및 확인(법 제226조)

수출입을 할 때 법령에서 정하는 바에 따라 허가·승인·표시 또는 그 밖의 조건을 갖출 필요가 있는 물품은 세관장에게 그 허가·승인·표시 또는 그 밖의 조건을 갖춘 것임을 증명하여야 한다. 구비를 요하는 물품에 대하여 관세청장은 주무부장관의 요청을 받아 세관공무원에 의하여 확인이 가능한 사항인지 여부, 물품의 특성 기타 수출입물품의 통관여건 등을 고려하여 세관장의 확인대상물품, 확인방법, 확인절차(관세청장이 지정·고시하는 정보통신망을 이용한 확인신청 등의 절차를 포함한다), 그 밖에 확인에 필요한 사항을 공고하여야 한다.

(2) 의무이행의 요구 및 조사(법 제227조)

1) 의의: 세관장은 다른 법령에 따라 수입 후 특정한 용도로 사용하여야 하는 등의 의무가 부가되어 있는 물품에 대하여는 문서로써 해당 의무를 이행할 것을 요구할 수 있다. 의무의 이행을 요구받은 자는 대통령령이 정하는 특별한 사유가 없는 한 해당 물품에 대하여 부가된 의무를 이행하여야 한다.

2) 의무의 면제(영 제234조): 수입신고수리시에 부과된 의무를 면제 받으려는 자는 다음에 해당하는 경우에 한하여 해당 의무이행을 요구한 세관장의 승인을 얻어야 한다.

① 법령이 정하는 허가·승인·추천 기타 조건을 구비하여 의무이행이 필요하지 아니하게 된 경우

② 법령의 개정 등으로 인하여 의무이행이 해제된 경우

③ 관계행정기관의 장의 요청 등으로 부과된 의무를 이행할 수 없는 사유가 있다고 인정된 경우

3) 의무이행 조사: 세관장은 의무의 이행을 요구받은 자의 이행 여부를 확인하기 위하여 필요한 경우 세관공무원으로 하여금 조사하게 할 수 있다. 이 경우 관세법 제240조의3(유통이력조사)을 준용한다.

4) 의무이행 요구 불이행시 처벌(법 제276조) : 세관장의 의무 이행 요구를 이행하지 아니한 자에 대하여는 2천만원 이하의 벌금에 처한다. 다만, 과실로 인한 경우에는 300만원 이하의 벌금에 처한다.

(3) 통관표지(법 제228조)

1) 의의 : 세관장은 관세 보전을 위하여 필요하다고 인정할 때에는 대통령령으로 정하는 바에 따라 수입하는 물품에 통관표지를 첨부할 것을 명할 수 있다. 통관표지첨부대상, 통관표지의 종류, 첨부방법 등에 관하여 필요한 사항은 관세청장이 정한다.

2) 통관표지 대상 : 세관장은 다음에 해당하는 물품에 대하여는 관세보전을 위하여 통관표지의 첨부를 명할 수 있다.

① 관세의 감면 또는 용도세율의 적용을 받은 물품
② 관세의 분할납부승인을 받은 물품
③ 부정수입물품과 구별하기 위하여 관세청장이 정하는 물품

2 원산지 확인 등(법 제229조부터 제233조까지)

1. 원산지

원산지란 동식물의 생산지 또는 공산품의 제조 또는 가공이 이루어진 국가를 말한다.

2. 원산지 확인의 필요성

(1) 무역상의 특혜를 부여하기 위해 원산지 확인이 필요하다.
(2) 무역정책 또는 무역조치 시행을 위하여 원산지 확인이 필요하다.

3. 원산지 확인기준(법 제229조)

관세법, 조약, 협정 등에 따른 관세의 부과 · 징수, 수출입물품의 통관, 원산지증명서 등의 확인요청에 따른 조사 등을 위하여 원산지를 확인할 때에는 다음 어느 하나에 해당하는 나라를 원산지로 한다.

(1) 완전생산기준(규칙 제74조)

원산지는 원칙적으로 해당 물품의 전부를 생산 · 가공 · 제조한 나라로 한다. '전부를 생산 · 가공 · 제조'하였다는 것은 다음의 물품에 해당하는 것을 말한다.

① 해당 국가의 영역에서 생산된 광산물과 식물성 생산물
② 해당 국가의 영역에서 번식 또는 사육된 산 동물과 이들로부터 채취한 물품
③ 해당 국가의 영역에서의 수렵 또는 어로로 채집 또는 포획한 물품
④ 해당 국가의 선박에 의하여 채집 또는 포획한 어획물 기타의 물품
⑤ 해당 국가에서의 제조 · 가공의 공정 중에 발생한 부스러기
⑥ 해당 국가 또는 그 선박에서 '① ~ ⑤'의 물품을 원재료로 제조 · 가공한 물품

(2) **실질적 변형 기준(규칙 제74조)**

1) 세번변경기준

① **의의**: 물품이 2개국 이상에 걸쳐 생산·가공·제조된 경우, 원산지는 물품의 본질적 특성을 부여하기에 충분한 정도의 실질적인 생산·가공·제조 과정이 최종적으로 수행된 나라(품목분류표상 6단위 품목번호와 다른 6단위 품목번호의 물품을 최종적으로 생산한 국가)로 한다.

② **불인정공정기준**: 다음의 작업이 수행된 국가는 세번변경기준에 의한 원산지로 인정하지 않는다.

㉠ 운송 또는 보세구역장치 중에 있는 물품의 보존을 위하여 필요한 작업
㉡ 판매를 위한 물품의 포장개선 또는 상표표시 등 상품성 향상을 위한 개수작업
㉢ 단순한 선별·구분·절단 또는 세척작업
㉣ 재포장 또는 단순한 조립작업
㉤ 물품의 특성이 변하지 아니하는 범위에서의 원산지가 다른 물품과 혼합작업
㉥ 가축의 도축작업

2) **부가가치기준 및 가공공정기준**: 관세청장은 6단위 품목번호의 변경만으로 본질적 특성을 부여하기에 충분한 정도의 실질적인 생산과정을 거친 것으로 인정하기 곤란한 품목에 대하여는 주요공정·부가가치 등을 고려하여 품목별로 원산지기준을 따로 정할 수 있다. 이 경우 관세청장은 따른 품목별 원산지기준을 정하는 때에는 기획재정부장관 및 해당 물품의 관계부처의 장과 협의하여야 한다.

3) **수출물품의 원산지 결정기준 특례**: 위 규정에도 불구하고 수출물품에 대한 원산지 결정기준이 수입국의 원산지 결정기준과 다른 경우에는 수입국의 원산지 결정기준을 따를 수 있다.

(3) **직접운송원칙(규칙 제76조)**

원산지를 결정함에 있어서 해당 물품이 원산지가 아닌 국가를 경유하지 아니하고 직접 우리나라에 운송·반입된 물품에 한하여 그 원산지로 인정한다. 다만, 다음의 경우로서 해당 물품이 비원산지의 보세구역에서 환적되었거나 일시적으로 장치되었음이 인정되는 경우에는 이를 우리나라로 직접 반입한 것으로 본다.

① **다음 요건을 모두 충족하는 물품일 것**

㉠ 지리적 또는 운송상의 이유로 단순 경유한 것
㉡ 원산지가 아닌 국가에서 관세당국의 통제하에 보세구역에 장치된 것
㉢ 원산지가 아닌 국가에서 하역, 재선적 또는 그 밖에 정상 상태를 유지하기 위하여 요구되는 작업 외의 추가적인 작업을 하지 아니한 것

② 박람회·전시회 및 그 밖에 이에 준하는 행사에 전시하기 위하여 원산지가 아닌 국가로 수출되어 해당 국가 관세당국의 통제하에 전시목적에 사용된 후 우리나라로 수출된 물품일 것

(4) 특수물품의 원산지결정기준(규칙 제75조)

촬영된 영화용 필름	영화 제작자가 속하는 국가
기계 · 기구 · 장치 또는 차량에 사용되는 부속품 · 예비부분품 및 공구	해당 기계 · 기구 또는 차량의 원산지(다만, 기계등과 함께 수입되어 동시에 판매되고 그 종류 · 수량으로 보아 통상 부속품 · 예비부분품 · 공구라고 인정되어야 한다)
포장용품	내용물품의 원산지(다만, 품목분류표상 포장용품과 내용품을 각각 별개의 품목번호로 하고 있는 경우에는 그러하지 아니한다)

다만, 수출물품에 대한 원산지 결정기준이 수입국의 원산지 결정기준과 다른 경우에는 수입국의 원산지 결정기준을 따를 수 있다.

4. 원산지증명서의 제출(법 제232조)

(1) 의의

관세법, 조약, 협정 등에 따라 원산지 확인이 필요한 물품을 수입하는 자는 해당 물품의 원산지를 증명하는 서류인 원산지증명서를 제출하여야 한다.

(2) 원산지증명서의 제출 대상(영 제236조)

1) 제출대상: 다음에 해당하는 자는 해당 물품의 수입신고시에 원산지증명서를 세관장에게 제출하여야 한다. 다만, 수입신고 전에 원산지증명서를 발급받았으나 분실 등의 사유로 수입신고시에 원산지증명서를 제출하지 못한 경우에는 원산지증명서 유효기간 내에 해당 원산지증명서 또는 그 부본을 제출할 수 있다.

① 법 · 조약 · 협정 등에 따라 다른 국가의 생산(가공을 포함)물품에 적용되는 세율 보다 낮은 세율을 적용받고자 하는 자로서 원산지확인이 필요하다고 관세청장이 정하는 자

② 관세율의 적용 그 밖의 사유로 인하여 원산지확인이 필요하다고 관세청장이 지정한 물품을 수입하는 자

2) 제출면제대상

① 세관장이 물품의 종류 · 성질 · 형상 또는 그 상표 · 생산국명 · 제조자 등에 의하여 원산지를 확인할 수 있는 물품

② 우편물(수입신고를 하여야 하는 것은 제외한다)

③ 과세가격(종량세 적용 대상 물품의 경우에는 과세표준을 수량으로 하여 산출한 가격)이 15만원 이하인 물품

④ 개인에게 무상으로 송부된 탁송품 · 별송품 또는 여행자 휴대품

⑤ 기타 관세청장이 관계행정기관의 장과 협의하여 정하는 물품

(3) 원산지증명서의 요건

① 원산지국가의 세관 기타 발급권한이 있는 기관 또는 상공회의소가 해당 물품에 대하여 원산지국가를 확인 또는 발행한 것이어야 한다.

② 원산지국가에서 바로 수입되지 아니하고 제3국을 경유하여 수입된 물품에 대하여 그 제3국의 세관 기타 발급권한이 있는 기관 또는 상공회의소가 확인 또는 발행한 경우에는 원산지국가에서 해당 물품에 대하여 발행된 원산지증명서를 기초로 하여 원산지국가를 확인 또는 발행한 것이어야 한다.

③ 관세청장이 정한 물품의 경우에는 해당 물품의 상업송장 또는 관련서류에 생산자·공급자·수출자 또는 권한있는 자가 원산지국가를 기재한 것이어야 한다.

④ 원산지증명서에는 해당 수입물품의 품명, 수량, 생산지, 수출자 등 관세청장이 정하는 사항이 적혀 있어야 하며, 제출일부터 소급하여 1년 이내에 발행된 것이어야 한다. 다만, 다음의 구분에 따른 기간은 제외한다.

㉠ **원산지증명서 발행 후 1년 이내에 해당 물품이 수입항에 도착하였으나 수입신고는 1년을 경과하는 경우**: 물품이 수입항에 도착한 날의 다음 날부터 해당 물품의 수입신고를 한 날까지의 기간

㉡ **천재지변, 그 밖에 이에 준하는 사유로 원산지증명서 발행 후 1년이 경과한 이후에 수입항에 도착한 경우**: 해당 사유가 발생한 날의 다음 날부터 소멸된 날까지의 기간

(4) 원산지증명서의 발급 등(법 제232조의2)

1) **원산지증명서 발급**: 관세법, 조약, 협정 등에 따라 관세를 양허받을 수 있는 물품의 수출자가 원산지증명서의 발급을 요청하는 경우에는 세관장이나 그 밖에 원산지증명서를 발급할 권한이 있는 기관은 그 수출자에게 원산지증명서를 발급하여야 한다.

2) **원산지확인자료의 제출**: 세관장은 원산지증명서의 내용을 확인하기 위하여 필요하다고 인정되는 경우에는 다음의 자로 하여금 원산지증명서확인자료(대통령령으로 정하는 자료로 한정 한다)를 제출하게 할 수 있다. 이 경우 자료의 제출기간은 20일 이상으로서 기획재정부령으로 정하는 기간 이내로 한다.

① 원산지증명서를 발급받은 자

② 원산지증명서를 발급한 자

③ 수출물품의 생산자 또는 수출자

3) **원산지증명서확인자료의 제출기간**: 원산지증명서확인자료의 제출기간은 세관장으로부터 원산지증명서확인 자료의 제출을 요구받은 날부터 30일을 말한다. 다만, 제출을 요구받은 자가 부득이한 사유로 그 기간에 원산지증명서 확인자료를 제출하기 곤란할 때에는 그 기간을 30일의 범위 내에서 한 차례만 연장할 수 있다.

4) **원산지증명서확인자료**: 원산지증명서확인자료란 다음의 구분에 따른 자료로서 수출신고 수리일부터 3년 이내의 자료를 말한다.

① **수출물품의 생산자가 제출하는 다음의 자료**

㉠ 수출자에게 해당 물품의 원산지를 증명하기 위하여 제공한 서류

㉡ 수출자와의 물품공급계약서

㉢ 해당 물품의 생산에 사용된 원재료의 수입신고필증(생산자 명의로 수입신고한 경우만 해당한다)

㉣ 해당 물품 및 원재료의 생산 또는 구입 관련 증명 서류

㉤ 원가계산서·원재료내역서 및 공정명세서

㉥ 해당 물품 및 원재료의 출납·재고관리대장

㉦ 해당 물품의 생산에 사용된 재료를 공급하거나 생산한 자가 그 재료의 원산지를 증명하기 위하여 작성하여 생산자에게 제공한 서류

㉧ 원산지증명서 발급 신청서류(전자문서를 포함하며, 생산자가 원산지증명서를 발급받은 경우만 해당한다)

② **수출자가 제출하는 다음의 자료**

㉠ 원산지증명서가 발급된 물품을 수입하는 국가의 수입자에게 제공한 원산지증명서(전자문서를 포함한다)

㉡ 수출신고필증

㉢ 수출거래 관련 계약서

㉣ 원산지증명서 발급 신청서류(전자문서를 포함하며, 수출자가 원산지증명서를 발급받은 경우만 해당한다)

㉤ 생산자가 제출하는 서류 중 라목부터 바목까지의 서류(수출자가 원산지증명서를 발급받은 경우만 해당한다)

③ **원산지증명서를 발급한 자가 제출하는 다음의 자료**

㉠ 발급한 원산지증명서(전자문서를 포함한다)

㉡ 원산지증명서 발급신청 서류(전자문서를 포함한다)

㉢ 그 밖에 발급기관이 보관 중인 자료로서 원산지 확인에 필요하다고 판단하는 자료

(5) 세관장의 원산지증명서등 확인요청 및 조사(법 제233조)

1) **원산지증명서 등의 확인요청**

① **의의**: 세관장은 원산지증명서를 발급한 국가의 세관이나 그 밖에 발급권한이 있는 기관(외국세관 등)에 제출된 원산지증명서 및 원산지증명서 확인자료의 진위여부, 정확성 등의 확인을 요청할 수 있다. 이 경우 세관장의 확인요청은 해당 물품의 수입신고가 수리된 이후에 하여야 하며, 세관장은 확인을 요청한 사실 및 회신 내용과 그에 따른 결정 내용을 수입자에게 통보하여야 한다.

② **확인요청서 및 서류의 송부(영 제236조의7)**: 세관장은 원산지증명서 및 원산지증명서확인자료에 대한 진위 여부 등의 확인을 요청할 때에는 다음의 사항이 적힌 요청서와 수입자 또는 그 밖의 조사대상자 등으로부터 수집한 원산지증명서 사본 및 송품장 등 원산지 확인에 필요한 서류를 함께 송부하여야 한다.

㉠ 원산지증명서 및 원산지증명서 확인자료의 진위 여부 등에 대하여 의심을 갖게 된 사유 및 확인 요청사항

㉡ 해당 물품에 적용된 원산지결정기준

③ **확인결과의 통보**: 세관장은 확인을 요청한 경우 수입자에게 그 사실을 통보하여야 하며, 원산지증명서를 발급한 국가의 세관이나 그밖에 발급권한이 있는 기관으로부터 확인 결과를 통보받은 때에는 그 회신 내용과 그에 따른 결정 내용을 수입자에게 통보하여야 한다.

④ **부과·징수**: 세관장이 확인을 요청한 사항에 대하여 조약 또는 협정에서 다르게 규정한 경우를 제외하고 다음의 어느 하나에 해당하는 경우에는 일반특혜관세·국제협력관세 또는 편익관세를 적용하지 아니할 수 있다. 이 경우 세관장은 납부하여야 할 세액 또는 납부하여야 할 세액과 납부한 세액의 차액을 부과·징수하여야 한다.

㉠ 외국세관등이 기획재정부령으로 정한 기간[142] 이내에 그 결과를 회신하지 아니한 경우

㉡ 세관장에게 신고한 원산지가 실제 원산지와 다른 것으로 확인된 경우

㉢ 원산지증명서 및 원산지증명서확인자료를 확인하는 데 필요한 정보가 포함되지 아니한 경우

2) 원산지 조사

① **의의**: 세관장은 원산지증명서가 발급된 물품을 수입하는 국가의 권한 있는 기관으로부터 원산지증명서 및 원산지증명서확인자료의 진위 여부, 정확성 등의 확인을 요청 받은 경우 등 필요하다고 인정되는 경우에는 원산지증명서를 발급받은 자 등을 대상으로 서면조사 또는 현지조사를 할 수 있다.

② **현지조사의 제한**: 현지조사는 서면조사만으로 원산지증명서 및 원산지증명서 확인자료의 진위 여부, 정확성 등을 확인하기 곤란하거나 추가로 확인할 필요가 있는 경우에 할 수 있다.

③ **사전통지**: 세관장은 서면조사 또는 현지조사를 하는 경우에는 기획재정부령으로 정하는 사항[143]을 조사대상자에게 조사 시작 7일 전까지 서면으로 통지하여야 한다. 조사의 연기신청, 조사결과의 통지에 관하여는 관세조사의 연기신청 및 관세조사의 결과통지 규정을 준용한다.

---

142) **관세법 시행규칙 제77조의2(원산지증명서 등의 확인 요청에 대한 회신기간)**
관세법 제233조 제2항 제1호에서 "기획재정부령으로 정한 기간"이란 다음 각 호의 구분에 따른 기간을 말한다.
1. 법 제73조에 따른 국제협력관세로서 「아시아·태평양 무역협정」에 따른 국제협정관세를 적용하기 위하여 원산지증명서를 발급한 국가의 세관이나 그 밖에 발급권한이 있는 기간에 원산지증명서 등의 확인을 요청한 경우: 확인을 요청한 날부터 4개월
2. 법 제76조 제3항에 따른 최빈 개발도상국에 대한 일반특혜관세를 적용하기 위하여 외국세관등에 원산지증명서 등의 확인을 요청한 경우: 확인을 요청한 날부터 6개월

143) **관세법 시행규칙 제77조의3(조사 전 통지)**
영 제236조의8제2항에서 "기획재정부령으로 정하는 사항"이란 다음 각 호의 구분에 따른 사항을 말한다.
1. 서면조사의 경우
가. 조사대상자 및 조사기간
나. 조사대상 수출입물품

3) **이의제기 및 결과통지**: 조사결과에 대하여 이의가 있는 조사대상자는 조사결과를 통지받은 날부터 30일 이내에 다음의 사항이 적힌 신청서에 이의제기 내용을 확인할 수 있는 자료를 첨부하여 세관장에게 제출할 수 있다. 세관장은 이의제기의 내용이나 절차에 결함이 있는 경우에는 20일 이내의 기간을 정하여 문서[144)]로서 보정할 것을 요구할 수 있다. 다만, 보정할 사항이 경미한 경우에는 직권으로 보정할 수 있다.

① 이의를 제기하는 자의 성명과 주소 또는 거소
② 조사결과통지서를 받은 날짜 및 조사결정의 내용
③ 해당 물품의 품명·규격·용도·수출자·생산자 및 수입자
④ 이의제기의 요지와 내용

(6) 원산지증명서등 미제출시의 조치(법 제232조)

1) **원산지증명서 미제출시**: 세관장은 원산지 확인이 필요한 물품을 수입하는 자가 원산지증명서를 제출하지 아니하는 경우에는 관세법, 조약, 협정 등에 따른 관세율을 적용할 때 일반특혜관세·국제협력관세 또는 편익관세를 배제하는 등 관세의 편익을 적용하지 아니할 수 있다.

2) **원산지증명서확인자료 미제출시**: 세관장은 원산지 확인이 필요한 물품을 수입한 자로 하여금 제출받은 원산지증명서의 내용을 확인하기 위하여 필요한 자료(원산지증명서확인자료)를 제출하게 할 수 있다. 이 경우 원산지 확인이 필요한 물품을 수입한 자가 정당한 사유 없이 원산지증명서확인자료를 제출하지 아니할 때에는 세관장은 수입신고시 제출받은 원산지증명서의 내용을 인정하지 아니할 수 있다.

(7) 원산지증명서확인자료의 비공개 요청

원산지증명서확인자료를 제출한 자가 정당한 사유를 제시하여 그 자료를 공개하지 아니할 것을 요청한 경우에는 그 제출인의 명시적 동의 없이는 해당 자료를 공개하여서는 아니 된다.

다. 조사이유
라. 조사할 내용
마. 조사의 법적 근거
바. 제출서류 및 제출기간
사. 조사기관, 조사자의 직위 및 성명
아. 그 밖에 세관장이 필요하다고 인정하는 사항

2. 현지조사의 경우
가. 조사대상자 및 조사예정기간
나. 조사대상 수출입물품
다. 조사방법 및 조사이유
라. 조사할 내용
마. 조사의 법적 근거
바. 조사에 대한 동의 여부 및 조사동의서 제출기간(조사에 동의하지 아니하거나 조사동의서 제출기간에 그 동의 여부를 통보하지 아니하는 경우의 조치사항을 포함한다)
사. 조사기관, 조사자의 직위 및 성명
아. 그 밖에 세관장이 필요하다고 인정하는 사항

144) **관세법시행령 제236조의7(수입물품의 원산지증명서 등 확인 요청)**
1. 보정할 사항
2. 보정을 요구하는 이유
3. 보정할 기간
4. 그 밖의 필요한 사항

(8) 한국원산지정보원의 설립(법 제233조의2)

1) 의의: 정부는 관세법과 「자유무역협정의 이행을 위한 관세법의 특례에 관한 법률」 및 조약·협정 등에 따라 수출입물품의 원산지정보 수집·분석과 활용 및 검증 지원 등에 필요한 업무를 효율적으로 수행하기 위하여 한국원산지정보원을 설립하며, 원산지정보원은 법인으로 한다.

2) 정부의 지원: 정부는 원산지정보원의 운영 및 사업수행에 필요한 경비를 예산의 범위에서 출연하거나 보조할 수 있다.

3) 원산지정보원의 수행 사업

① 자유무역협정과 원산지 관련 제도·정책·활용 등에 관한 정보의 수집·분석·제공
② 수출입물품의 원산지정보 관리를 위한 시스템의 구축 및 운영에 관한 사항
③ 원산지인증수출자 인증, 원산지검증 등의 지원에 관한 사항
④ 자유무역협정 및 원산지 관련 교육·전문인력양성에 필요한 사업
⑤ 자유무역협정과 원산지 관련 정부, 지방자치단체, 공공기관 등으로부터 위탁받은 사업
⑥ 그 밖에 ①부터 ⑤까지의 사업에 따른 부대사업 및 원산지정보원의 설립목적을 달성하는 데 필요한 사업

4) 기타

① 원산지정보원에 대하여 이 법과 「공공기관의 운영에 관한 법률」에서 규정한 것 외에는 「민법」 중 재단법인에 관한 규정을 준용한다.
② 관세법에 따른 원산지정보원이 아닌 자는 한국원산지정보원 또는 이와 유사한 명칭을 사용하지 못한다.
③ 관세청장은 원산지정보원의 업무를 지도·감독한다.

(9) 원산지표시위반단속기관협의회(법 제233조의3)

관세법, 「농수산물의 원산지표시에 관한 법률」 및 「대외무역법」에 따른 원산지표시 위반 단속업무에 필요한 정보교류 등 대통령령으로 정하는 사항을 협의하기 위하여 관세청에 원산지표시위반단속기관협의회를 둔다. 원산지표시위반단속기관협의회의 구성·운영과 그 밖에 필요한 사항은 대통령령[145]으로 정한다.

---

145) **관세법 시행령 제236조의9(원산지표시 위반 단속기관 협의회)**

① 법 제233조의3제1항에서 '원산지표시 위반 단속업무에 필요한 정보교류 등 대통령령으로 정하는 사항'이란 다음 각 호의 사항을 말한다.
1. 원산지표시 위반 단속업무에 필요한 정보교류에 관한 사항
2. 원산지표시 위반 단속업무와 관련된 인력교류에 관한 사항
3. 그 밖에 원산지표시 위반 단속업무와 관련되어 위원장이 회의에 부치는 사항

② 법 제233조의3제1항에 따른 원산지표시 위반 단속기관 협의회(이하 이 조에서 '협의회'라 한다)는 위원장 1명을 포함하여 25명 이내의 위원으로 구성한다.

③ 협의회의 위원장은 원산지표시 위반 단속업무를 관장하는 관세청의 고위공무원단에 속하는 공무원 중에서 관세청장이 지정하는 사람이 되고, 위원은 다음 각 호의 사람이 된다.
1. 관세청장이 지정하는 과장급 공무원 1명
2. 농림축산식품부장관이 지정하는 국립농산물품질관리원 소속 과장급 공무원 1명
3. 해양수산부장관이 지정하는 국립수산물품질관리원 소속 과장급 공무원 1명
4. 특별시, 광역시, 특별자치시, 도, 특별자치도의 장이 지정하는 과장급 공무원 각 1명

5. 원산지 사전확인 제도(영 제236조의2)

(1) 의의

원산지확인이 필요한 물품을 수입하는 자는 관세청장에게 물품의 수입신고를 하기 전에 미리 확인 또는 심사하여 줄 것을 신청할 수 있다.

(2) 사전확인 대상

① 원산지 확인기준의 충족여부

② 조약 또는 협정 등의 체결로 인하여 관련법령에서 특정물품에 대한 원산지 확인기준을 달리 정하고 있는 경우에 해당 법령에 따른 원산지 확인기준의 충족여부

③ 원산지 확인기준의 충족여부를 결정하기 위한 기초가 되는 사항으로서 관세청장이 정하는 사항

④ 그 밖에 관세청장이 원산지에 따른 관세의 적용과 관련하여 필요하다고 정하는 사항

(3) 사전확인서

1) **사전확인서 교부**: 사전확인의 신청을 받은 경우 관세청장은 60일 이내에 이를 확인하여 그 결과를 기재한 서류를 신청인에게 교부하여야 한다. 다만, 제출자료의 미비 등으로 인하여 사전확인이 곤란한 경우에는 그 사유를 신청인에게 통지하여야 한다.

2) **사전확인서의 적용**: 세관장은 수입신고된 물품 및 원산지증명서의 내용이 사전확인서상의 내용과 동일하다고 인정되는 때에는 특별한 사유가 없는 한 사전확인서의 내용에 따라 관세의 경감 등을 적용하여야 한다.

3) 이의제기

① 사전확인의 결과를 통지받은 자(사전확인서의 내용변경 통지를 받은 자를 포함한다)는 그 통지내용에 이의를 제기하려는 경우 그 결과를 통지받은 날부터 30일 이내에 다음의 사항이 기재된 신청서에 이의제기 내용을 확인할 수 있는 자료를 첨부하여 관세청장에게 제출하여야 한다.

㉠ 이의를 제기하는 자의 성명과 주소 또는 거소

㉡ 해당 물품의 품명·규격·용도·수출자·생산자 및 수입자

㉢ 이의제기의 요지와 내용

② 관세청장은 이의제기를 받은 때에는 이를 심사하여 30일 이내에 그 결정 내용을 신청인에게 알려야 한다.

---

④ 위원장은 협의회를 대표하고 사무를 총괄한다. 다만, 부득이한 사유로 위원장이 그 직무를 수행하지 못하는 경우에는 위원장이 미리 지명한 사람이 그 직무를 대행한다.

⑤ 협의회의 회의는 정기회의와 임시회의로 구분하되, 정기회의는 반기마다 소집하며, 임시회의는 위원장이 필요하다고 인정하는 경우에 소집한다.

⑥ 협의회의 회의는 위원장이 소집하며 그 의장은 위원장이 된다.

⑦ 협의회의 회의는 재적위원 과반수의 출석으로 개의하고, 출석위원 3분의 2 이상의 찬성으로 의결한다.

⑧ 협의회의 사무를 처리하게 하기 위하여 관세청 소속 5급 공무원 1명을 간사로 둔다.

⑨ 제1항부터 제8항까지에서 규정한 사항 외에 협의회의 운영에 필요한 사항은 협의회의 의결을 거쳐 위원장이 정한다.

③ 관세청장은 이의제기의 내용이나 절차가 적합하지 아니하거나 보정할 수 있다고 인정되는 때에는 20일 이내의 기간을 정하여 다음의 사항을 적은 문서로써 보정하여 줄 것을 요구할 수 있다. 이 경우 보정기간은 심사결정기간에 산입하지 아니한다.

㉠ 보정할 사항

㉡ 보정을 요구하는 이유

㉢ 보정할 기간

㉣ 그 밖의 필요한 사항

4) **사전확인서 내용의 변경**: 관세청장은 사전확인서의 근거가 되는 사실관계 또는 상황이 변경된 경우에는 사전확인서의 내용을 변경할 수 있다. 이 경우 관세청장은 신청인에게 그 변경내용을 통지하여야 한다. 사전확인서의 내용을 변경한 경우에는 그 변경일 후에 수입신고 되는 물품에 대하여 변경된 내용을 적용한다. 다만, 사전확인서의 내용변경이 자료제출누락 또는 허위자료제출 등 신청인의 귀책사유로 인한 때에는 해당 사전확인과 관련하여 그 변경일전에 수입신고된 물품에 대하여도 소급하여 변경된 내용을 적용한다.

6. 원산지 허위표시물품 등에 대한 조치

(1) 통관 제한(법 제230조)

세관장은 법령에 따라 원산지를 표시하여야 하는 물품이 다음 어느 하나에 해당하는 경우에는 해당 물품의 통관을 허용하여서는 아니 된다. 다만, 그 위반사항이 경미한 경우에는 이를 보완·정정하도록 한 후 통관을 허용할 수 있다.

① 원산지 표시가 법령에서 정하는 기준과 방법에 부합되지 아니하게 표시된 경우

② 원산지 표시가 부정한 방법으로 사실과 다르게 표시된 경우

③ 원산지 표시가 되어 있지 아니한 경우

(2) 품질등 허위·오인 표시물품의 통관 제한(법 제230조의2)

세관장은 물품의 품질, 내용, 제조 방법, 용도, 수량을 사실과 다르게 표시한 물품 또는 품질등을 오인(誤認)할 수 있도록 표시하거나 오인할 수 있는 표지를 부착한 물품으로서 「부정경쟁방지 및 영업비밀보호에 관한 법률」, 「식품 등의 표시·광고에 관한 법률」, 「산업표준화법」 등 품질등의 표시에 관한 법령을 위반한 물품에 대하여는 통관을 허용하여서는 아니 된다.

(3) 환적물품 등에 대한 유치(법 제231조)

1) **의의**: 세관장은 일시적으로 육지에 내려지거나 다른 운송수단으로 환적 또는 복합환적되는 외국물품 중 원산지를 우리나라로 허위 표시한 물품은 유치할 수 있다. 유치하는 외국물품은 세관장이 관리하는 장소에 보관하여야 한다. 다만, 세관장이 필요하다고 인정할 때에는 그러하지 아니하다.

2) **유치 통지 및 이행명령**: 외국물품을 유치할 때에는 그 사실을 그 물품의 화주나 그 위임을 받은 자에게 통지하여야 한다. 세관장은 통지를 하는 때에는 이행기간을 정하여 원산지표시의 수정 등 필요한 조치를 명할 수 있다. 이 경우 지정한 이행기간 내에 명령을 이행하지 아니하면 매각한다는 뜻을 함께 통지하여야 한다.

3) **유치의 해제 또는 매각**: 세관장은 명령이 이행된 때에는 물품의 유치를 즉시 해제하여야 하며, 명령이 이행되지 아니한 때에는 이를 매각할 수 있다. 이 경우 매각 방법 및 절차에 관하여는 제160조제4항부터 제6항까지(보세구역 장치물품의 반송 및 폐기) 및 제210조(매각방법)를 준용한다.

(4) **보세구역 반입명령(법 제238조)**

관세청장이나 세관장은 수출입신고가 수리된 물품의원산지 표시가 적법하게 표시되지 아니하였거나 수출입신고수리 당시와 다르게 표시되어 있는 경우 해당 물품을 보세구역으로 반입할 것을 명할 수 있다.

3 통관의 제한

1. 수출입의 금지(법 제234조)

다음의 물품은 수출 또는 수입할 수 없다.

① 헌법질서를 문란하게 하거나 공공의 안녕질서 또는 풍속을 해치는 서적 · 간행물 · 도화 · 영화 · 음반 · 비디오물 · 조각물 기타 이에 준하는 물품
② 정부의 기밀을 누설하거나 첩보활동에 사용되는 물품
③ 화폐 · 채권 기타 유가증권의 위조품 · 변조품 또는 모조품

2. 지식재산권의 보호(법 제235조)

(1) **지식재산권 보호**

다음의 어느 하나에 해당하는 지식재산권을 침해하는 물품은 수출하거나 수입할 수 없다.

① 「상표법」에 따라 설정등록된 상표권
② 「저작권법」에 따른 저작권과 저작인접권(이하 "저작권등"이라 한다)
③ 「식물신품종 보호법」에 따라 설정등록된 품종보호권
④ 「농상물품질관리법」에 따라 등록되거나 조약 · 협정 등에 따라 보호대상으로 지정된 지리적 표시권 또는 지리적 표시(이하 "지리적표시권등"이라 한다)
⑤ 「특허법」에 따라 설정등록된 특허권
⑥ 「디자인보호법」에 따라 설정등록된 디자인권

(2) **지식재산권 보호 적용의 배제(영 제243조)**

상업적 목적이 아닌 개인용도에 사용하기 위한 여행자휴대품으로서 소량으로 수출입되는 물품에 대하여는 지식재산권 보호 규정을 적용하지 아니한다.

(3) 지식재산권의 신고

관세청장은 지식재산권을 침해하는 물품을 효율적으로 단속하기 위하여 필요한 경우에는 해당 지식재산권을 관계 법령에 따라 등록 또는 설정등록한 자 등으로 하여금 해당 지식재산권에 관한 사항을 신고하게 할 수 있다. 지식재산권을 신고하려는 자는 신고서 및 해당 지식재산권을 관련 법령에 따라 등록 또는 설정등록한 증명서류를 세관장에게 제출하여야 한다.

(4) 수출입 사실의 통보

세관장은 다음의 어느 하나에 해당하는 물품이 신고된 지식재산권을 침해하였다고 인정될 때에는 그 지식재산권을 신고한 자에게 해당 물품의 수출입, 환적, 복합환적, 보세구역 반입, 보세운송 또는 일시양륙의 신고(수출입신고등)또는 통관우체국 도착 사실을 통보하여야 한다. 이 경우 통보를 받은 자는 세관장에게 담보를 제공하고 해당 물품의 통관 보류나 유치를 요청할 수 있다.

① 수출입신고된 물품
② 환적 또는 복합환적 신고된 물품
③ 보세구역에 반입신고된 물품
④ 보세운송신고된 물품
⑤ 일시양륙이 신고된 물품
⑥ 통관우체국에 도착한 물품

(5) 통관의 보류 및 통관의 허용

1) 통관의 보류

① **통관보류 요청**: 지식재산권을 보호받으려는 자는 세관장에게 담보를 제공하고 해당 물품의 통관 보류나 유치를 요청할 수 있다.

② **통관의 보류**: 통관보류의 요청을 받은 세관장은 특별한 사유가 없으면 해당 물품의 통관을 보류하거나 유치하여야 한다. 다만, 수출입신고등을 한 자 또는 통관우체국에 도착한 물품의 화주가 담보를 제공하고 통관 또는 유치 해제를 요청하는 경우에는 다음 물품을 제외하고는 해당 물품의 통관을 허용하거나 유치를 해제할 수 있다.

㉠ 위조하거나 유사한 상표를 부착하여 상표권을 침해하는 물품
㉡ 불법복제된 물품으로서 저작권등을 침해하는 물품
㉢ 같거나 유사한 품종명칭을 사용하여 품종보호권을 침해하는 물품
㉣ 위조하거나 유사한 지리적표시를 사용하여 지리적표시권등을 침해하는 물품
㉤ 특허로 설정등록된 발명을 사용하여 특허권을 침해하는 물품
㉥ 같거나 유사한 디자인을 사용하여 디자인권을 침해하는 물품

③ **세관장 직권 보류**: 세관장은 수출입물품이 지식재산권을 침해하였음이 명백한 경우에는 대통령령이 정하는 바에 따라 직권으로 해당 물품의 통관을 보류하거나 해당 물품을 유치할 수 있다. 이 경우 세관장은 해당 물품의 수출입신고등을 한자 또는 통관우체국에 도착한 물품의 화주에게 그 사실을 즉시 통보하여야 한다.

④ **통관보류의 계속**[146] : 세관장은 통관보류등을 요청한 자가 해당 물품에 대한 통관보류등의 사실을 통보받은 후 10일(휴일 및 공휴일 제외)이내에 법원에의 제소사실 또는 또는 무역위원회에의 조사신청사실을 입증하는 때에는 해당 통관의 보류를 계속할 수 있다. 이 경우 통관보류등을 요청한 자가 부득이한 사유로 인하여 10일 이내에 법원에 제소하지 못하거나 무역위원회에 조사신청을 하지 못하는 때에는 상기 입증기간은 10일간 연장될 수 있다.

⑤ **통관보류 물품의 보관**: 통관보류등이 된 물품은 통관이 허용되거나 유치가 해제될 때까지 세관장이 지정한 장소에 보관하여야 한다.

2) 통관의 허용 요청

① **통관의 허용 요청**: 수출입신고등을 한 자 또는 통관우체국에 도착한 물품의 화주가 통관 또는 유치해제를 요청하려는 때에는 관세청장이 정하는 바에 따라 신청서와 해당 물품이 지식재산권을 침해하지 아니하였음을 소명하는 자료를 세관장에게 제출하여야 한다.

② **통관보류요청자에게 통보**: 통관허용 요청을 받은 세관장은 그 요청사실을 지체없이 통관보류등을 요청한 자에게 통보하여야 하며, 그 통보를 받은 자는 침해와 관련된 증거자료를 세관장에게 제출할 수 있다.

③ **통관허용여부 결정**: 세관장은 통관이 보류된 물품의 통관허용 요청이 있는 경우 해당 물품의 통관 보류 또는 유치 해제 허용 여부를 요청일부터 15일 이내에 결정한다. 이 경우 세관장은 관계기관과 협의하거나 전문가의 의견을 들어 결정할 수 있다.

3) **담보의 제공**: 통관 보류나 유치를 요청하려는 자와 통관 또는 유치 해제를 요청하려는 자는 세관장에게 해당물품의 과세가격의 100분의 120에 상당하는 금액을 금전 등의 다음의 담보로 제공하여야 한다. 다만, 담보 금액은 담보를 제공하여야 하는 자가 「조세특례제한법」 제6조 제1항에 따른 중소기업인 경우에는 해당 물품의 과세가격의 100분의 40에 상당하는 금액으로 한다.

① 금전

② 국채 또는 지방채

③ 세관장이 인정하는 유가증권

④ 세관장이 인정하는 보증인의 납세보증서

⑹ 지식재산권 침해 여부의 확인 등

① 세관장은 수출입신고등이 된 물품 또는 통관우체국에 도착한 물품의 지식재산권 침해 여부를 판단하기 위하여 필요하다고 인정되는 경우에는 해당 지식재산권의 권리자로 하여금 지식재산권에 대한 전문인력 또는 검사시설을 제공하도록 할 수 있다.

---

146) **통관보류 등(관세법 시행령 제239조)**
해당 통관보류등이 법원의 임시보호조치에 의하여 시행되는 상태이거나 계속되는 경우 통관보류 등의 기간은 다음 각 호의 구분에 의한다.
1. 법원에서 임시보호조치 기간을 명시한 경우: 그 마지막 날
2. 법원에서 임시보호조치 기간을 명시하지 아니한 경우: 임시보호조치 개시일부터 31일

② 세관장은 지식재산권의 권리자 또는 수출입신고등을 한 자 또는 통관우체국에 도착한 물품의 화주가 지식재산권의 침해 여부를 판단하기 위하여 수출입 신고등의 사실 또는 통관우체국에 도착한 사실이 통보된 물품 또는 통관보류등이 된 물품에 대한 검사 및 견본품의 채취를 요청하면 해당 물품에 관한 영업상의 비밀보호 등 특별한 사유가 없는 한 이를 허용하여야 한다.

③ 지식재산권 침해 여부의 확인, 통관보류등의 절차 등에 관하여 필요한 사항은 관세청장이 정한다.

3. 통관물품 및 통관절차의 제한(법 제236조)

관세청장이나 세관장은 감시에 필요하다고 인정될 때에는 통관역·통관장 또는 특정한 세관에서 통관할 수 있는 물품을 제한할 수 있다.

4. 통관의 보류(법 제237조)

(1) 통관보류 대상

세관장은 다음에 해당하는 경우에는 해당 물품의 통관을 보류할 수 있다.

① 수출·수입 또는 반송에 관한 신고서의 기재사항에 보완이 필요한 경우

② 수출·수입 또는 반송에 관한 신고시 제출서류 등이 갖추어지지 아니하여 보완이 필요한 경우

③ 관세법에 따른 의무사항을 위반하거나 국민보건 등을 해칠 우려가 있는 경우

④ 관세법 제246조의3제1항에 따른 안전성 검사가 필요한 경우

⑤ 안전성 검사 결과 불법·불량·유해 물품으로 확인된 경우

⑥ 「국세징수법」 제30조의2에 따라 세관장에게 강제징수가 위탁된 해당 체납자가 수입하는 경우

⑦ 그 밖에 이 법에 따라 필요한 사항을 확인할 필요가 있다고 인정하여 대통령령으로 정하는 경우

㉠ 관세 관계 법령을 위반한 혐의로 고발되거나 조사를 받는 경우

㉡ 수출입 관계 법령에 따른 일시적 통관 제한·금지 또는 이에 따른 중앙행정기관의 장의 일시적 통관 제한·금지 요청이 있어 세관장이 그 해당 여부를 확인할 필요가 있는 경우

(2) 통관보류 통지 등

① 세관장은 통관을 보류할 때에는 즉시 그 사실을 화주(화주의 위임을 받은 자를 포함한다) 또는 수출입 신고인에게 통지하여야 한다. 통지할 때에는 이행기간을 정하여 통관의 보류 해제에 필요한 조치를 요구할 수 있다.

② 통관의 보류 사실을 통지받은 자는 세관장에게 통관 보류사유에 해당하지 아니함을 소명하는 자료 또는 세관장의 통관 보류 해제에 필요한 조치를 이행한 사실을 증명하는 자료를 제출하고 해당 물품의 통관을 요청할 수 있다. 이 경우 세관장은 해당 물품의 통관 허용 여부(허용하지 아니하는 경우에는 그 사유를 포함한다)를 요청받은 날부터 30일 이내에 통지하여야 한다.

4 보세구역 반입명령(법 제238조)

1. 의의

관세청장이나 세관장은 다음 어느 하나에 해당하는 물품으로서 관세법에 따른 의무사항을 위반하거나 국민보건 등을 해칠 우려가 있는 물품에 대해서는 대통령령으로 정하는 바에 따라 화주(화주의 위임을 받은 자를 포함한다)또는 수출입 신고인에게 이를 보세구역으로 반입할 것을 명할 수 있다. 다만, 관세청장이나 세관장은 법 위반사항이 경미하거나 감시·단속에 지장이 없다고 인정되는 경우에는 반입의무자에게 해당 물품을 보세구역으로 반입하지 아니하고 필요한 조치를 하도록 명할 수 있다.

① 수출신고가 수리되어 외국으로 반출되기 전에 있는 물품
② 수입신고가 수리되어 반출된 물품

2. 반입명령 대상

관세청장이나 세관장은 수출입신고가 수리된 물품이 다음의 어느 하나에 해당하는 경우에는 해당 물품을 보세구역으로 반입할 것을 명할 수 있다. 다만, 해당 물품이 수출입신고가 수리된 후 3개월이 지났거나 관련 법령에 따라 관계행정기관의 시정조치가 있는 경우에는 그러하지 아니하다.

① 수입후 특정한 용도에의 사용 등 의무를 이행하도록 되어 있는 물품에 대하여 의무이행을 위반한 경우
② 원산지표시가 적법하게 표시되지 아니하였거나 수출입신고수리 당시와 다르게 표시되어 있는 경우
③ 품질등의 표시(표지의 부착을 포함한다)가 적법하게 표시되지 아니하였거나 수출입신고 수리 당시와 다르게 표시되어 있는 경우
④ 지식재산권을 침해한 경우

3. 반입명령 절차

(1) 반입명령 송달

관세청장이 세관장이 반입명령을 하는 경우에는 반입대상물품, 반입할 보세구역, 반입사유와 반입기한을 기재한 명령서를 화주 또는 수출입신고자에게 송달하여야 한다.

(2) 공시송달

관세청장이나 세관장은 명령서를 받은 자의 주소 또는 거소가 불분명한 때에는 관세청 또는 세관의 게시판 및 기타 적당한 장소에 반입명령사항을 공시할 수 있다. 이 경우 공시한 날부터 2주일이 경과한 때에는 명령서를 받을 자에게 반입명령서가 송달된 것으로 본다.

PART 08

⑶ 반입 및 반입기한의 연장

반입명령서를 받은 자는 관세청장이나 세관장이 정한 기한 내에 명령서에 기재된 물품을 지정받은 보세구역에 반입하여야 한다[147]. 다만, 반입기한 내에 반입하기 곤란한 사유가 있는 경우에는 관세청장이나 세관장의 승인을 받아 반입기한을 연장할 수 있다.

⑷ 반입물품의 처리

관세청장 또는 세관장은 반입의무자에게 반입된 물품을 국외로 반출 또는 폐기할 것을 명하거나, 반입의무자가 위반사항등을 보완 또는 정정한 이후 국내로 반입하게 할 수 있다. 이 경우 반출 또는 폐기에 드는 비용은 반입의무자가 부담한다.

⑸ 수출입신고수리의 취소

보세구역에 반입된 물품이 국외로 반출 또는 폐기되었을 때에는 당초의 수출입신고수리는 취소된 것으로 본다. 이 경우 해당 물품을 수입할 때 납부한 관세는 관세환급금의 환급 규정에 따라 환급한다.

⑹ 기타

관세청장은 보세구역 반입명령의 적정한 시행을 위하여 필요한 반입보세구역, 반입기한, 반입절차, 수출입신고필증의 관리방법 등에 관한 세부기준을 정할 수 있다.

5 유통이력 신고제도(법 제240조의2부터 제240조의3)

1. 의의

외국물품을 수입하는 자와 수입물품을 국내에서 거래하는 자(소비자에 대한 판매를 주된 영업으로 하는 사업자는 제외한다)는 사회안전 또는 국민보건을 해칠 유려가 현저한 물품등으로서 관세청장이 지정하는 물품(유통이력 신고물품)에 대한 유통단계별 거래명세(유통이력)를 관세청장에게 신고하여야 한다.

2. 장부의 기록 및 보관

유통이력 신고의 의무가 있는 자는 유통이력을 장부에 기록(전자적 기록방식을 포함한다)하고, 그 자료를 거래일부터 1년간 보관하여야 한다.

147) 보세구역 반입명령에 대하여 반입대상 물품의 전부 또는 일부를 반입하지 아니한 자는 물품원가 또는 2천만원 중 높은 금액 이하의 벌금에 처한다.

3. 유통이력 신고물품의 지정 등

① 관세청장은 유통이력 신고물품을 지정함에 있어 미리 관계행정기관의 장과 협의하여야 한다.
② 관세청장은 유통이력 신고물품의 지정, 신고의무 존속기한 및 신고대상 범위설정등에 있어 수입물품을 내국물품에 비하여 부당하게 차별하여서는 아니 되며, 이를 이행하는 유통이력 신고의무자의 부담이 최소화 되도록 하여야 한다.
③ 유통이력 신고물품별 신고의무 존속기한, 유통이력의 범위, 신고절차, 그 밖에 유통이력 신고에 관하여 필요한 사항은 관세청장이 정한다.

4. 유통이력의 조사

① 관세청장은 유통이력의 조사를 시행하기 위하여 필요하다고 인정할 때에는 세관공무원으로 하여금 유통이력 신고의무자의 사업장에 출입하여 영업 관계의 장부나 서류를 열람하여 조사를 하게 할 수 있다.
② 유통이력 신고의무자는 정당한 사유 없이 조사를 거부·방해 또는 기피하여서는 아니 된다.
③ 조사를 하는 세관공무원은 신분을 확인할 수 있는 증표를 지니고 이를 관계인에게 보여 주어야 한다.

5. 과태료 부과(법 제277조)

다음 어느 하나에 해당하는 자에게 500만원 이하의 과태료를 부과한다.

① 유통이력신고규정을 위반하여 유통이력을 신고하지 아니하거나 거짓으로 신고한 자
② 장부기록 및 보관의무 규정을 위반하여 장부기록 자료를 보관하지 아니한 자

6 무역원활화 기본계획의 수립 및 시행(법 제240조의4)

1. 개요

기획재정부장관은 「세계무역기구 설립을 위한 마라케쉬협정」에 따라 관세법 및 관련법에서 정한 통관 등 수추입 절차의 원활화 및 이와 관련된 국제협력의 원활화를 촉진하기 위하여 다음의 사항이 포함된 무역원활화 기본계획을 수립·시행하여야 한다. 기획재정부장관은 기본계획을 시행하기 위하여 대통령령으로 정하는 바에 따라 무역원활화에 관한 업무를 수행하는 기관 또는 단체에 필요한 지원을 할 수 있다.

① 무역원활화 정책의 기본 방향에 관한 사항
② 무역원활화 기반 시설의 구축과 운영에 관한 사항
③ 무역원활화의 환경조성에 관한 사항
④ 무역원활화와 관련된 국제협력에 관한 사항

⑤ 무역원활화와 관련된 통계자료의 수집·분석 및 활용방안에 관한 사항
⑥ 무역원활화 촉진을 위한 재원 확보 및 배분에 관한 사항
⑦ 그 밖에 무역원활화를 촉진하기 위하여 필요한 사항

2. 무역원활화위원회

(1) 위원회의 설치

통관 등 수출입 절차의 원활화 및 이와 관련된 국제협력의 원활화의 촉진에 관한 다음의 사항을 심의하기 위하여 기획재정부장관 소속으로 무역원활화위원회를 둔다.

① 무역원활화 기본계획에 관한 사항
② 무역원화화 추진 관련 행정기관 간의 업무 협조에 관한 사항
③ 무역원활화 관련 법령·제도의 정비·개선에 관한 사항
④ 그 밖에 무역원활화 추진에 관한 주요 사항

(2) 위원회의 구성

① 위원회는 위원장 1명을 포함하여 20명 이내의 위원으로 구성한다.
② 위원회의 위원장은 기획재정부차관이 되고, 위원은 다음의 사람이 된다.
㉠ 무역원활화 관련 행정기관의 고위공무원단에 속하는 공무원 중에서 기획재정부장관이 임명하는 사람[148)]
㉡ 다음의 어느 하나에 해당하는 사람 중에서 기획재정부장관이 위촉하는 사람

1. 무역원활화 관계 기관 및 단체의 임직원
2. 무역원활화에 관한 학식과 경험이 풍부한 사람으로서 해당 업무에 2년 이상 종사한 사람

③ 위원의 임기는 2년으로 하되, 한번만 연임할 수 있다. 다만 보궐위원의 임기는 전임위원 임기의 남은 기간으로 한다.
④ 기획재정부장관은 위원회의 위원이 다음 어느 하나에 해당하는 경우에는 해당 위원을 해임 또는 해촉할 수 있다.
㉠ 심신장애로 인하여 직무를 수행할 수 없게 된 경우
㉡ 직무와 관련된 비위사실이 있는 경우
㉢ 직무태만, 품위손상이나 그 밖의 사유로 인하여 위원으로 적합하지 아니하다고 인정되는 경우
㉣ 위원 스스로 직무를 수행하는 것이 곤란하다고 의사를 밝히는 경우

---

148) 시행규칙 제77조의4(무역원활화 위원회의 구성)
① 영 제245조의2 제3항 제1호에 따라 기획재정부장관이 임명하는 위원은 다음 각 호와 같다.
1. 기획재정부 관세정책관
2. 과학기술정보통신부, 농림축산식품부, 산업통상자원부, 환경부, 국토교통부, 해양수산부, 식품의약품안전처 및 관세청 소속 고위공무원단에 속하는 일반직공무원 중에서 그 소속기관의 장이 추천하는 사람
② 영 제245조의2 제3항 제2호 가목에 따라 기획재정부장관이 위촉하는 위원은 「관세사법」에 따른 관세사회, 「대한무역투자진흥공사법」에 따른 대한무역투자진흥공사, 「민법」 제32조에 따라 산업통상자원부장관의 허가를 받아 설립된 한국무역협회 및 「상공회의소법」에 따른 대한상공회의소의 임원 중에서 그 소속기관의 장이 추천하는 사람으로 한다.
③ 삭제

⑤ 위원회의 사무를 처리하기 위하여 간사 1명을 두며, 간사는 기획재정부의 고위공무원단에 속하는 공무원 중에서 기획재정부장관이 지명한다.

⑥ 위원회의 구성에 필요한 사항은 기획재정부령으로 정한다.

7 상호주의에 따른 통관절차 간소화(법 제240조의5)

1. 의의

국제무역 및 교류를 증진하고 국가 간의 협력을 촉진하기 위하여 우리나라에 대하여 통관절차의 편익을 제공하는 국가에서 수입되는 물품에 대하여는 상호 조건에 따라 대통령령으로 정하는 바에 따라 간이한 통관절차를 적용할 수 있다.

2. 특혜적용 대상 국가

통관절차의 특례를 적용받을 수 있는 국가는 다음의 국가로 한다. 통관절차에 관한 특례부여절차, 특례부여의 중지 기타 필요한 사항은 관세청장이 정하는 바에 의한다.

① 우리나라와 통관절차의 편익에 관한 협정을 체결한 국가
② 우리나라와 무역협정 등을 체결한 국가

8 국가간 세관정보의 상호교환 등(법 제240조의6)

1. 의의

관세청장은 물품의 신속한 통관과 관세법을 위반한 물품의 반입을 방지하기 위하여 세계관세기구에서 정하는 수출입 신고항목 및 화물식별번호를 발급하거나 사용하게 할 수 있다. 관세청장은 세계관세기구에서 정하는 수출입 신고항목 및 화물식별번호 정보를 다른 국가와 상호 조건에 따라 교환할 수 있다.

2. 다른 국가와의 수출입신고자료 등의 교환

관세청장은 관세의 부과와 징수, 과세 불복에 대한 심리, 형사소추 및 수출입신고의 검증을 위하여 수출입신고자료 등 다음의 사항을 대한민국 정부가 다른 국가와 관세행정에 관한 협력 및 상호지원에 관하여 체결한 협정과 국제기구와 체결한 국제협약에 따라 다른 법률에 저촉되지 아니하는 범위에서 다른 국가와 교환할 수 있다. 다만, 관세청장은 상호주의 원칙에 따라 상대국에 수출입신고자료 등을 제공하는 것을 제한할 수 있다.

① 수출·수입 또는 반송의 신고와 관련된 다음의 자료
  1. 신고서
  2. 송품장, 포장명세서, 원산지증명서 및 선하증권 등 신고 시 제출한 자료
  3. 가목 및 나목의 서류 또는 자료의 진위 확인에 필요한 자료
② 해당 물품에 대한 법 제30조부터 제35조까지의 규정에 따른 과세가격의 결정 및 관세율표상의 품목분류의 정확성 확인에 필요한 자료
③ 수출하거나 수입할 수 없는 물품의 반출입과 관련된 자료
④ 관세범의 조사 및 처분과 관련된 자료

3. 교환사실의 통지

관세청장은 자료를 다른 국가와 교환한 경우에는 그 교환한 날부터 10일 이내에 자료의 교환 사실 및 내용 등을 해당 신고인 또는 그 대리인에게 통지하여야 한다. 관세청장은 해당 통지가 다음의 어느 하나에 해당하는 경우에는 6개월의 범위에서 통지를 유예할 수 있다. 다만, '①'에 해당하는 경우에는 6개월을 초과하여 유예할 수 있다.

① 사람의 생명이나 신체의 안전을 위협할 우려가 있는 경우
② 증거인멸 등 공정한 사법절차의 진행을 방해할 우려가 있는 경우
③ 질문·조사 등의 행정절차 진행을 방해하거나 지나치게 지연시킬 우려가 있는 경우
④ 다른 국가로부터 해당 통지의 유예를 서면으로 요청받은 경우

9 수출·수입 및 반송

1. 수출·수입 또는 반송의 신고(법 제241조부터 제243조)

(1) 의의

물품을 수출·수입 또는 반송하려면 해당 물품의 품명·규격·수량 및 가격과 그 밖에 대통령령으로 정하는 사항을 세관장에게 신고하여야 한다.

① 신고사항
  ㉠ 포장의 종류·번호 및 개수
  ㉡ 목적지·원산지 및 선적지
  ㉢ 원산지표시 대상물품인 경우에는 표시유무·방법 및 형태
  ㉣ 상표
  ㉤ 납세의무자 또는 화주의 상호(개인의 경우 성명을 말한다)·사업자등록번호·통관고유부호와 해외공급자부호 또는 해외구매자부호
  ㉥ 물품의 장치장소
  ㉦ 그 밖에 기획재정부령으로 정하는 참고사항[149)]

② 가격결정(영 제246조 제3항)

㉠ **수출·반송신고가격**: 해당 물품을 본선에 인도하는 조건으로 실제로 지급받았거나 지급받아야 할 가격으로서 최종 선적항 또는 선적지까지의 운임·보험료를 포함한 가격

㉡ **수입신고가격**: 관세법 제30조부터 제35조까지의 규정에 따른 방법으로 결정된 과세가격

㉢ 해외에 수리하거나 부품 등을 교체한 우리나라의 운송수단을 수입신고하는 경우 해당 운송수단의 가격은 수리 또는 부품 등이 교체된 부분의 가격으로 한다.(법 제241조의2)

(2) 간이신고 및 신고생략

1) **간이신고**: 다음의 어느 하나에 해당하는 물품에 대하여는 대통령령이 정하는 바에 따라 수출·수입 또는 반송신고를 생략하게 하거나 관세청장이 정하는 간이한 방법으로 신고하게 할 수 있다.

① 휴대품·탁송품 또는 별송품

② 우편물

③ 종교용품 등의 면세, 정부용품 등의 면세, 특정물품 등의 면세, 소액물품 등의 면세, 여행자휴대품 면세, 재수출면세 규정에 따라 관세가 면제되는 물품

④ 입항보고 또는 출항허가의 대상이 되는 운송수단. 다만, 다음 어느 하나에 해당하는 운송수단은 제외한다.

㉠ 우리나라에 수입할 목적으로 최초로 반입되는 운송수단

㉡ 해외에서 수리하거나 부품 등을 교체한 우리나라의 운송수단

㉢ 해외로 수출 또는 반송하는 운송수단

⑤ 국제운송을 위한 컨테이너(별표 관세율표중 기본세율이 무세인 것으로 한정한다)

2) **신고생략 물품**: 상기의 물품 중 신고를 생략하게 하는 물품은 다음의 어느 하나와 같다. 다만, 관세법 제226조(허가·승인 등의 증명 및 확인)의 규정에 해당하는 물품을 제외한다.

① 여행자휴대품

② 승무원휴대품

③ 우편물(수출입신고 우편물은 제외한다)

④ 국제운송을 위한 컨테이너(법 별표 관세율표중 기본세율이 무세인 것에 한한다)

⑤ 기타 서류 ·소액면세물품 등 신속한 통관을 위하여 필요하다고 인정하여 관세청장이 정하는 탁송품 또는 별송품

3) **수입신고수리(영 제246조)**: 간이신고 또는 신고생략 대상 수입물품중 관세가 면제되거나 무세인 물품에 있어서는 그 검사를 마친 때에 해당 물품에 대한 수입신고가 수리된 것으로 본다.

---

149) **제77조의6(수출·수입 또는 반송의 신고)**
영 제246조제1항제7호에서 "기획재정부령으로 정하는 참고사항"이란 다음 각 호를 말한다. 〈개정 2024. 3. 22.〉
1. 물품의 모델 및 중량
2. 품목분류표의 품목 번호
3. 법 제226조에 따른 허가·승인·표시 또는 그 밖의 조건을 갖춘 것임을 증명하기 위하여 발급된 서류의 명칭
4. 수출입 법령에 따라 통관이 일시적으로 제한·금지되는 물품인지 여부를 확인할 수 있는 정보로서 관세청장이 관계 중앙행정기관의 장과 협의하여 관보에 공고하는 정보

⑶ 신고의 요건(법 제243조)

1) 수입신고 : 수입의 신고는 해당 물품을 적재한 선박 또는 항공기가 입항된 후에 한하여 이를 할 수 있다.

2) 반송신고

① 반송의 신고는 해당 물품이 관세법에 규정된 장치장소에 있는 경우에 한하여 이를 할 수 있다.

② 허가 · 승인 · 표시 기타 조건이 구비되지 아니하여 세관장이 유치한 여행자 휴대품 중 관세청장이 정하는 물품에 대하여는 관세청장이 정하는 바에 의하여 반송방법을 제한할 수 있다.

3) 수출신고

① 밀수출 등 불법행위가 발생할 우려가 높거나 감시단속상 필요하다고 인정하여 대통령령으로 정하는 물품은 관세청장이 정하는 장소에 반입한 후 수출의 신고를 하게 할 수 있다.

㉠ 도난우려가 높은 물품 등 국민의 재산권 보호를 위하여 수출관리가 필요한 물품

㉡ 고세율 원재료를 제조 · 가공하여 수출하는 물품 등 부정환급 우려가 높은 물품

㉢ 국민보건이나 사회안전 또는 국제무역질서 준수 등을 위해 수출관리가 필요한 물품

② 다만, 수출입 안전관리 우수 공인업체가 수출하는 물품은 관세청장이 정하는 장소에 반입한 후 수출의 신고를 하는 물품에서 제외할 수 있다. 반입 후 신고물품의 반입절차 및 그 밖에 필요한 사항은 관세청장이 정하여 고시한다.

⑷ 수출 · 수입 · 반송 등의 신고인(법 제242조)

신고는 화주 또는 관세사등의 명의로 하여야 한다. 다만, 수출신고의 경우에는 화주에게 해당 수출물품을 제조하여 공급한 자의 명의로 할 수 있다.

⑸ 반입 · 장치 후 신고

① 수입하거나 반송하려는 물품을 지정장치장 또는 보세창고에 반입하거나 보세구역이 아닌 장소에 장치한 자는 그 반입일 또는 장치일부터 30일 이내에 신고를 하여야 한다. 다만, 허가 · 승인 · 표시 기타 조건이 구비되지 아니하여 세관장이 유치한 여행자 휴대품 중 관세청장이 정하는 바에 따라 반송방법을 제한하고 있는 물품은 반송신고를 할 수 있는 날부터 30일 이내에 반송신고를 하여야 한다.

② 세관장은 물품의 신속한 유통이 긴요하다고 인정하여 보세구역의 종류와 물품의 특성을 고려하여 관세청장이 정하는 물품을 수입하거나 반송하려는 자가 위 기간내에 수입 또는 반송의 신고를 하지 아니하는 경우에는 해당 물품의 과세가격의 100분의 2에 상당하는 금액의 범위에서 대통령령이 정하는 금액을 가산세로 징수한다.

③ 그럼에도 불구하고, 전기 · 유류 등 대통령령이 정하는 물품(전기, 유류, 가스, 용수(用水)을 그 물품의 특성으로 인하여 전선이나 배관 등 대통령령이 정하는 시설 또는 장치 등을 이용하여 수출 · 수입 또는 반송하는 자는 1개월을 단위로 하여 해당 물품에 대한 신고 사항을 대통령령이 정하는 바에 따라 다음 달 10일까지 신고하여야 한다. 이 경우 기간 내에 수출 · 수입 또는 반송의 신고를 하지 아니하는 경우에는 해당 물품의 과세가격의 100분의 2에 상당하는 금액의 범위에서 대통령령이 정하는 금액을 가산세로 징수한다.

⑹ 신고시의 제출서류(법 제245조)

① 수출・수입 또는 반송의 신고를 하는 자는 과세가격결정자료 외에 대통령령이 정하는 서류를 제출하여야 한다.

㉠ 선하증권 사본 또는 항공화물운송장 사본

㉡ 원산지증명서(제출 적용대상인 경우)

㉢ 기타 참고서류

② 수출입신고를 하는 물품이 허가・승인・표시 기타 증명을 필요로 하는 것인 때에는 관련증명서류를 첨부하여 수출입신고를 하여야 한다. 다만, 세관장은 필요 없다고 인정되는 때에는 이를 생략하게 할 수 있다.

③ 서류를 제출하여야 하는 자가 해당 서류를 관세사등에게 제출하고, 관세사등이 해당 서류를 확인한 후 수출・수입 또는 반송에 관한 신고를 하는 때에는 해당 서류의 제출을 생략하게 하거나 해당 서류를 수입신고 수리 후에 제출하게 할 수 있다.

④ 서류의 제출을 생략하게 하거나 수입신고 수리 후에 서류를 제출하게 하는 경우 세관장이 필요하다고 인정하여 신고인에게 관세청장이 정하는 장부나 그 밖의 관계 자료의 제시 또는 제출을 요청하면 신고인은 이에 따라야 한다.

2. 입항 전 수입신고(법 제244조)

⑴ 의의

수입하려는 물품의 신속한 통관이 필요한 때에는 대통령령으로 정하는 바에 따라 해당 물품을 적재한 선박이나 항공기가 입항하기 전에 수입신고를 할 수 있다. 이 경우 입항 전 수입신고가 된 물품은 우리나라에 도착한 것으로 본다.

⑵ 입항 전 수입신고 시기

① 입항 전 수입신고는 해당 물품을 적재한 선박 또는 항공기가 그 물품을 적재한 항구 또는 공항에서 출항하여 우리나라에 입항하기 5일 전(항공기의 경우 1일 전)부터 할 수 있다.

② 출항부터 입항까지의 기간이 단기간인 경우 등 당해 선박 등이 출항한 후에 신고하는 것이 곤란하다고 인정되어 출항하기 전에 신고하게 할 필요가 있는 때에는 관세청장이 정하는 바에 따라 그 신고시기를 조정할 수 있다.

⑶ 검사대상 물품

세관장은 입항 전 수입신고를 한 물품에 대하여 물품검사의 실시를 결정하였을 때에는 수입신고를 한 자에게 이를 통보하여야 한다. 검사대상으로 결정된 물품은 수입신고를 한 세관의 관할 보세구역(보세구역이 아닌 장소에 장치하는 경우 그 장소를 포함한다)에 반입되어야 한다. 다만, 세관장이 적재상태에서 검사가 가능하다고 인정하는 물품은 해당 물품을 적재한 선박이나 항공기에서 검사할 수 있다.

⑷ **수입신고수리**

검사대상으로 결정되지 아니한 물품은 입항 전에 그 수입신고를 수리할 수 있다. 입항 전 수입신고가 수리된 물품은 내국물품이다.

⑸ **입항 전 수입신고 제한 물품**

다음의 어느 하나에 해당하는 물품은 해당 물품을 적재한 선박 등이 우리나라에 도착된 후에 수입신고하여야 한다.

① 세율이 인상되거나 새로운 수입요건을 갖추도록 요구하는 법령이 적용되거나 적용될 예정인 물품

② 수입신고하는 때와 우리나라에 도착하는 때의 물품의 성질과 수량이 달라지는 물품으로서 관세청장이 정하는 물품

⑹ **관세환급 규정**

입항 전 수입신고가 수리되고 보세구역 등으로부터 반출되지 아니한 물품에 대하여는 해당 물품이 지정보세구역에 장치되었는지 여부에 관계없이 지정보세구역 장치물품의 멸실·변질 또는 손상으로 인한 환급 규정을 준용한다.

⑺ **통관절차**

입항 전 수입신고된 물품의 통관절차 등에 관하여 필요한 사항은 관세청장이 정한다.

3. 물품의 검사(법 제246조부터 제247조)

⑴ **의의**

세관공무원은 수출·수입 또는 반송하려는 물품에 대하여 검사를 할 수 있다. 관세청장은 검사의 효율을 거두기 위하여 검사대상·검사범위·검사방법 등에 관하여 필요한 기준을 정할 수 있다.

⑵ **검사장소**

1) 보세구역 등에서의 검사: 물품의 검사는 보세구역, 보세구역 외 장치장소 등 물품을 장치할 수 있는 장소에서 행한다. 이에 불구하고 세관장은 효율적인 검사를 위하여 부득이하다고 인정되는 때에는 관세청장이 정하는 바에 따라 해당 물품을 보세구역에 반입하게 한 후 검사할 수 있다.

2) 수출물품의 검사: 수출하려는 물품은 해당 물품이 장치되어 있는 장소에서 검사한다.

3) 사전확인: 화주는 수입신고를 하려는 물품에 대하여 수입신고 전에 관세청장이 정하는 바에 따라 확인을 할 수 있다.

⑶ **물품의 검사에 따른 손실보상(법 제246조의2)**

1) 의의: 관세청장 또는 세관장은 관세법에 따른 세관공무원의 적법한 물품검사로 인하여 물품 등에 손실이 발생한 경우 그 손실을 입은 자에게 보상하여야 한다.

2) 손실보상의 기준, 대상 및 보상금액(영 제251조의2)

① **손실보상 대상**: 손실보상의 대상은 세관공무원의 적법한 물품검사로 손실이 발생한 다음 어느 하나에 해당하는 것으로 한다.

㉠ 검사 대상 물품

㉡ 검사 대상 물품을 포장한 용기 또는 운반·운송하는 수단

② 손실보상 금액

㉠ 해당 물품을 수리할 수 없는 경우

> 1. **검사 대상 물품의 경우**: 관세법 제30조부터 제35조까지의 규정에 따른 해당 물품의 과세가격에 상당하는 금액. 다만, 과세가격에 상당하는 금액을 산정할 수 없는 경우에는 구매가격 및 손실을 입은 자가 청구하는 금액을 고려하여 관세청장이 합리적인 범위에서 인정하는 금액으로 한다.
> 2. **검사 대상 물품을 포장한 운반·운송하는 수단의 경우**: 구매가격 및 손실을 입은 자가 청구하는 금액을 고려하여 관세청장이 합리적인 범위에서 인정하는 금액

㉡ **해당 물품을 수리할 수 있는 경우**: 수리비에 상당하는 금액. 다만, '㉠'에 따른 금액을 한도로 한다.

3) **기타**: 손실보상의 지급절차 및 방법, 그 밖에 필요한 사항은 관세청장이 정한다.

⑷ 물품에 대한 안정성 검사(법 제246조의3)

관세청장은 중앙행정기관의 장의 요청을 받아 세관장으로 하여금 관세법 제226조에 따른 세관장의 확인이 필요한 수출입물품 등 다른 법령에서 정한 물품의 성분·품질 등에 대한 안전성 검사를 하게 할 수 있다. 다만, 관세청장은 세관장의 확인이 필요한 수출입물품에 대하여는 필요한 경우 해당 중앙행정기관의 장에게 세관장과 공동으로 안전성 검사를 할 것을 요청할 수 있다.

1) **정보제공**: 중앙행정기관의 장은 안전성 검사를 요청하는 경우 관세청장에게 해당 물품에 대한 안전성 검사 방법 등 관련 정보를 제공하여야 하고, 필요한 인력을 제공할 수 있다.

2) **검사대상 물품 지정 및 통보**: 관세청장은 중앙행정기관의 장의 안전성 검사 요청을 받거나 중앙행정기관의 장에게 안전성 검사를 요청한 경우 해당 안전성 검사를 위하여 필요한 인력 및 설비 등을 고려하여 안전성 검사 대상 물품을 지정하여야 하고, 그 결과를 해당 중앙행정기관의 장에게 통보하여야 한다.

3) **안정성 검사 지원**: 관세청장은 안전성 검사를 위하여 협업검사센터를 주요 공항·항만에 설치할 수 있고, 세관장에게 지정된 안전성 검사 대상 물품의 안전성 검사에 필요한 자체 검사 설비를 지원하는 등 원활한 안전성 검사를 위한 조치를 취하여야 한다.

4) **안정성 검사 실행**: 세관장은 안전성 검사 대상 물품으로 지정된 물품에 대하여 중앙행정기관의 장과 협력하여 안전성 검사를 실시하여야 한다.

5) **안정성 검사 결과 공개**: 관세청장은 안전성 검사 결과 불법·불량·유해 물품으로 확인된 물품의 정보를 관세청 인터넷 홈페이지를 통하여 공개할 수 있다.

6) **수출입물품안전관리기관협의회** : 안전성 검사에 필요한 정보교류 등 대통령령으로 정하는 사항을 협의하기 위하여 관세청에 수출입물품안전관리기관협의회를 둔다. 수출입물품안전관리기관협의회의 구성·운영과 그 밖에 필요한 사항은 대통령령으로[150] 정한다.

7) **기타** : 기타 안전성 검사의 방법·절차 등에 관하여 필요한 사항은 관세청장이 정한다.

4. 신고의 처리(법 제248조부터 제251조)

(1) 신고의 수리

세관장은 수출·수입 및 반송의 신고가 관세법에 따라 적합하게 이루어졌을 때에는 이를 지체없이 수리하고 신고인에게 신고필증을 발급하여야 한다. 다만, 국가관세종합정보시스템의 전산처리설비를 이용하여 신고를 수리하는 경우에는 관세청장이 정하는 바에 따라 신고인이 직접 전산처리설비를 이용하여 신고필증을 발급받을 수 있다.

(2) 관세채권확보 곤란 물품 수입신고 수리시 담보제공

세관장은 관세를 납부하여야 하는 물품에 대하여는 수입신고 또는 입항 전 수입신고를 수리할 때에 다음 어느 하나에 해당하는 자에게 관세에 상당하는 담보의 제공을 요구할 수 있다.

① 관세법 또는 「수출용원재료에 대한 관세 등 환급에 관한 특례법」 제23조를 위반하여 징역형의 실형을 선고받고 그 집행이 끝나거나(집행이 끝난 것으로 보는 경우를 포함한다) 면제된 후 2년이 지나지 아니한 자

② 관세법 또는 「수출용원재료에 대한 관세 등 환급에 관한 특례법」 제23조를 위반하여 징역형의 집행유예를 선고받고 그 유예기간 중에 있는 자

③ 제269조부터 제271조까지, 제274조, 제275조의2, 제275조의3 또는 「수출용원재료에 대한 관세 등 환급에 관한 특례법」 제23조에 따라 벌금형 또는 통고처분을 받은 자로서 그 벌금형을 선고받거나 통고처분을 이행한 후 2년이 지나지 아니한 자

---

150) **시행령 제251조의3(수출입물품안전관리기관협의회의 구성 및 운영 등)**

① 법 246조의3 제7항에서 "안전성 검사에 필요한 정보교류, 제264조의10에 따른 불법·불량·유해물품에 대한 정보 등의 제공 요청 등 대통령령으로 정하는 사항"이란 다음 각 호의 사항을 말한다.

1. 법 제246조의3 제1항에 따른 안전성 검사(이하 "안전성 검사"라 한다)에 필요한 정보교류
2. 법 제264조의10에 따른 불법·불량·유해물품에 대한 정보 등의 제공에 관한 사항
3. 안전성 검사 대상 물품의 선정에 관한 사항
4. 그 밖에 관세청장이 안전성 검사, 불법·불량·유해물품에 대한 정보 등의 제공과 관련하여 협의가 필요하다고 인정하는 사항

② 법 제246조의3 제7항에 따른 수출입물품안전관리기관협의회(이하 이 조에서 "협의회"라 한다)는 위원장 1명을 포함하여 25명 이내의 위원으로 구성한다.

③ 협의회의 위원장은 관세청 소속 고위공무원단에 속하는 공무원 중에서 관세청장이 지명하는 사람으로 하고, 위원은 다음 각 호의 사람으로 한다.

1. 관세청의 4급 이상 공무원 중에서 관세청장이 지명하는 사람 1명
2. 관계 중앙행정기관의 4급 이상 공무원 중에서 해당 기관의 장이 지명하는 사람 각 1명

④ 제2항에 따라 협의회의 위원을 지명한 자는 해당 위원이 다음 각 호의 어느 하나에 해당하는 경우에는 그 지명을 철회할 수 있다.

1. 심신장애로 인하여 직무를 수행할 수 없게 된 경우
2. 직무와 관련된 비위사실이 있는 경우
3. 직무태만, 품위손상이나 그 밖의 사유로 인하여 위원으로 적합하지 아니하다고 인정되는 경우
4. 위원 스스로 직무를 수행하는 것이 곤란하다고 의사를 밝히는 경우

⑤ 협의회의 회의는 위원의 과반수 출석으로 개의하고, 출석위원 3분의 2 이상의 찬성으로 의결한다.

⑥ 제1항부터 제5항까지에서 규정한 사항 외에 협의회의 운영에 필요한 사항은 협의회의 의결을 거쳐 위원장이 정한다.

④ 수입신고일을 기준으로 최근 2년간 관세 등 조세를 체납한 사실이 있는 자
⑤ 수입실적, 수입물품의 관세율 등을 고려하여 대통령령으로 정하는 관세채권의 확보가 곤란한 경우에 해당하는 자
㉠ 최근 2년간 계속해서 수입실적이 없는 자
㉡ 파산, 청산 또는 개인회생절차가 진행 중인 자
㉢ 수입실적, 자산, 영업이익, 수입물품의 관세율 등을 고려할 때 관세채권 확보가 곤란한 경우로서 관세청장이 정하는 요건에 해당하는 자

(3) 신고수리 전 물품 반출 금지

신고수리 전에는 운송수단, 관세통로, 하역통로 또는 관세법에 따른 장치 장소로부터 신고된 물품을 반출하여서는 아니 된다.

(4) 신고사항의 보완(법 제249조)

세관장은 다음 어느 하나에 해당하는 경우에는 신고가 수리되기 전까지 이를 보완하게 할 수 있다. 다만, 해당 사항이 경미하고 신고수리 후에 보완이 가능하다고 인정되는 경우에는 관세청장이 정하는 바에 따라 신고수리 후 이를 보완하게 할 수 있다.
① 수출·수입 또는 반송에 관한 신고서의 기재사항이 갖추어지지 아니한 경우
② 제출서류가 갖추어지지 않은 경우

(5) 신고의 취하 및 각하(법 제250조)

1) 신고의 취하
① 신고는 정당한 이유가 있는 경우에만 세관장의 승인을 받아 취하할 수 있다. 다만, 수입 및 반송의 신고는 운송수단, 관세통로, 하역통로 또는 관세법에 규정된 장치 장소에서 물품을 반출한 후에는 취하할 수 없다.
② 수출·수입 또는 반송의 신고를 수리한 후 신고의 취하를 승인한 때에는 신고수리의 효력이 상실된다.
③ 세관장은 취하 승인의 신청을 받은 날부터 10일 이내에 승인 여부를 신청인에게 통지하여야 한다. 세관장이 기간 내에 승인 여부 또는 민원 처리 관련 법령에 따른 처리기간의 연장을 신청인에게 통지하지 아니하면 그 기간(민원 처리 관련 법령에 따라 처리기간이 연장 또는 재연장된 경우에는 해당 처리기간을 말한다)이 끝난 날의 다음 날에 승인을 한 것으로 본다.

2) 신고의 각하: 세관장은 수출·수입 및 반송신고가 그 요건을 갖추지 못하였거나 부정한 방법으로 신고되었을 때에는 해당 수출·수입 또는 반송의 신고를 각하할 수 있다.

(6) 수출신고수리물품의 적재(법 제251조)

수출신고가 수리된 물품은 수출신고가 수리된 날부터 30일 이내에 운송수단에 적재하여야 한다. 다만, 기획재정부령으로 정하는 바에 따라 1년의 범위에서 적재기간의 연장승인을 받은 것은 그러하지 아니하다.

(7) 수출신고수리의 취소(영 제255조)

세관장은 적재 의무기간[151] 내에 적재되지 아니한 물품에 대하여는 대통령령으로 정하는 바에 따라 수출신고의 수리를 취소할 수 있다. 다만, 다음 어느 하나에 해당하는 경우에는 그러하지 아니하다. 세관장은 수출신고의 수리를 취소하는 때에는 즉시 신고인에게 그 내용을 통지하여야 한다.

① 신고취하의 승인신청이 정당한 사유가 있다고 인정되는 경우
② 적재기간연장승인의 신청이 정당한 사유가 있다고 인정되는 경우
③ 세관장이 수출신고의 수리를 취소하기 전에 해당 물품의 적재를 확인한 경우
④ 기타 세관장이 기간 내에 적재하기 곤란하다고 인정하는 경우

5. 통관절차의 특례

(1) 수입신고수리전의 물품 반출(법 제252조)

1) 의의: 수입신고를 한 물품을 세관장의 수리 전에 해당 물품이 장치된 장소로부터 반출하려는 자는 납부하여야 할 관세에 상당하는 담보를 제공하고 세관장의 승인을 받아야 한다. 다만, 정부 또는 지방자치단체가 수입하거나 담보를 제공하지 아니하여도 관세의 납부에 지장이 없다고 인정하여 대통령령으로 정하는 물품에 대하여는 담보의 제공을 생략할 수 있다.

2) 담보제공의 생략: 다음에 해당하는 물품에 대해서는 담보의 제공을 생략할 수 있다. 다만, '②' 및 '③'의 물품을 수입하는 자 중 관세 등의 체납, 불성실신고 등의 사유로 담보제공을 생략하는 것이 타당하지 아니하다고 관세청장이 인정하는 자가 수입하는 물품에 대해서는 담보를 제공하게 할 수 있다.

① 국가, 지방자치단체, 「공공기관의 운영에 관한 법률」 제4조에 따른 공공기관, 「지방공기업법」 제49조에 따라 설립된 지방공사 및 같은 법 제79조에 따라 설립된 지방공단이 수입하는 물품
② 법 제90조제1항제1호 및 제2호에 따른 기관이 수입하는 물품
③ 최근 2년간 법 위반(관세청장이 법 제270조·제276조 및 제277조에 따른 처벌을 받은 자로서 재범의 우려가 없다고 인정하는 경우를 제외한다) 사실이 없는 수출입자 또는 신용평가기관으로부터 신용도가 높은 것으로 평가를 받은 자로서 관세청장이 정하는 자가 수입하는 물품
④ 수출용원재료 등 수입물품의 성질, 반입사유 등을 고려할 때 관세채권의 확보에 지장이 없다고 관세청장이 인정하는 물품
⑤ 거주 이전(移轉)의 사유, 납부할 세액 등을 고려할 때 관세채권의 확보에 지장이 없다고 관세청장이 정하여 고시하는 기준에 해당하는 자의 이사물품

3) 반출 승인의 효력: 수입신고 수리 전 반출 승인을 받아 반출된 물품은 내국물품으로 보며, 수입신고 수리 전 반출승인일을 수입신고 수리일로 본다.

151) 수출신고가 수리된 물품의 운송수단 적재 의무를 위반한 경우, 200만원 이하의 과태료를 부과한다.(법 제277조)

4) **신청서 제출**: 수입신고반출 승인을 얻고자 하는 자는 다음의 사항을 기재한 신청서를 세관장에게 제출하여야 한다.

① 영 제175조(보세구역외 장치허가 신청) 각 호의 사항

② 신고의 종류

③ 신고연월일 및 신고번호

④ 신청사유

5) **기타**: 세관장이 신고수리 전 반출 승인의 신청을 받아 승인을 하는 때에는 관세청장이 정하는 절차에 따라야 한다.

⑵ 수입신고 전의 물품반출(법 제253조)

1) **의의**: 수입하려는 물품을 수입신고 전에 운송수단, 관세통로, 하역통로 또는 관세법에 따른 장치장소로부터 즉시 반출하려는 자는 대통령령으로 정하는 바에 따라 세관장에게 즉시반출신고를 하여야 한다. 이 경우 세관장은 납부하여야 하는 관세에 상당하는 담보를 제공하게 할 수 있다.

2) **즉시반출 대상**: 즉시반출을 할 수 있는 자 및 물품은 다음의 어느 하나에 해당하는 것 중 구비조건의 확인에 지장이 없는 경우로서 세관장이 지정하는 것에 한한다.

① 관세 등이 체납이 없고 최근 3년 동안 수출입실적이 있는 제조업자 또는 외국인투자자가 수입하는 시설재 또는 원부자재

② 기타 관세 등의 체납우려가 없는 경우로서 관세청장이 정하는 물품

3) **서류의 제출**: 수입하고자 하는 물품을 수입신고 전에 즉시반출하고자 하는 자는 해당 물품의 품명·규격·수량 및 가격을 기재한 신고서를 제출하여야 한다.

4) **수입신고**: 즉시 반출신고를 하고 반출을 하는 자는 즉시 반출신고를 한 날부터 10일 이내에 수입신고를 하여야 한다.

5) **관세 징수 및 가산세 부과**: 세관장은 즉시 반출을 한 자가 기간 내에 수입신고를 하지 아니하는 때에는 관세를 부과·징수한다. 이 경우 해당 물품에 대한 관세의 100분의 20에 상당하는 금액을 가산세로 징수하고, 지정을 취소할 수 있다.

6) **납부기한**: 수입신고 전 즉시반출신고를 하고 반출한 물품은 수입신고를 한 날부터 15일 내에 관세를 납부하여야 한다.

7) **과세물건의 확정시기**: 수입신고 전 즉시 반출신고를 하고 반출한 물품에 대하여는 즉시반출신고를 한 때의 성질과 수량에 의하여 관세를 부과한다.

8) **즉시반출신고하고 반출된 물품의 성격**: 수입신고 전 즉시 반출신고를 하고 반출된 물품은 내국물품에 해당한다.

⑶ 전자상거래물품의 특별통관 등(법 제254조)

1) **의의**: 관세청장은 전자상거래물품에 대하여 수출입신고·물품검사 등 통관에 필요한 사항을 따로 정할 수 있다.

① 특별통관 대상 거래물품 또는 업체

② 수출입신고 방법 및 절차

PART 08

③ 관세 등에 대한 납부방법
④ 물품검사방법
⑤ 그 밖에 관세청장이 필요하다고 인정하는 사항

2) **정보제공 요청**: 관세청장은 관세의 부과·징수 및 통관을 위하여 필요한 경우 사이버몰을 운영하는 구매대행업자, 「전자상거래 등에서의 소비자보호에 관한 법률」에 따른 통신판매업자 또는 통신판매중개를 하는 자에게 전자상거래물품의 주문·결제 등과 관련된 거래정보로서 다음과 같은 정보를 수입신고 전에 제공하여 줄 것을 요청할 수 있다. 요청받은 정보의 제공은 관세청장이 정하는 전자적 매체를 통해 제공하는 방법으로 한다.

① 주문번호 및 구매 일자
② 물품수신인의 성명 및 통관고유부호
③ 물품의 품명 및 수량
④ 물품의 결제금액
⑤ 그 밖에 관세청장이 전자상거래물품의 통관을 위하여 수입신고 전[152]에 제공받을 필요가 있다고 인정하여 고시하는 정보

3) 기타

① 관세청장은 납세자의 권리 보호를 위하여 화주에게 전자상거래물품의 통관 및 납세와 관련된 사항으로서 대통령령으로 정하는 사항을 안내할 수 있다.
② 전자상거래물품의 특별통관 등 규정은 탁송품의 특별통관, 신고대상 우편물 규정에 우선하여 적용한다.

⑷ 탁송품의 특별통관(법 제254조의2)

1) **의의**: 탁송품으로서 기획재정부령으로 정하는 금액 이하의 물품[153]은 운송업자(관세청장 또는 세관장에게 등록한 자)가 다음에 해당하는 사항이 적힌 목록을 세관장에게 제출함으로써 수입신고를 생략할 수 있다.

① 물품의 송하인 및 수하인의 성명, 주소, 국가
② 물품의 품명, 수량, 중량 및 가격
③ 탁송품의 통관목록에 관한 것으로 기획재정부령으로 정하는 사항

2) **실제배송지의 제출**: 탁송품 운송업자는 세관장에게 제출한 통관목록에 적힌 물품수신인의 주소지가 아닌 곳에 탁송품을 배송하거나 배송하게 한 경우(「우편법」 제31조 단서에 해당하는 경우는 제외한다)에는 배송한 날이 속하는 달의 다음달 15일까지 실제 배송한 주소지를 세관장에게 제출하여야 한다.

---

152) 정보제공 기간은 전자상거래물품의 선하증권 또는 화물운송장 번호가 생성되는 시점부터 수입신고 전까지로 한다.

153) **탁송품의 특별통관(관세법 시행규칙 제79조의2)**
① "기획재정부령으로 정하는 물품"이란 자가사용물품 또는 면세되는 상업용 견본품 중 물품가격이 미화 150달러 이하인 물품을 말한다.
② 법 제254조의2제1항제3호에서 "기획재정부령으로 정하는 사항"이란 다음 각 호의 사항을 말한다.
1. 운송업자명
2. 선박편명 또는 항공편명
3. 선하증권 번호
4. 그 밖에 관세청장이 정하는 사항

3) **간이통관 적용의 배제**: 세관장은 탁송품 운송업자가 통관목록을 사실과 다르게 제출하거나 관세법에 따라 통관이 제한되는 물품을 국내에 반입하는 경우에는 수입신고 생략의 통관절차 적용을 배제할 수 있다.

4) **탁송품 관리**: 관세청장 또는 세관장은 탁송품에 대하여 세관공무원으로 하여금 검사하게 하여야 하며, 탁송품의 통관목록의 제출시한, 물품의 검사 등 그 밖에 필요한 사항은 관세청장이 정하여 고시한다.

5) **탁송품 통관장소의 제한**

① 세관장은 관세청장이 정하는 절차에 따라 별도로 정한 지정장치장에서 탁송품을 통관하여야 한다. 다만, 세관장은 탁송품에 대한 감시·단속에 지장이 없다고 인정하는 경우 탁송품을 해당 탁송품 운송업자가 운영하는 보세창고 또는 시설(「자유무역지역의 지정 및 운영에 관한 법률」 제11조에 따라 입주계약을 체결하여 입주한 업체가 해당 자유무역지역에서 운영하는 시설에 한정한다)에서 통관할 수 있다.

② 세관장은 통관절차가 적용되지 아니하는 탁송품으로서 검사를 마치고 탁송품에 대한 감시·단속에 지장이 없다고 인정하는 경우에는 관세청장이 정하는 보세구역 등에서 탁송품을 통관하게 할 수 있다.

③ 탁송품 운송업자가 운영하는 보세창고 또는 시설에서 통관하는 경우 그에 필요한 탁송품 검사설비 기준, 설비이용 절차, 설비이용 유효기간 등에 관하여 필요한 사항은 대통령령으로 정한다.

6) **세관장과 탁송품 운송업자간 협력**: 관세청장은 탁송품의 신속한 통관과 탁송품에 대한 효율적인 감시·단속 등을 위하여 필요한 세관장과 탁송품 운송업자간 협력에 관한 사항 등 대통령령으로 정하는 사항에 대하여 고시할 수 있다.

(5) 수출입 안전관리 우수공인업체(법 제255조의2부터 제255조의7까지)

1) **수출입 안전관리 우수업체의 공인**

① **의의**: 관세청장은 수출입물품의 제조·운송·보관 또는 통관 등 무역과 관련된 자가 시설, 서류관리, 직원 교육 등에서 관세법 또는 「자유무역협정의 이행을 위한 관세법의 특례에 관한 법률」등 수출입에 관련된 법령에 따른 의무 또는 절차와 재무건전성 등 대통령령으로 정하는 안전관리 기준을 충족하는 경우 수출입안전관리 우수업체로 공인할 수 있다.

② **수출입안전관리 기준 등**

㉠ 「관세법」, 「자유무역협정의 이행을 위한 관세법의 특례에 관한 법률」, 「대외무역법」등 수출입에 관련된 법령을 성실하게 준수하였을 것

㉡ 관세 등 영업활동과 관련한 세금을 체납하지 않는 등 재무 건전성을 갖출 것

㉢ 수출입물품의 안전한 관리를 확보할 수 있는 운영시스템, 거래업체, 운송수단 및 직원교육체계 등을 갖출 것

㉣ 그 밖에 세계관세기구에서 정한 수출입 안전관리에 관한 표준 등을 반영하여 관세청장이 정하는 기준을 갖출 것

③ 공인 심사

㉠ 관세청장은 공인을 받기 위하여 심사를 요청한 자에 대하여 대통령령으로 정하는 바에 따라 심사하여야 한다. 다만, 관세청장은 법 제255조의2 제2항에 따른 심사를 할 때 「국제항해선박 및 항만시설의 보안에 관한 법률」 제12조에 따른 국제선박보안증서를 교부받은 국제항해선박소유자 또는 같은 법 제27조에 따른 항만시설적합확인서를 교부받은 항만시설소유자에 대하여는 제1항 각 호의 안전관리 기준 중 일부에 대하여 심사를 생략할 수 있다.

㉡ 심사를 요청하려는 자는 제출서류의 적정성, 개별 안전관리 기준의 충족 여부 등 관세청장이 정하여 고시하는 사항에 대하여 미리 관세청장에게 예비심사를 요청할 수 있다. 관세청장은 예비심사를 요청한 자에게 예비심사 결과를 통보하여야 하고, 공인 심사를 하는 경우 예비심사 결과를 고려하여야 한다.

④ 유효기간

공인의 유효기간은 5년으로 하며, 공인을 갱신하려는 자는 공인의 유효기간이 끝나는 날의 6개월 전까지 신청서를 관세청장에게 제출해야 한다. 관세청장은 공인을 받은 자에게 공인을 갱신하려면 공인의 유효기간이 끝나는 날의 6개월 전까지 갱신을 신청하여야 한다는 사실을 해당 공인의 유효기간이 끝나는 날의 7개월 전까지 휴대폰에 의한 문자전송, 전자메일, 팩스, 전화, 문서 등으로 미리 알려야 한다.

2) 통관절차상의 혜택(법 제255조의3)

① 의의: 관세청장은 수출입 안전관리 우수업체로 공인된 업체에 수출입물품에 대한 검사 완화나 수출입신고 및 관세납부 절차 간소화 등의 통관절차 및 관세행정상의 혜택을 제공할 수 있다. 또한, 관세청장은 다른 국가의 수출입 안전관리 우수업체에 상호 조건에 따라 혜택을 제공할 수 있다.

② 혜택의 정지: 관세청장은 수출입안전관리우수업체가 자율 평가 결과를 보고하지 아니하는 등 다음에 해당하는 경우 6개월의 범위에서 통관절차상의 혜택의 전부 또는 일부를 정지할 수 있고, 관세청장은 해당하는 업체에 그 사유의 시정을 명할 수 있다.

㉠ 수출입안전관리우수업체가 자율평가 결과를 보고하지 않은 경우

㉡ 수출입안전관리우수업체가 변동사항 보고를 하지 않은 경우

㉢ 수출입안전관리우수업체(대표자 및 관리책임자를 포함한다)가 관세법 또는 「자유무역협정의 이행을 위한 관세법의 특례에 관한 법률」, 「대외무역법」, 「외국환거래법」, 「수출용원재료에 대한 관세 등 환급에 관한 특례법」 등 수출입과 관련된 법령을 위반한 경우

㉣ 수출입안전관리우수업체가 소속 직원에게 안전관리기준에 관한 교육을 실시하지 않는 등 관세청장이 수출입안전관리우수업체에 제공하는 혜택을 정지할 필요가 있다고 인정하여 고시하는 경우

3) 사후관리(법 제255조의4)

① 의의 : 관세청장은 수출입안전관리우수업체가 안전관리 기준을 충족하는지를 주기적으로 확인하여야 한다.

② 정기자체평가

㉠ 관세청장은 수출입안전관리우수업체에 제1항에 따른 기준의 충족 여부를 자율적으로 평가하도록 하여 그 결과를 보고하게 할 수 있고, 수출입안전관리우수업체는 안전관리기준의 충족 여부를 평가·보고하는 관리책임자를 지정해야 한다.

㉡ 수출입안전관리우수업체는 안전관리기준의 충족 여부를 매년 자율적으로 평가하여 그 결과를 해당 업체가 수출입안전관리우수업체로 공인된 날이 속하는 달의 다음 달 15일까지 관세청장에게 보고해야 한다. 다만, 공인의 갱신을 신청한 경우로서 공인의 유효기간이 끝나는 날이 속한 연도에 실시해야 하는 경우의 평가는 생략할 수 있다.

③ 변동사항 보고 : 수출입안전관리우수업체가 양도, 양수, 분할 또는 합병하거나 그 밖에 관세청장이 정하여 고시하는 변동사항이 발생한 경우에는 그 변동사항이 발생한 날부터 30일 이내에 그 사항을 관세청장에게 보고하여야 한다. 다만, 그 변동사항이 수출입안전관리우수업체의 유지에 중대한 영향을 미치는 경우로서 관세청장이 정하여 고시하는 사항에 해당하는 경우에는 지체 없이 그 사항을 보고하여야 한다.

④ 기타 : 수출입안전관리우수업체의 확인 및 보고에 필요한 세부사항은 관세청장이 정하여 고시한다.

4) 공인취소(법 제255조의5) : 관세청장은 수출입안전관리우수업체가 다음 어느 하나에 해당하는 경우에는 공인을 취소할 수 있다. 다만, ①에 해당하는 경우에는 공인을 취소하여야 한다.

① 거짓이나 그 밖의 부정한 방법으로 공인을 받거나 공인을 갱신받은 경우

② 수출입안전관리우수업체가 양도, 양수, 분할 또는 합병 등으로 공인 당시의 업체와 동일하지 아니하다고 관세청장이 판단하는 경우

③ 안전관리 기준을 충족하지 못하는 경우

④ 정지 처분을 공인의 유효기간 동안 5회 이상 받은 경우

⑤ 시정명령을 정당한 사유 없이 이행하지 아니한 경우

⑥ 수출입안전관리우수업체(대표자 및 관리책임자를 포함한다)가 다음 어느 하나에 해당하는 경우 다만, 양벌규정에 따라 처벌받은 경우는 제외한다.

㉠ 벌금형 이상의 형을 선고받거나 통고처분을 받은 경우

㉡ 벌금형의 선고를 받은 경우

㉢ 수출입과 관련된 법령을 위반하여 벌금형 이상의 형을 선고받은 경우

㉣ 「관세사법」 따라 벌금형 이상의 형을 선고받거나 통고처분을 받은 경우

5) 수출입안전관리우수업체의 공인 관련 지원사업(법 제255조의6) : 관세청장은 「중소기업기본법」 제2조에 따른 중소기업 중 수출입물품의 제조·운송·보관 또는 통관 등 무역과 관련된 기업을 대상으로 수출입안전관리우수업체로 공인을 받거나 유지하는 데에 필요한 상담·교육 등의 지원사업을 할 수 있다.

6) 수출입 안전관리 기준 준수도의 측정 · 평가

① 관세청장은 연 4회의 범위에서 수출입안전관리우수업체로 공인받기 위한 신청 여부와 관계없이 수출입물품의 제조 · 운송 · 보관 또는 통관 등 무역과 관련된 자 중 다음에 해당하는 자를 대상으로 안전관리 기준을 준수하는 정도를 측정 · 평가할 수 있다.

㉠ 운영인

㉡ 납세의무자

㉢ 화물관리인

㉣ 선박회사 또는 항공사

㉤ 수출 · 수입 · 반송 등의 신고인(화주를 포함한다)

㉥ 전자상거래 특별통관 대상 업체

㉦ 보세운송업자등

㉧ 「자유무역지역의 지정 및 운영에 관한 법률」 제2조 제2호에 따른 입주기업체

② 관세청장은 수출입안전관리 기준 준수도의 측정 · 평가 대상자에 대한 지원 · 관리를 위하여 측정 · 평가한 결과를 대통령령으로 정하는 바에 따라 활용할 수 있다.

7) 수출입안전관리우수업체심의위원회(영 제259조의7)

① 관세청장은 다음의 사항을 심의하기 위하여 필요한 경우에는 수출입안전관리우수업체심의위원회를 구성 · 운영할 수 있다.

㉠ 수출입안전관리우수업체의 공인 및 갱신

㉡ 수출입안전관리우수업체의 공인 취소

㉢ 그 밖에 수출입안전관리우수업체 제도의 운영에 관하여 관세청장이 수출입안전관리우수업체심의위원회에 부치는 사항

② 수출입안전관리우수업체심의위원회는 위원장 1명을 포함하여 20명 이상 30명 이내의 위원으로 구성한다.

③ 수출입안전관리우수업체심의위원회의 위원장은 관세청 차장으로 하고, 위원은 다음의 사람 중에서 성별을 고려하여 관세청장이 임명하거나 위촉한다.

㉠ 관세청 소속 공무원

㉡ 관세행정에 관한 학식과 경험이 풍부한 사람

④ 위촉되는 위원의 임기는 2년으로 한다. 다만, 위원의 사임 등으로 새로 위촉된 위원의 임기는 전임위원의 남은 임기로 하고, 제8항에 따라 수출입안전관리우수업체심의위원회가 해산되는 경우에는 그 해산되는 때에 임기가 만료되는 것으로 한다.

⑤ 수출입안전관리우수업체심의위원회의 위원장은 위원회의 회의를 소집하고, 그 의장이 된다.

⑥ 수출입안전관리우수업체심의위원회의 회의는 위원장과 위원장이 매 회의마다 지정하는 10명 이상 15명 이내의 위원으로 구성한다. 이 경우 제3항 제2호에 따라 위촉되는 위원이 5명 이상 포함되어야 한다.

⑦ 수출입안전관리우수업체심의위원회의 회의는 구성된 위원 과반수의 출석으로 개의(開議)하고, 출석위원 과반수의 찬성으로 의결한다.

⑧ 관세청장은 수출입안전관리우수업체심의위원회의 구성 목적을 달성하였다고 인정하는 경우에는 수출입안전관리우수업체심의위원회를 해산할 수 있다.

⑨ 기타 수출입안전관리우수업체심의위원회의 운영 등에 필요한 사항은 관세청장이 정한다.

10 우편물(법 제256조부터 제261조)

1. 의의

우편물은 수출·수입 및 반송신고를 생략할 수 있다.

2. 수출입신고대상 우편물(영 제261조)

우편물이 「대외무역법」 제11조에 따른 수출입의 승인을 받은 것이거나 그 밖에 대통령령으로 정하는 기준에 해당하는 것일 때에는 해당 우편물의 수취인이나 발송인은 제241조에 따른 신고를 하여야 한다.

① 법령에 따라 수출입이 제한되거나 금지되는 물품
② 법 제226조에 따라 세관장의 확인이 필요한 물품
③ 판매를 목적으로 반입하는 물품 또는 대가를 지급하였거나 지급하여야 할 물품(통관허용여부 및 과세대상여부에 관하여 관세청장이 정한 기준에 해당하는 것으로 한정한다)
④ 가공무역을 위하여 우리나라와 외국간에 무상으로 수출입하는 물품 및 그 물품의 원·부자재
⑤ 그 밖에 수출입신고가 필요하다고 인정되는 물품으로서 관세청장이 정하는 금액을 초과하는 물품

3. 우편물의 사전전자정보 제출(법 제256조의2)

① 통관우체국의 장은 수입하려는 우편물의 발송국으로부터 해당 우편물이 발송되기 전에 세관신고정보를 포함하여 사전전자정보[154]를 제공받은 경우에는 그 제공받은 정보를 해당 우편물이 발송국에서 출항하는 운송수단에 적재되기 전까지 정보통신망을 이용하여 세관장에게 제출하여야 한다.

154) 시행령 제259조의8(우편물의 사전전자정보 제출)
㉠ 사전 통관정보: 우편물에 관한 전자적 통관정보
가. 우편물번호, 발송인 및 수취인의 성명과 주소, 총 수량 및 총 중량
나. 개별 우편물의 품명·수량·중량 및 가격
다. 그 밖에 수입하려는 우편물에 관한 통관정보로서관세청장이 정하여 고시하는 정보
㉡ 사전 발송정보: 개별 우편물이 들어있는 우편 용기에 관한 전자적 발송정보
가. 우편물 자루번호 및 우편물번호
나. 발송·도착 예정 일시, 발송국·도착국 공항 또는 항만의 명칭, 운송수단
다. 그 밖에 수입하려는 우편물에 관한 발송정보로서 관세청장이 정하여 고시하는 정보

② 세관장은 관세청장이 우정사업본부장과 협의하여 사전전자정보 제출대상으로 정한 국가에서 발송한 우편물 중 사전전자정보가 제출되지 아니한 우편물에 대해서는 통관우체국의 장으로 하여금 반송하도록 할 수 있다.
③ 통관우체국의 장은 사전전자정보가 제출된 우편물에 대해서는 우편물목록의 제출을 생략하고 세관장에게 검사를 받을 수 있다. 다만, 통관우체국의 장은 세관장이 통관절차의 이행과 효율적인 감시·단속을 위하여 대통령령으로 정하는 사유에 해당하여 우편물목록의 제출을 요구하는 경우에는 이를 제출하여야 한다.

4. 우편물 검사 등(법 제257조)

① 통관우체국의 장이 우편물을 접수한 때에는 세관장에게 우편물 목록을 제출하고 해당 우편물에 대한 검사를 받아야 한다. 다만, 관세청장이 정하는 우편물에 대하여는 이를 생략할 수 있다.
② 통관우체국장은 검사를 받는 때에는 소속공무원을 참여시켜야 한다.
③ 통관우체국은 세관공무원이 당해 우편물의 포장을 풀고 검사할 필요가 있다고 인정되는 때에는 그 우편물의 포장을 풀었다가 다시 포장하여야 한다.

5. 통관우체국

통관우체국은 체시관서 중에서 관세청장이 지정한다. 수출·수입 또는 반송하고자 하는 우편물(서신제외)은 통관우체국을 경유하여야 한다.

6. 우편물통관에 대한 결정

(1) 세관장의 통관 결정(법 제258조)

통관우체국의 장은 세관장이 우편물에 대하여 수출·수입 또는 반송을 할 수 없다고 결정하였을 때에는 그 우편물을 발송하거나 수취인에게 내줄 수 없다. 우편물이 「대외무역법」 제11조에 따른 수출입의 승인을 받은 것이거나 그 밖에 대통령령으로 정하는 기준에 해당하는 것일 때에는 해당 우편물의 수취인이나 발송인은 수출·수입·반송 신고를 하여야 한다.

(2) 통관우체국장에 대한 통지

① 세관장은 우편물통관에 대한 결정을 한 때에는 그 결정사항을, 관세를 징수하고자 하는 때에는 그 세액을 통관우체국의 장에게 통지하여야 한다.
② 세관장의 통지는 수출입신고대상 우편물에 있어서 수출입신고의 수리 또는 수입신고 수리전 반출승인을 받은 서류를 해당 신고인이 통관우체국에 제출하는 것으로써 이에 갈음한다.

(3) 수취 등에 대한 통지

① 세관장의 통지를 받은 통관우체국의 장은 우편물의 수취인이나 발송인에게 그 결정사항을 통지하여야 한다.
② 통관우체국 장의 통지는 세관이 발행하는 납부고지서로써 이에 갈음한다.

7. 우편물의 납세절차(법 제260조)

① 관세가 징수되는 우편물에 대하여 납세통지를 받은 자는 대통령령이 정하는 바에 따라 해당 관세를 수입인지 또는 금전으로 납부하여야 한다.
② 우편물에 대하여 관세를 납부하려는 자는 세관으로부터 납부고지를 받은 경우에는 세관장에게, 기타의 경우에는 체신관서에 각각 금전으로 이를 납부하여야 한다.
③ 체신관서는 관세를 징수할 우편물을 관세를 징수하기 전에 수취인에게 내줄 수 없다.

8. 납세의무의 소멸

우편물에 대한 관세의 납세의무는 해당 우편물이 반송됨으로써 소멸한다.

11 국가관세종합정보시스템의 구축 및 운영(법 제327조부터 제327조의2)

1. 의의

관세청장은 전자통관의 편의를 증진하고, 외국세관과의 세관정보 교환을 통하여 수출입의 원활화와 교역안전을 도모하기 위하여 전산처리설비와 데이터베이스에 관한 국가관세종합정보시스템을 구축·운영할 수 있다.

2. 전자신고

(1) 의의

세관장은 관세청장이 정하는 바에 따라 관세정보시스템의 전산처리설비를 이용하여 관세법에 따른 신고·신청·보고·납부 등과 법령에 따른 허가·승인 또는 그 밖의 조건을 갖출 필요가 있는 물품의 증명 및 확인신청 등을 하게 할 수 있다.

(2) 간이신고

전자신고등을 할 때에는 관세청장이 정하는 바에 따라 관계 서류를 관세정보시스템의 전산처리설비를 이용하여 제출하게 하거나, 그 제출을 생략하게 하거나 간소한 방법으로 하게 할 수 있다.

(3) 접수시기

이행된 전자신고등은 관세청장이 정하는 관세정보시스템의 전산처리설비에 저장된 때에 세관에 접수된 것으로 본다.

3. 전자송달

(1) 의의

세관장은 관세청장이 정하는 바에 따라 관세정보시스템 또는 정보통신망으로서 관세법에 따른 송달을 위하여 관세정보시스템과 연계된 정보통신망을 이용하여 전자신고등의 승인·허가·수리 등에 대한 교부·통지·통고 등을 할 수 있다.

(2) 서류의 제출

전자송달을 받고자 하는 자는 관세청장이 정하는 바에 따라 전자송달에 필요한 설비를 갖추고 다음의 사항을 기재한 신청서를 관할 세관장에게 제출하여야 한다.

① 성명・주민등록번호 등 인적사항

② 주소・거소 또는 영업소의 소재지

③ 전자우편주소, 관세종합정보시스템의 전자사서함 또는 연계정보통신망의 전자고지함 등 전자송달을 받을 곳

④ 전자송달을 받고자 하는 서류의 종류

⑤ 그 밖의 필요한 사항으로서 관세청장이 정하는 것

(3) 전자송달 대상서류

원칙적으로 전자송달할 수 있는 서류는 다음과 같다. 다만, 관세청장이 다음의 서류외의 서류를 전자송달하는 경우에는 전자송달을 받고자 하는 자가 지정한 전자우편주소로 이를 송달하여야 한다.

① 납부서

② 납부고지서

③ 환급통지서

④ 그 밖에 관세청장이 정하는 서류

(4) 전자송달 방법

관세청장은 서류를 전자송달하는 경우에는 전산처리설비에 저장하는 방식으로 이를 송달하여야 한다. 다만, 다음의 사유가 있는 경우에는 교부・인편 또는 우편에 의하여 송달할 수 있다.

① 정전

② 프로그램의 오류 그 밖의 부득이한 사유로 인하여 금융기관 또는 체신관서의 전산처리장치의 가동이 정지된 경우

③ 전자송달을 받으려는 자의 국가관세종합정보시스템 또는 연계정보통신망 이용권한이 정지된 경우

④ 그 밖의 전자송달이 불가능한 경우로서 관세청장이 정하는 경우

(5) 전자송달의 효력발생 시기

전자송달은 송달받을 자가 지정한 전자우편주소나 관세정보시스템의 전자사서함 또는 연계정보통신망의 전자고지함(연계정보통신망의 이용자가 접속하여 본인에게 송달된 고지내용을 확인할 수 있는 곳을 말한다)에 고지내용이 저장된 때에 그 송달을 받아야 할 자에게 도달된 것으로 본다.

4. 한국관세정보원의 설립(법 제327조의2)

(1) 의의

정부는 관세정보시스템을 안정적으로 운영・관리하고, 관세정보시스템의 지능정보화를 촉진하여 통상환경을 개선함으로써 국민경제의 발전에 이바지하기 위하여 한국관세정보원(관세정보원)을 설립한다.

(2) 관세정보원의설립

관세정보원은 법인으로 하며, 관세정보원은 그 주된 사무소의 소재지에 설립등기를 함으로써 성립한다.

(3) 관세정보원 정관

관세정보원의 정관에는 다음의 사항이 포함되어야 하며, 정관을 변경할 때에는 관세청장의 인가를 받아야 한다.

① 명칭
② 목적
③ 주된 사무소의 소재지
④ 이사회에 관한 사항
⑤ 임직원에 관한 사항
⑥ 조직에 관한 사항
⑦ 업무 및 그 집행에 관한 사항
⑧ 재산과 회계에 관한 사항
⑨ 공고에 관한 사항
⑩ 정관의 변경에 관한 사항
⑪ 내부 규정의 제정 · 개정 · 폐지에 관한 사항

(4) 관세정보원 사업

① 관세정보시스템의 운영 및 관리
② 관세정보시스템 기술지원센터의 운영
③ 관세정보시스템의 지능정보화 촉진을 위한 기획 · 조사 · 컨설팅 · 연구 · 교육 · 홍보
④ 그 밖에 국가, 지방자치단체 또는 「공공기관의 운영에 관한 법률」에 따른 공공기관 등으로부터 위탁받은 사업

(5) 기타

① 관세정보원장은 정관으로 정하는 바에 따라 관세청장이 임명한다.
② 관세정보원은 관세청장의 승인을 받아 관세정보원의 사업 외에 설립목적 달성에 필요한 경비를 조달하기 위하여 수익사업을 할 수 있다.
③ 정부는 관세정보원의 시설, 운영 및 사업에 필요한 경비를 예산의 범위에서 출연하거나 보조할 수 있다.
④ 관세정보원에 대하여 관세법과 「공공기관의 운영에 관한 법률」에서 규정한 것 외에는 「민법」 중 재단법인에 관한 규정을 준용한다.
⑤ 관세법에 따른 관세정보원이 아닌 자는 한국관세정보원 또는 이와 유사한 명칭을 사용하지 못한다.
⑥ 관세청장은 관세정보원의 업무를 지도 · 감독한다.

12 전자문서중계사업자(법 제327조의3)

1. 의의

전기통신사업자로서 전자신고 및 전자송달을 중계하는 업무를 수행하고자 하는 자는 대통령령이 정하는 기준과 절차에 따라 관세청장의 지정을 받아야 한다.

2. 지정기준

전자문서중계사업자의 지정기준은 다음과 같다.

① 「상법」상 주식회사로서 납입자본금이 10억원 이상일 것
② 정부, 「공공기관의 운영에 관한 법률」 제4조에 따른 공공기관 및 비영리법인을 제외한 동일인이 의결권있는 주식총수의 100분의 15를 초과하여 소유하거나 사실상 지배하지 아니할 것
③ 관세법 제327조의3제1항에 따른 전자문서중계사업을 영위하기 위한 설비와 기술인력을 보유할 것

3. 지정절차

(1) 지정신청

전자문서중계사업자의 지정을 받으려는 자는 관세청장이 정하는 서류를 갖추어 관세청장에게 신청하여야 한다. 지정을 받은 중계사업자가 지정받은 사항을 변경할 때에도 또한 같다.

(2) 지정통지

관세청장이 전자문서중계사업자를 지정한 경우에는 해당 신청인에게 지정증을 발급하고, 그 사실을 관계행정기관의 장 및 관세업무 관련 기관의 장에게 통지하여야 한다.

4. 지정의 결격사유

① 제175조제2호부터 제5호까지의 어느 하나에 해당하는 자
② 지정이 취소(제175조제2호 또는 제3호에 해당하여 지정이 취소된 경우는 제외한다)된 날부터 2년이 지나지 아니한 자
③ ①, ②에 해당하는 자를 임원으로 하는 법인

5. 지정의 취소 또는 사업의 정지

관세청장은 지정을 받은 전자문서중계사업자가 다음 각 호의 어느 하나에 해당하는 경우에는 그 지정을 취소하거나 1년 이내의 기간을 정하여 국가관세종합정보망 운영사업의 전부 또는 일부의 정지를 명할 수 있다. 다만, ① 및 ②에 해당하는 경우에는 그 지정을 취소하여야 한다.

① 지정의 결격 사유 중 어느 하나에 해당한 때
② 거짓이나 그 밖의 부정한 방법으로 지정을 받은 때
③ 지정기준에 미달하게 된 때

④ 관세청장의 지도·감독을 위반한 때
⑤ 관세청장의 시정명령을 그 정하여진 기간 이내에 이행하지 아니한 경우
⑥ 업무상 알게 된 전자문서상의 비밀과 관련 정보에 관한 비밀을 누설하거나 도용한 경우

6. 기타

① 관세청장은 전자문서중계사업의 안정적인 운영을 위하여 전자문서중계사업자에게 사업실적 등 운영사업과 관련한 주요 내용을 매년 보고하도록 하거나 관련 장부 및 서류를 제출하도록 명할 수 있다. 이 경우 보고의 방법 및 절차 등 필요한 사항은 관세청장이 정한다.
② 관세청장은 전자문서중계사업자의 업무 수행의 방법, 절차 등이 부적절하여 전자문서중계의 안정성을 저해하거나 저해할 우려가 있는 경우 6개월 이내의 기간을 정하여 그 시정을 명할 수 있다.
③ 지정취소 및 업무정지 처분의 세부기준에 관한 사항은 기획재정부령으로 정한다.

13 과징금

1. 의의

관세청장은 전자문서중계사업자의 업무정지가 그 이용자에게 심한 불편을 주거나 공익을 해할 우려가 있는 경우에는 업무정지처분을 갈음하여 1억원 이하의 과징금을 부과할 수 있다.

2. 과징금 금액

과징금의 금액은 아래의 기준에 의하여 산정하며 산정한 금액이 1억원을 넘을 때에는 1억원으로 한다.

(1) **기간**: 업무정지 일수(1개월은 30일을 기준으로 한다)
(2) **1일당 과징금 금액**: 30만원

PART 08

3. 과징금의 가중 또는 경감

관세청장은 전자문서중계사업자의 사업규모·위반행위의 정도 및 횟수 등을 참작하여 과징금의 금액의 4분의 1의 범위에서 이를 가중 또는 경감할 수 있다. 이 경우 가중하는 때에도 과징금의 총액이 1억원을 초과할 수 없다.

4. 과징금의 납부 등

(1) 납부통지

관세청장은 위반행위를 한 자에게 과징금을 부과하고자 할 때에는 그 위반행위의 종별과 해당 과징금의 금액을 명시하여 이를 납부할 것을 서면 또는 전자문서로 통지하여야 한다.

(2) **과징금 납부**

통지를 받은 자는 납부통지일부터 20일 이내에 과징금을 관세청장이 지정하는 수납기관에 납부하여야 한다. 다만, 천재지변 그 밖의 부득이한 사유로 인하여 그 기간 내에 과징금을 납부할 수 없는 때에는 그 사유가 소멸한 날부터 7일 이내에 이를 납부하여야 한다.

(3) **영수증 교부**

과징금의 납부를 받은 수납기관은 영수증을 납부자에게 서면으로 교부하거나 전자문서로 송부하여야 한다. 과징금의 수납기관은 과징금을 수납한 때에는 그 사실을 관세청장에게 서면 또는 전자문서로 지체 없이 통지하여야 한다.

(4) **과징금 미납부시 대책**

과징금을 납부하여야 할 자가 납부기한까지 이를 납부하지 아니한 경우에는 관세법 제26조(담보 등이 없는 경우의 관세징수)를 준용한다.

구분	특허보세구역	전자문서중계사업자
과징금	정지일수×1일당 연간 매출액의 6천분의 1 (1개월은 30일로 계산)	정지일수×1일당 30만원 (1개월은 30일로 계산)
최고금액	매출액의 3%	1억원
가중 · 경감	1/4 범위에서 가중 또는 경감	
납부기한	납부통지일부터 20일 이내(천재지변 등 발생: 그사유가 소멸한 날부터 7일 이내)	
과징급 미납시	과징금 미납시 법 제26조(담보 등이 없는 경우의 관세징수) 준용	

14 전자문서 등 관련정보에 관한 보안(법 제327조의4)

1. 전자문서 위조 · 변조 금지

누구든지 관세정보시스템 또는 전자문서중계사업자의 전산처리설비에 기록된 전자문서 등 관련 정보를 위조 또는 변조하거나 위조 또는 변조된 정보를 행사하여서는 아니 된다.

2. 전자문서 등의 정보훼손 또는 비밀침해 금지

누구든지 관세정보시스템 또는 전자문서중계사업자의 전산처리설비에 기록된 전자문서 등 관련 정보를 훼손하거나 그 비밀을 침해하여서는 아니 된다.

3. 임직원 등의 비밀누설 금지

관세정보원 또는 전자문서중계사업자의 임직원이거나, 임직원이었던 자는 업무상 알게 된 전자문서상의 비밀과 관련 정보에 관한 비밀을 누설하거나 도용하여서는 아니 된다.

15 전자문서의 표준(법 제327조의5)

관세청장은 국가 간 세관정보의 원활한 상호 교환을 위하여 세계관세기구 등 국제기구에서 정하는 사항을 고려하여 전자신고 및 전자송달에 관한 전자문서의 표준을 정할 수 있다.

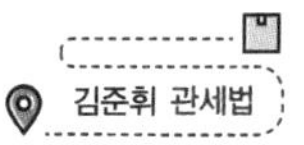

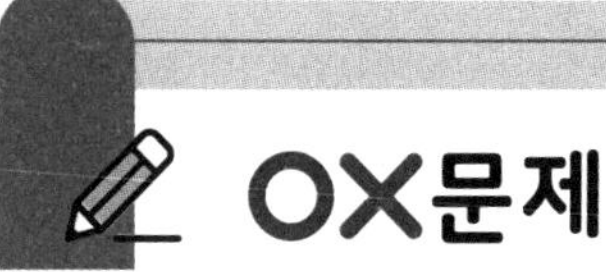

OX문제

01 촬영된 영화용 필름은 그 필름을 제조한 국가를 원산지로 한다. ( )

02 2개국 이상에 걸쳐 생산, 가공 또는 제조된 물품의 원산지는 해당 물품의 생산과정에 사용되는 물품의 관세통계 통합품목분류상 6단위의 품목번호와 다른 6단위 품목번호의 물품을 최초에 생산한 국가로 한다. ( )

03 세관장은 원산지 표시가 법령에서 정하는 기준과 방법에 부합되지 아니하게 표시된 경우 해당 물품의 통관을 허용하여서는 아니 된다. ( )

04 원산지증명서에는 해당 수입물품의 품명, 수량, 생산지, 수출자 등 관세청장이 정하는 사항이 적혀 있어야 하며, 수입신고 수리일로부터 소급하여 1년 이내에 발행된 것이어야 한다. ( )

05 원산지 확인이 필요한 물품을 수입하는 자는 관세청장에게 물품의 수입신고를 하기 전에 미리 확인 또는 심사하여 줄 것을 신청할 수 있다. 관세청장은 30일 이내에 이를 확인하여 그 결과를 기재한 서류를 교부하여야 한다. ( )

06 과세가격이 15만원 이하인 물품은 원산지증명서 제출이 생략된다. ( )

07 세관장은 원산지증명서를 발급한 국가의 세관이나 그 밖에 발급권한이 있는 기관에 원산지증명서의 진위여부, 정확성 등의 확인을 요청할 수 있다. 이 경우 세관장의 확인 요청은 해당 물품의 수입신고가 수리된 이후에 하여야 한다. ( )

08 세관장은 원산지증명서가 발급된 물품을 수입하는 국가의 권한있는 기관으로부터 원산지증명서 및 원산지증명서확인자료의 진위여부, 정확성 등의 확인을 요청받은 경우 서면조사 또는 현지조사를 할 수 있다. 이 경우 세관장은 조사대상자에게 조사 시작 15일 전까지 서면으로 통지하여야 한다. ( )

09 세관장은 지식재산권을 침해하는 물품을 효율적으로 단속하기 위하여 필요한 경우에는 해당 지식재산권을 관계법령에 따라 등록 또는 설정등록한 자 등으로 하여금 해당 지식재산권에 관한 사항을 신고하게 할 수 있다. ( )

10 지식재산권을 보호 받으려는 자는 세관장에게 담보를 제공하고 해당 물품의 통관 보류나 유치를 요청할 수 있다. 담보의 금액은 과세가격의 100분의 120에 상당하는 금액으로 하며, 중소기업인 경우에는 해당 물품의 과세가격의 100분의 40에 상당하는 금액으로 한다. ( )

11 외국물품을 수입하는 자와 수입물품을 국내에서 거래하는 자, 소비자에 대한 판매를 주된 영업으로 하는 사업자는 관세청장이 지정하는 물품(유통이력 신고물품)에 대한 유통단계별 거래명세를 관세청장에게 신고하여야 한다. (　　)

12 수입, 수출, 반송신고는 화주 또는 관세사 등의 명의로 하여야 한다. 다만, 반송신고의 경우에는 화주에게 해당 물품을 제조하여 공급한 자의 명의로 할 수 있다. (　　)

13 물품을 수출 · 수입 · 또는 반송하려면 해당 물품의 품명 · 규격 · 수량 및 가격과 상호 등을 세관장에게 신고하여야 한다. (　　)

14 전기, 가스, 유류, 용수 등 그 물품의 특성으로 인하여 전선이나 배관 등 대통령령으로 정하는 시설 또는 장치 등을 이용하여 수출, 수입 또는 반송하는 자는 1개월을 단위로 하여 해당 물품에 대한 신고를 다음 달 말일 까지 신고하여야 한다. (　　)

15 면세범위를 초과하는 여행자 휴대품을 신고하지 아니하여 과세하는 경우, 납부할 세액의 100분의 20에 상당하는 금액을 가산세로 징수한다. (　　)

16 입항 전 수입신고가 수리되고 보세구역으로부터 반출되지 아니한 물품이 재해로 멸실되거나 변질 또는 손상되어 그 가치가 떨어졌을 때에는 해당 물품이 지정보세구역에 장치되었는지 여부에 관계없이 관세를 환급한다. (　　)

17 세관공무원은 수입신고를 하지 아니한 물품에 대하여는 관세청장이 정하는 바에 의하여 직권으로 이를 검사할 수 있다. (　　)

18 관세청장은 중앙행정기관의 장의 요청을 받아 세관장으로 하여금 세관장의 확인이 필요한 수출입물품 등 다른 법령에서 정한 물품의 성분 · 품질 등에 대한 안전성 검사를 하게 할 수 있다. (　　)

19 물품검사장소가 지정장치장 이나 세관검사장인 경우 신고인은 기획재정부령으로 정하는 바에 따라 수수료를 납부하여야 한다. (　　)

20 신고는 정당한 이유가 있는 경우에만 세관장의 승인을 받아 취하할 수 있다. 다만, 수입 및 반송의 신고는 운송수단, 관세통로, 하역통로 또는 관세법에 규정된 장치장소에서 물품을 반출한 후에는 취하할 수 없다. (　　)

Answer

01 × 02 × 03 ○ 04 × 05 × 06 ○ 07 ○ 08 × 09 × 10 ○
11 × 12 × 13 ○ 14 × 15 × 16 ○ 17 ○ 18 ○ 19 × 20 ○

Self 필기노트

합격까지 함께
관세직 만점 기본서

김준휘 관세법

합격까지 박문각

Part

09

벌칙

세관공무원의 권한

1 세관장등의 과세자료 요청 등

1. 운송수단의 출발 · 중지 등

관세청장이 세관장은 관세법 또는 관세법에 따른 명령을 집행하기 위하여 필요하다고 인정될 때에는 운송수단의 출발을 중지시키거나 그 진행을 정지시킬 수 있다.

2. 서류의 제출 또는 보고 등의 명령

관세청장이 세관장은 관세법(수출용원재료에 대한 관세 등 환급에 관한 특례법 포함) 또는 관세법에 따른 명령을 집행하기 위하여 필요하다고 인정되는 경우에는 물품 · 운송수단 또는 장치장소에 관한 서류의 제출, 보고 기타 필요한 사항을 명하거나, 세관공무원으로 하여금 수출입자 · 판매자 그 밖의 관계자에 대하여 관계 자료를 조사하게 할 수 있다.

3. 과세자료의 요청

관세청장은 국가기관 및 지방자치단체 등 관계 기관에 대하여 관세의 부과 · 징수 및 통관에 관계되는 자료 또는 통계를 요청할 수 있다.

4. 과세자료제출기관 등(법 제264조의2부터 법 제264조의9)

(1) 과세자료제출기관의 범위

① 「국가재정법」제6조에 따른 중앙관서(중앙관서의 업무를 위임받거나 위탁받은 기관 포함)와 그 하급행정기관 및 보조기관
② 지방자치단체(지방자치단체의 업무를 위임 받거나 위탁받은 기관과 지방자치단체조합을 포함)
③ 공공기관, 정부의 출연 · 보조를 받는 기관이나 단체, 「지방공기업법」에 따른 지방공사 · 지방공단 및 지방자치단체의 출연 · 보조를 받는 기관이나 단체
④ 「민법」외의 다른 법률에 따라 설립되거나 국가 또는 지방자치단체의 지원을 받는 기관이나 단체로서 그 업무에 관하여 '① 또는 ②'에 따른 기관으로부터 감독 또는 감사 · 검사를 받는 기관이나 단체 그 밖에 공익 목적으로 설립된 기관이나 단체 중 대통령령으로 정하는 기관이나 단체
⑤ 「여신전문금융업법」에 따른 신용카드업자와 여신전문금융업협회
⑥ 「금융실명거래 및 비밀보장에 관한 법률」 제2조제1호에 따른 금융회사등

(2) 과세자료의 범위

과세자료제출기관이 제출하여야 하는 과세자료는 다음의 어느 하나에 해당하는 자료로서 관세의 부과·징수와 통관에 직접적으로 필요한 자료로 한다. 과세자료의 구체적인 범위는 과세자료제출기관별로 대통령령으로 정한다.

① 수입하는 물품에 대하여 관세 또는 내국세등을 감면받거나 낮은 세율을 적용받을 수 있도록 허가, 승인, 추천 등을 한 경우 그에 관한 자료

② 과세자료제출기관이 법률에 따라 신고·제출받거나 작성하여 보유하고 있는 자료(각종 보조금·보험급여·보험금 등의 지급 현황에 관한 자료를 포함한다) 중 가격신고, 신고납부, 수출·수입 또는 반송신고 내용의 확인 또는 여행자휴대품 및 이사물품 등의 관세 감면 여부의 확인을 위하여 필요한 자료

③ 허가·승인·표시 또는 그 밖의 조건을 증명할 필요가 있는 물품에 대하여 과세자료 제출기관이 허가 등을 갖추었음을 확인하여 준 경우 그에 관한 자료

④ 관세법에 따라 체납된 관세 등의 징수를 위하여 필요한 자료

⑤ 중앙관서 중 중앙행정기관 외의 기관이 보유하고 있는 자료로서 관세청장이 관세의 부과·징수와 통관에 필요한 최소한의 범위에서 해당 기관의 장과 미리 협의하여 정하는 자료

⑥ 거주자의 「여신전문금융업법」에 따른 신용카드 등의 대외지급(물품구매 내역에 한정한다) 및 외국에서의 외국통화 인출 실적

(3) 과세자료의 제출방법

① 과세자료제출기관의 장은 분기별로 분기만료일이 속하는 달의 다음 달 말일까지 대통령령으로 정하는 바에 따라 관세청장 또는 세관장에게 과세자료를 제출하여야 한다. 다만, 과세자료의 발생빈도와 활용시기 등을 고려하여 대통령령으로 정하는 바에 따라 그 과세자료의 제출시기를 달리 정할 수 있다.

② 과세자료제출기관의 장이 과세자료를 제출하는 경우에는 그 기관이 접수하거나 작성한 자료의 목록을 함께 제출하여야 한다.

③ 과세자료의 목록을 제출받은 관세청장 또는 세관장은 이를 확인한 후 제출받은 과세자료에 누락이 있거나 보완이 필요한 경우 그 과세자료를 제출한 기관에 대하여 추가하거나 보완하여 제출할 것을 요청할 수 있다. 과세자료의 추가 또는 보완을 요구받은 경우에는 정당한 사유가 없으면 그 요구를 받은 날부터 15일 이내에 그 요구에 따라야 한다.

④ 과세자료의 제출서식 등 제출방법에 관하여 그 밖에 필요한 사항은 기획재정부령으로 정한다.

(4) 과세자료의 수집에 관한 협조

① 관세청장 또는 세관장으로부터 과세자료의 제출을 요청받은 기관 등의 장은 다른 법령에 특별한 제한이 있는 경우 등 정당한 사유가 없으면 이에 협조하여야 한다.

② 관세청장 또는 세관장은 과세자료 외의 자료로서 관세의 부과·징수 및 통관을 위하여 필요한 경우에는 해당 자료를 보유하고 있는 과세자료제출기관의 장에게 그 자료의 수집에 협조하여 줄 것을 요청할 수 있다.

(5) 과세자료의 관리 및 활용 등

① 관세청장은 관세법에 따른 과세자료의 효율적인 관리와 활용을 위한 전산관리 체계를 구축하는 등 필요한 조치를 마련하여야 한다.

② 관세법에 따른 과세자료의 제출·관리 및 활용 상황을 수시로 점검하여야 한다.

(6) 관세자료제출기관의 책임 등

① 과세자료제출기관의 장은 그 소속 공무원이나 임직원이 관세법에 따른 과세자료의 제출의무를 성실하게 이행하는지를 수시로 점검하여야 한다.

② 관세청장은 과세자료제출기관 또는 그 소속 공무원이나 임직원이 관세법에 따른 과세자료의 제출 의무를 이행하지 아니하는 경우 그 기관을 감독 또는 감사·검사하는 기관의 장에게 그 사실을 통보하여야 한다.

(7) 비밀유지의무

① 관세청 및 세관 소속 공무원은 제출받은 과세자료를 타인에게 제공 또는 누설하거나 목적 외의 용도로 사용하여서는 아니 된다. 다만, 관세법 제116조 비밀유지 예외규정에 따라 문서로서 제공하는 경우(과세정보의 제공)에는 그러하지 아니하다.

② 관세청 및 세관 소속 공무원은 이를 위반하는 과세자료의 제공을 요구받으면 이를 거부하여야 한다.

③ 과세자료를 제공받은 자는 이를 타인에게 제공 또는 누설하거나 목적 외의 용도로 사용하여서는 아니 된다.

(8) 과세자료 비밀유지의무 위반에 대한 처벌

과세자료를 타인에게 제공 또는 누설하거나 목적 외의 용도로 사용한 자는 3년 이하의 징역 또는 1천만원 이하의 벌금에 처한다. 징역과 벌금은 병과할 수 있다.

(9) 불법·불량·유해물품에 대한 정보 등의 제공 요청과 협조

관세청장은 우리나라로 반입되거나 우리나라에서 반출되는 물품의 안전 관리를 위하여 필요한 경우 중앙행정기관의 장에게 해당 기관이 보유한 다음의 불법·불량·유해물품에 대한 정보 등을 제공하여 줄 것을 요청할 수 있다. 요청을 받은 중앙행정기관의 장은 특별한 사유가 없는 경우에는 이에 협조하여야 한다.

① 관세법 또는 다른 법령에서 정한 구비조건·성분·표시·품질 등을 위반한 물품에 관한 정보

② 물품을 제조, 거래, 보관 또는 유통하는 자에 관한 정보

(10) 마약류 관련 정보의 제출 요구

관세청장은 법령을 위반하여 우리나라에 반입되거나 우리나라에서 반출되는 마약류를 효과적으로 차단하기 위하여 대통령령으로[155] 정하는 바에 따라 관계 중앙행정기관의 장에게 해당 기관이 보유한 다음의 정보의 제출을 요구할 수 있다. 요구를 받은 중앙행정기관의 장은 특별한 사유가 없는 경우에는 이에 따라야 한다.

① 마약류 관련 범죄사실 등에 관한 정보
② 「마약류 관리에 관한 법률」 제11조의2 제1항에 따른 마약류 통합정보
③ 마약류 관련 국제우편물에 관한 정보

2 세관공무원의 물품검사 등

1. 물품 또는 운송수단 등에 대한 검사 등

세관공무원은 관세법 또는 관세법에 따른 명령(대한민국이 체결한 조약 및 일반적으로 승인된 국제법규에 따른 의무를 포함한다)을 위반한 행위를 방지하기 위하여 필요하다고 인정될 때에는 물품, 운송수단, 장치 장소 및 관계 장부·서류를 검사 또는 봉쇄하거나 그 밖에 필요한 조치를 할 수 있다.

2. 물품분석

세관공무원은 다음 물품에 대한 품명, 규격, 성분, 용도, 원산지 등을 확인하거나 품목분류를 결정할 필요가 있을 때에는 해당 물품에 대하여 물리적·화학적 분석을 할 수 있다.

① 제246조제1항에 따른 검사의 대상인 수출·수입 또는 반송하려는 물품
② 제265조에 따라 검사하는 물품
③ 「사법경찰관리의 직무를 수행할 자와 그 직무범위에 관한 법률」 제6조제14호에 따른 범죄와 관련된 물품

155) **시행령 제263조의3(마약류 관련 정보의 제출 요구)**
관세청장은 법 제264조의11제1항에 따라 관계 중앙행정기관의 장에게 다음 각 호의 구분에 따른 정보의 제출을 요구할 수 있다.
1. 과학기술정보통신부장관 : 「국제우편규정」 제3조에 따른 국제우편물(법령을 위반하여 우리나라에 반입되거나 우리나라에서 반출되는 마약류를 배달한 우편물만 해당한다) 수취인의 성명·주소, 배송일자·배송경로를 조회한 인터넷 프로토콜(protocol) 주소와 접속기기 및 조회일시
2. 외교부장관 : 국외에서 마약류 밀수 또는 유통 범죄로 최근 10년간 체포·구금 또는 수감된 사람으로서 「재외국민보호를 위한 영사조력법」 제11조에 따라 재외공관의 장의 영사조력을 받은 재외국민(해당 범죄로 유죄 판결이 확정된 경우만 해당한다)의 성명·생년월일·여권번호, 범죄사실 및 처벌내용
3. 법무부장관 : 국내에서 마약류 밀수 또는 유통 범죄로 처벌받은 외국인으로서 최근 10년간 「출입국관리법」 제46조제1항제13호에 따른 강제퇴거 대상자에 해당하게 된 외국인의 성명·생년월일·외국인등록번호 및 처분내역
4. 검찰총장 : 다음 각 목의 정보
가. 마약류 밀수 또는 유통 범죄와 관련하여 최근 10년간 「형의 실효 등에 관한 법률」에 따른 수형인명부에 기재된 국민의 성명·생년월일, 범죄사실 및 처벌내용
나. 마약류 밀수 또는 유통 범죄와 관련하여 최근 10년간 「형의 실효 등에 관한 법률」에 따른 수형인명부에 기재된 외국인의 성명·생년월일·외국인등록번호, 범죄사실 및 처벌내용

3. 장부 또는 자료의 제출 등(법 제266조)

1) 장부 또는 자료의 제출

① 세관공무원은 관세법에 따른 직무를 집행하기 위하여 필요하다고 인정될 때에는 수출입업자·판매업자 또는 그 밖의 관계자에 대하여 질문하거나 문서화·전산화된 장부, 서류 등 관계 자료 또는 물품을 조사하거나, 그 제시 또는 제출을 요구할 수 있다.

② 상설영업장을 갖추고 외국에서 생산된 물품을 판매하는 자로서 기획재정부령으로 정하는 기준에 해당하는 자는 해당 물품에 관하여 「부가가치세법」 제32조 및 35조에 따른 세금계산서나 수입 사실 등을 증명하는 자료를 영업장에 갖춰 두어야 한다.

③ 관세청장이나 세관장은 관세법 또는 관세법에 따른 명령을 집행하기 위하여 필요하다고 인정될 때에는 상설영업장의 판매자나 그 밖의 관계인으로 하여금 대통령령으로 정하는 바에 따라 영업에 관한 보고를 하게 할 수 있다.

2) 영업에 관한 보고: 관세청장 또는 세관장은 상설영업장을 갖추고 외국에서 생산된 물품을 판매하는 자, 그 대리인 기타 관계인에 대하여 판매물품에 관한 다음 사항에 관한 보고서의 제출을 명할 수 있다.

① 판매물품의 품명·규격 및 수량

② 수입대상국과 생산국 또는 원산지

③ 수입가격 또는 구입가격

④ 수입자 또는 구입처

⑤ 구입일자, 당해 영업장에의 반입일자

⑥ 판매일자

3) 자료를 갖춰 두어야 하는 영업장(규칙 제80조): 위에서 "기획재정부령으로 정하는 기준에 해당하는 자"란 다음 어느 하나에 해당하는 상설영업장을 갖추고 외국에서 생산된 물품을 판매하는 자를 말한다.

① 백화점

② 최근 1년간 수입물품의 매출액이 5억원 이상인 수입물품만을 취급하거나 수입물품을 할인판매하는 상설영업장

③ 통신판매하는 자로서 최근 1년간 수입물품의 매출액이 10억원 이상인 상설영업장

④ 관세청장이 정하는 물품을 판매하는 자로서 최근 1년간 수입물품의 매출액이 전체 매출액의 30퍼센트를 초과하는 상설영업장

⑤ 상설영업장의 판매자 또는 그 대리인이 최근 3년 이내에 「관세법」 또는 「관세사법」위반으로 처벌받은 사실이 있는 경우 그 상설영업장

4) 서면 실태조사

① 관세청장이나 세관장은 소비자 피해를 예방하기 위하여 필요한 경우 「전자상거래 등에서의 소비자보호에 관한 법률」 제2조 제4호에 따른 통신판매중개를 하는 자를 대상으로 통신판매중개를 하는 사이버몰에서 거래되는 물품 중 관세법을 위반하여 수입된 물품의 유통실태 조사를 서면으로 매년 1회 실시할 수 있다.

② 관세청장은 서면실태조사의 결과를 공정거래위원회에 제공할 수 있고, 공정거래위원회와 소비자 피해 예방을 위하여 필요하다고 합의한 경우에는 관세청과 공정거래위원회의 홈페이지에 게시하는 방법으로 그 조사 결과를 공표할 수 있다. 다만, 관세청장은 조사결과를 공개하기 전에 조사대상자에게 조사결과를 통지하여 소명자료를 제출하거나 의견을 진술할 수 있는 기회를 부여해야 한다.

③ 관세청장이나 세관장은 서면실태조사를 위하여 필요한 경우에는 해당 통신판매중개를 하는 자에게 필요한 자료의 제출을 요구할 수 있다.

④ 서면실태조사의 시기, 범위, 방법 및 조사결과의 공표범위 등에 관하여 필요한 사항은 대통령령으로 정한다.

4. 위치정보의 수집

① 관세청장이나 세관장은 수입신고 규정을 위반하여 수입하는 마약류의 위치정보를 수집할 수 있다.

② 수집된 위치정보의 저장 · 보호 · 이용 및 파기 등에 관한 사항은 「위치정보의 보호 및 이용 등에 관한 법률」을 따른다.

③ 위치정보 수집대상 물품의 구체적인 범위와 방법, 절차 등에 관하여 필요한 사항은 관세청장이 정한다.

5. 무기의 휴대 및 사용

① 관세청장이나 세관장은 직무를 집행하기 위하여 필요하다고 인정될 때에는 그 소속공무원에게 총기를 휴대하게 할 수 있다.

② "무기"란 「총포 · 도검 · 화약류 등의 안전관리에 관한 법률」에 따른 총포(권총 또는 소총에 한정한다), 도검, 분사기 또는 전자충격기를 말한다.

③ 세관공무원은 그 직무를 집행할 때 특히 자기나 다른 사람의 생명 또는 신체를 보호하고 공무집행에 대한 방해 또는 저항을 억제하기 위하여 필요한 상당한 이유가 있는 경우 그 사태에 응하여 부득이하다고 판단될 때에는 그 무기를 사용할 수 있다.

6. 운송수단에 대한 검문 · 검색 등의 협조 요청

① 세관장은 직무를 집행하기 위하여 필요하다고 인정될 때에는 다음 각 호의 어느 하나에 해당하는 자에게 협조를 요청할 수 있다.

1. 육군 · 해군 · 공군의 각 부대장
2. 국가경찰관서의 장
3. 해양경찰관서의 장

② 협조 요청을 받은 자는 밀수 관련 혐의가 있는 운송수단에 대하여 추적감시 또는 진행정지명령을 하거나 세관공무원과 협조하여 해당 운송수단에 대하여 검문 · 검색을 할 수 있으며, 이에 따르지 아니하는 경우 강제로 운송수단을 정지시키거나 검문 · 검색을 할 수 있다.

7. 명예세관원(법 제268조)

(1) 의의

관세청장은 밀수감시단속 활동의 효율적인 수행을 위하여 필요한 경우에는 수출입 관련 분야의 민간종사자 등을 명예세관원으로 위촉하여 다음의 활동을 하게 할 수 있다. 명예세관원의 자격 요건, 임무, 그 밖에 필요한 사항은 기획재정부령으로 정한다.

① 공항·항만에서의 밀수감시
② 정보제공 및 밀수방지의 홍보

(2) 명예세관원 자격 요건

명예세관원은 다음의 어느 하나에 해당하는 자 중에서 위촉한다.

① 수출입물품과 같은 종류의 물품을 생산·유통·보관 및 판매하는 등의 업무에 종사하는 자 및 관련단체의 임직원
② 소비자 관련단체의 임직원
③ 관세행정 발전에 기여한 공로가 있는 자
④ 수출입물품의 유통에 관심이 있고 명예세관원의 임무를 성실히 수행할 수 있는 사람

(3) 명예세관원의 임무

① 세관의 조사·감시 등 관세행정과 관련한 정보제공
② 밀수방지 등을 위한 홍보 활동 지원 및 개선 건의
③ 세관직원을 보조하는 공항 또는 항만의 감시 등 밀수 단속 활동 지원
④ 세관직원을 보조하여 원산지 표시 위반, 지식재산권 침해 등에 대한 단속 활동 지원

(4) 기타

관세청장은 필요한 경우 명예세관원에게 활동경비 등을 지급할 수 있다. 명예세관원의 위촉·해촉, 그 밖에 필요한 사항은 관세청장이 정한다.

8. 권한의 위임 및 위탁(법 제329조)

권한 또는 업무를 위탁받아 행사하는 자(임직원과 사용인을 포함한다)는 「형법」 제129조부터 제132조까지의 규정을 적용할 때에는 공무원으로 본다.

<table>
<tr><th colspan="3">위임</th></tr>
<tr><td>기획재정부장관</td><td>관세청장</td><td>• 덤핑방지관세 재심사에 필요한 사항의 조사
• 상계관세 재심사에 필요한 사항의 조사</td></tr>
<tr><td rowspan="3">관세청장</td><td>세관장</td><td>포상</td></tr>
<tr><td>관세평가분류원장</td><td>• 과세환율 결정
• 수출환율 결정
• 가산 또는 공제 금액 결정
• 4평가방법(국내 판매가격, 이윤 및 일반경비, 수수료)
• 과세가격결정방법 사전심사
• 품목분류사전심사</td></tr>
<tr><td>세관장 또는 관세평가분류원장</td><td>• 수출입안전관리 우수공인업체 심사 및 예비심사</td></tr>
<tr><th colspan="3">위탁</th></tr>
<tr><td rowspan="2">관세청장</td><td>민법 제32조에 따라 설립된 사단법인 중 지식재산권 보호업무에 전문성이 있다고 인정되어 관세청장이 지정·고시하는 법인</td><td>• 지식재산권신고에 관한 업무
(신고서의 접수 및 보완요구만 해당)</td></tr>
<tr><td>민법 제32조에 따라 설립된 사단법인 중 수출입안전관리 심사업무에 전문성이 있다고 인정되어 관세청장이 지정·고시하는 법인</td><td>• 수출입안전관리 우수업체 공인심사 및 예비심사 지원</td></tr>
<tr><td rowspan="4">세관장</td><td>체신관서의 장</td><td>• 우편물검사
• 우편물통관에 대한 결정 및 통지</td></tr>
<tr><td>운영인 또는 화물관리인</td><td>• 매각 전 통고 권한
(자가용보세구역에서의 통고를 제외)
• 보세운송 도착보고의 수리에 관한 권한</td></tr>
<tr><td>민법 제32조에 따라 설립된 사단법인 중 관세청장이 지정하여 고시하는 법인의 장</td><td>• 보세사의 등록과 보세운송업자의 등록</td></tr>
<tr><td>• 비영리법인
• 화물관리인
• 운영인
• 보세운송업자</td><td>• 보세구역물품반출입신고
• 보세구역반출입물품종류제한
• 보수작업 승인
• 해체, 절단 작업 허가
• 보세운송신고 접수
• 보세운송물품 검사
• 수출, 수입, 반송 물품 검사</td></tr>
<tr><td>관세청장 또는 세관장</td><td>관세청장이 정하는 기준에 따라 검사 업무에 전문성이 있다고 인정되어 관세청장이 지정, 고시하는 법인 또는 단체</td><td>• 세관검사장 검사비용 지원업무일부(신청서 접수, 지원요건 및 금액에 관한 심사에 한정한다)
• 국제항으로부터 나오는 사람의 휴대품 및 운송수단에 대한 검사 업무</td></tr>
</table>

PART 09

CHAPTER 02 조사와 처분

1 관세범 등

1. 관세범(법 제283조)

관세범이라 함은 관세법 또는 관세법에 따른 명령을 위반하는 행위로서 관세법에 따라 형사처벌되거나 통고처분되는 것을 말한다.

2. 관세범의 조사 · 처분 전담

관세범에 대한 조사 · 처분은 세관공무원이 행한다.

3. 공소의 요건(법 제284조)

관세범에 관한 사건은 관세청장이나 세관장의 고발이 없는 한 검사는 공소를 제기할 수 없다.

4. 관세범의 인계

다른 기관이 관세범에 관한 사건을 발견하거나 피의자를 체포하였을 때에는 즉시 관세청이나 세관에 인계하여야 한다.

5. 관세범 및 조사처분에 관한 서류(법 제285조)

(1) 관세범에 관한 서류

관세범에 관한 서류에는 연월일을 적고 서명날인하여야 한다.

(2) 조사처분에 관한 서류(법 제286조)

① 관세점의 조사와 처분에 관한 서류에는 장마다 간인(間印)하여야 한다.
② 문자를 추가하거나 삭제할 때와 난의 바깥에 기입할 때에는 날인(捺印)하여야 한다.
③ 문자를 삭제할 때에는 그 문자 자체를 그대로 두고 그 글자수를 적어야 한다.

6. 형사소송법 준용(법 제319조)

관세범에 관하여는 관세법에 특별한 규정이 있는 것을 제외하고는 「형사소송법」을 준용한다.

2 관세범의 조사

1. 의의(법 제290조)

세관공무원이 관세범이 있다고 인정하는 때에는 범인·범죄사실 및 증거를 조사하여야 한다.

2. 조사(법 제291조)

세관공무원이 관세범 조사상 필요하다고 인정하는 때에는 피의자·증인 또는 참고인을 조사할 수 있다.

3. 조서

(1) 조서 작성(법 제292조)

① 세관공무원이 피의자·증인 또는 참고인을 조사한 때에는 조서를 작성하여야 한다. 조서는 세관공무원이 진술자에게 읽어주거나 열람하게 하여 그 기재사실에 서로 다른 점이 있는 지를 물어 보아야 한다. 진술자가 조서 내용의 증감변경을 청구를 한 경우에는 그 진술을 조서에 기재하여야 한다.

② 조서에는 연월일과 장소를 기재하고 다음의 자가 함께 서명·날인하여야 한다.

㉠ 조사를 한 자
㉡ 진술자
㉢ 참여자

(2) 조서의 대용(법 제293조)

① 현행범인에 대한 조사로서 긴급히 처리할 필요가 있을 때에는 그 주요 내용을 적은 서면으로 조서를 대신할 수 있다.

② 서면에는 연월일시와 장소를 적고 조사를 한 사람과 피의자가 이에 서명날인하여야 한다.

(3) 조서의 서명(법 제287조)

관세범에 관한 서류에 서명·날인하는 경우 본인이 서명할 수 없는 때에는 다른 사람에게 대리서명하게 하고 도장을 찍어야 한다. 이 경우 도장을 지니지 아니하였을 때에는 손도장을 찍어야 한다. 다른 사람에게 대리서명하게 한 경우에는 대리서명자가 그 사유를 적고 서명·날인하여야 한다.

(4) 서류의 송달(법 제288조, 제289조)

관세범에 관한 서류는 인편이나 등기우편으로 송달한다. 관세범에 관한 서류를 송달한 때에는 수령증을 받아야 한다.

4. 출석 요구(법 제294조)

① 세관공무원이 관세범 조사에 필요하다고 인정할 때에는 피의자·증인 또는 참고인의 출석을 요구할 수 있다.
② 세관공무원이 관세범 조사에 필요하다고 인정할 때에는 지정한 장소에 피의자·증인 또는 참고인의 출석이나 동행을 명할 수 있다.
③ 피의자·증인 또는 참고인에게 출석 요구를 할 때에는 출석요구서를 발급하여야 한다.

5. 조사결과의 보고(법 제310조)

세관공무원은 조사를 종료하였을 때에는 관세청장이 세관장에게 서면으로 그 결과를 보고하여야 한다.

6. 사법경찰권(법 제295조)

(1) 근거규정

세관공무원은 관세범에 관하여 「사법경찰관리의 직무를 수행할 자와 그 직무범위에 관한 법률」에서 정하는 바에 따라 사법경찰관리의 직무를 수행한다.

(2) 수색·압수영장(법 제296조)

① 관세법에 따라 수색·압수를 할 때에는 관할 지방법원 판사의 영장을 받아야 한다. 다만, 긴급한 경우에는 사후에 영장을 발급받아야 한다.
② 소유자·점유자 또는 보관자가 임의로 제출한 물품이나 남겨 둔 물품은 영장 없이 압수할 수 있다.

(3) 검증·수색(법 제300조)

세관공무원은 관세범 조사상 필요하다고 인정하는 때에는 선박·차량·항공기·창고 기타의 장소를 검증 또는 수색할 수 있다.

(4) 현행범의 체포 및 인도

① 세관공무원이 관세범의 현행범인을 발견한 때에는 즉시 체포하여야 한다.
② 관세범의 현행범인이 그 장소에 있을 때에는 누구든지 체포할 수 있으며, 지체 없이 세관공무원에게 범인을 인도하여야 한다.

(5) 신변의 수색 등(법 제301조)

1) 신변수색

① 세관공무원은 범죄사실을 증명하기에 충분한 물품을 피의자가 신변(身邊)에 은닉하였다고 인정될 때에는 이를 내보이도록 요구하고, 이에 따르지 아니하는 경우에는 신변을 수색 할 수 있다.
② 여성의 신변을 수색하는 때에는 성년의 여성을 참여시켜야 한다.

2) 참여(법 제302조): 세관공무원이 수색을 할 때에는 다음 어느 하나에 해당하는 사람을 참여시켜야 한다. 다만, 이들이 모두 부재중일 때에는 공무원을 참여시켜야 한다. ② ~ ③에 규정된 자는 성년자이어야 한다.

① 선박·차량·항공기·창고 기타의 장소의 소지인·관리인

② 동거하는 친척이나 고용된 사람

③ 이웃에 거주하는 사람

⑹ **야간집행의 제한(법 제306조)**

해 진 후부터 해 뜨기 전까지는 검증·수색 또는 압수를 할 수 없다. 다만, 현행범인 경우에는 그러하지 아니하다. 이미 검증·수색 또는 압수는 계속할 수 있다.

⑺ **조사 중의 출입금지(법 제307조)**

세관공무원은 피의자·증인 또는 참고인에 대한 조사·검증·수색 또는 압수 중에는 누구를 막론하고 그 장소에의 출입을 금할 수 있다.

⑻ **신분증명(법 제308조)**

세관공무원은 조사·검증·수색 또는 압수를 할 때에는 제복을 착용하거나 그 신분을 증명할 증표를 지니고 그 처분을 받을 자가 요구하면 이를 보여 주어야 한다. 세관공무원이 제복을 착용하지 아니한 경우로서 그 신분을 증명하는 증표제시 요구에 응하지 아니하는 경우에는 처분을 받을 자는 그 처분을 거부할 수 있다.

⑼ **경찰관의 원조(법 제309조)**

세관공무원은 조사·검증·수색 또는 압수를 할 때 필요하다고 인정하는 경우에는 국가 경찰공무원의 원조를 요구할 수 있다.

7. 관세범칙조사위원회[156](법 제284조의2)

① 범칙사건에 관한 다음의 사항을 심의하기 위하여 관세청 또는 인천공항세관, 서울세관, 부산세관, 인천세관, 대구세관, 광주세관 및 평택세관에 관세범칙조사심의위원회를 둘 수 있다.

1. 관세범에 해당하는 사건에 대한 조사의 시작 여부에 관한 사항
2. 관세범에 대한 조사한 사건의 고발, 송치, 통고처분(통고처분의 면제를 포함한다) 및 종결 등에 관한 사항
3. 그 밖에 범칙사건과 관련하여 관세청장 또는 세관장이 관세범칙조사심의위원회의 심의가 필요하다고 인정하는 사항

② 관세범칙조사심의위원회는 위원장 1명을 포함하여 20명 이내의 위원으로 성별을 고려하여 구성한다.

---

156) **시행령 제266조의2(관세범칙조사심의위원회의 구성)**

① 법 제284조의2의제1항에 따라 인천공항세관·서울세관·부산세관·인천세관·대구세관·광주세관 및 평택세관에 관세범칙조사심의위원회를 둔다.

② 법 제284의2제1항에 따른 관세범칙조사심의위원회(이하 "관세범칙조사심의위원회"라 한다)는 위원장 1명을 포함한 10명 이상 20명 이하의 위원으로 구성한다.

③ 관세범칙조사심의위원회의 위원장은 관세청의 3급부터 5급까지에 해당하는 공무원 중관세청장이 지정하는 사람이 되고, 위원은 다음 각 호의 사람 중에서 세관장이 임명 또는 위촉하되, 제2호부터 제6호까지에 해당하는 위원이 2분의 1 이상 포함되어야 한다.
1. 관세청 소속 공무원
2. 변호사 · 관세사
3. 대학교수
4. 관세, 무역 및 형사 관련 전문연구기관 연구원
5. 시민단체(「비영리민간단체 지원법」 제2조에 따른 비영리민간단체를 말한다)에서 추천하는 자
6. 그 밖에 범칙조사에 관한 학식과 경험이 풍부한 자

④ 제3항제2호부터 제6호까지에 해당하는 위원의 임기는 2년으로 하되, 한차례만 연임할 수 있다. 다만, 보궐위원의 임기는 전임위원 임기의 남은 기간으로 한다.

시행령 제266조의3(관세범칙조사심의위원회 위원의 해임 등) 세관장은 관세범칙조사심의위원회 위원이 다음 각 호의 어느 하나에 해당하는 경우에는 해당 위원을 해임 또는 해촉할 수 있다.
1. 심신장애로 인하여 직무를 수행할 수 없게 된 경우
2. 직무와 관련된 비위사실이 있는 경우
3. 직무태만, 품위손상이나 그 밖의 사유로 인하여 위원으로 적합하지 않다고 인정되는 경우
4. 위원 스스로 직무를 수행하는 것이 곤란하다고 의사를 밝힌 경우
5. 제266조의6 각 호의 어느 하나에 해당함에도 불구하고 회피하지 않은 경우

시행령 제266조의4(관세범칙조사심의위원회 위원장의 직무)
① 관세범칙조사심의위원회의 위원장은 관세범칙조사심의위원회를 대표하고, 관세범칙조사심의위원회의 업무를 총괄한다.
② 관세범칙조사심의위원회의 위원장이 직무를 수행하지 못하는 부득이한 사정이 있는 때에는 위원장이 지명하는 위원이 그 직무를 대행한다.

시행령 제266조의5(관세범칙조사심의위원회의 운영)
① 관세범칙조사심의위원회의 위원장은 법 제284조의2 제1항 각 호의 사항에 관한 심의가 필요한 경우 회의를 소집하고 그 의장이 된다.
② 관세범칙조사심의위원회의 회의는 위원장을 포함한 재적위원 과반수의 출석으로 개의하고, 출석위원 과반수의 찬성으로 의결한다.
③ 관세범칙조사심의위원회의 사무를 처리하기 위하여 간사 1명을 두고, 간사는 위원장이 관세청 소속 공무원 중에서 지명한다.
④ 관세범칙조사심의위원회의 위원장은 회의를 개최한 때에는 심의내용, 결정사항 등이 포함된 회의록을 작성하여 보관해야 한다.
⑤ 관세범칙조사심의위원회의 위원장은 회의에서 심의 · 의결한 사항을 관세청장에게 통보해야 한다.
⑥ 관세범칙조사심의위원회의 회의와 회의록은 공개하지 않는다. 다만, 위원장이 필요하다고 인정하는 경우에는 공개할 수 있다.
⑦ 관세범칙조사심의위원회는 의안에 관하여 필요하다고 인정되는 때에는 공무원 등 관계자에게 출석을 요청하여 의견을 들을 수 있고 관련 기관에 필요한 자료를 요청할 수 있다.
⑧ 제1항부터 제7항까지에서 규정한 사항 외에 위원회의 운영에 필요한 사항은 관세청장이 정한다.

시행령 제266조의6(관세범칙조사심의위원회 위원의 제척 · 회피)
① 관세범칙조사심의위원회의 위원은 다음 각 호의 어느 하나에 해당하는 경우에는 해당 안건의 심의 · 의결에서 제척된다.
1. 위원이 안건의 당사자(당사자가 법인 · 단체 등인 경우에는 그 임직원을 포함한다. 이하 이 항에서 같다)이거나 안건에 관하여 직접적인 이해관계가 있는 경우
2. 위원의 배우자, 4촌 이내의 혈족 및 2촌 이내의 인척의 관계에 있는 사람이 안건의 당사자이거나 안건에 관하여 직접적인 이해관계가 있는 경우
3. 위원이 안건 당사자의 대리인이거나 최근 5년 이내에 대리인이었던 경우
4. 위원이 안건 당사자의 대리인이거나 최근 5년 이내에 대리인이었던 법인 · 단체 등에 현재 속하고 있거나 속했던 경우
5. 위원이 최근 5년 이내에 안건 당사자의 자문 · 고문에 응했거나 안건 당사자와 연구 · 용역 등의 업무 수행에 동업 또는 그 밖의 형태로 직접 해당 안건 당사자의 업무에 관여했던 경우
6. 위원이 최근 5년 이내에 안건 당사자의 자문 · 고문에 응했거나 안건 당사자와 연구 · 용역 등의 업무 수행에 동업 또는 그 밖의 형태로 직접 안건 당사자의 업무에 관여했던 법인 · 단체 등에 현재 속하고 있거나 속했던 경우

② 관세범칙조사심의위원회의 위원은 제1항 각 호의 어느 하나에 해당하는 경우에는 스스로 해당 안건의 심의 · 의결에서 회피해야 한다.

시행령 제266조의7(수당) 관세범칙조사심의위원회의 회의에 출석한 공무원이 아닌 위원에 대해 예산의 범위에서 수당을 지급할 수 있다.

3 압수물품

1. 의의(법 제303조)

세관공무원은 관세범 조사에 의하여 발견한 물품이 범죄의 사실을 증명하기에 충분하거나 또는 몰수하여야 하는 것으로 인정되는 경우에는 이를 압수할 수 있다.

2. 압수물품의 보관

① 압수물품은 편의에 의하여 소지자 또는 시·군·읍·면사무소에 보관시킬 수 있다. 압수물품을 보관시키는 때에는 수령증을 받고 그 요지를 압수 당시의 소유자에게 통지하여야 한다.
② 물품을 압수하는 때에는 당해 물품에 봉인하여야 한다. 다만, 물품의 성상에 따라 봉인할 필요가 없거나 봉인이 곤란하다고 인정되는 때에는 그러하지 아니하다.

3. 압수물품의 매각

관세청장이나 세관장은 압수물품이 다음 어느 하나에 해당하는 경우에는 피의자나 관계인에게 통고한 후 매각하여 그 대금을 보관하거나 공탁할 수 있다. 다만, 통고할 여유가 없는 경우에는 매각한 후 통고하여야 한다.

① 부패 또는 손상 그 밖에 사용할 수 있는 기간이 지날 우려가 있는 경우
② 보관하기가 극히 불편하다고 인정되는 경우
③ 처분이 지연되면 상품가치가 크게 떨어질 우려가 있는 경우
④ 피의자나 관계인이 매각을 요청하는 경우

4. 압수물품의 폐기(법 제304조)

관세청장이나 세관장은 압수물품 중 다음 어느 하나에 해당하는 것은 피의자나 관계인에게 통고한 후 폐기할 수 있다. 다만, 통고할 여유가 없을 때에는 폐기한 후 즉시 통고하여야 한다.

① 사람의 생명이나 재산을 해칠 우려가 있는 것
② 부패하거나 변질된 것
③ 유효기간이 지난 것
④ 상품가치가 없어진 것

5. 압수물품의 국고귀속(법 제299조)

(1) 유실물 공고

세관장은 제269조(밀수출입죄), 제270조 제1항 내지 제3항(관세포탈죄 · 부정수입죄 및 부정수출죄) 및 제272조부터 제274조(밀수전용운반기구의 몰수, 범죄에 사용된 물품의 몰수 및 밀수품 취득죄 등)의 규정에 해당되어 압수된 물품에 대하여 그 압수일부터 6월 이내에 해당 물품의 소유자 및 범인을 알 수 없는 경우에는 해당 물품을 유실물로 간주하여 유실물의 공고를 하여야 한다.

(2) 국고귀속

유실물 공고일부터 1년이 지나도 소유자 및 범인을 알 수 없는 경우에는 해당 물품은 국고에 귀속된다.

6. 압수물품의 반환(법 제313조)

(1) 압수물품 또는 환가대금의 반환

관세청장이나 세관장은 압수물품을 몰수하지 아니하는 때에는 그 압수물품이나 그 물품의 환가대금을 반환하여야 한다.

(2) 공고 및 국고귀속

압수물품이나 그 반환대금을 반환받을 자의 주소 및 거소가 분명하지 아니하거나 그 밖의 사유로 인하여 반환할 수 없는 때에는 그 요지를 공고하여야 한다. 공고를 한 날부터 6월이 지날 때까지 반환의 청구가 없는 경우에는 그 물품이나 그 반환대금을 국고에 귀속시킬 수 있다.

(3) 관세미납물품에 대한 반환

반환할 물품에 대하여 관세가 미납된 경우에는 반환받을 자로부터 해당 관세를 징수한 후 반환하여야 한다.

7. 압수 조서 등의 작성(법 제305조)

검증 · 수색 또는 압수를 하였을 때에는 조서를 작성하여야 한다.

4 통고처분

1. 통고처분 대상(법 제311조)

(1) 관세청장이나 세관장은 관세범을 조사한 결과 범죄의 확증을 얻었을 때에는 대통령령으로 정하는 바에 따라 그 대상이 되는 자에게 그 이유를 구체적으로 밝히고 다음에 해당하는 금액이나 물품을 납부할 것을 통고할 수 있다.

① 벌금에 상당하는 금액

② 몰수에 해당하는 물품

③ 추징금에 해당하는 금액

(2) 벌금에 상당하는 금액의 부과기준(영 제270조의2)

① 벌금에 상당하는 금액은 해당 벌금 최고액의 100분의 30으로 한다. 다만, 별표 4에 해당하는 범죄로서 해당 물품의 원가가 해당 벌금의 최고액 이하인 경우에는 해당 물품 원가의 100분의 30으로 한다.

② 관세청장이나 세관장은 관세범이 조사를 방해하거나 증거물을 은닉・인멸・훼손한 경우 등 관세청장이 정하여 고시하는 사유에 해당하는 경우에는 ①에 따른 금액의 100분의 50 범위에서 관세청장이 정하여 고시하는 비율에 따라 그 금액을 늘릴 수 있다.

③ 관세청장이나 세관장은 관세범이 조사 중 해당 사건의 부족세액을 자진하여 납부한 경우, 심신미약자인 경우 또는 자수한 경우 등 관세청장이 정하여 고시하는 사유에 해당하는 경우에는 ①에 따른 금액의 100분의 50 범위에서 관세청장이 정하여 고시하는 비율에 따라 그 금액을 줄일 수 있다.

④ 관세범이 ②, ③ 따른 사유에 2가지 이상 해당하는 경우에는 각각의 비율을 합산하되, 합산한 비율이 100분의 50을 초과하는 경우에는 100분의 50으로 한다.

(3) 신용카드등에 의한 납부

① 통고처분을 받은 자는 납부하여 할 금액을 대통령령으로 정하는 통고처분 납부대행기관을 통하여 신용카드, 직불카드 등으로 납부할 수 있다.

② 신용카드등으로 납부하는 경우에는 통고처분납부대힝기관의 승인일을 납부일로 본다.

③ 통고처분 납부대힝기관의 지정 및 운영, 납부대행 수수료등 통고처분에 따른 금액을 신용카드등으로 납부하는 경우에 필요한 세부사항은 대통령령으로 정한다.

④ "통고처분납부대행기관"이란 정보통신망을 이용하여 신용카드, 직불카드 등에 의한 결재를 수행하는 기관으로서 다음 어느 하나에 해당하는 기관을 말한다.

㉠ 「민법」 제32조에 따라 설립된 금융결제원

㉡ 시설, 업무수행능력, 자본금 규모 등을 고려하여 관세청장이 지정하는 자

⑤ 통고처분납부대행기관은 납부대행의 대가로 기획재정부령으로 정하는 바에 따라 납부대행 수수료[157]를 받을 수 있다.

⑥ 관세청장은 납부에 사용되는 신용카드등의 종류 등 납부에 필요한 사항을 정할 수 있다.

---

157) **시행규칙 제80조의3(신용카드 등에 의한 통고처분 납부)**
납부대행수수료는 관세청장이 통고처분납부대행기관의 운영경비 등을 종합적으로 고려하여 승인하되, 해당 납부금액의 1천분의 10을 초과할 수 없다.

2. 통고서의 작성 및 송달(법 제314조)

① 관세청장이나 세관장은 통고처분을 할 때에는 관세범의 조사를 마친 날부터 10일 이내에 그 범칙행위자 및 양벌규정이 적용되는 법인 또는 개인별로 통고서를 작성하여야 한다. 통고서에는 다음 각 호의 사항을 적고 처분을 한 자가 서명날인하여야 한다.

1. 처분을 받을 자의 성명, 나이, 성별, 직업 및 주소
2. 벌금에 상당한 금액, 몰수에 해당하는 물품 또는 추징금에 상당한 금액
3. 범죄사실
4. 적용 법조문
5. 이행 장소
6. 통고처분 연월일

② 통고처분의 고지는 통고서를 송달하는 방법으로 하여야 한다.

3. 예납제도

관세청장이나 세관장은 통고처분을 받는 자가 벌금이나 추징금에 상당한 금액을 예납(豫納)하려는 경우에는 이를 예납시킬 수 있다.

4. 통고처분의 효력 등

① 통고가 있는 때에는 공소의 시효는 정지된다.
② 통고처분으로 관세징수권의 소멸시효는 중단된다.
③ 관세범인이 통고서의 송달을 받았을 때에는 그 날부터 15일 이내에 이를 이행하여야 하며, 이 기간 내에 이행하지 아니하였을 때에는 관세청장이나 세관장은 즉시 고발하여야 한다. 다만, 15일이 지난 후 고발이 되기 전에 관세범인이 통고처분을 이행한 경우에는 그러하지 아니하다.
④ 관세범인이 통고의 요지를 이행하였을 때에는 동일사건에 대하여 다시 처벌을 받지 아니한다.

5. 통고처분의 면제

통고처분 면제는 다음의 요건을 모두 갖춘 관세범을 대상으로 한다.

① 벌금에 상당하는 금액이 30만원 이하일 것
② 몰수에 해당하는 물품의 가액과 추징금에 해당하는 금액을 합한 금액이 100만원 이하일 것

5 고발

1. 의의

고발이란 관세청장이 세관장이 국가기관에게 관세범죄사실을 신고하여 형사소송절차에 의한 관세범의 수사와 소추를 구하는 의사표시를 말한다.

2. 즉시고발(법 제312조)

관세청장이나 세관장은 범죄의 정상이 징역형에 처해질 것으로 인정될 때에는 즉시 고발하여야 한다.

3. 무자력고발(법 제318조)

관세청장이나 세관장은 다음 어느 하나의 경우에는 즉시 고발하여야 한다.

① 세범인이 통고를 이행할 수 있는 자금능력이 없다고 인정되는 경우
② 세범인의 주소 및 거소가 분명하지 아니하거나 그 밖의 사유로 통고를 하기 곤란하다고 인정되는 경우

4. 압수물품의 인계(영 제272조)

① 관세청장 또는 세관장은 관세범을 고발하는 경우 압수물품이 있는 때에는 압수물품조서를 첨부하여 인계하여야 한다.
② 관세청장 또는 세관장은 압수물품을 편의에 따라 소지자나 시·군·읍·면사무소에 보관하게 하는 때에는 당해 보관자에게 인계의 요지를 통지하여야 한다.

CHAPTER 03 벌칙

1 관세행정벌

1. 관세행정형벌

관세법상의 의무위반에 대한 제재로서 「형법」상 형명이 있는 형벌을 과하는 것을 말한다. 「형법」상에는 9종의 형(사형, 징역, 금고, 구류, 자격정지, 자격상실, 벌금, 과료, 몰수)이 규정되어 있으나, 관세법 에서는 징역,벌금, 몰수의 3종의 형을 규정하고 있다. 관세범에 대하여도 일반적으로 「형법」의 규정이 적용되지만 관세법상에 특별히 규정이 있는 경우에는 이에 따른다.

2. 관세행정질서벌

관세법상 의무위반에 대한 제재이지만 「형법」에 형명이 없는 벌, 즉 과태료와 과징금이 이에 해당한다.

2 「형법」 총직에 대한 특례

1. 「형법」 적용의 일부 배제(법 제278조)

관세법에 따른 벌칙에 위반되는 행위를 한 자에게는 「형법」 제38조제1항제2호 중 벌금경합에 관한 제한가중규정을 적용하지 아니한다.

2. 양벌규정(법 제279조)

(1) 의의

법인의 대표자나 법인 또는 개인의 대리인, 사용인, 그 밖의 종업원이 그 법인 또는 개인의 업무에 관하여 관세법상 벌칙(제277조의 과태료는 제외한다)에 해당하는 위반행위를 하면 그 행위자를 벌하는 외에 그 법인 또는 개인에게도 해당 조문의 벌금형을 과(科)한다.

(2) 개인의 범위

개인은 다음 어느 하나에 해당하는 사람으로 한정한다.

① 특허보세구역 또는 종합보세사업장의 운영인
② 수출(「수출용원재료에 대한 관세 등 환급에 관한 특례법」 제4조에 따른 수출등을 포함한다) · 수입 또는 운송을 업으로 하는 사람
③ 관세사
④ 국제항 안에서 물품 및 용역의 공급을 업으로 하는 사람
⑤ 전자문서중계사업자

(3) 면책

법인 또는 개인이 그 위반행위를 방지하기 위하여 해당 업무에 관하여 상당한 주의와 감독을 게을리하지 아니한 경우에는 그러하지 아니하다.

(4) 몰수와 추징의 적용

행위자로부터 몰수·추징을 할 경우에는 개인 또는 법인을 범인으로 본다.

3. 미수범 등(법 제271조)

교사범, 미수범 등의 처벌에 대하여는 관세법의 규정을 적용한다.

(1) 교사자 및 방조자의 처벌

정황을 알면서 제269조(밀수출입죄) 및 제270조(관세포탈죄 등)에 따른 행위를 교사하거나 방조한 자는 정범(正犯)에 준하여 처벌한다.

(2) 예비범 및 미수범의 처벌

① 제268조의2(전자문서 위조, 변조죄 등), 제269조(밀수출입죄) 및 제270(관세포탈죄 등)조의 미수범은 본죄에 준하여 처벌한다.

② 제268조의2(전자문서 위조, 변조죄 등), 제269조(밀수출입죄) 및 제270조(관세포탈죄 등)의 죄를 범할 목적으로 그 예비를 한 자는 본죄의 2분의 1을 감경하여 처벌한다.

4. 징역과 벌금의 병과(법 제275조)

제269조(밀수출입죄)부터 제271조(미수범 등)까지 및 제274조(밀수품의 취득죄 등)의 죄를 범한 자는 정상(情狀)에 따라 징역과 벌금을 병과할 수 있다.

구분	전자문서 위변조죄 등	밀수출입죄	관세포탈죄 등	가격조작죄	밀수품 취득죄	강제징수 면탈죄 등	타인에 대한 명의대여죄	허위신고죄 등
징역·벌금 병과	×	○	○	○	○	×	×	벌금
교사자·방조자	×	정범	정범	×	×	방조자 처벌	×	×
미수범	본죄	본죄	본죄	×	본죄	×	×	×
예비범	감경	감경	감경	×	감경	×	×	×
과실범	×	×	×	×	×	×	×	○

5. 몰수와 추징(법 제282조)

(1) 의의

몰수란 범죄행위에 제공하였거나 범죄로 생긴 물건 등에 대한 사회적 유통을 억제하고 범죄로 인한 재산적 이익을 회수하기 위하여 그 소유권을 박탈하는 일종의 재산형이다. 몰수는 주형(主刑)에 부과하여 가하는 부가(附加)형이지만 몰수불능일 때에는 그 가액을 추징한다.

(2) 범죄물품의 몰수

① **수출입금지물품**: 금지품수출입죄(예비범을 포함한다)의 경우에는 그 물품을 몰수한다.

② **범인이 소유 또는 점유하는 물품**: 밀수출입죄(법 제269조 제2항, 제3항) 또는 밀수품 취득죄 등(법 제274조 제1항 제1호)의 경우에는 범인이 소유하거나 점유하는 그 물품을 몰수한다. 다만, 밀수출입죄의 경우로서 다음 어느 하나에 해당하는 물품은 몰수하지 아니할 수 있다.

㉠ 보세구역에 반입·반출 규정에 따라 신고를 한 후 반입한 외국물품

㉡ 보세구역외 장치 규정에 따라 세관장의이 허가를 받아 보세구역이 아닌 장소에 장치한 외국물품

㉢ 폐기물관리법 제2조 제1호부터 제5호까지의 규정에 따른 폐기물

㉣ 그 밖에 몰수의 실익이 없는 물품으로서 대통령령으로 정하는 물품

(3) 범죄와 관련된 물품의 몰수

① **밀수전용 운반기구의 몰수(법 제272조)**: 관세법 269조의(밀수출입죄) 죄에 전용(專用)되는 선박·자동차나 그 밖의 운반기구는 그 소유자가 범죄에 사용된다는 정황을 알고 있고, 다음 어느 하나에 해당하는 경우에는 몰수한다.

㉠ 범죄물품을 적재하거나 적재하려고 한 경우

㉡ 검거를 기피하기 위하여 권한 있는 공무원의 정지 명령을 받고도 정지하지 아니하거나 적재된 범죄물품을 해상에서 투기·파괴 또는 훼손한 경우

㉢ 범죄물품을 해상에서 인수 또는 취득하거나 인수 또는 취득하려고 한 경우

㉣ 범죄물품을 운반한 경우

② **범죄에 사용된 물품의 몰수 등(법 제273조)**

㉠ 밀수출입에 사용하기 위하여 특수한 가공을 한 물품은 누구의 소유이든지 몰수하거나 그 효용을 소멸시킨다.

㉡ 밀수출입에 해당되는 물품이 다른 물품 중에 포함되어 있는 경우 그 물품이 범인의 소유일 때에는 그 다른 물품도 몰수할 수 있다.

(4) 추징

① 몰수할 물품의 전부 또는 일부를 몰수할 수 없을 때[158]에는 그 몰수할 수 없는 물품의 범칙 당시의 국내도매가격에 상당한 금액을 범인으로부터 추징한다.

② 국내도매가격이라 함은 도매업자가 수입물품을 무역업자로부터 매수하여 국내도매시장에서 공정한 거래방법에 의하여 공개적으로 판매하는 가격을 말한다.

③ 추징대상에서 법 제274조 제1항 1호(밀수품의 취득죄 등) 중 법 제269조 제2항(밀수입죄)의 물품을 감정한 자를 제외한다.

(5) 몰수품 등의 처분(법 제326조)

① **몰수품 등의 공매**: 세관장은 이 법에 따라 몰수되거나 국고에 귀속된 물품(이하 "몰수품등"이라 한다)을 공매 또는 그 밖의 방법으로 처분할 수 있다. 몰수품등의 공매에 관하여는 제210조(장치기간경과물품의 매각)를 준용한다. 다만, 관세청장이 정하는 물품은 경쟁입찰에 의하지 아니하고 수의계약이나 위탁판매의 방법으로 매각할 수 있다.

② **몰수 농산물의 이관**: 세관장은 몰수품등이 농산물인 경우로서 국내시장의 수급조절과 가격 안정을 도모하기 위하여 농림축산식품부장관이 요청할 때에는 대통령령으로 정하는 바에 따라 몰수품등을 농림축산식품부장관에게 이관할 수 있다.

③ **보관료 및 관리비 지급 등**: 세관장은 관세청장이 정하는 기준에 해당하는 몰수품등을 처분하려면 관세청장의 지시를 받아야 하며, 몰수품등에 대하여 대통령령으로 정하는 금액의 범위에서 몰수 또는 국고귀속 전에 발생한 보관료 및 관리비를 지급할 수 있다.

④ **보고 명령 등**: 관세청장 또는 세관장은 몰수품 등을 위탁판매의 방법으로 공매하는 경우 위탁판매 물품에 대한 적정한 관리를 위하여 필요한 경우에는 수탁판매기관에게 물품의 판매 현황, 재고 현황 등 관리 현황을 관세청장 또는 세관장에게 보고하게 하거나 관련 장부 및 서류의 제출을 명할 수 있다. 이 경우 보고의 방법 및 절차 등 필요한 사항은 관세청장이 정한다.

---

158) **기본통칙(몰수할 수 없는 때)**
"몰수할 수 없는 때"라 함은 범인이 이를 소비, 은닉, 훼손 분실하는 등의 경우는 물론 그 소재 장소로 말미암은 장애사유로 인하여 몰수할 수 없는 때도 이에 해당한다.

3 관세범의 처벌

죄목	성립요건	처벌
전자문서 위조·변조죄 등 (법 제268조의2)	국가관세종합정보시스템이나 전자문서중계사업자의 전산처리설비에 기록된 전자문서 등 관련 정보를 위조 또는 변조하거나 위조 또는 변조된 정보를 행사한 자	1년 이상 10년 이하의 징역 또는 1억원 이하의 벌금
	① 관세청장의 지정을 받지 아니하고 전자문서중계업무를 행한 자 ② 국가관세종합정보시스템 또는 전자문서중계사업자의 전산처리설비에 기록된 전자문서 등 관련 정보를 훼손하거나 그 비밀을 침해한 자 ③ 업무상 알게 된 전자문서 등 관련 정보에 관한 비밀을 누설하거나 도용한 한국관세정보원 또는 전자문서중계사업자의 임직원 또는 임직원이었던 사람	5년 이하의 징역 또는 5천만원 이하의 벌금
밀수출입죄 (법 제269조)	(금지품수출입죄) 수출입금지물품을 수출·수입한 자	7년 이하의 징역 또는 7천만원 이하의 벌금
	(밀수입죄) ① 수입신고를 하지 아니하고 수입한자 다만, 즉시반출신고를 한 자는 제외한다) ② 수입신고를 하였으나 해당 수입물품과 다른 물품으로 신고하여 수입한 자	5년 이하의 징역 또는 관세액의 10배와 물품원가 중 높은 금액 이하에 상당하는 벌금
	(밀수출죄) ① 수출 또는 반송 신고를 하지 아니하고 물품을 수출하거나 반송한 자 ② 수출·반송의 신고를 하였으나 수출물품 또는 반송물품과 다른 물품으로 신고하여 수출하거나 반송한 자	3년 이하의 징역 또는 물품원가 이하에 상당하는 벌금
관세포탈죄 등 (법 제270조)	(관세포탈죄) ① 세액결정에 영향을 미치기 위하여 과세가격 또는 관세율 등을 거짓으로 신고하거나 신고하지 아니하고 수입한 자 ② 세액결정에 영향을 미치기 위하여 거짓으로 서류를 갖추어 제86조제1항·제3항에 따른 사전심사·재심사 및 제87조제3항에 따른 재심사를 신청한 자 ③ 법령에 따라 수입이 제한된 사항을 회피할 목적으로 부분품으로 수입하거나 주요 특성을 갖춘 미완성·불완전한 물품이나 완제품을 부분품으로 분할하여 수입한 자	3년 이하의 징역 또는 포탈한 관세액의 5배와 물품원가 중 높은 금액 이하에 상당하는 벌금에 처한다. 이 경우 물품원가는 전체 물품 중 포탈한 세액의 전체 세액에 대한 비율에 해당하는 물품만의 원가로 한다.
	(부정수입죄) 수입신고를 한 자 중 법령에 따라 수입에 필요한 허가·승인·추천·증명 또는 그 밖의 조건을 갖추지 아니하거나 부정한 방법으로 갖추어 수입한 자	3년 이하의 징역 또는 3천만원 이하의 벌금
	(부정수출죄) 수출신고를 한 자 중 법령에 따라 수출에 필요한 허가·승인·추천·증명 또는 그 밖의 조건을 갖추지 아니하거나 부정한 방법으로 갖추어 수출한 자	1년 이하의 징역 또는 2천만원 이하의 벌금

	(부정감면죄) 부정한 방법으로 관세를 감면받거나 관세를 감면받은 물품에 대한 관세의 징수를 면탈한 자	3년 이하의 징역에 처하거나, 감면받거나 면탈한 관세액의 5배 이하에 상당하는 벌금
	(부정환급죄) 부정한 방법으로 관세를 환급받은 자	3년 이하의 징역 또는 환급받은 세액의 5배 이하에 상당하는 벌금에 처한다. 이 경우 세관장은 부정한 방법으로 환급받은 세액을 즉시 징수한다.
가격조작죄 (법 제270조의2)	다음 각 호의 신청 또는 신고를 할 때 부당하게 재물이나 재산상 이득을 취득하거나 제3자로 하여금 이를 취득하게 할 목적으로 물품의 가격을 조작하여 신청 또는 신고한 자 1. 제38조의2제1항·제2항에 따른 보정신청 2. 제38조의3제1항에 따른 수정신고 3. 제241조제1항·제2항에 따른 신고 4. 제244조제1항에 따른 신고	2년 이하의 징역 또는 물품원가와 5천만원 중 높은 금액 이하의 벌금
밀수품 취득죄 등 (법 제274조)	다음 물품을 취득·양도·운반·보관 또는 알선하거나 감정한 자 1. 제269조(밀수출입죄, 금지품수출입죄)에 해당되는 물품 2. 제270조제1항제3호(관세포탈죄), 같은 조 제2항(부정수입죄) 및 제3항(부정수출죄)에 해당되는 물품	3년 이하의 징역 또는 물품원가 이하에 상당하는 벌금
강제징수면탈죄 등 (법 제275조의2)	① 납세의무자 또는 납세의무자의 재산을 점유하는 자가 강제징수의 집행을 면탈할 목적 또는 면탈하게 할 목적으로 그 재산을 은닉·탈루하거나 거짓 계약을 하였을 때 ② 압수물건의 보관자 또는 「국세징수법」 제38조에 따른 압류물건의 보관자가 그 보관한 물건을 은닉·탈루, 손괴 또는 소비하였을 때	3년 이하의 징역 또는 3천만원 이하의 벌금에 처한다.
	위 ①, ② 사정을 알고도 이를 방조하거나 거짓 계약을 승낙한 자	2년 이하의 징역 또는 2천만원 이하의 벌금
명의대여죄 등 (법 제275조의3)	관세(세관장이 징수하는 내국세등을 포함한다)의 회피 또는 강제집행의 면탈을 목적으로 하거나 재산상 이득을 취할 목적으로 타인에게 자신의 명의를 사용하여 제38조에 따른 납세신고를 할 것을 허락한 자 또는 납세신고를 한자	1년 이하의 징역 또는 1천만원 이하의 벌금
과세자료 비밀유지 의무 위반 (법 제264조의9)	제264조의8제1항 또는 제3항을 위반하여 과세자료를 타인에게 제공 또는 누설하거나 목적 외의 용도로 사용한 자	3년 이하의 징역 또는 1천만원 이하의 벌금에 처한다.
허위신고죄 등 (법 제276조)	① 제198조제1항에 따른 종합보세사업장의 설치·운영에 관한 신고를 하지 아니하고 종합보세기능을 수행한 자 ② 제204조제2항에 따른 세관장의 중지조치 또는 같은 조 제3항에 따른 세관장의 폐쇄 명령을 위반하여 종합보세기능을 수행한 자 ③ 제238조에 따른 보세구역 반입명령에 대하여 반입대상 물품의 전부 또는 일부를 반입하지 아니한 자	물품원가 또는 2천만원 중 높은 금액 이하의 벌금

④ 제241조제1항 · 제2항 또는 제244조제1항에 따른 신고를 할 때 제241조제1항에 따른 사항(품명, 규격, 수량, 가격)을 신고하지 아니하거나 허위신고를 한 자(제275조의3제2호에 해당하는 자는 제외한다.) ⑤ 제38조의2제1항 및 제2항, 제38조의3제1항에 따른 보정신청 또는 수정신고를 할 때 제241조제1항에 따른 사항을 허위로 신청하거나 신고한 자 ⑥ 제248조제3항(신고수리 전에는 운송수단, 관세통로,하역통로 또는 관세법에 규정된 장치장소로부터 신고된 물품을 반출하여서는 아니 된다)을 위반한 자	
① 부정한 방법으로 적재화물목록을 작성하였거나 제출한 자 ② 제12조(제277조제7항제2호에 해당하는 경우는 제외한다), 제98조제2항, 제109조제1항(제277조제6항제3호에 해당하는 경우는 제외한다), 제134조제1항(제146조제1항에서 준용하는 경우를 포함한다), 제136조제2항, 제148조제1항, 제149조, 제222조제1항(제146조제1항에서 준용하는 경우를 포함한다) 또는 제225조제1항 전단을 위반한 자 ③ 제83조제2항, 제88조제2항, 제97조제2항 및 제102조제1항을 위반한 자. 다만, 제277조제6항제3호에 해당하는 자는 제외한다. ④ 제174조제1항에 따른 특허보세구역의 설치 · 운영에 관한 특허를 받지 아니하고 특허보세구역을 운영한 자 ⑤ 제227조에 따른 세관장의 의무 이행 요구를 이행하지 아니한 자 ⑥ 제38조제3항 후단에 따른 자율심사 결과를 거짓으로 작성하여 제출한 자 ⑦ 제178조제2항제1호 · 제5호 및 제224조제1항제1호에 해당하는 자	2천만원 이하의 벌금에 처한다. 다만, 과실로 ②, ③ 또는 ④에 해당하게 된 경우에는 300만원 이하의 벌금에 처한다.
① (삭제) ② 제135조제1항(제146조제1항에서 준용하는 경우를 포함한다)에 따른 입항보고를 거짓으로 하거나 제136조제1항(제146조제1항에서 준용하는 경우를 포함한다)에 따른 출항허가를 거짓으로 받은 자 ③ 제135조제1항(제146조제1항에서 준용하는 경우를 포함하며 제277조제6항제4호에 해당하는 자는 제외한다), 제136조제1항(제146조제1항에서 준용하는 경우를 포함한다), 제137조의2제1항 각 호 외의 부분 후단(제277조제6항제4호에 해당하는 자는 제외한다), 제140조제1항 · 제4항 · 제6항(제146조제1항에서 준용하는 경우를 포함한다), 제141조제1호 · 제3호(제146조제1항에서 준용하는 경우를 포함한다), 제142조제1항(제146조제1항에서 준용하는 경우를 포함한다), 제144조(제146조제1항에서 준용하는 경우를 포함한다), 제150조, 제151조 또는 제213조제2항 또는 제223조의2를 위반한 자	1천만원 이하의 벌금 다만, 과실로 ②, ③까지의 규정에 해당하게 된 경우에는 200만원 이하의 벌금에 처한다.

	④ (삭제) ⑤ 부정한 방법으로 제248조제1항 단서에 따른 신고필증을 발급받은 자 ⑥ (삭제) ⑦ 제265조에 따른 세관장 또는 세관공무원의 조치를 거부 또는 방해한 자 ⑧ (삭제)	
	제165조제3항(보세사로 근무하려면 해당 보세구역을 관할하는 세관장에게 등록하여야 한다)을 위반한 자	500만원 이하의 벌금

4 과태료(법 제277조)

① 37조의4제1항에 따라 자료제출을 요구받은 특수관계에 있는 자가 제10조에서 정하는 정당한 사유 없이 제37조의4제4항에서 정한 기한까지 자료를 제출하지 아니하거나 거짓의 자료를 제출하는 경우에는 1억원 이하의 과태료를 부과한다. 이 경우 제276조는 적용되지 아니한다.

② 제37조의4 제7항을 위반한 자에게는 2억원 이하의 과태료를 부과한다. 이 경우 제276조는 적용되지 아니한다.

③ 다음 각 호의 어느 하나에 해당하는 자에게는 5천만원 이하의 과태료를 부과한다. 다만, 과실로 제2호에 해당하게 된 경우에는 400만원 이하의 과태료를 부과한다. <신설 2023. 12. 31.>

1. 세관공무원의 질문에 대하여 거짓의 진술을 하거나 그 직무의 집행을 거부 또는 기피한 자
2. 제200조제3항, 제203조제1항 또는 제262조에 따른 관세청장 또는 세관장의 조치를 위반하거나 검사를 거부·방해 또는 기피한 자
3. 제263조를 위반하여 서류의 제출·보고 또는 그 밖에 필요한 사항에 관한 명령을 이행하지 아니하거나 거짓의 보고를 한 자
4. 제266조제1항에 따른 세관공무원의 자료 또는 물품의 제시요구 또는 제출요구를 거부한 자

④ 다음 각 호의 어느 하나에 해당하는 자에게는 1천만원 이하의 과태료를 부과한다.

1. 제139조(제146조제1항에서 준용하는 경우를 포함한다), 제143조제1항(제146조제1항에서 준용하는 경우를 포함한다), 제152조제1항, 제155조제1항, 제156조제1항, 제159조제2항, 제160조제1항, 제161조제1항, 제186조제1항(제205조에서 준용하는 경우를 포함한다), 제192조(제205조에서 준용하는 경우를 포함한다), 제200조제1항, 제201조제1항·제3항, 제219조제2항 또는 제266조제2항을 위반한 자
2. 제187조제1항(제89조제5항에서 준용하는 경우를 포함한다) 또는 제195조제1항에 따른 허가를 받지 아니하거나 제202조제2항에 따른 신고를 하지 아니하고 보세공장·보세건설장·종합보세구역 또는 지정공장 외의 장소에서 작업을 한 자

⑤ 다음 각 호의 어느 하나에 해당하는 자에게는 500만원 이하의 과태료를 부과한다.

1. 제240조의2제1항을 위반하여 유통이력을 신고하지 아니하거나 거짓으로 신고한 자
2. 제240조의2제2항을 위반하여 장부기록 자료를 보관하지 아니한 자

PART 09

3. 제243조제4항을 위반하여 관세청장이 정하는 장소에 반입하지 아니하고 제241조제1항에 따른 수출의 신고를 한 자
4. 제327조의2제10항을 위반하여 한국관세정보원 또는 이와 유사한 명칭을 사용한 자

⑥ 다음 각 호의 어느 하나에 해당하는 자에게는 200만원 이하의 과태료를 부과한다.

1. 특허보세구역의 특허사항을 위반한 운영인
2. 제38조제3항, 제83조제1항, 제107조제3항, 제135조제2항(제146조제1항에서 준용하는 경우를 포함한다), 제136조제3항(제146조제1항에서 준용하는 경우를 포함한다), 제140조제5항, 제141조제1호·제3호(제146조제1항에서 준용하는 경우를 포함한다), 제157조제1항, 제158조제2항·제6항, 제172조제3항, 제194조(제205조에서 준용하는 경우를 포함한다), 제196조의2제5항, 제198조제3항, 제199조제1항, 제202조제1항, 제214조, 제215조(제219조제4항 및 제221조제2항에서 준용하는 경우를 포함한다), 제216조제2항·제3항(제219조제4항 및 제221조제2항에서 준용하는 경우를 포함한다), 제221조제1항, 제222조제3항, 제225조제1항 후단 또는 제251조제1항을 위반한 자
3. 제83조제2항, 제88조제2항, 제97조제2항, 제102조제1항 및 제109조제1항을 위반한 자 중 해당 물품을 직접 수입한 경우 관세를 감면받을 수 있고 수입자와 동일한 용도에 사용하려는 자에게 양도한 자
4. 제135조제1항 또는 제137조의2제1항 각 호 외의 부분 후단을 위반한 자 중 과실로 여객명부 또는 승객예약자료를 제출하지 아니한 자
5. 제159조제6항, 제180조제3항(제205조에서 준용하는 경우를 포함한다), 제196조제4항, 제216조제1항(제219조제4항 및 제221조제2항에서 준용하는 경우를 포함한다), 제222조제4항, 제225조제2항, 제228조 또는 제266조제3항에 따른 관세청장 또는 세관장의 조치를 위반한 자
6. 제321조제2항제2호를 위반하여 운송수단에서 물품을 취급한 자
7. 보세구역에 물품을 반입하지 아니하고 거짓으로 제157조제1항에 따른 반입신고를 한 자

⑦ 다음 각 호의 어느 하나에 해당하는 자에게는 100만원 이하의 과태료를 부과한다.

1. 적재물품과 일치하지 아니하는 적재화물목록을 작성하였거나 제출한 자. 다만, 다음 각 목의 어느 하나에 해당하는 자가 투입 및 봉인한 것이어서 적재화물목록을 제출한 자가 해당 적재물품의 내용을 확인하는 것이 불가능한 경우에는 해당 적재화물목록을 제출한 자는 제외한다.
   가. 제276조제3항제1호에 해당하는 자
   나. 적재물품을 수출한 자
   다. 다른 선박회사·항공사 및 화물운송주선업자
2. 제12조제1항을 위반하여 신고필증을 보관하지 아니한 자
3. 제28조제2항에 따른 신고를 하지 아니한 자
4. 제107조제4항, 제108조제2항, 제138조제2항·제4항, 제141조제2호, 제157조의2, 제162조, 제179조제2항, 제182조제1항(제205조에서 준용하는 경우를 포함한다), 제183조제2항·제3항, 제184조(제205조에서 준용하는 경우를 포함한다), 제185조제2항(제205조에서 준용하는 경우를 포함한다), 제245조제3항 또는 제254조의2제2항 및 제3항을 위반한 자
5. 제160조제4항(제207조제2항에서 준용하는 경우를 포함한다)에 따른 세관장의 명령을 이행하지 아니한 자
6. 제177조제2항(제205조에서 준용하는 경우를 포함한다), 제180조제4항(제205조에서 준용하는 경우를 포함한다) 또는 제249조 각 호 외의 부분 단서에 따른 세관장의 명령이나 보완조치를 이행하지 아니한 자

7. 제180조제1항(제205조에서 준용하는 경우를 포함한다) · 제2항(제89조제5항에서 준용하는 경우를 포함한다), 제193조(제205조에서 준용하는 경우를 포함한다) 또는 제203조제2항에 따른 세관장의 감독 · 검사 · 보고지시 등을 따르지 아니한 자

⑧ 제1항부터 제7항까지의 규정에 따른 과태료는 대통령령으로 정하는 바에 따라 세관장이 부과 · 징수한다.

5 금품수수 및 공여(법 제277조의2)

1. 의의

세관공무원이 그 직무와 관련하여 금품을 수수(收受)하였을 때에는 「국가공무원법」 제82조에 따른 징계절차에서 그 금품 수수액의 5배 내의 징계부가금 부과 의결을 징계위원회에 요구하여야 한다.

2. 감면 요구

징계대상 세관공무원이 징계부가금 부과 의결 전후에 금품 수수를 이유로 다른 법률에 따라 형사처벌을 받거나 변상책임 등을 이행한 경우(몰수나 추징을 당한 경우를 포함한다)에는 징계위원회에 감경된 징계부가금 부과 의결 또는 징계부가금 감면을 요구하여야 한다.

3. 부과금 미납시 조치

징계부가금 부과처분을 받은 자가 납부기간 내에 그 부가금을 납부하지 아니한 때에는 징계권자는 국세강제징수의 예에 따라 징수할 수 있다.

4. 과태료 부과

세관장은 세관공무원에게 금품을 공여한 자에 대해서는 그 금품 상당액의 2배 이상 5배 내의 과태료를 부과 · 징수한다. 다만, 「형법」등 다른 법률에 따라 형사처벌을 받은 경우에는 과태료를 부과하지 아니하고, 과태료를 부과한 후 형사처벌을 받은 경우에는 과태료 부과를 취소한다.

6 비밀유지 의무 위반에 대한 과태료(법 제277조의3)

관세청장은(관세법 제116조 제1항, 제6항 또는 관세법 제116조의6 제10항을 위반하여) 과세정보를 타인에게 제공 또는 누설하거나 그 목적 외의 용도로 사용한 자에게 2천만원 이하의 과태료를 부과 · 징수한다. 다만, 「형법」 등 다른 법률에 따라 형사처벌을 받은 경우에는 과태료를 부과하지 아니하고, 과태료를 부과한 후 형사처벌을 받은 경우에는 과태료 부과를 취소한다.

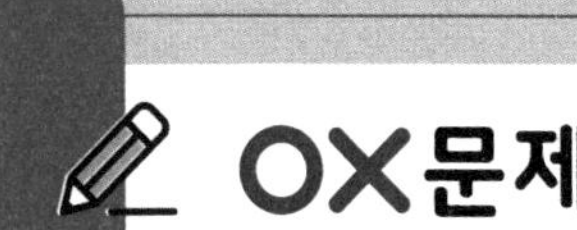

OX문제

01 관세청장이나 세관장은 관세법 또는 관세법에 따른 명령을 집행하기 위하여 필요하다고 인정될 때에는 운송수단의 출발을 중지시키거나 그 진행을 정지시킬 수 있다. (　)

02 과세자료제출기관의 장은 분기별로 분기만료일이 속하는 달의 말일까지 대통령령으로 정하는 바에 따라 관세청장 또는 세관장에게 과세자료를 제출하여야 한다. (　)

03 관세청장이나 세관장은 직무를 집행하기 위하여 필요하다고 인정될 때에는 그 소속 공무원에게 무기를 휴대하게 할 수 있다. "무기"란 총포 · 도검 · 화약류 등의 안전관리에 관한 법률에 따른 총포, 도검, 분사기 또는 전자충격기를 말한다. (　)

04 국가관세종합정보망이나 전자문서중계사업자의 전산처리설비에 기록된 전자문서 등 관련 정보를 위조 또는 변조하거나 위조 또는 변조된 정보를 행사한 자는 1년 이상 10년 이하의 징역 또는 1억원 이하의 벌금에 처한다. (　)

05 수입신고를 하지 아니하고 물품을 수입한 자는 5년 이하의 징역 또는 관세액의 10배와 물품원가 중 높은 금액 이하에 상당하는 벌금에 처한다. (　)

06 수입신고 등을 할 때 부당하게 재물이나 재산상 이득을 취득하거나 제3자로 하여금 이를 취득하게 할 목적으로 물품의 가격을 조작하여 신청 또는 신고한 자는 3년 이하의 징역 또는 물품원가와 1천만원 중 높은 금액 이하의 벌금에 처한다. (　)

07 법인의 대표자가 그 법인의 업무에 관하여 관세법 제277조(과태료)에 해당하는 위반행위를 한 경우 양벌규정에 따라 법인의 대표자 외에 그 법인에게도 과태료를 부과한다. (　)

08 관세범에 관한 사건에 대하여는 관세처장이나 세관장의 고발이 없더라도 검사는 공소를 제기할 수 있다. (　)

09 세관공무원은 관세범에 관하여 사법경찰관리의 직무를 수행할 자와 그 직무 범위에 관한 법률에서 정하는 바에 따라 사법경찰관리의 직무를 수행한다. (　)

10 세관장은 범죄의 정상이 징역형에 처하여 질 것으로 인정되는 경우에도 통고처분을 할 수 있다. (　)

Answer 01 ○　02 ×　03 ○　04 ○　05 ○　06 ×　07 ×　08 ×　09 ○　10 ×

Self 필기노트

합격까지 함께
관세직 만점 기본서

김준휘 관세법

합격까지 박문각

Part

10

보칙

Chapter 01 보칙

▶ OX문제

CHAPTER

01 보칙

1 가산세의 세목(법 제320조)

관세법에 따른 가산세는 관세의 세목으로 한다.

2 세관의 개청시간, 물품취급시간(법 제321조)

1. 세관의 개청시간, 물품취급시간

세관의 업무시간, 보세구역과 운송수단에 있어서의 물품의 취급시간은 대통령령으로 정하는 바에 따른다. 세관의 개청시간과 보세구역 및 운송수단의 물품취급시간은 다음과 같다.

(1) 세관의 개청시간 및 운송수단의 물품취급시간

국가공무원복무규정에 의한 공무원의 근무시간 다만, 세관의 업무특성상 필요한 경우에 세관장은 관세청장의 승인을 얻어 부서별로 근무시간을 달리 정할 수 있다.

(2) 보세구역의 물품취급시간

24시간. 다만, 감시・단속을 위하여 필요한 경우 세관장은 그 시간을 제한할 수 있다.

3 임시개청 등 통보

1. 사전통보

다음 어느 하나에 해당하는 자는 대통령령으로 정하는 바에 따라 세관장에게 미리 통보하여야 한다. 이 경우 사전통보를 한 자는 기획재정부령[159]으로 정하는 바에 따라 수수료를 납부하여야 한다.

---

159) **시행규칙 제81조(개청시간 및 물품취급시간외 통관절차 등에 관한 수수료)**

① 법 제321조 제3항의 규정에 의하여 납부하여야 하는 개청시간 외 통관절차・보세운송절차 또는 입출항절차에 관한 수수료(구호용 물품의 경우 당해 수수료를 면제한다)는 기본수수료 4천원(휴일은 1만2천원)에 다음 각 호의 구분에 의한 금액을 합한 금액으로 한다. 다만, 수출물품의 통관절차 또는 출항절차에 관한 수수료는 수입물품의 통관절차 또는 출항절차에 관한 수수료의 4분의 1에 상당하는 금액으로 한다.

1. 오전 6시부터 오후 6시까지 : 1시간당 3천원
2. 오후 6시부터 오후 10시까지 : 1시간당 4천8백원
3. 오후 10시부터 그 다음날 오전 6시까지 : 1시간당 7천원

② 제1항의 규정에 의하여 수수료를 계산함에 있어서 관세청장이 정하는 물품의 경우 여러 건의 수출입물품을 1건으로 하여 통관절차・보세운송절차 또는 입출항절차를 신청하는 때에는 이를 1건으로 한다.

① 세관의 업무시간이 아닌 때에 통관절차·보세운송절차 또는 입출항절차를 밟으려는 자
② 운송수단의 물품취급시간이 아닌 때에 물품을 취급하려는 자

2. 통보서의 제출

공휴일 또는 법 제321조제2항의 규정에 의하여 개청시간외에 통관절차·보세운송절차 또는 입출항 절차를 밟고자 하는 자는 사무의 종류 및 시간과 사유를 기재한 통보서를 세관장에게 제출하여야 한다. 다만, 법 제241조의 규정에 의하여 신고를 하여야 하는 우편물 외의 우편물에 대하여는 그러하지 아니하다.

3. 통보서 제출생략 대상

물품취급시간 외에 물품의 취급을 하려는 자는 다음 어느 하나에 해당하는 경우를 제외하고는 통보서를 세관장에게 제출하여야 한다.

① 우편물(법 제241조의 규정에 의하여 신고를 하여야 하는 것은 제외한다)을 취급하는 경우
② 제1항의 규정에 의하여 통보한 시간 내에 당해 물품의 취급을 하는 경우
③ 보세공장에서 보세작업을 하는 경우. 다만, 감시·단속에 지장이 있다고 세관장이 인정할 때에는 예외로 한다.
④ 보세전시장 또는 보세건설장에서 전시·사용 또는 건설공사를 하는 경우
⑤ 수출신고수리시 세관의 검사가 생략되는 수출물품을 취급하는 경우
⑥ 제155조제1항에 따른 항구나 공항에서 하역작업을 하는 경우
⑦ 재해 기타 불가피한 사유로 인하여 당해 물품을 취급하는 경우. 이 경우에는 사후에 경위서를 세관장에게 제출하여 그 확인을 받아야 한다.

PART 10

---

③ 법 제321조 제3항의 규정에 의하여 납부하여야 하는 물품취급시간 외의 물품취급에 관한 수수료는 당해 물품을 취급하는 때에 세관공무원이 참여하는 경우에는 기본수수료 2천원(휴일은 6천원)에 다음 각 호의 1에 해당하는 금액을 합한 금액으로 하며, 세관공무원이 참여하지 아니하는 경우에는 기본수수료 2천원(휴일은 6천원)으로 한다. 다만, 수출물품을 취급하는 때에는 그 금액의 4분의 1에 상당하는 금액(보세구역에 야적하는 산물인 광석류의 경우에는 그 금액의 5분의 1에 상당하는 금액)으로 한다.
1. 오전 6시부터 오후 6시까지: 1시간당 1천5백원
2. 오후 6시부터 오후 10시까지: 1시간당 2천4백원
3. 오후 10시부터 그 다음날 오전 6시까지: 1시간당 3천6백원

④ 제1항 및 제3항의 규정에 의한 수수료금액을 계산함에 있어서 소요시간중 1시간이 제1항 각 호 상호간 또는 제3항 각 호 상호간에 걸쳐 있는 경우의 수수료는 금액이 많은 것으로 한다.
⑤ 세관장은 제1항 및 제3항의 규정에 의한 수수료를 일정 기간별로 일괄하여 납부하게 할 수 있다.
⑥ 제1항 및 제3항의 규정에 의한 수수료를 납부하여야 하는 자가 관세청장이 정하는 바에 따라 이를 따로 납부한 때에는 그 사실을 증명하는 증표를 세관장에게 제출하여야 한다.

4 통계 및 증명서의 작성 및 교부(법 제322조)

1. 통계의 작성 및 열람 · 교부

관세청장은 다음의 사항에 관한 통계를 작성하고 그 열람이나 교부를 신청하는 자가 있으면 이를 열람하게 하거나 교부하여야 한다.

① 수출하거나 수입한 화물에 관한 사항
② 입항하거나 출항한 국제무역선 및 국제무역기에 관한 사항
③ 수입물품에 대한 관세 및 내국세등에 관한 사항
④ 그 밖에 외국무역과 관련하여 관세청장이 필요하다고 인정하는 사항

2. 집계 및 공표

관세청장은 통계를 집계하고 대통령령으로 정하는 바에 따라 정기적으로 그 내용을 공표할 수 있다.

3. 통계 외 통관관련 자료의 열람 · 교부

통계 외 통관 관련 세부 통계자료를 열람하거나 교부받으려는 자는 사용 용도 및 내용을 구체적으로 밝혀 관세청장에게 신청할 수 있다. 이 경우 관세청장은 대통령령으로 정하는 경우를 제외하고는 이를 열람하게 하거나 교부하여야 한다.

4. 통계의 교부

관세청장은 통계자료를 전산처리가 가능한 전달매체에 기록하여 교부하거나 전산처리설비를 이용하여 교부할 수 있다. 이 경우 교부할 수 있는 통계의 범위와 그 절차는 관세청장이 정한다.

5. 업무 대행

관세청장은 통계자료 및 통계의 작성 및 교부 업무를 대행할 자를 지정하여 그 업무를 대행하게 할 수 있다. 이 경우 관세청장은 통계작성을 위한 기초자료를 대행기관에 제공하여야 한다.

6. 수수료 납부

① 세관사무에 관한 증명서와 제1항에 따른 통계, 제3항에 따른 통계자료 및 제4항에 따른 통계를 교부받으려는 자는 기획재정부령으로 정하는 바에 따라 관세청장에게 수수료를 납부하여야 한다. 다만, 제5항에 따라 대행기관이 업무를 대행하는 경우에는 대행기관이 정하는 수수료를 해당 대행기관에 납부하여야 한다.
② 대행기관은 제6항 단서에 따라 수수료를 정할 때에는 기획재정부령으로 정하는 바에 따라 관세청장의 승인을 받아야 한다. 승인을 받은 사항을 변경하려는 경우에도 또한 같다.
③ 대행기관이 수수료를 징수한 경우 그 수입은 해당 대행기관의 수입으로 한다.

7. 수출 · 수입 또는 반송증명서의 발급

수출 · 수입 또는 반송에 관한 증명서는 해당 물품의 수출 · 수입 또는 반송 신고의 수리일부터 5년 내의 것에 관하여 발급한다.

8. 관세무역데이터 제공

관세청장은 다음 어느 하나에 해당하는 자가 관세정책의 평가 및 연구 등에 활용하기 위하여 통계 작성에 사용된 기초자료와 관세청장이 생산 · 가공 · 분석한 데이터(관세무역데이터)를 직접 분석하기를 원하는 경우 비밀유지 규정에도 불구하고 관세청 내에 설치된 대통령령으로 정하는 시설 내에서 관세무역데이터를 그 사용목적에 맞는 범위에서 제공할 수 있다. 이 경우 관세무역데이터는 개별 납세자의 과세정보를 직접적 또는 간접적 방법으로 확인할 수 없는 상태로 제공하여야 한다. 관세무역데이터를 알게 된 자는 그 통계, 통계자료 및 관세무역데이터를 목적 외의 용도로 사용하여서는 아니 된다.

① 국회의원
② 「국회법」에 따른 국회사무총장 · 국회도서관장 · 국회예산정책처장 · 국회입법조사처장 및 「국회미래연구원법」에 따른 국회미래연구원장
③ 「정부조직법」 제2조에 따른 중앙행정기관의 장
④ 「지방자치법」 제2조에 따른 지방자치단체의 장
⑤ 「정부출연연구기관 등의 설립 · 운영 및 육성에 관한 법률」 제2조에 따른 정부출연연구기관의 장 등 대통령령으로 정하는 자

5 연구개발사업의 추진(법 제322조의2)

① 관세청장은 관세행정에 필요한 연구 · 실험 · 조사 · 기술개발(연구개발사업) 및 전문인력 양성 등 소관 분야의 과학기술진흥을 위한 시책을 마련하여 추진할 수 있다. 연구개발사업은 단계별 · 분야별 연구개발과제를 선정하여 다음 각 호의 기관 또는 단체 등과 협약을 맺어 실시하게 할 수 있다.
1. 국가 또는 지방자치단체가 직접 설치하여 운영하는 연구기관
2. 「특정연구기관 육성법」 제2조에 따른 특정연구기관
3. 「과학기술분야 정부출연연구기관 등의 설립 · 운영 및 육성에 관한 법률」에 따라 설립된 과학기술분야 정부출연연구기관
4. 「고등교육법」에 따른 대학 · 산업대학 · 전문대학 및 기술대학
5. 「기초연구진흥 및 기술개발지원에 관한 법률」 제14조의2 제1항에 따라 인정받은 기업부설연구소 또는 기업의 연구개발전담부서
6. 「민법」이나 다른 법률에 따라 설립된 법인으로서 관세행정 관련 연구를 하는 기관
7. 그 밖에 대통령령으로 정하는 관세행정 분야의 연구기관 또는 단체

② 관세청장은 위 해당 기관에 연구개발사업을 실시하는 데 필요한 자금의 전부 또는 일부를 출연하거나 보조할 수 있다.

6 세관설비의 사용(법 제323조)

① 물품장치나 통관을 위한 세관설비를 사용하려는 자는 기획재정부령으로 정하는 사용료를 납부하여야 한다.
② 세관설비사용료는 기본사용료 1만2천원에 다음의 구분에 의한 금액을 합한 금액으로 한다.
1. **토지**: 분기마다 1제곱미터당 780원
2. **건물**: 분기마다 1제곱미터당 1,560원
③ 세관장은 토지의 상황 기타의 사정에 의하여 필요하다고 인정하는 때에는 관세청장의 승인을 얻어 세관설비사용료를 경감할 수 있다.

7 포상(법 제324조)

1. 포상의 대상

관세청장은 다음 어느 하나에 해당하는 사람에게는 대통령령으로 정하는 바에 따라 포상할 수 있다.

① 제269조부터 제271조까지, 제274조, 제275조의2 및 제275조의3에 해당되는 관세범을 세관이나 그 밖의 수사기관에 통보하거나 체포한 자로서 공로가 있는 사람
② 제269조부터 제274조까지의 규정에 해당되는 범죄물품을 압수한 사람으로서 공로가 있는 사람
③ 이 법이나 다른 법률에 따라 세관장이 관세 및 내국세 등을 추가 징수하는 데에 공로가 있는 사람
④ 관세행정의 개선이나 발전에 특별히 공로가 있는 사람

2. 체납자의 은닉재산 신고

① 관세청장은 체납자의 은닉재산을 신고한 사람에게 대통령령으로 정하는 바에 따라 10억원의 범위에서 포상금을 지급할 수 있다. 다만, 은닉재산의 신고를 통하여 징수된 금액이 대통령령으로 정하는 금액 미만(2천만원)인 경우 또는 공무원이 그 직무와 관련하여 은닉재산을 신고한 경우에는 포상금을 지급하지 아니한다.
② "은닉재산"이란 체납자가 은닉한 현금·예금·주식이나 그 밖에 재산적 가치가 있는 유형·무형의 재산을 말한다. 다만, 다음 어느 하나에 해당하는 재산은 제외한다.
1. 「국세징수법」 제25조에 따른 사해행위 취소소송의 대상이 되어 있는 재산
2. 세관공무원이 은닉 사실을 알고 조사를 시작하거나 강제징수 절차를 진행하기 시작한 재산
3. 그 밖에 체납자의 은닉재산을 신고받을 필요가 없다고 인정되는 재산으로서 대통령령으로 정하는 것
③ 은닉재산의 신고는 신고자의 성명과 주소를 적고 서명하거나 날인한 문서로 하여야 한다.

3. 포상방법(영 제277조)

① 포상은 관세청장이 정하는 바에 의하여 포상장 또는 포상금을 수여하거나 포상장과 포상금을 함께 수여할 수 있다. 관세청장이 포상금의 수여기준을 정하는 경우 포상금의 수여대상자가 공무원인 때에는 공무원에게 수여하는 포상금총액을 그 공로에 의한 실제 국고수입액의 100분의 25 이내로 하여야 한다. 다만, 1인당 수여액을 100만원 이하로 하는 때에는 그러하지 아니하다.
② 공로자중 관세범을 세관, 그 밖의 수사기관에 통보한 자와 법 제324조제2항에 따라 체납자의 은닉재산을 신고한 자에 대하여는 관세청장이 정하는 바에 의하여 익명으로 포상할 수 있다.
③ 체납자의 은닉재산을 신고한 자에 대하여는 은닉재산의 신고를 통하여 징수된 금액(징수금액)에 다음의 지급률을 곱하여 계산한 금액을 포상금으로 지급할 수 있다. 다만, 10억원을 초과하는 부분은 지급하지 아니한다.

징수금액	지급률
2천만원 이상 5억원 이하	100분의 20
5억원 초과 20억원 이하	1억원 + 5억원 초과 금액의 100분의 15
20억원 초과 30억 이하	3억2천5백만원 + 20억 초과 금액의 100분의 10
30억 초과	4억2천5백만원 + 30억 초과 금액의 100분의 5

8 편의제공(법 제325조)

관세법에 따라 물품의 운송·장치 또는 그 밖의 취급을 하는 자는 세관공무원의 직무집행에 대하여 편의를 제공하여야 한다.

9 사업에 관한 허가 등의 제한(법 제326조의2)

① 세관장은 납세자가 허가·인가·면허 및 등록 등(허가등)을 받은 사업과 관련된 관세 또는 내국세등을 체납한 경우 해당 사업의 주무관청에 그 납세자에 대하여 허가등의 갱신과 그 허가등의 근거 법률에 따른 신규 허가등을 하지 아니할 것을 요구할 수 있다. 다만, 재난, 질병 또는 사업의 현저한 손실 등 기타 세관장이 인정하는 사유가 있는 경우에는 그러하지 아니하다.

1. 공시송달의 방법으로 납부고지된 경우
2. 관세법 제10조에 따른 기한의 연장 사유에 해당하는 경우
3. 「국세징수법 시행령」 제101조 제1항 제2호 및 제4호에 해당하는 경우
4. 양도담보재산으로써 발생한 납세의무를 부담하는 양도담보권자가 그 물적납세의무와 관련된 관세·내국세등 및 강제징수비를 체납한 경우
5. 제1호부터 제4호까지의 규정에 준하는 사유가 있는 경우

PART 10

② 세관장은 허가등을 받아 사업을 경영하는 자가 해당 사업과 관련된 관세, 내국세등을 3회 이상 체납하고 그 체납된 금액의 합계액이 500만원 이상인 경우 해당 주무관청에 사업의 정지 또는 허가등의 취소를 요구할 수 있다. 다만, 재난, 질병 또는 사업의 현저한 손실, 그 밖에 사유가 있는 경우에는 그러하지 아니하다.
1. 세관장이 인정하는 경우
2. 그 밖에 세관장이 납세자에게 납부가 곤란한 사정이 있다고 인정하는 경우

③ 관세 또는 내국세등을 체납한 횟수와 체납된 금액의 합계액을 정하는 기준과 방법은 대통령령[160)]으로 정한다.

④ 세관장은 허가등의 제한 요구를 한 후 해당 관세 또는 내국세등을 징수한 경우 즉시 그 요구를 철회하여야 한다.

⑤ 해당 주무관청은 세관장의 요구가 있는 경우 정당한 사유가 없으면 요구에 따라야 하며, 그 조치 결과를 즉시 관할 세관장에 알려야 한다.

10 청문(법 제328조)

① 세관장은 다음 어느 하나에 해당하는 처분을 하려면 청문을 하여야 한다.
1. 제164조제6항에 따른 자율관리보세구역 지정의 취소
2. 제165조제4항에 따른 보세사 등록의 취소 및 업무정지
3. 제167조에 따른 지정보세구역 지정의 취소
4. 제172조제6항에 따른 화물관리인 지정의 취소
5. 제178조제1항 및 제2항에 따른 물품반입등의 정지 및 운영인 특허의 취소
6. 제204조제1항에 따른 종합보세구역 지정의 취소
7. 제204조제2항에 따른 종합보세기능의 수행 중지
8. 제204조제3항에 따른 종합보세사업장의 폐쇄
9. 제224조제1항에 따른 보세운송업자등의 등록 취소 및 업무정지
10. 제255조의2제5항에 따른 수출입 안전관리 우수업체 공인의 취소
11. 제327조의3제3항에 따른 전자문서중계사업자 지정의 취소 및 사업·업무의 전부 또는 일부의 정지

---

160) **시행령 제283조의3(체납한 횟수 및 체납된 금액의 합계액의 계산)**
① 법 제326조의2 제3항의 체납한 횟수는 납부고지서 1통을 1회로 보아 계산한다.
② 법 제326조의2 제3항의 체납된 금액의 합계액은 다음 각 호의 금액을 합한 금액으로 한다.
1. 관세 및 내국세등
2. 관세 및 내국세등의 가산세
3. 관세 및 내국세등의 강제징수비

11 벌칙 적용에서 공무원 의제(법 제330조)

① 다음에 해당하는 사람은 「형법」 제127조 및 제129조부터 제132조까지의 규정을 적용할 때에는 공무원으로 본다.

1. 장치기경과물품 매각대행 업무에 종사하는 사람
2. 수출입물품의 원산지정보 수집 · 분석 업무를 위탁받은 업무에 종사하는 사람
3. (삭제)
4. 통계작성 및 교부 대행 업무에 종사하는 사람
5. 관세정보원의 임직원
6. 전자문서중계사업자
7. 관세청장 또는 세관장으로부터 위탁받은 업무에 종사하는 사람
8. 다음 위원회의 위원 중 공무원이 아닌 사람
   가. 관세체납정리위원회
   나. 관세품목분류위원회
   다. 관세정보위원회
   라. 납세자보호위원회
   마. 관세심사위원회
   바. 보세사징계위원회
   사. 보세판매장특허심사위원회
   아. 보세판매장제도운영위원회
   자. 관세범칙조사위원회

참고문헌

- 관세법 해설, 이종익, 박병목(세경사)
- 한국관세법, 김기인(한국관세무역개발원)
- 관세법, 정재완(청람)
- 관세법원론, 김용태(무역경영사)
- 관세평가정해, 김기인(한국관세무역개발원)
- 관세법, 송선욱(두남)
- 관세법 핵심쟁점, 박철구(한국관세무역개발원)

김준휘

주요 약력

· (現) 소율관세사무소 대표
· (現) 박문각 공무원 관세법 강사
· (前) 에듀윌 공무원 관세법 강사
· (前) 합격의법학원 관세사2차 관세법 강사
· (前) 관세사단기 관세사2차 관세법 강사
· (前) 공단기/숨마투스 관세직 7급/9급 관세법 강사

주요 저서

· 박문각 공무원 김준휘 관세법 기본서
· 박문각 공무원 김준휘 관세법 법령집

김준휘 관세법

초판 인쇄 2024. 7. 15. | **초판 발행** 2024. 7. 19. | **편저자** 김준휘
발행인 박 용 | **발행처** (주)박문각출판 | **등록** 2015년 4월 29일 제2019-000137호
주소 06654 서울시 서초구 효령로 283 서경 B/D 4층 | **팩스** (02)584-2927
전화 교재 문의 (02)6466-7202

저자와의 협의하에 인지생략

정가 30,000원
ISBN 979-11-7262-088-2